FUTURENOMICS

Wirtschaftsforum der SPD e. V. (Hg.)

FUTURE NOMICS

Zukunft des Geschäftsmodells und

des Standorts Deutschland und Europa

Besuchen und abonnieren Sie auch
den **Blog politische Ökonomie** des
Wirtschaftsforums der SPD e. V. unter
www.blog-bpoe.com.

Dort erscheinen regelmäßig hochkarätige Beiträge zu aktuellen wirtschaftspolitischen Themen, frei zugänglich für alle – ohne Bezahlschranke.

Bibliografische Information der Deutschen Nationalbibliothek

Die Deutsche Nationalbibliothek verzeichnet
diese Publikation in der Deutschen Nationalbibliografie;
detaillierte bibliografische Daten sind im Internet
über http://dnb.dnb.de abrufbar.

ISBN 978-3-8012-0666-6

Copyright © 2023 by
Verlag J.H.W. Dietz Nachf. GmbH
Dreizehnmorgenweg 24, 53175 Bonn

Umschlag: Hermann Brandner, Köln
Satz: Rohtext, Bonn
Druck und Verarbeitung: CPI books, Leck

Alle Rechte vorbehalten
Printed in Germany 2023

Besuchen Sie uns im Internet: www.dietz-verlag.de

Inhalt

Vorwort des Herausgebers........11

Geleitwort von Wolfgang Schmidt........13

1. Herausforderungen für den Standort Deutschland und Europa – Eine Bestandsaufnahme........17

Prof. Dr. Dr. h.c. Clemens Fuest
Folgen der ›Zeitenwende‹ für das Geschäftsmodell Deutschland........19

Prof. Dr. Jens Südekum
Klimaschutz und Industriepolitik: Zwei Seiten derselben Medaille........26

Prof. Dr. Michael Hüther
Überzeugende Erwartungsbildung als Standortpolitik in der Transformation........31

Matthias Machnig
Fortschritt braucht Aufbruch –
Für eine Neujustierung der Wirtschafts-, Industrie- und Außenwirtschaftspolitik........36

Bernd Westphal
»Zukunft durch Fortschritt – ein moderner, innovativer
und klimaneutraler Wirtschaftsstandort Deutschland als Grundvoraussetzung«........43

Prof. Tom Krebs, Ph.D.
Inflation Reduction Act: Eine Klimapolitische Zeitenwende........47

Prof. Dr. Achim Truger
Die Reform der EU-Fiskalregeln darf nicht verschleppt werden 52

2. Innovationen und Investitionen stärken – Welche Rahmenbedingungen brauchen wir?........57

Prof. Dr.-Ing. Siegfried Russwurm
Auch die Innovationspolitik braucht eine Zeitenwende!........59

Prof. Dr. Gustav Horn
Innovationspolitik in Zeiten des Umbruchs........65

Dr. Jörg Kukies
Die Transformation als Investitionsbeschleuniger........70

Christian Sewing
Innovationen und Investitionen stärken........79

Bettina Stark-Watzinger
Innovation-Nation:
Wieso mehr Offenheit, Transfer und Ambition entscheidende Zukunftsfaktoren sind........84

Rafael Laguna de la Vera und Thomas Ramge
Der große Sprung........88

Stefan Wintels
Besinnen wir uns auf unsere Stärken!........94

Kerstin Jorna
An age of permacrisis?........99

Dr. Werner Hoyer
Europa braucht eine Investitionsoffensive........104

Han Steutel
Deutschland braucht eine innovative Industriepolitik........109

Prof. Dr. Friederike Welter
Ein innovationsstarker Mittelstand braucht zuverlässige Rahmenbedingungen........113

Christian Miele
Wie Startups Innovationen vorantreiben........116

3. Energetische und industrielle Transformation – Ziele, Pfade und Instrumente........121

Dr. Leonhard Birnbaum
Die Lehren aus der Krise ziehen – (Energie-)Infrastruktur wichtiger denn je........123

Michael Vassiliadis
Zukunftsmodelle für die deutsche Industrie: Wir müssen mehr Europa wagen!........128

Kerstin Andreae
Das Wertversprechen der Energiewirtschaft:
Eine sichere, nachhaltige und bezahlbare Energieversorgung in der Transformation........135

Andreas Kuhlmann und Ann-Katrin Schenk
In Zeiten des Wandels: Industriepolitik neu denken..........142

Jakob von Weizsäcker
Klimatransformation: The Good, the Bad, and the Ugly..........147

Prof. Dr. Ines Zenke
Die wiederentdeckte Krise –
Was für Lehren sollte man aus Ölkrise und Energiekrise ziehen?..........153

Klaus Müller
Transformation: Der Weg ist beschritten..........157

Hildegard Müller
Die industrielle Transformation mit Innovationen zum Erfolg machen:
Damit höchste Qualität auch in Zukunft »Made in Germany« ist..........162

Dr. Simone Peter
Ein klimaneutrales Stromsystem für Klima, Wertschöpfung, Sicherheit und Standort..........167

Stefan Kapferer
»Jetzt nicht zurücklehnen« – welche Lehren Deutschland aus dem
letzten Winter für die künftige Energieversorgung ziehen kann..........172

Dr. Nina Scheer
Energiewende im Zeichen von Energiesicherheit..........177

Dr.-Ing. Christoph Maurer
Staatliche Flankierung der Dekarbonisierung von Energiesystem und Industrie..........186

4. .Digitale Transformation und digitale Souveränität – Welche Maßnahmen sind europäisch und national notwendig?..........193

Christina Raab
Transformation und Souveränität –
was sind die nächsten Schritte für deutsche Unternehmen?..........195

Sabine Bendiek
Digitale Transformation und digitale Souveränität: Die Cloud ist das Fundament..........200

Valentina Daiber
Digitale Infrastruktur – Basis für eine zukunftsfähige digitale Gesellschaft..........205

Prof. Dr. Sabina Jeschke, Dr. Fabian Dömer und Dr. Kai-Oliver Zander
(Hypo-)Thesen zur Entwicklung von Künstlicher Intelligenz und ihrer Potentiale.........209

Nancy Faeser
Die moderne Verwaltung ist digital und bürgernah.........220

Alexander Schweitzer
Mit digitaler Verwaltung zur Staatsmodernisierung.........224

Tiemo Wölken
Europas digitale Souveränität:
Die neue Industriepolitik und die Rolle der Sozialdemokratie.........228

5. Zeitenwende – Herausforderungen und Aufgaben einer neuen Handels- und Außenwirtschaftspolitik.........233

Joe Kaeser
Resilienz stärken, Souveränität gestalten, Anpassungsfähigkeit neu denken: Europäische Industrie- und Energiepolitik als Kern einer gemeinsamen Außenwirtschaftspolitik.........235

Karl Haeusgen
Neue Geopolitik – Wie reagiert der Maschinen- und Anlagenbau?.........241

Bernd Lange
Nachhaltige Partnerschaften in der fragmentierten Globalisierung.........246

Dr. Stormy-Annika Mildner und Dr. Claudia Schmucker
Mit Sicherheit Handel: Aspekte einer modernen Handelsagenda.........255

Dr. Volker Treier
Exportmodell Deutschland – quo vadis?
Orientierung für eine erfolgreiche Außenhandelsstrategie.........266

6. Demographischer Wandel und Fachkräftesicherung – Welche Maßnahmen und Instrumente sind erforderlich?.........271

Christiane Benner
Jetzt die Weichen stellen –
Die Beschäftigten sind entscheidend für eine erfolgreiche Transformation der Industrie.........273

Hubertus Heil
Die stille Revolution auf dem Arbeitsmarkt.........277

Oliver Burkhard und Martin Hilbig
Fachkräftesicherung in der Zeitenwende........281

Steffen Kampeter
Fachkräftemangel und das Dilemma mit den Baby-Boomern........292

Heiko Kretschmer
Der Fachkräftemangel erfordert sofortiges Handeln........297

Judith Wiese
Damit Deutschland Zukunftsland bleibt –
Was es braucht, um unseren Wohlstand zu sichern........302

Timon Hellwagner, Doris Söhnlein, Susanne Wanger und Prof. Dr. Enzo Weber
Wie verhindern wir die demografische Schrumpfung des Arbeitsmarkts?........308

7. Demographie und Transformation der Wirtschaft – Herausforderungen für die sozialen Sicherungssysteme........313

Prof. Dr. Gerhard Bosch
Soziale Sicherheit – Voraussetzung einer erfolgreichen Transformation........315

Dr. Carola Reimann
Ein Blick zurück nach vorn – Plädoyer für eine Renaissance
solidarisch finanzierter sozialer Sicherungssysteme........320

Dr. Gerald Gaß
Gesundheit neu denken – Wir müssen die Innovationskraft
unseres überregulierten Gesundheitswesens entfesseln........326

Gundula Roßbach
Weiterentwicklung der Alterssicherung und Digitalisierung –
Anmerkungen zu Anpassungsbedarf und Gestaltungsoptionen........332

Dr. Rolf Schmachtenberg
Nachhaltige Finanzierung durch zukunftsfähige Aufstellung Deutschlands........337

Jörg Asmussen
Wie kann in Zukunft soziale Sicherung gelingen?........344

Brigitte Döcker und Claus Bölicke
Soziale Pflegeversicherung – Perspektiven in der alternden Gesellschaft........349

8. Wirtschaft und Gesellschaft im Wandel – Herausforderungen für Zusammenhalt und Demokratie........353

Ralf Fücks
Demokratie in der Bewährungsprobe........355

Prof Dr. Gesine Schwan
»Kommunale Entwicklungsbeiräte« für
wirksame Partizipation und Zusammenhalt der Gesellschaft........359

Prof. Dr. Klaus Dörre
Streit verbindet! Klima, Klasse und die Vision eines ökologischen Wohlfahrtsstaats........364

Dr. Frank Wilhelmy
Die politischen Kipppunkte der Transformation:
(Rechts-)Populismus und Strategieversagen........373

Verzeichnis der Autorinnen und Autoren........381

Literatur und Anmerkungen........391

Vorwort des Herausgebers

Die Zeitenwende stellt Politik, Wirtschaft und Gesellschaft vor enorme Herausforderungen. Hohe Energiepreise, weltwirtschaftliche Unsicherheiten, enormer Fachkräftebedarf und eine hohe Regulierungsdichte setzen den Standort und das Geschäftsmodell Deutschland stark unter Druck. Deutschland braucht eine Debatte jenseits der aktuellen Krisenpolitik, in der es darum geht, wirtschafts-, energie- und industriepolitische Antworten für die kommenden Jahre zu geben, um die digitale und nachhaltige Transformation voranzubringen, Wohlstand und Wertschöpfung zu wahren und zukunftsfähig zu machen und den sozialen Zusammenhalt zu sichern.

Mit »*Futurenomics – Zukunft des Geschäftsmodells und des Standorts Deutschland und Europa*« präsentieren wir in unserer wirtschaftspolitischen Schriftenreihe nach den Bänden »*Postcoronomics – Neue Ideen für Markt, Staat und Unternehmen*« und »*Transfornomics – Zur ökonomischen Zeitenwende*« jetzt Debattenbeiträge, die der Frage nachgehen, wie das Geschäftsmodell und der Standort Deutschland und Europa zukunftsfähig und zukunftsfest gemacht werden können.

Wir haben hochkarätige Expertinnen und Experten aus Wissenschaft, Verbänden, Unternehmen, Gewerkschaften und Politik versammelt, um die Herausforderungen aus unterschiedlichen Perspektiven zu beleuchten, Zielkonflikte deutlich zu machen und zu definieren, Brücken zu Bauen und Konsens auszuloten.

Im ersten Kapitel nehmen die Autorinnen und Autoren eine Bestandsaufnahme der Herausforderungen für Deutschland und Europa in den 20er Jahren vor. Das zweite Kapitel geht der Frage nach, welche Rahmenbedingungen notwendig sind, um Innovationen und Investitionen zu stärken. Die Frage, wie die klimaneutrale und die digitale Transformation gelingen können, steht im Mittelpunkt der nächsten beiden Kapitel. In Kapitel fünf widmen wir uns den Herausforderungen und Aufgaben einer neuen Handels- und Außenwirtschaftspolitik. Der demographische Wandel und die Fachkräftesicherung sind Gegenstand von Kapitel sechs. Die beiden letzten Kapitel widmen sich den Herausforderungen durch die Transformation von

Wirtschaft und Gesellschaft für die sozialen Sicherungssysteme und für Zusammenhalt und Demokratie.

Wir danken den Autorinnen und Autoren herzlich für die vielseitigen und inspirierenden Beiträge und hoffen, mit »*Futurenomics*« einen Impuls für eine intensivere wirtschafts- und transformationspolitische Debatte zu liefern. Wir sind überzeugt: Die Antworten und Kontroversen von gestern sind keine Lösungen für morgen und die vor uns liegenden Aufgaben einer Transformation von Wirtschaft und Gesellschaft.

Viel Vergnügen beim Lesen,

Ihr Wirtschaftsforum der SPD (Herausgeber):
Prof. Dr. Ines Zenke (Präsidentin), Heiko Kretschmer (Schatzmeister), Matthias Machnig, Prof. Dr. Susanne Knorre, Philipp Schlüter, Michael Wiener (Präsidiumsmitglieder)

Mai 2023

Geleitwort von Wolfgang Schmidt

Im Dezember 2021 ist die Ampel-Koalition von SPD, Bündnis90/Die Grünen und FDP unter Führung von Bundeskanzler Olaf Scholz mit dem Anspruch angetreten, Deutschland zu modernisieren. Das gemeinsame Fortschrittsprojekt ist im Koalitionsvertrag mit »Mehr Fortschritt wagen – Bündnis für Freiheit, Gerechtigkeit und Nachhaltigkeit« überschrieben.

Über die Herausforderungen, die die neu gewählten Ministerinnen und Minister bewältigen wollten, gab es keinen Zweifel. Von Klimakrise über Transformation bis Digitalisierung – es galt, den Reformstau aufzulösen, Prozesse zu beschleunigen, Innovation zu fördern.

Am 24. Februar 2022, keine 100 Tage nach Beginn der Amtszeit von Olaf Scholz, machte der Beginn des völkerrechtswidrigen russischen Angriffskriegs gegen die Ukraine deutlich, mit welcher Dringlichkeit die neue Regierung ihre Aufgaben angehen musste. Vor dem Deutschen Bundestag sprach Olaf Scholz drei Tage nach Kriegsbeginn von einer »Zeitenwende«. Mit der Ankündigung eines Sondervermögens für die Bundeswehr von 100 Milliarden Euro, umfangreicher Unterstützung – auch durch Waffenlieferungen – für den angegriffenen Staat und einem Ende der Abhängigkeit von russischem Gas unterstrich der Bundeskanzler die große Entschlossenheit im deutschen Regierungshandeln nach der russischen Invasion.

In den darauffolgenden Monaten hat Deutschland an zahlreichen Stellen die Weichen neu gestellt. Unter Hochdruck hat die Bundesregierung die Voraussetzung für ein Ende des Imports von russischem Gas geschaffen. Anfang 2022 lag der Anteil russischen Gases an allen Gasimporten noch bei 55 Prozent, ab September 2022 floss kein Kubikmeter Gas mehr aus Russland nach Deutschland. Trotz dieses dramatischen Einschnitts ist die deutsche Wirtschaft nicht zusammengebrochen. Die Energieversorgung ist stabil und verlässlich. Allerdings sind die Preise für Energie heute teilweise auf einem doppelt so hohen Niveau wie vor Beginn der Krise.

Es hat sich gezeigt, dass die deutsche Wirtschaft, gerade auch die Industrie, sehr anpassungsfähig ist – und sich gut auf die gestiegenen Energiepreise eingestellt hat: Vorprodukte wurden, wo möglich, importiert; Lieferketten angepasst und optimiert. In der Folge steht Deutschlands Wirtschaft heute besser da, als es ihr viele vor einem Jahr zugetraut hätten. Im Ergebnis lag das Wirtschaftswachstum im Jahr 2022 bei 1,8 Prozent – trotz Energiekrise und der Folgen der Corona-Pandemie. Auch die Industrieproduktion lag im Januar 2023 nur 0,9 Prozent unter dem Wert von Januar 2022. Allerdings bleiben die Energiepreise eine Herausforderung, insbesondere in der energieintensiven Industrie.

Die Bundesregierung hat die Anpassung der Wirtschaft stark unterstützt: Sie hat die Rahmenbedingungen für einen beschleunigten Ausbau der Erneuerbaren Energien geschaffen und insbesondere das Einsparen von Energie – und somit das Befüllen der Gasspeicher – belohnt. Im Vergleich zum Zeitraum der letzten vier Jahre wurden so – temperaturbereinigt – etwa 17 Prozent Gas eingespart. Damit ist den Bürgerinnen und Bürgern gemeinsam mit den Unternehmen eine große Kraftanstrengung gelungen. Zur Versorgungssicherheit hat außerdem der Aufbau von Flüssiggas-Terminals in neuer »Deutschland-Geschwindigkeit« entscheidend beigetragen. Deutschland verfügte Anfang 2022 über kein einziges dieser Terminals. Im Zuge der »Zeitenwende« wurden in nur zehn Monaten drei LNG-Terminals errichtet. Die Bundesregierung hat viel dafür getan, um die Folgen des Krieges für die Unternehmen genauso wie für die Bürgerinnen und Bürger abzufedern. Mit Preisbremsen für Gas und Strom für Privatverbraucher und Unternehmen hat sie dafür gesorgt, dass die Kostensteigerungen begrenzt wurden. Neben der Entlastung von Bürgerinnen und Bürgern sowie der Unternehmen haben die Maßnahmen der Bundesregierung auch dazu beigetragen, dass die zwischenzeitlich sehr hohen Großhandelspreise für Erdgas – teilweise bei über 300 Euro pro Megawattstunde – stark gesunken sind, auf unter 40 Euro im Mai 2023.

Es bleibt aber viel zu tun. Anderthalb Jahre nach Beginn des Kriegs ist die Krise nicht vorbei. Im Jahr 2022 haben viele energieintensive Unternehmen ihre Produktion gedrosselt und wollen diese nun wieder hochfahren. Die Sicherheit der Energieversorgung bleibt also eine Herausforderung, auch als Standortfaktor – zudem bleiben die Energiepreise für Endkundinnen und Endkunden aktuell noch auf einem hohen Niveau, ebenso wie die Inflation insgesamt.

Hinzu kommen globale Megatrends, auf die Unternehmen und ihre Beschäftigten reagieren müssen. Demografie, Digitalisierung und Dekarbonisierung stellen die deutsche Wirtschaft vor große Herausforderungen. Zu neuer Dynamik trägt dabei auch der Inflation Reduction Act (IRA) bei, den die US-Regierung 2022 unter Präsident Joe Biden beschlossen hat. Mit dem beispiellosen Klimaschutz- und Investitionsprogramm sollen die USA zukunftsfest gemacht werden. Die beschlossenen Subventionen werden Investitionsentscheidungen von Unternehmen beeinflussen – mit potenziell negativen Auswirkungen auf den Standort Europa. Gemeinsam mit der US-Regierung bemüht sich die EU hier um eine Verständigung mit dem Ziel, dass der IRA und der »Net Zero Industry Act«, die europäische Erwiderung auf das US-Investitionsprogramm, nicht den Beginn eines teuren Subventionswettbewerbs markieren, sondern in erster Linie einen Gewinn für den globalen Klimaschutz bedeuten.

Auch angesichts dieser globalen Dynamik bleibt der Transformationsbedarf hoch.

Deutschland will bis 2045 klimaneutral werden. Schon 2030 sollen 80 Prozent des Stroms aus erneuerbaren Energien kommen und das bei steigendem Strombedarf. Deswegen muss der Ausbau der Erneuerbaren Energien massiv beschleunigt werden. Das bedeutet nicht: weniger Arbeit, weniger Infrastruktur, weniger Industrie. Sondern ganz im Gegenteil: Windräder, Photovoltaik-Anlagen, Wärmepumpen, Übertragungsnetze, Schienen, Brücken, Straßen, Wohnungen müssen entwickelt, gebaut, installiert, gewartet, auf den neusten Stand gebracht werden. Es hilft, die abstrakten Ziele in konkrete Beispiele herunterzubrechen: Um das Ziel der Klimaneutralität bis 2045 zu erreichen, müssen bis 2030 täglich auf einer Fläche von 43 Fußballfeldern Photovoltaikanlagen errichtet werden. Bei der Windkraft an Land sind es vier bis fünf Windräder am Tag.

Dafür brauchen wir erweiterte Produktionskapazitäten, hunderttausende Fachkräfte, schlanke und schnelle Planungs- und Genehmigungsverfahren und die passende Ladeinfrastruktur und Netze. Allein bis 2030 werden dafür Investitionen in Höhe von rund 400 Milliarden Euro benötigt. Dazu kommt die Umstellung auf klimaneutrale Produkte und Produktionsprozesse in einer ganzen Reihe von Sektoren wie Mobilität, Industrie, Gebäude oder Chemiebranche. Viele Wirtschaftszweige werden sich radikal verändern, andere neu erfinden müssen.

All das sind große Herausforderungen für Unternehmen und ihre Beschäftigten. Aber sie sind zu bewältigen. Denn zugleich ist der ökologische Umbau der deutschen Wirtschaft der größte Treiber für Wachstum und Beschäftigung seit Jahrzehnten. Die Entwicklung grüner Technologien schafft neue Wachstumsmärkte.[1] Schätzungen gehen davon aus, dass das globale

Marktvolumen für grüne Technologien von heute rund 5 Billionen Euro bis 2030 auf fast 10 Billionen Euro anwachsen wird.[2] Die deutsche Wirtschaft ist heute schon stark beim Export von Umwelt- und Klimaschutzgütern und kann von diesem Wachstumspotential profitieren.

Klimaschutz und Wohlstand sind keine Gegensätze. Der ambitionierte und konsequente Umbau der deutschen und europäischen Wirtschaft hin zur Klimaneutralität ist vielmehr die Basis dafür, dass Deutschland global zu einem Vorreiter für klimafreundliche Technologien wird und dadurch langfristig seinen Wohlstand und seine Wettbewerbsfähigkeit sichert.

Vor dem Land liegt ein großer Aufbruch, eine tiefgreifende Transformation, vielleicht sogar eine neue industrielle Revolution – und damit verbunden die Chance auf ein Zeitalter guter Arbeit mit einem hohen und gleichzeitig ressourcenschonenden Wohlstandsniveau.

Dafür braucht es Wissen, Kreativität, Gestaltungswillen und Bereitschaft aller Akteure, sich für die wirtschaftliche Modernisierung des Landes einzusetzen und dabei die Errungenschaften unserer demokratischen Gesellschaft zu sichern.

Und es braucht Vordenkerinnen und Vordenker, die diese Aufgabe in all ihren Dimensionen erfassen. Im Sammelband »*Futurenomics*« analysieren die Autorinnen und Autoren den Wandel in seiner gesamten Bandbreite von Industriepolitik über Fachkräftesicherung bis hin zu seiner Bedeutung für Zusammenhalt und Demokratie. Viele der Autorinnen und Autoren unterstützen die Bundesregierung mit ihrer Expertise bereits in verschiedenen Foren und Gremien. Ihre Beiträge in diesem Sammelband adressieren die drängenden Fragen, mit denen die Bundesregierung sich tagtäglich befasst: Es geht etwa um Innovationssysteme, um Fachkräfte, Digitalisierung und Soziales – um nur einige Themenfelder zu nennen, in denen wir gute Ideen brauchen und Lösungen schnell umsetzen wollen. Der Band liefert damit wertvolle Denkstöße und Lösungsansätze und sollte einen festen Platz haben in den Bücherregalen von allen, die die Politik unserer Zeit mitgestalten.

Ich wünsche allen Leserinnen und Lesern eine anregende Lektüre.

Wolfgang Schmidt
Chef des Bundeskanzleramtes

1. Herausforderungen für den Standort Deutschland und Europa –

Eine Bestandsaufnahme

Prof. Dr. Dr. h.c. Clemens Fuest

Folgen der ›Zeitenwende‹ für das Geschäftsmodell Deutschland

Einleitung: Der russische Angriff auf die Ukraine und die ökonomischen Folgen für Deutschland

Der russische Angriff auf die Ukraine und seine Folgen haben die politischen und ökonomischen Verhältnisse in Europa und weltweit verändert. Bundeskanzler Olaf Scholz spricht zurecht von einer Zeitenwende. Bislang hatte die Politik in Europa trotz der schon seit längerer Zeit bestehenden Spannungen mit Russland darauf gesetzt, dass Differenzen und Interessenkonflikte in Europa mit friedlichen Mitteln ausgetragen werden. Das hat sich als Illusion erwiesen. Der Krieg in der Ukraine hat auch die Beziehungen des Westens zu China in einem neuen Licht erscheinen lassen. China hat in diesem Krieg eine Haltung eingenommen, die oft als pro-russische Neutralität charakterisiert wird. Das scheint die Haltung der USA gegenüber China, die bislang weitaus kritischer war als die der europäischen Staaten, zu bestätigen. Hinzu kommt, dass der Ukraine-Krieg die militärische Schwäche der Europäer und ihre Abhängigkeit von den USA verdeutlicht. All dies wirft die Frage auf, ob Europa die wirtschaftliche Kooperation mit China unverändert fortsetzen kann und sollte.

Deutschland ist von den Veränderungen in besonderer Weise betroffen. Die Politikwissenschaftlerin Constanze Stelzenmüller hat das auf die Formel gebracht, Deutschland habe seine Energieversorgung nach Russland, seinen Wohlstand nach China und seine Verteidigung in die USA ausgelagert. Das ist sicherlich zugespitzt, verweist aber auf wichtige Charakteristika des »Geschäftsmodells Deutschland«. Der Import von Energie, insbesondere von Erdgas aus Russland, ist durch die aktuelle Krise beeinträchtigt. Mit China bestreitet Deutschland rund zehn Prozent seines Außenhandels. China ist damit einer der wichtigsten Handelspartner, auch wenn es übertrieben ist zu behaupten, Deutschlands Wohlstand hänge von China ab. Dass dieser

Eindruck entstehen kann, hat eher damit zu tun, dass bestimmte deutsche Schlüsselbranchen wie etwa die Automobilindustrie besonders intensiv in China aktiv sind. Hersteller wie Audi, BMW und Volkswagen verkaufen dort mittlerweile etwa jedes dritte Auto, das sie produzieren. Nicht überzogen ist hingegen die Formulierung, Deutschland habe seine Verteidigung in die USA ausgelagert. Dass Deutschland und Europa sich auf amerikanische Sicherheitsgarantien stützen, ist nichts Neues. Seit dem Ende des Kalten Krieges hat Deutschland seine Verteidigungsanstrengungen allerdings massiv reduziert.

Was bedeutet die Zeitenwende für die deutsche Wirtschaft und die weitere Entwicklung des Wohlstands in Deutschland? Bei der Beantwortung dieser Frage ist zu berücksichtigen, dass die deutsche Wirtschaft sich schon vor dem russischen Angriff auf die Ukraine mit herausfordernden Transformationsprozessen konfrontiert sah. Für den Umgang mit diesen Herausforderungen gab es ebenfalls schon vor der Zeitenwende Ideen und Strategien. Der russische Angriff auf die Ukraine und die damit einhergehenden Veränderungen haben direkte Folgen für Wirtschaft und Wohlstand in Deutschland, aber auch für die bisherigen Antworten auf die erwähnten längerfristigen Herausforderungen.

Längerfristige Herausforderungen schon vor der Zeitenwende: Digitalisierung, Dekarbonisierung und demographischer Wandel

- **Digitalisierung**

  Die Digitalisierung von Wirtschaft und Gesellschaft ist eine seit langer Zeit diskutierte Herausforderung für die deutsche Wirtschaft und für Europa insgesamt. Unter den weltweit dominierenden Digitalunternehmen, die in den letzten drei bis vier Jahrzehnten entstanden sind, kommt keins aus Europa. In der Autoindustrie, dem wohl wichtigsten Industriesektor in Deutschland, ist die Sorge groß, dass die Kombination aus Elektromobilität und autonomem und vernetztem Fahren zu einer Verlagerung eines großen Teils der Wertschöpfung in diesem Sektor in andere Länder führen wird. In Deutschland wird vor allem viel über Schwächen in der digitalen Infrastruktur diskutiert. Tatsächlich liegen die Probleme jedoch in erheblichem Umfang darin, dass die Entwicklung digitaler Geschäftsmodelle eher behindert als gefördert wird, vor allem dann, wenn traditionelle Geschäftsmodelle verdrängt werden. Wenn Uber Taxiunternehmen verdrängt, wenn Airbnb den Hotels Konkurrenz macht oder Online-Apotheken den Präsenzapotheken Marktanteile abnehmen, schreitet der Staat ein. Die Digitalisierung des öffentlichen Sektors ist schwach entwickelt, wie insbesondere während der Covid 19 – Pandemie deutlich wurde. Positive Ansätze gibt es immerhin im Bereich der Digitalisierung industrieller Prozesse und Geschäftsmodelle. In internationalen Rankings zur Digitalisierung landet Deutschland regelmäßig im Mittelfeld.

- **Dekarbonisierung und Klimaschutz**
  Auf dem Gebiet der Dekarbonisierung und des Klimaschutzes wird Deutschland oft eine Vorreiterrolle zugeschrieben. Tatsächlich hat Deutschland in den letzten beiden Jahrzehnten viel Geld eingesetzt, um den Ausbau erneuerbarer Energien voranzutreiben. Die Erfolge sind allerdings überschaubar. Die CO_2-Emissionen sind im Vergleich zu 1990 um knapp 40 Prozent reduziert worden. Ein erheblicher Teil dieses Abbaus wurde aber durch die Schließung vieler DDR-Unternehmen erreicht. Weitere Fortschritte zu erzielen, wird schwierig. Der Anteil der erneuerbaren Energien am Primärenergieverbrauch ist zwischen 1990 und 2022 von einem Wert nahe bei null auf rund 15 Prozent gestiegen. 85 Prozent des Energieverbrauchs kamen zuletzt aus fossilen Energien und Kernenergie. Deutschland hat sich vorgenommen, bis 2045, also innerhalb von zwei Jahrzehnten, das gesamte Energiesystem auf dekarbonisierte Energiequellen umzustellen. Das zu erreichen, erscheint angesichts des bisherigen Fortschritts utopisch.

- **Demographischer Wandel**
  Der demographische Wandel führt vor allem im Zeitraum zwischen 2025 und 2035 zu einer beschleunigten Schrumpfung der deutschen Erwerbsbevölkerung, der durch mehr Immigration gedämpft, aber nach realistischen Zuwanderungsszenarien nicht aufgehalten werden kann. Das hat weit reichende Folgen für das Arbeitsangebot und das Wirtschaftswachstum, aber auch für die öffentlichen Finanzen. Die Politik verfügt durchaus über eine Reihe von Stellschrauben, um die Anpassung an diese demographische Entwicklung zu erleichtern und die damit verbundenen Verwerfungen abzufangen. Dazu gehören verbesserte

Arbeitsangebotsanreize, Anstrengungen im Bereich von Bildung und Weiterbildung sowie die Förderung der Arbeitskräftezuwanderung. Die Arbeitsmarktreformen der Agenda 2010 haben Arbeitsangebotsanreize erheblich gestärkt. Reformen der Zuwanderungsregeln haben es ausländischen Fachkräften aus Nicht EU-Staaten erleichtert, nach Deutschland zu kommen. Der Ausbau der Kinderbetreuung hat dazu beigetragen, vor allem die Frauenerwerbstätigkeit zu steigern. Andere Reformen haben allerdings eher zu einer Einschränkung des Arbeitsangebotes geführt, allen voran die Rente ab 63. Immerhin hat die Zahl der Erwerbstätigen in Deutschland mit über 45 Millionen im Jahr 2022 einen Höchststand erreicht. Die geleisteten Arbeitsstunden pro Erwerbstätigen sinken allerdings seit Jahren, so dass das gesamte Arbeitsvolumen heute kaum höher ist als zu Beginn der 1990er Jahre. In den kommenden Jahren ist absehbar, dass auch die Zahl der Erwerbstätigen wieder sinken wird. Das wird weit reichende Folgen für die Staatsfinanzen und vor allem für die umlagefinanzierten Sozialversicherungen haben, die auf den demographischen Wandel nicht hinreichend vorbereitet sind.

Ökonomische Implikationen der Zeitenwende

Die wichtigste Folge des russischen Angriffs auf die Ukraine liegt in den Folgen für die Energieversorgung. Die Gasversorgung in Europa wird sich künftig stärker auf LNG stützen, das deutlich teurer ist als Pipelinegas. Das hat Folgen für die deutsche Energiepolitik. Die Dekarbonisierung des Energiesystems bedeutet, dass Verkehr, Heizungen und industrielle Prozesse elektrifiziert werden. Damit das gelingt, muss selbst bei steigender Energieeffizienz die Stromproduktion erheblich steigen, nach aktuellen Szenarien schon bis zum Jahr 2030 um rund 25 Prozent. Im Jahr 2022 wurden 40 Prozent des Stroms in Deutschland mit Kernenergie und Kohle produziert. Die letzten Kernkraftwerke wurden im April 2023 vom Netz genommen. Die Kohlekraftwerke sollen bis 2030 abgeschaltet werden.
Die entstehende Lücke sollte nach den bisherigen Planungen durch den Ausbau erneuerbarer Energien und den Ausbau von Gaskraftwerken gefüllt werden, die langfristig auf grünen Wasserstoff umstellen sollen. Durch den Wegfall der Gasimporte aus Russland ist diese Strategie in Frage gestellt.

Gas ist nun deutlich teurer, und ob überhaupt genug Gas zur Verfügung steht, ist unklar. Es liegt auf der Hand, dass hier Handlungsbedarf besteht. Die Optionen sind allerdings begrenzt. Es besteht Konsens darüber, dass der Ausbau der erneuerbaren Energien beschleunigt werden sollte, ebenso wie der Ausbau der Infrastruktur, insbesondere der Stromnetze. Aber das allein wird nicht reichen, schon deshalb nicht, weil die Stromproduktion aus Wind und Sonne in Dunkelflauten ausfällt. Was Kernkraft angeht, ist ein Umdenken in Deutschland derzeit nicht in Sicht. Die Gasversorgung könnte durch heimische Gasförderung signifikant verbessert werden. Die politische Bereitschaft dazu ist jedoch nicht erkennbar. Man muss wohl davon ausgehen, dass die Lücke länger als bislang geplant mit Kohlekraftwerken ausgefüllt wird. Das ist, was den Klimaschutz und die technologische Entwicklung angeht, ein Rückschritt.

Die Unsicherheiten in der Energieversorgung und die steigenden Energiepreise haben zu einer Debatte darüber geführt, ob energieintensive Industrien in Deutschland mit staatlichen Hilfen im Land gehalten werden sollten. Für Forschung, Entwicklung und Innovationen kann man staatliche Unterstützung rechtfertigen, weil Investitionen einzelner Unternehmen Lerneffekte und Kostendegressionseffekte ermöglichen, die auch anderen Akteuren Nutzen stiften. Permanente Energiepreisunterschiede durch Subventionen auszugleichen ist dagegen selbstschädigend. Angesichts der hohen Unsicherheit über die weitere Entwicklung der Energiemärkte wird auch vorgeschlagen, den Unternehmen Risiken abzunehmen, etwa durch Differenzkontrakte. Dabei besteht die Gefahr, dass Anreize der Unternehmen zerstört werden, durch Innovationen Kostensenkungen zu erreichen. Der russische Angriff auf die Ukraine hat darüber hinaus Folgen für den internationalen Handel. Das gilt vor allem für die für Deutschland so wichtigen Wirtschaftsbeziehungen zu China. Sie geraten aus zwei Gründen unter Druck. Zum einen stellt sich die Frage, ob Deutschland im Fall eines geopolitischen Konflikts mit China – sei es wegen der Unterstützung von Russland, sei es im Kontext der Auseinandersetzung mit Taiwan – wegen seiner wirtschaftlichen Abhängigkeit von China erpressbar wäre.

Zum anderen unterstreicht der Ukraine-Krieg die sicherheitspolitische Abhängigkeit Deutschlands und Europas von den USA. Die USA werden Deutschland und die EU zunehmend unter Druck setzen, die Wirtschaftsbeziehungen zu China einzuschränken. Die damit einhergehenden Risiken im Außenhandel und bei ausländischen Investitionen zu berücksichtigen und Anpassungen beispielsweise durch Diversifizierung von Handelspartnern vorzunehmen, ist primär Aufgabe der Unternehmen, nicht der Politik. Die Außenhandelspolitik kann diesen Prozess aber unterstützen, etwa in dem Handelsabkommen mit anderen Ländern und Wirtschaftsräumen vorangetrieben werden, nicht zuletzt mit den USA, aber auch mit Ländern in Lateinamerika, Asien und Afrika.

Zu den Folgen der Zeitenwende gehört neben den erwähnten geopolitischen Risiken auch eine veränderte internationale Handelspolitik von verbündeten Staaten. Das wichtigste Beispiel bieten die USA. Mit dem ›Inflation Reduction Act‹ verfolgen die USA eine Mischung aus klimapolitischen, industriepolitischen und geopolitischen Zielen. Dabei werden Instrumente eingesetzt, insbesondere Local-Content-Klauseln, die mit den Prinzipien eines freien, regelgebundenen Handels nicht kompatibel sind.

Wenn es zu einer Erosion der Welthandelsordnung kommt, wäre Deutschland mit seiner weit überdurchschnittlich international vernetzten Wirtschaft einer der Verlierer.

Im Bereich der Sicherheitspolitik bedeutet die Zeitenwende, dass die Verteidigungsausgaben in Deutschland steigen müssen, selbst wenn man sich anstrengt, durch Reformen der Bundeswehr und mehr europäische Kooperation die vorhandenen Budgets besser zu nutzen. Die öffentlichen Finanzen sind in Folge des demographischen Wandels und der Belastungen durch Dekarbonisierung aber ohnehin erheblich unter Druck. Ob man darauf durch die Erhöhung von Steuern und Abgaben oder die Kürzung anderer Staatsausgaben reagiert, ist primär eine politische Entscheidung. Steigende Steuern und Abgaben beeinträchtigen allerdings die Bereitschaft von Unternehmen und Beschäftigten, zu investieren und zu arbeiten. Man kann davon ausgehen, dass Priorisierungen bei den Staatsausgaben ein wichtiger Teil der Anpassung sein werden. Eine stärkere Ausrichtung des Steuer- und Abgabensystems auf die Steueraufkommensbeschaffung erfordert außerdem Konzessionen bei anderen Zielen, auch bei Zielen der Einkommensumverteilung.

Fazit: Was tun?

Der russische Angriff auf die Ukraine bringt eine Reihe von Belastungen für Deutschland und das, was als das deutsche »Geschäftsmodell« bezeichnet wird. Die energiepolitische Zusammenarbeit mit Russland, der regelgebundene internationale Handel und die Garantie der Sicherheit Europas durch die USA, all dies ist in Frage gestellt. Deutschland muss sich anpassen, und das wird mit ökonomischen Belastungen einhergehen. Einige dieser Anpassungen standen ohnehin an. Das gilt sicherlich für die Ausweitung des deutschen Beitrags zur Landesverteidigung und zur NATO. Andere Belastungen sind neu, insbesondere die Verknappung bei der Verfügbarkeit von Gas, das in der Dekarbonisierung nach der bisherigen Planung eine Schlüsselrolle spielen sollte. Umso wichtiger ist es, diese Anpassungen und die ohnehin anstehenden, längerfristigen Transformationsprozesse wie die Digitalisierung der Wirtschaft, die Dekarbonisierung und den demographischen Wandel so zu organisieren, dass die Kosten minimiert werden. In der Energiepolitik bedeutet das, den CO_2-Preis als klimapolitisches Instrument in den Mittelpunkt zu stellen. In der Außenhandelspolitik gilt es, neue Handelsabkommen abzuschließen und Handelshemmnisse auch seitens der EU abzubauen. Und in der Sicherheitspolitik sollte ein größerer deutscher Beitrag mit vertiefter europäischer Kooperation einhergehen.

Prof. Dr. Jens Südekum

Klimaschutz und Industriepolitik: Zwei Seiten derselben Medaille

In einer Rede im Kongress prägte US-Präsident Joe Biden einst einen zentralen Satz, der quasi als Leitmotiv für sein industriepolitisches Großprojekt, den Inflation Reduction Act, verstanden werden kann: »*When I think climate, I think jobs*« – wenn ich an Klimaschutz denke, denke ich an Arbeitsplätze. Dieser kurze Satz bringt es auf den Punkt: Die Transformation der Volkswirtschaft in Richtung Klimaneutralität und Nachhaltigkeit ist sowieso alternativlos, allein zum Erhalt unseres Planeten als einem lebenswerten Ort. Aber zudem ist diese Transformation– neben der Digitalisierung – längst zum entscheidenden Faktor für langfristige Investitions- und Standortentscheidungen und damit für gute Arbeitsplätze von morgen geworden.

Die Weltregion, die als erste das Ziel von Netto-Null bei den Schadstoffemissionen erreicht, ohne dafür Abstriche bei Wohlstand und Sozialstaat in Kauf zu nehmen, wird auf dem Weg dorthin so viele Innovationen und neue Technologien entwickeln, dass die Wertschöpfungs- und Exportbasis dieser Volkswirtschaft auf Jahrzehnte hin gesichert sein wird. Denn der globale Markt für grüne, klimafreundliche Technologien wird in Zukunft nur noch eine Richtung kennen – nach oben.

Der enge Zusammenhang zwischen Wachstum des Bruttoinlandsprodukts (BIP) und Emissionen, der seit den Anfängen der industriellen Revolution bestanden hat, ist mittlerweile gebrochen. 33 Länder haben es in den letzten 15 Jahren geschafft, wirtschaftlich zu wachsen und trotzdem ihre Emissionen zu senken. Mehr als die Hälfte dieser Länder liegt in Europa. Deutschland liegt mit an der Spitze. Die USA gehören auch dazu, aber das Tempo der Entkopplung ist dort noch wesentlich langsamer. China hat die Entkopplung noch nicht geschafft, arbeitet aber auch daran.

Die Botschaft ist klar: Die Welt liegt beim Klimaschutz nicht im Zeitplan. Die Erreichung des 1,5-Grad-Ziels liegt in weiter Ferne. Es ist deshalb davon auszugehen, dass das Tempo der Transformation – das Tempo der Entkopplung zwischen Wachstum und Emissionen – in den kommenden Jahrzehnten

deutlich zulegen wird. Und genau hier liegen die wirtschaftlichen Chancen für die Länder, die in diesem Prozess heute bereits ganz vorne sind. Die Transformation ist der einzig plausible Pfad, Wohlstand und gute Arbeitsplätze in Europa zu erhalten. Ein Verharren im Status quo ist keine Option mehr. Einige Branchen haben das lange Zeit nicht begriffen, so etwa die deutsche Automobilindustrie. In den 2010er Jahren redete man dort zwar über Transformation und Klimaneutralität, machte in der Praxis aber wenig. Denn es war viel bequemer, einfach die alten Cash-Kühe in alle Welt zu exportieren, vorzugsweise nach China, anstatt in den Umbau des Geschäftsmodells zu investieren. Den Umstieg auf die Elektromobilität haben die drei großen deutschen OEMs dabei fast verschlafen.
Mittlerweile ist die Branche aber vom Reden ins Handeln gekommen. Neuere Studien machen Hoffnung, dass das gerade noch rechtzeitig gewesen sein könnte. Sie gehen jedenfalls davon aus, dass die deutsche Automobil- und Mobilitätsbranche (breit definiert) ihren Beschäftigungsstand bis 2030 wird halten können. Zwar werden einige traditionelle Jobs im Bereich des Antriebsstrangs wegfallen, aber es werden wohl mindestens so viele neue Jobs (zum Beispiel im Bereich IT) entstehen. Die Hauptsorge der großen OEMs ist derzeit eher, wie sie diese neuen Stellen besetzen sollen.
Aber es hätte auch anders laufen können. Wäre man in der Vergangenheit verhaftet geblieben und hätte man nicht endlich ernst gemacht mit der Transformation, dann wäre die deutsche Autoindustrie über kurz oder lang wohl überflüssig geworden. Und mit ihr die rund 2 Millionen Arbeitsplätze, die direkt oder indirekt daran hängen. Jetzt, wo klar ist, dass der Verbrenner bis spätestens 2035 Geschichte ist und praktisch die gesamte Pkw-Flotte elektrifiziert wird, gibt es für die Branche zwar keine Garantie. Aber sie hat wieder die Chance auf eine gute Zukunft als Technologieführer.
Und die Geschichte zeigt noch etwas, nämlich wie wichtig die Rolle des Staates in dieser Transformation ist. Ohne die verbindlichen Flottengrenzwerte, ohne die Festsetzung verbindlicher sektoraler Klimaziele und ohne staatliche Förderung etwa im Bereich der Ladeinfrastruktur hätte es die Transformation der Autoindustrie nicht, oder zumindest nicht so schnell gegeben. Das Beispiel zeigt: Klimaschutz und Industriepolitik sind mittlerweile zwei Seiten derselben Medaille. Und umgekehrt ist die Transformation das große industriepolitische Projekt unserer Zeit.
Das haben mittlerweile aber auch andere verstanden. Besagter Joe Biden betreibt in den USA gerade Industriepolitik im ganz großen Stil. Bis 2030

werden 1,7 Billionen Dollar mobilisiert für Infrastruktur, Halbleiter, F&E und insbesondere Klima-Investitionen. Damit werden die USA nach China zum Land mit der aktivsten Industriepolitik. Sie ist für uns durchaus problematisch, denn sie enthält unverhohlen protektionistische Züge bis hin zu dezidierten »Buy American«-Klauseln. Aber es ist klar, dass Europa eine Antwort finden muss in dieser neuen geoökonomischen Lage, wo Klimapolitik und Industriepolitik zunehmend miteinander verschmelzen und die beiden anderen großen Spieler in Washington und Peking knallhart vorangehen.

Was folgt daraus? Europa muss seine existierenden technologischen Vorsprünge verteidigen und ausbauen – etwa bei Wasserstoff, Speichertechnologien, grünem Stahl, Elektromobilität und in vielen anderen Bereichen. Wenn wir dort weltweiter Technologieführer werden und bleiben, dann profitieren wir wirtschaftlich davon, wenn diese Technologien im Zuge der globalen Transformation auch anderswo zum Einsatz kommen und dort den Kampf gegen den Klimawandel entscheidend beeinflussen.

Damit das gelingt, brauchen wir zuallererst den schnellstmöglichen Ausbau der erneuerbaren Energien. Grüner Strom ist nicht nur besser fürs Klima. Er ist auch billiger als Strom aus Kohle, Gas oder Kernenergie. Und er macht nicht abhängig – mit der Energiewende können wir uns lösen aus der fossilen Umklammerung von Autokratien, allen voran von Wladimir Putin. Aber wir brauchen nicht nur den Umbau der Stromerzeugung, sondern einen gewaltigen Ausbau. Deutschland kann nicht mit einem Strombedarf von 580 TWh kalkulieren, wie es Peter Altmaier noch getan hat. Wenn Industrie und Verkehr zunehmend elektrifiziert und auf grünen Wasserstoff umgerüstet werden, brauchen wir eine Kapazität von mindestens 750 TWh bis 2030, allein in Deutschland.

Eine solche Kraftanstrengung ist allein nationalstaatlich nicht zu schaffen. Wir brauchen große industrie- und energiepolitische Initiativen auf der europäischen Ebene, um grünen Strom dort zu erzeugen, wo er am günstigsten ist – sei es mit offshore Windparks in der Nordsee oder mit großen Solarparks in Spanien und Griechenland – um ihn dann mit einer leistungsfähigen Netzinfrastruktur in ganz Europa zu verteilen. Handelsabkommen und Energiepartnerschaften mit außereuropäischen Demokratien gehören ebenfalls dazu.

Das alles sind große Pläne zur Erreichung von großen Zielen. Doch was muss geschehen, um diese Ziele auch tatsächlich zu erreichen? Notwendig dafür ist eine Politik aus einem Guss mit **vier zentralen Zutaten.**

Erstens geht es um Verwaltungshandwerk, konkret um die Beschleunigung von Planungs- und Genehmigungsverfahren. Windräder und Verteilernetze müssen nicht bloß erdacht, sondern tatsächlich gebaut werden. Und das ist möglich, wenn alle an einem Strang ziehen. Seit dem politischen Beschluss für das LNG-Terminal in Wilhelmshaven bis zur Fertigstellung sind gerade mal 174 Tage vergangen. Ein Riesenerfolg im sonst so notorisch langsamen und bürokratischen Deutschland. Diesen Spirit müssen wir für die gesamte Energiewende so fortsetzen und die gesetzlichen Grundlagen hierfür schaffen.

Zweites brauchen wir hoch qualifizierte Mitarbeiterinnen und Mitarbeiter, die die Projekte der Energiewende und der Transformation in der Praxis durchziehen. Vor einigen Jahren hieß es noch: jetzt kommen die Roboter und die künstliche Intelligenz. Bald werden Menschen gar nicht mehr gebraucht, alle werden arbeitslos. Ein paar Jahre wären wir froh, wenn wir ein paar einfache Routinetätigkeiten besser automatisieren könnten, damit die Arbeitskräfte nach einer guten Umschulung und Qualifizierung bessere und besser bezahlte Jobs übernehmen. Aber wir alle kennen auch die demografische Situation. Die Erwerbsbevölkerung altert und schrumpft, sobald die »Baby-Boomer« in Rente gehen. Deshalb wird es auch um die gezielte Zuwanderung von Fachkräften gehen müssen. Das steht in keinerlei Widerspruch zu Qualifizierung und Hebung heimischer Beschäftigungspotenziale.

Drittens geht es um Ressourcen und Rohstoffe. Hier braucht Europa dringend eine realistische Beschaffungs- und Resilienzstrategie, die nicht bloß auf dem naiven Glauben an »Wandel durch Handel« basiert. Aber bei aller notwendigen Diversifizierung – Gedankenspiele über ein disruptives Ende der Handelsbeziehungen mit China (sog. »Decoupling«) sollte man sich besser verkneifen. Nicht nur die deutsche Energiewende wird kurzfristig ohne chinesische Komponenten nicht zu schaffen sein. Gleiches gilt für den globalen Kampf gegen den Klimawandel, der ohne Beteiligung Chinas nicht denkbar ist.

Und viertens geht es natürlich ums Geld. Vor der Corona-Pandemie bezifferte der Bundesverband der Deutschen Industrie (BDI), wie viel die Erreichung der Klimaziele voraussichtlich kosten wird. Danach ging es um (öffentliche und private) Mehrinvestitionen von 860 Mrd. Euro bis 2030 – also rund 100 Mrd. Euro pro Jahr. Diese Zahl ist seit dem 24. Februar 2022 nicht kleiner geworden.

Bei diesen Investitionen darf es keinerlei Abstriche geben, sonst sägt Europa buchstäblich den Ast ab, auf dem es noch sitzt. Geltende Fiskalregeln müssen so ausgestaltet sein, dass sie diesen Investitionsbedarf nicht ausbremsen. Das kann notfalls über flexible Sondervermögen geschehen, so spart man sich zeitraubende Grundsatzdebatten über die Schuldenbremse, die meistens im Nirgendwo enden.

Wichtiger ist die Frage, wofür genau das Geld eingesetzt werden soll. Hier geht es einerseits um klassische öffentliche Infrastruktur, die zielführend von eigens dafür eingerichteten öffentlichen Zweckgesellschaften verantwortet werden kann. Aber noch wichtiger sind geeignete staatliche Beteiligungs- und (Ko-)Finanzierungsformate, um private Investitionen zu hebeln und in die gewünschte Richtung zu lenken. Die Ideen hierfür liegen allesamt auf dem Tisch, die meisten davon sind auch im Rahmen der Schuldenbremse umsetzbar.

Eigentlich wollte sich die Ampelkoalition diesen Konzepten mit voller Energie widmen – doch dann kam Russlands Angriffskrieg. Er beanspruchte fortan (zurecht) alle Aufmerksamkeit, die besagten Transformationsprojekte wurden dadurch aber nicht weniger wichtig – im Gegenteil. Hoffen wir, dass die Ampel in der zweiten Hälfte der Legislaturperiode endlich die Gelegenheit bekommt, mit voller Kraft an diesem Herzstück ihrer eigenen Agenda zu arbeiten.

Prof. Dr. Michael Hüther

Überzeugende Erwartungsbildung als Standortpolitik in der Transformation

Das *Transatlantic Business Barometer* der American Chamber of Commerce in Deutschland, das im März 2023 veröffentlicht wurde (AmCham Germany, 2023), zeigt bei aller Robustheit der Bindung US-amerikanischer Unternehmen an den deutschen Standort, dass nur ein Drittel (2022 fast 60 Prozent) die Standortbedingungen hierzulande als attraktiv bewertet, während knapp 40 (8) Prozent diese als nicht gut oder schlecht einschätzen. Immerhin wird von einer Mehrheit (38 Prozent nach 43 Prozent im Vorjahr) erwartet, dass die Investitionsbedingungen sich in den nächsten Jahren verbessern werden.

Als Belastung des Standorts werden Zustand und Qualität der Infrastruktur, noch stärker die Qualität der digitalen Infrastruktur, die Verlässlichkeit der Politik, insbesondere im Bereich Wirtschaft und Industrie, die Verfügbarkeit von Fachkräften, Unternehmenssteuern, Arbeitskosten und aktuell die Energiekosten bewertet. Während die überwiegende Mehrheit der US-Unternehmen aus der Energiekrise keine Folgen für den gegenwärtigen Geschäftsbetrieb sieht, plant ein Drittel der Unternehmen, die Investitionen am Standort Deutschland wegen der Energiekosten zu reduzieren oder ganz einzustellen; neun Prozent wollen die Investitionen für die energetische Modernisierung erhöhen.

Dieses Schlaglicht macht deutlich, dass sich die deutsche Volkswirtschaft vor multiplen Herausforderungen befindet, deren unterschiedliche Aspekte jeweils eigene Triebkräfte, Qualitäten und Zeitdimensionen haben. Standortpolitik richtet sich auf die strukturellen Fragen und Aufgaben, sie kann die konjunkturellen Schwankungen und kurzfristigen Verwerfungen an den Finanzmärkten – wie im Frühjahr 2023 – vernachlässigen.

1) Die *Qualität der Politik* und der durch sie zu verantwortenden Standortfaktoren – Infrastrukturnetze, Verwaltungseffizienz, Bildungsqualität – sind eigenständig zu ändern. Es bedarf des politischen Mutes und der

Durchsetzungskraft, die notwendigen Veränderungen auf den Weg zu bringen und im föderalen Geflecht umzusetzen. Eine besondere Kraftanstrengung ist für die europäische Koordinierung notwendig, denn es geht – gerade aus internationaler Sicht – um europäische Netze und die Mobilisierung von Skalierungspotenzialen durch einheitliche Standards.

2) Die *Energiekrise* verschärft die Anpassungsbedingungen der Energiewende, weil eine wesentliche Übergangstechnologie – gasbasierte Kraftwerke – nicht die zugedachte Rolle spielen kann. Der Energiemix ist neu für die Übergangsphase bis 2045 zu definieren, in jedem Fall wird er für mehrere Jahre teurer sein als vor dem Beginn des russischen Angriffs auf die Ukraine und damit auch gegenüber den Vereinigten Staaten von Amerika. Letztlich beschleunigt die Energiekrise den notwendigen Umbau zur Klimaneutralität.

3) Die Folgen der *demografischen Alterung* für den Arbeitsmarkt und die Wertschöpfung sowie die Systeme der sozialen Sicherung und den Staatshaushalt erfordern eine umfassende und zugleich nachhaltige, d.h. diszipliniert verfolgte politische Antwort. Ging es seit dem Beginn der Industrialisierung darum, einer trendmäßig wachsenden Bevölkerung eine dynamische Wohlstandsperspektive zu verschaffen, so geht es nun darum, eine alternde und schrumpfende Bevölkerung mit einer Wachstumsperspektive zu verknüpfen.

Diese mittel- bis langfristigen Herausforderungen für den Standort Deutschland sind eingebettet in die Transformation zur Klimaneutralität von Wirtschaft und Gesellschaft; zugleich wirken sich hierzulande die tektonischen Verschiebungen in der Geopolitik seit dem 24. Februar 2022 aus. Vor diesem Hintergrund sehen manche das deutsche Geschäftsmodell – industriebasiert, dienstleistungsergänzt, regional balanciert, global integriert – in Gefahr. Zentrale Bedingungen seines Erfolgs drohen zu erodieren: offene Märkte und Investitionssicherheit, multilaterale und regelbasierte Ordnung, wettbewerbsfähige und sichere Energieversorgung. Die kritische Bewertung der Standortbedingungen durch US-amerikanische Unternehmen kann man als Bestätigung dieser These verstehen.

Dagegen lässt sich anführen, dass das deutsche Geschäftsmodell mit seinen genannten Attributen allein durch seine in den vergangenen drei Jahrzehnten erwiesene Resilienz grundsätzlich angemessene Chancen für die Bewältigung der vor uns liegenden Herausforderungen hat. Das verdient allemal eine entsprechende Würdigung, denn während seit Beginn der 1990er Jahre viele Industriestaaten einen anhaltenden Bedeutungsverlust der traditionellen Industrien erlebten, war das in Deutschland nicht der Fall. Bis zur Pandemie jedenfalls verharrte der Anteil des Verarbeitenden Gewerbes am Bruttoinlandsprodukt bei immerhin 23 Prozent und lag damit gut doppelt so hoch wie in den USA, in Frankreich und im Vereinigten Königreich.

Der Grund dafür liegt im Wesentlichen in der regionalen Clusterstruktur der deutschen Industrie und der damit gegebenen Chance, Innovationen und veränderte Kundenpräferenzen flexibel nutzen und angehen zu können. Die Tertiarisierung der deutschen Volkswirtschaft ist nicht – wie im Vereinigten Königreich durch die Finanzwirtschaft – ein isolierter Prozess, sondern getragen vom Verarbeitenden Gewerbe, sodass der Industrie-Dienstleistungsverbund recht stabile 30 Prozent der gesamtwirtschaftlichen Leistung stellt. Dieser Verbundsektor konnte einigermaßen selbstverständlich in die digitale Transformation einsteigen, weil dadurch neue Optionen für kundendifferenzierte Leistungen entstehen, nämlich durch Daten in Echtzeit über das Nutzungsverhalten, über neue Analysemöglichkeiten mittels Big Data, über zeitgleiche Steuerung und Anpassung der Produkte während der Nutzung sowie die Ausbeutung von Mustererkennungen durch Anwendungen der Künstlichen Intelligenz. Da kann es nicht überraschen, dass über 50 Prozent der Patente zu autonomem Fahren aus Deutschland kommen. So wurde der Begriff der Industrie 4.0 dadurch zur Konzeption, dass er schlüssig an die Entwicklungspfade des vorangegangenen Strukturwandels anknüpft.

Das bedeutet nicht, dass all dies auch künftig noch zählt. Aber die Startrampe für die weitere digitale Transformation ragt aus dem bisherigen Strukturwandel weit heraus. Pfadabhängigkeiten wirken in der Digitalisierung weiter. Das macht die Herausforderung nicht kleiner, aber besser vermittelbar. Die besondere Qualität in der Herausforderung des Strukturwandels besteht in der Bündelung von vier Megatrends: neben der digitalen Transformation sind dies die Dekarbonisierung, die gestiegenen Risiken der De-Globalisierung und die demografische Alterung. All dies muss gleichzeitig geleistet werden.

In diesem »Gleichzeitig« liegt aber auch eine große Chance, wenn die wechselseitigen Beziehungen zwischen den vier Trends im Strukturwandel beachtet werden. So ist die Dekarbonisierung ohne die digitale Transformation nicht zu denken, weil dadurch wichtige Steuerungsleistungen für die Energiewende und insgesamt für den effizienten Ressourceneinsatz erst möglich werden. Der Industrie-Dienstleistungsverbund, der mit seiner Cluster- und

Netzwerkstruktur nicht nur Vorleistungen erfasst, sondern ebenso die Innovationspotenziale sowie die Forschungs- und Entwicklungsanstrengungen in Hochschulen und Unternehmen.

Was folgt daraus für die Politik in den genannten drei Handlungsfeldern?

1) Um all dies zukunftsfähig zu machen und die Startrampe für den volkswirtschaftlichen Strukturwandel auszubauen, müssen auf deutscher und europäischer Ebene angebotspolitische Agenden – Bildung im Lebensverlauf, Infrastrukturausbau, Verwaltungs- und Verfahrensvereinfachung, marktförderliche Regulierung, effiziente Standardsetzung – verlässlich umgesetzt werden. Für die Europäische Union verlangt dies eine Investitionsunion und eine Verteidigungsunion – nicht als realitätsferne Visionen eines oft gewünschten, absehbar nicht erreichbaren Bundesstaates, sondern als »Zweckverbände funktioneller Integration«.

2) Die deutsche Politik muss sehr genau prüfen, wie sie den Anforderungen der Energiekrise und der Dekarbonisierung durch Klimaschutzverträge und grüne Leitmärkte am besten entsprechen kann; einerseits darf es keine Fehlanreize durch falsch gestaltete Subventionen geben, andererseits wäre ein unkontrollierter Verlust der Grundstoffproduktion jedenfalls ein unüberschaubares Risiko für den gewünschten Strukturwandel. Beide Instrumente sind in ihrer Ausgestaltung eine wirtschaftspolitische Herausforderung, denn sie involvieren den Staat in ungewohnter Weise in der Steuerung der Produktion – direkt durch Kostensubventionierung, indirekt durch definierte Nachfrage.

3) Der demografische Wandel stellt die deutsche Volkswirtschaft – wie skizziert – vor erhebliche Probleme. Die Alterung und Schrumpfung des Erwerbspersonenpotenzials bedeutet nüchtern betrachtet einen Verlust an gesamtwirtschaftlichem Arbeitsvolumen, es belastet ungehindert die Innovationskraft sowie die Arbeitsproduktivität und es verschiebt die Konsummuster. Politik muss einerseits alles tun, um das Arbeitsvolumen zu erhöhen; durch Stärkung der Erwerbsbeteiligung, Minderung der Anreize für Teilzeit, Steigerung der Jahresarbeitszeit und Erleichterung der Einwanderung.

Politik muss andererseits die Bildungsangebote erweitern und die Forschungsinfrastrukturen ausbauen, zugleich sind die Unternehmen durch eine lebenszyklusorientierte Personalpolitik mitverantwortlich dafür, die

Alterungsfolgen für die Leistungsfähigkeit der Menschen zu kompensieren. Das Rentenzugangsalter von 67 Jahren, das im Jahr 2030 erreicht wird, sendet klare Signale an die Selbstverantwortung, durch kluge Lebensführung im Lebensverlauf aktiv und agil zu bleiben.

Die »Krise der Erfahrung ist die Stunde der Erwartung«, so der Philosoph Odo Marquard. Da in unseren Zeiten die Erfahrungen nur begrenzt weit tragen, müssen Politik und Gesellschaft überzeugend Erwartungen prägen. Das ist angesichts der grundsätzlichen Fiktionalität der Erwartungen für eine Zukunft nach der Großen Transformation zugleich einfacher und schwieriger. Es ist einfacher, weil es dazu im Grundsatz schlicht keine Alternativen gibt. Es ist schwieriger, weil es, wie stets in der Politik, der praktischen Schritte und Erfolge bedarf, und zwar angesichts der Dringlichkeit des Klimawandels. Politik ist dabei in besonderer Weise ein Navigieren im Ungewissen, und sie ist dem subversiven Charakter der unerwünschten Umsetzungsfolgen ausgeliefert, die angesichts der Komplexität der Transformation unvermeidlich sind. Schließlich ist Demokratie »institutionalisierte Unsicherheit« und kann Ergebnisse nicht vorwegnehmen. Deshalb muss die Regierung nach »best practices« als schnell wirksame und umsetzbare Erfolgsmuster suchen.

Matthias Machnig

Fortschritt braucht Aufbruch – Für eine Neujustierung der Wirtschafts-, Industrie- und Außenwirtschaftspolitik

Die zwanziger Jahre werden Wirtschaft und Gesellschaft in Deutschland und in Europa vor enorme Herausforderungen stellen, denn das Land ist mit einer Koinzidenz dreier zentraler, grundlegender ökonomischer Entwicklungen konfrontiert: Der Druck auf die Standortqualität und seine Rahmenbedingungen, die Erfordernisse der digitalen und nachhaltigen Transformation der Industriegesellschaft und fundamentale geoökonomische Veränderungen, die zu einer Politisierung der Außenwirtschafts- und der Handelspolitik und dem bisher etablierten Modell der internationalen Arbeitsteilung in der Globalisierung führen wird.

Das Geschäftsmodell Deutschland, also die Kombination von einem hohen Anteil industrieller Wertschöpfung, einer hohen Exportquote, aufbauend auf kalkulierbaren Rahmenbedingungen, hoher Wettbewerbsfähigkeit und qualifizierten Arbeitnehmerinnen und Arbeitnehmern, ist in der Krise. Die Standortqualität Deutschlands im internationalen Vergleich ist rückläufig, die Investitions- und Innovationsentwicklung ist schwach bei gleichzeitig wachsendem Kostendruck angesichts von deutlich gestiegenen Energiepreisen, inflationären Preissteigerungen und eines dramatisch wachsenden Fachkräftemangels, der dazu führt, dass Wachstumspotentiale nicht gehoben werden können.

Gleichzeitig wächst der Transformationsdruck, Dekarbonisierung und Digitalisierung sind die wesentlichen Treiber. Dies ist verbunden mit einem enormen Innovations- und Investitionsbedarf auf und in diesen Transformationsfeldern und wird zu einem tiefgreifenden Strukturwandel der Volkswirtschaft führen.

Das Exportland Deutschland ist darüber hinaus mit Veränderungen der geoökonomischen Tektonik konfrontiert, die zu einer Politisierung der Globalisierung führen wird. Es besteht die Gefahr neuer geopolitischer Blockbildungen, einer sich verschärfenden Systemkonkurrenz zwischen den USA und China mit enormen Rückwirkungen auf die Weltwirtschaft, existierende

Wertschöpfungs- und Logistikketten und damit auf die internationale Arbeitsteilung. Sanktionen, Protektionismus, Local-Content-Bestimmungen, politische Vorgaben für private Auslandsinvestitionen etc.. Der Diversifizierungsdruck, sowohl für Exporte wie Importe und Auslandsinvestitionen, wird zunehmen. Für ein Land wie Deutschland mit globalen Wertschöpfungsketten und einem hohen Exportanteil stellt das eine enorme Herausforderung dar.

Die Koinzidenz dieser drei grundlegenden Veränderungen muss im Zentrum der Wirtschafts- und Finanzpolitik in den nächsten Jahren stehen. Denn diese Veränderungen korrespondieren miteinander und können und dürfen nicht isoliert betrachtet werden. Es muss um ein integriertes Politikkonzept gehen, das den Standort stärkt, die Transformation bei Sicherung der Wettbewerbsfähigkeit voranbringt und eine Außenwirtschaftspolitik betreibt, die De-Risking und Diversifizierung ermöglicht, aber ein De-Coupling verhindert. Eine solche integrierte Politik ist weit mehr als Klima- und Energiepolitik. Diese kann nur dann gelingen, wenn der Standort stark und die internationale Arbeitsteilung und die Präsenz auf zentralen globalen Märkten für die deutsche Wirtschaft gesichert bleibt.

Über diese zentralen Fragen existiert allerdings bislang kein wirklicher Konsens, weder in der Gesellschaft noch in der gegenwärtigen Bundesregierung. Denn die Fortschrittskoalition ist sich in zentralen Fragen der Standortpolitik, der Transformationspolitik oder aber der Geoökonomie nicht einig. Das Regierungshandeln ist gekennzeichnet von Malefiz, also der wechselseitigen Selbstblockade auf diesen zentralen Feldern.

Das hat nicht nur koalitionspolitische Gründe, sondern liegt vor allen Dingen auch daran, dass die eingesetzten standort-, transformations-, und geopolitischen Instrumente nicht wirklich auf ihre ökonomisch-sozialen Konsequenzen und im Hinblick auf die Frage evaluiert werden, wie eine integrierte ausbalancierte Politik im Hinblick auf die genannten Herausforderungen strukturiert und umgesetzt werden muss.

Die bisherige Politik konzentriert sich vor allen Dingen auf zwei wesentliche Elemente: die CO_2-Bepreisung über den europäischen Emissionshandel und rigide regulatorisch-rechtliche Vorgaben für Transformationsmaßnahmen in den jeweiligen Sektoren wie Energie, Industrie, Verkehr, Landwirtschaft und Gebäudesektor. Der Emissionshandel, der heilige Gral der Klimapolitik, soll über eine Verteuerung der CO_2-Zertifikate Anreize setzen, um klimagerechtes Produzieren und Verhalten zu befördern. Die Realität zeigt jedoch, dass dieses Instrument nur einen begrenzten Beitrag dazu leistet, notwendige Transformationsinvestitionen auf den Weg zu bringen. Die Kombination von CO_2-Bepreisung und Regulatorik wird jedoch nicht ausreichen. Ohne staatliche Investitionsförderung, ohne gezielte Differenzkostenförderung, ohne wettbewerbsfähige Energiepreise und entsprechend sozialem Ausgleich sind Wohlstand und Transformation gefährdet.

Hinzu kommt eine regulatorische Dichte bis hin zur Detailsteuerung, die vor allem zu einem führt: zu hohem bürokratischen Aufwand auf Seiten der Unternehmen und auch der staatlichen Instanzen. Das führt unter anderem dazu, dass selbst der Ausbau der erneuerbaren Energien in Deutschland nur schleppend vorankommt, sodass die selbstgesteckten Erneuerbaren-Ziele mit 85 Prozent im Jahre 2030 gefährdet sind. Weitere Beispiele dafür sind die Energiepreisbremsen, die von vielen Unternehmen angesichts des hohen bürokratischen Aufwandes und rechtlicher Unsicherheiten im Hinblick auf Rückzahlungsforderungen gar nicht erst in Anspruch genommen werden. Das Gebäudeenergieeffizienzgesetz (GEG), das sich gegenwärtig in der Beratung im Parlament befindet, hat vor allem für eines gesorgt: Unklarheit und Unsicherheit auf Seiten derjenigen, die dieses Gesetz betrifft, also Eigentümer, Wohnungsgesellschaften, Mieterinnen und Mieter. Diese Beispiele ließen sich beliebig verlängern.

Vor allen Dingen unterschätzt die Politik, dass es nicht nur klimapolitische Kippunkte geben könnte, sondern auch ökonomische, soziale und demokratiepolitische Kippunkte bei einer falsch angelegten Transformationspolitik auftreten können.

Ökonomisch erlebt Deutschland gerade, dass der Standort und das Geschäftsmodell D massiv unter Druck geraten. Die Produktivitätssteigerungen sind dürftig, die Investitionen in den Standort schwach und die Neigung, Investitionen außerhalb Deutschlands und Europas auf wichtigen Transformationsfeldern zu realisieren, ist deutlich gestiegen. Kernbereiche, insbesondere in den energieintensiven Unternehmen, die eine wichtige Rolle für integrierte industrielle Wertschöpfungsketten in Deutschland spielen, stehen massiv unter Druck mit entsprechenden Konsequenzen für regionale strukturpolitische Entwicklungen.

Angesichts von Reallohnverlusten durch die hohe Inflation, einem nach wie vor großen Niedriglohnsektor in Deutschland, steigenden Preisen selbst bei Grundnahrungsmitteln und Miet- und Energiekosten, wachsen in Teilen der Bevölkerung Befürchtungen, durch bestimmte Maßnahmen einer gut gemeinten Klimapolitik schlicht überfordert zu werden. Die Ankündigung von Entlastungsmaßnahmen korrespondiert in der Regel nicht mit realen, spürbaren Entlastungen. Aber die Transformation braucht ganz wesentlich Akzeptanz und auch das sichere Gefühl bei den Menschen, diese Aufgabe auch persönlich finanziell bewältigen zu können. Das erfordert eine Politik mit Augenmaß und eine Politik, die ihre Maßnahmen erklären kann, um so Zustimmung und Bereitschaft, sich auch persönlich klimafreundlich zu verhalten, zu realisieren. Wer das nicht tut, gefährdet den gesellschaftlichen Konsens und den Zusammenhalt in der Gesellschaft. Ein Paradebeispiel dafür, wie man eine Gesellschaft spalten kann, erlebt gerade Frankreich, in der eine Rentenreform ohne Mehrheit im Parlament und nur durch einen besonderen Artikel in der französischen Verfassung durchgepeitscht werden konnte. Die politischen Kosten dieses Manövers können weitreichende Folgen haben.

Die notwendige Transformationspolitik in Deutschland kann und wird nur gelingen, wenn sie gleichzeitig mit einer Politik zur Stärkung des Wirtschaftsstandortes verbunden wird. Dazu bedarf es eines weitreichenden Instrumentenmixes: Einer investitionsorientierten Finanzpolitik, der Stärkung der Investitionsrahmenbedingungen, einer europäisch-koordinierten Industriepolitik, wettbewerbsfähiger Industriestrompreise, einer umfassenden Planungs- und Genehmigungsbeschleunigung, massiver Anstrengungen bei der Digitalisierung von Produktion und öffentlicher Verwaltung, einer Fachkräfteoffensive und einer offensiven Außenhandelspolitik z. B. mit neuen Allianzen im Bereich der Energie- und Rohstoffversorgung.

Investitionsorientierte Finanzpolitik: Die öffentlichen Investitionen haben in den letzten Jahren wieder zugelegt, doch bei Weitem nicht stark genug, um den Rückgang und die Versäumnisse der Vergangenheit wettzumachen. Daher sollten die öffentlichen Investitionen des Bundes, der Länder und der Kommunen im Rahmen der Schuldenbremse anders behandelt werden. Sie sind keine konsumtiven Ausgaben, sondern eine wichtige Voraussetzung, um Wettbewerbsfähigkeit und Transformation zu ermöglichen.

Verbesserte Rahmenbedingungen für private Investitionen: Private Investitionen sind der Schlüssel für die Zukunfts- und Wettbewerbsfähigkeit des Wirtschaftsstandortes. Es müssen jetzt klare Rahmenbedingungen geschaffen werden, damit Unternehmen ihre Investitionspläne auf den Weg bringen können. Die Superabschreibungen müssen bis spätestens zum 01.01.2024 rechtlich verbindlich geregelt sein. Auch die bisherigen Regelungen für Höhe und Zeitraum von Verlustrückträgen müssen so ausgestaltet werden, dass die Investitionsmöglichkeiten von Unternehmen verbessert und gestärkt werden.

Europäische Standort- und Industriepolitik: Europa braucht eine konsistente Antwort auf den IRA. Der IRA hat offengelegt, dass die bisherigen Instrumente der europäischen Transformations-, Investitions- und Industriepolitik zu geringe ökonomische Hebel besitzen, mit langwierigen Abstimmungs- und Genehmigungsverfahren verbunden sind und damit die Transformation und Wettbewerbsfähigkeit der europäischen Wirtschaft nicht in dem notwendigen Umfang und der notwendigen Geschwindigkeit voranbringen.

Um die notwendigen finanz-, investitions- und industriepolitischen Leitplanken der EU zu schärfen, braucht es eine Reform der europäischen Fiskalregeln und des europäischen Beihilferechts und eine Verständigung auf zentrale industriepolitische Felder zur Sicherung der Resilienz und Souveränität Europas.

Um den Net-Zero Vorschlag der Kommission weiter zu konkretisieren und finanziell zu unterfüttern, sollte ein europäischer Souveränitätsfonds mit einem Volumen von 1% des EU-BIPs bis 2030 pro Jahr eingerichtet, Produktionsziele in Schlüsselbereichen definiert und staatliche Finanzierung in großem Umfang in bestimmten Sektoren ermöglicht werden. Das erfordert mehr Flexibilität bei den Beihilferegelungen. Um das politisch durchsetzen zu können, muss der europäische Souveränitätsfonds mit frischem Geld ausgestattet werden.

Wettbewerbsfähiger Industriestrompreis: Die Transformation braucht Industrie, ohne sie keine Windräder, keine Solaranlagen, keine Halbleiter, kein die Transformation unterstützender Maschinen- und Anlagenbau etc.. Transformation und industrielle Wertschöpfung sind kein Widerspruch, im Gegenteil, sie bedingen einander. Um den Strukturwandel zu ermöglichen und Strukturbrüche und neue Abhängigkeiten zu vermeiden, müssen wettbewerbsfähige Rahmenbedingungen für die Industrie geschaffen werden. Dazu gehört ganz wesentlich, einen beihilferechtlich abgrenzbaren und damit sektorspezifischen Industriestrompreis von maximal 7c/KWh zum Jahre 2024 einzuführen. Darüber hinaus müssen auch Entscheidungen über ein neues Strommarktdesign getroffen werden, das den notwendigen Zubau von 20-25 GW gesicherter Leistung in Form von H2-ready Gaskraftwerken ermöglicht.

Planungs- und Genehmigungsbeschleunigung ist aktive Standortpolitik und gehört ganz oben auf die Agenda, um den Standort Deutschland zu modernisieren und zukunftsfähig zu machen. Der Streit in der Koalition zu diesem Thema muss endlich beendet werden. Dabei darf es keine Denkverbote geben und es müssen Anpassungen im Verwaltungs- und Verfahrensrecht sowie im Umweltrecht etc. vorgenommen werden. Das gilt insbesondere im Hinblick auf den Ausbau der Erneuerbaren Energien, die Übertragungs- und Verteilnetze, den Aufbau einer Wasserstoffwirtschaft und -infrastruktur, sowie für Mobilitätsprojekte und industrielle Transformationsprojekte.

Bürokratische Prozesse müssen neu interpretiert werden. Der bloße Technikeinsatz macht noch keine Digitalisierung – schlechte Prozesse werden auch digital nicht besser. Die Schaffung von Schnittstellen und übergreifenden Standards und die Ende-zu-Ende-Digitalisierung sind wesentliche Voraussetzungen für eine moderne Verwaltung und damit einem agilen und handlungsfähigen Staat; dieser muss seine Vorreiterrolle und Vorbildfunktion als Leitanwender der Digitalisierung erfüllen. Die geplante OZG-Reform muss diese Aspekte zwingend berücksichtigen.

Fachkräfteoffensive: Die Fachkräftelücke ist größer als je zuvor. Im Jahr 2022 hatten erstmals mehr als 2,5 Millionen Menschen unter 34 Jahren keinen Berufsabschluss. Der Mangel an Fach- und Arbeitskräften ist eine entscheidende Wachstums-, Wettbewerbsfähigkeits- und Transformationsbremse und wird sich ohne gezielte Maßnahmen weiter verschärfen.

Um das Erwerbspersonenpotenzial langfristig zu stabilisieren, müssen vorhandene Personalreserven kurzfristig mobilisiert werden – vor allem bei Frauen, durch den Ausbau von Kinderbetreuungsangeboten und flexible, familienkompatible Arbeitszeiten, bei älteren Menschen, durch flexible Weiterbeschäftigungsmöglichkeiten für Personal im Rentenalter, und durch die Ausweitung der Arbeitszeiten von Beschäftigten mit Verlängerungswünschen. Zudem muss die Bleibebereitschaft von ausländischen Fachkräften steigen. Um die Integration von Zugewanderten zu verbessern, braucht es eine erleichterte Anerkennung von Kompetenzen, gezielte berufsbegleitende Qualifizierung und Sprachförderung und klare Perspektiven für Aufenthaltsrecht und Familiennachzug oder -mitzug.

Neue Allianzen durch eine offensive Handelsvertragspolitik und Rohstoffpartnerschaften: Deutschland und Europa werden die Herausforderungen nicht ohne internationale Partnerschaften und neue Allianzen bewältigen können in einer Welt, in der sich die geopolitische Architektur massiv verändert. Es braucht eine offensive Handelsvertragspolitik der EU und eine Stärkung der Rohstoffpartnerschaften, die auf der einen Seite unsere Abhängigkeiten diversifizieren, auf der anderen Seite aber auch die Kooperationskanäle zu den anderen Regionen der Welt offenhalten. Die Nachhaltigkeitsziele werden mit Blockbildungen und Autarkie nicht zu bewältigen sein, das muss der Politik und der Gesellschaft bewusst werden. Langfristig sollte die Bundesregierung auf eine Reform der multilateralen Handelsinstitutionen hinarbeiten, um bessere Bedingungen für den Freihandel zu schaffen.

Wer die vor uns liegenden Herausforderungen und Aufgaben bewältigen will, muss neue Antworten wagen. Die Kontroversen und Standpunkte von gestern sind keine Lösungen für morgen.

Bernd Westphal

»Zukunft durch Fortschritt – ein moderner, innovativer und klimaneutraler Wirtschaftsstandort Deutschland als Grundvoraussetzung«

Das Pariser Klimaabkommen gibt uns den Weg vor: Wir müssen fossile Energieträger, Infrastrukturen und Technologien innerhalb einer Generation ersetzen. Die Transformation ist kein technisches Projekt, sondern ein soziales und klimapolitisch notwendiges Projekt, für das wir uns demokratisch entschieden haben. Wir als SPD-Bundestagsfraktion arbeiten konkret, lösungsorientiert und pragmatisch an der Umsetzung hin zu einer klimaneutralen und zukunftsfesten Wirtschaft. Dabei verlieren wir unseren klaren sozialen Kompass zu der Frage, wie wir Ökologie und Ökonomie verbinden wollen, nicht aus dem Auge.

Seit dem russischen Überfall auf die Ukraine im Februar 2022 haben wir alles dafür getan, dass Energie bezahlbar bleibt und niemand überfordert wird. Wir haben drei Entlastungspakete in Höhe von fast 100 Milliarden Euro geschnürt und einen Abwehrschirm im Umfang von 200 Milliarden Euro auf den Weg gebracht, um die Energiepreise zu senken.

Unser klares Ziel ist es, dass die Transformation hin zu einer klimaneutralen, digitalisierten und wettbewerbsfähigen Wirtschaft gelingt. Wir werden das weltweit erste große Industrieland sein, das auf den Einsatz fossiler Energieträger verzichtet, mit einem geschlossenen Rohstoffkreislauf arbeitet, international wettbewerbsfähig ist und gute Arbeitsplätze erhält. Der Staat sollte sich dabei grundsätzlich auf zügige Planungs- und Genehmigungsverfahren fokussieren und als »Ermöglicher« wichtiger Transformationsprojekte (Aufbau von Speicherkapazitäten, Wasserstoffhochlauf, bezahlbare Energiepreise etc.) fungieren.

Vor dem Hintergrund der geopolitischen und ökonomischen Zeitenwende gibt es aus meiner Wahrnehmung zehn zentrale Themen, um den Wirtschaftsstandort Deutschland zukunftsfest zu machen. Sie sind auch Voraussetzung für das Gelingen der Transformation und das Erreichen unserer international verpflichtenden Klimaziele.

1) Klar ist: Nur mit dem massiven Ausbau der Erneuerbaren Energien können wir unsere Energieversorgung nachhaltig ausrichten. Durch die Sektorkopplung wird die Bruttostromnachfrage in den kommenden Jahren deutlich ansteigen. Den Einsatz fossiler Energieträger konsequent zu reduzieren und durch Strom aus Sonne und Wind zu ersetzen, ist deshalb Kernelement der Transformation. Bereits im letzten Jahr haben wir im Deutschen Bundestag beschlossen, dass die Erneuerbaren Energien im überragenden öffentlichen Interesse liegen und unserer Sicherheit dienen. Zudem haben wir die Ausbauziele deutlich erhöht. Bis 2030 werden wir pro Tag 4-5 neue Windkraftanlagen in Deutschland errichten müssen. Die Kommunen, die vom Ausbau der Erneuerbaren Energien vor allem finanziell profitieren, spielen dabei eine zentrale Rolle.

2) Die Energiewende ist aber nicht nur eine »Stromwende«. Gasförmige und flüssige Energieträger werden in einem Industrieland wie Deutschland langfristig integraler Teil des Energiesystems bleiben. Deshalb braucht es neben dem Ausbau der Erneuerbaren Energien einen ambitionierten Hochlauf der Wasserstoffwirtschaft. Das Tempo für diesen Hochlauf und für die Umsetzung der Nationalen Wasserstoffstrategie muss weiter gesteigert werden. Der Aufbau der nationalen Wasserstoffinfrastruktur muss deutlich beschleunigt werden, sowohl durch Umwidmung bestehender Erdgasleitungen als auch durch Neubau von Wasserstoffleitungen, dem sogenannten Wasserstoff-Startnetz.

3) Gerade im Wärmebereich liegt noch sehr viel Arbeit vor uns. Mehr als 80 Prozent der Wärmenachfrage wird aktuell noch durch die Verbrennung von fossilen Energieträgern gedeckt. Das sogenannte Gebäudeenergiegesetz (GEG), das ab dem 01. Januar 2024 vorsieht, dass von 2024 an möglichst jede neu eingebaute Heizung zu 65 Prozent mit Erneuerbaren Energien betrieben werden soll, hat viel Aufmerksamkeit erregt. Für uns als SPD-Bundestagsfraktion ist es vor allem wichtig, den Menschen die Wärmewende zu ermöglichen. Dafür müssen Förderungen stärker die wirtschaftliche Situation der Eigentümerinnen und Eigentümer berücksichtigen.

4) Zentraler Schlüssel für das Gelingen vieler Transformationsprojekte sind zügige Planungs- und Genehmigungsverfahren. In weniger als einem Jahr haben wir den Kraftakt geschafft, unabhängiger von russischen Energielieferungen zu werden: mit LNG-Terminals und neuen Handelspartnern – alles in Rekordzeit und zu wieder deutlich gesunkenen Preisen, die vor

einigen Monaten undenkbar schienen. Das Tempo bei der Genehmigung der LNG-Terminals mit beschleunigten Verfahren muss auch bei anderen Infrastrukturprojekten erreicht und zum Standard werden.

5) Die Investitionen unserer Unternehmen in ihre Klimaneutralität werden viel Geld kosten. Die Wirtschaft muss industrielle Anlagen neu errichten, erneuern oder umrüsten, damit sie auf fossile Energieträger verzichten kann. Die höheren Produktionskosten werden die Unternehmen über einen langen Zeitraum belasten. Unser Ziel ist, die Klimaneutralität zu erreichen und dabei gleichzeitig die Wettbewerbsfähigkeit unserer Unternehmen zu erhalten und hochwertige Arbeitsplätze zu sichern. Nichts ist gewonnen, wenn energieintensive Produktion nach Asien oder in die USA abwandert. Es braucht deshalb auch Klimaschutzverträge, um Unternehmen gegen Preisrisiken abzusichern sowie die entsprechenden Mehrkosten auszugleichen.

6) Der hohe Strompreis ist zur Transformationsbremse geworden, die wir uns weder ökonomisch noch sozial oder ökologisch leisten können. Deshalb ist es jetzt höchste Zeit, dass ein Transformationsstrompreis auf den Weg gebracht wird, der die Brücke bildet zu preissenkenden Erneuerbaren Energien, die Anfang der 30er Jahre in ausreichendem Umfang zur Verfügung stehen. Der Erhalt der Grundstoffindustrie, der Hochlauf der Wasserstoffwirtschaft, der Aufbau von Elektrolysekapazitäten, die Elektrifizierung von Produktionsprozessen sowie die erfolgreiche Sektorkopplung wird nur gelingen, wenn ein Transformationsstrompreis zügig eingeführt wird. Für die anstehenden Investitionsentscheidungen in den Unternehmen ist es notwendig, Planungssicherheit zu schaffen. Ein Transformationsstrompreis muss aus meiner Sicht branchenoffen sein, energieintensive mittelständische Unternehmen ebenso entlasten wie große Industriekonzerne, und natürlich müssen die Unternehmen ihre Beschäftigten nach geltenden Tarifverträgen bezahlen. Die Höhe des Transformationsstrompreises sollte sich am Weltmarkt orientieren, um eine entsprechende Wirkung wie der Inflation Reduction Act (IRA) in den USA zu entfalten.

7) Eine weitere offene Frage ist: Woher kommen die Rohstoffe für die Transformation? Der Elektromobilität und den Erneuerbaren Energien gehört die Zukunft und es ist in unserem überragenden Interesse, dass die dazugehörige Wertschöpfung hier bei uns stattfindet. Langfristig müssen wir aufhören, Rohstoffe aus der Natur zu entnehmen und stattdessen einen

geschlossenen Rohstoffkreislauf etablieren – bis dahin müssen wir unsere Importe diversifizieren und auch heimische Potenziale nutzen. Dabei gilt es, unsere Wirtschaft bei der Sicherung einer nachhaltigen Rohstoffversorgung zu unterstützen. Dazu braucht es neue Allianzen durch eine offensive Handelsvertragspolitik und Rohstoffpartnerschaften.

8) Für die Vermeidung von Treibhausgasen setzen wir auf Technologien, die in den vergangenen Jahrzehnten entwickelt und zur Marktreife gebracht wurden: Elektromotoren, Photovoltaikanlagen oder Elektrolyseure zur Erzeugung von Wasserstoff aus erneuerbarem Strom. Mit dem aktuellen Stand dieser Technologien werden wir die Klimaneutralität nur unter immensen Anstrengungen erreichen. Für eine erfolgreiche Transformation müssen wir massiv, ideologiefrei und technologieoffen in Forschung und Entwicklung investieren.

9) Die Rolle der Städte und Gemeinden und ihrer Verwaltungen in diesem Transformationsprozess ist immens. Ob bei der Gewinnung und Integration von Arbeits- und Fachkräften, der regionalen Wirtschaftsförderung, der Ausweisung von Flächen für Erneuerbare, den Planungs- und Genehmigungsverfahren oder als Treiber innovativer Technologieprojekte: Nur dank der motivierten und kompetenten Menschen vor Ort kann dieser Prozess gelingen. Damit staatliches Handeln schneller und effektiver werden kann, braucht es eine umfassende Digitalisierung in allen Bereichen und Behörden.

10) Im Zentrum der Transformation steht der Mensch. Ohne Fachkräfte und eine Politik, die die Fachkräftesicherung für die Transformation priorisiert, sind alle Konzepte das Papier nicht wert, auf dem sie geschrieben sind. Damit der Fachkräftemangel nicht zur Wohlstandsbremse wird, benötigen wir einen inklusiven Arbeitsmarkt, eine Stärkung der Aus- und Weiterbildung, bessere und moderne Arbeitsbedingungen sowie die Weiterentwicklung der Fachkräfteeinwanderung.

Die Menschen erwarten zurecht, dass wir dem Frieden in Europa wieder näher kommen, den Weg hin zur Klimaneutralität konsequent weiter gehen, gute Arbeit ermöglichen und soziale Sicherheit schaffen sowie eine moderne Wirtschaftspolitik organisieren. Dafür werde ich mich weiter mit voller Kraft einsetzen.

Prof. Tom Krebs, Ph.D.

Inflation Reduction Act: Eine Klimapolitische Zeitenwende

Die USA haben sich mit dem Inflation Reduction Act (IRA) im Kampf gegen den Klimawandel zurückgemeldet. Die europäische Reaktion auf diese Neujustierung der US-amerikanischen Klima- und Wirtschaftspolitik war gemischt. Während viele Beobachter die klimapolitische Wende der USA im Prinzip begrüßten, gab es auch Bedenken, dass der IRA sich zu stark auf die Produktion in den USA konzentriere und europäische Produzenten benachteilige.

Der IRA verfolgt grundsätzlich den richtigen Ansatz, um eine sozial-gerechte Transformation der Wirtschaft hin zur Klimaneutralität zu erreichen. Er besteht im Wesentlichen aus einer Industrie- bzw. Standortpolitik, die Unternehmen und Beschäftigte durch Fördermaßnahmen im Transformationsprozess unterstützt. Dieser Ansatz ist dem europäischen Ansatz vorzuziehen, der auf den CO2-Preis als zentrales Instrument der Klimapolitik setzt und somit die Bestrafung in den Mittelpunkt stellt. Die europäische Kritik an dem IRA basiert größtenteils auf einem marktliberalen Verständnis von Wirtschaft und Gesellschaft, das einer auslaufenden Ära zuzuordnen ist. Deutschland und Europa sollten daher den Vorstoß der USA begrüßen und mit einem europäischen IRA antworten. Es ist eine Gelegenheit, neben der sicherheitspolitischen Zeitenwende auch eine ökonomische Zeitenwende in 2023 einzuleiten.

EU-Klimapolitik: Der marktliberale Traum

Die Grundsätze der Wirtschafts- und Klimapolitik der Europäischen Union, auf denen die EU-Beihilferegeln basieren, wurden in den 1990er Jahren entwickelt. Diese Grundsätze sind abgeleitet aus einer marktliberalen Theorie von Wirtschaft und Gesellschaft, die lange Zeit auch die öffentliche Debatte wirtschaftspolitischer Themen geprägt hat. Diese Debatte hat sich – genauso wie die Wirtschafts- und Klimapolitik der EU – in den letzten Jahren weiterentwickelt. Trotzdem schwingt der Geist der marktliberalen Theorie unterschwellig bei fast jeder öffentlichen Debatte zur EU-Politik mit.

Insbesondere haben sich in der Debatte zu den möglichen europäischen Antworten auf den IRA marktliberale Stimmen zahlreich zu Wort gemeldet. Der marktliberale Ansatz hat seine Wurzeln im Liberalismus und zwei ökonomischen Ideen, die eng mit dem Liberalismus verbunden sind. Erstens ein Konzept der Freiheit, das der wirtschaftsliberalen Tradition entspringt und wortgewaltig von Friedrich Hayek in »The Constitution of Liberty« beschrieben wird. Im Mittelpunkt steht eine Marktwirtschaft, in der Individuen und Unternehmen im Wettbewerb um die besten Ideen großartige Leistungen erbringen und so gesellschaftlichen Wohlstand erzeugen. Angewandt auf die Klimapolitik bedeutet dieser wirtschaftsliberale Ansatz einen Fokus auf klimafreundliche Innovationen, die von gewinnorientierten Unternehmen entwickelt und am Markt verkauft werden.

Zweitens die Einsicht, dass die eigene Freiheit dort aufhört, wo sie die Freiheit anderer einschränkt. Aus liberaler Sicht sind staatliche Eingriffe in die freie Marktwirtschaft in der Regel gerechtfertigt, wenn sogenannte Externalitäten vorliegen: Die Konsum- und Produktionsentscheidungen einzelner Akteure haben einen direkten und nennenswerten Effekt auf das Wohlergehen anderer Akteure. In einer solchen Situation wird selbst einzelwirtschaftlich vernünftiges Verhalten häufig zu keinem gesamtgesellschaftlich wünschenswerten Ziel führen und es ist die Aufgabe des Staates, durch zielgenaue Eingriffe ins Marktgeschehen gesamtwirtschaftliche Effizienz zu gewährleisten.

Konkret haben zwei Externalitäten die klimapolitische Debatte geprägt, und entsprechend besteht die EU-Klimapolitik – neben dem Vertrauen auf den Marktprozess – im Wesentlichen aus zwei zentralen Instrumenten. Erstens ein einheitlicher und hinreichend hoher CO_2-Preis, damit Marktpreise in der Präsenz der negativen Umweltexternalität die Klimakosten verschiedenerer Verhaltensweisen angemessen widerspiegeln.

Zweitens eine technologieoffene Forschungsförderung, um gewinnorientierten Unternehmen in der Präsenz der positiven Wissensexternalität einen zusätzlichen Anreiz zur Entwicklung klimafreundlicher Technologien zu geben. Komplementiert wird dieser Ansatz von einer Sozialpolitik, die sich auf Transferzahlungen für die sogenannten «Verlierer» beschränkt.

Die gesellschaftliche Realität

Marktliberale Wirtschafts- und Klimapolitik ist nicht grundsätzlich falsch, aber sie greift zu kurz, weil sie auf einer realitätsfremden Theorie von Wirtschaft und Gesellschaft basiert. Der Tunnelblick der marktliberalen Theorie führt zu einer Fehlanalyse des Transformationsproblems und somit zu falschen Politikempfehlungen. Die Unzulänglichkeit des marktliberalen Ansatzes kann auf zwei Annahmen der entsprechenden Theorie zurückgeführt werden. Konkret vernachlässigt die marktliberale Theorie zwei strukturelle Eigenschaften realer Gesellschaften, die in Transformationsprozessen wie der Klimatransformation eine besonders wichtige Rolle spielen.

Das erste fehlende Element in der marktliberalen Theorie sind Anpassungskosten und Pfadabhängigkeiten in Verbindung mit Unsicherheit (Komplexität). Menschen und Unternehmen brauchen Zeit, um ihr Verhalten an die neue, klimaneutrale Welt anzupassen. Zudem ist die Umstellung auf eine klimaneutrale Produktion mit hohen Investitionskosten verbunden, inklusive der Kosten der Reallokation und Umschulung der Arbeitskräfte. Solche Anpassungskosten sind das zentrale Thema in der Arbeit von Karl Polanyi zur großen Transformation. Insbesondere kritisiert Polanyi die marktliberale Theorie als realitätsfern, weil sie zuerst die fiktiven Waren »Arbeit« (Menschen) und »Land« (Natur) kreiert und dann – entgegen der empirischen Evidenz – annimmt, dass diese fiktiven Waren in einer Marktwirtschaft losgelöst von dem gesellschaftlichen Kontext agieren. Anders gesagt: Die marktliberale Theorie wird zu einer marktradikalen Theorie, welche gesellschaftliche Prozesse einzig aus der marktwirtschaftlichen Perspektive analysiert und interpretiert. Polanyis Theorie von Wirtschaft und Gesellschaft besagt darüber hinaus, dass der Druck von marktradikalen Reformen und fortschreitender Kommodifizierung bzw. Globalisierung zu einer Gegenbewegung der Gesellschaft führen wird, wie sie sich in jüngster Vergangenheit in der Trump-Wahl und im Brexit widerspiegelt.

Das zweite fehlende Element in der marktliberalen Theorie ist Macht. Auf dem Arbeitsmarkt bestimmen Machtstrukturen die Aufteilung des Mehrwertes bestehender Beschäftigungsverhältnisse zwischen Arbeit (Arbeitnehmerseite) und Kapital (Arbeitgeberseite), und diese Verteilung beeinflusst wiederum die Effizienz der Produktion. Der Zusammenhang von Macht, Verteilung und Wirtschaftswachstum ist in den 1970er Jahren von einer umfangreichen, neo-Marxistischen Literatur thematisiert worden und ist aus historischer Sicht ein wesentlicher Treiber der sozialdemokratischen Bewegung gewesen. Zudem hat die moderne Arbeitsmarktforschung empirische Belege für die Zentralität von Machtfaktoren geliefert und gleichzeitig die marktliberale Theorie des Arbeitsmarktes in vielen Bereichen widerlegt.

Grundzüge einer modernen Klimapolitik

Moderne Klimapolitik basiert auf einer realistischen Theorie von Wirtschaft und Gesellschaft, die Anpassungskosten, Unsicherheit und Marktmacht explizit berücksichtigt. Eine solche Politik setzt nicht auf die Bestrafung klimaschädlichen Verhaltens durch einen CO_2-Preis als zentrales Instrument, sondern unterstützt Menschen und Unternehmen dabei, sich klimafreundlich zu verhalten bzw. auf klimafreundliche Technologien umzusteigen. Sie löst den scheinbaren Widerspruch zwischen Klimaschutz und Wohlstand bzw. sozialer Gerechtigkeit auf, indem sie durch gezielte Maßnahmen Anpassungskosten reduziert und faire Bedingungen am Arbeitsmarkt schafft.

Die moderne Klimapolitik rückt zwei wirtschaftspolitische Instrumente in den Mittelpunkt, die in der marktliberalen Theorie nur eine Nebenrolle spielen: Moderne Industriepolitik und moderne Infrastrukturpolitik. Eine solche Wirtschaftspolitik ist ökonomisch gerechtfertigt, denn der Staat bekämpft mit dieser Politik die Ursachen des Markversagens – Anpassungsfriktionen und Marktmacht -- durch gezielte Eingriffe. Um eine solche moderne Klimapolitik erfolgreich umzusetzen, braucht es einen modernen Staat.

Eine moderne Industriepolitik fördert die privaten Investitionen in klimaneutrale Anlagen und Technologien durch direkte Zuschüsse, Steuererleichterungen bzw. Steuergutschriften (tax credits), zinsgünstige Kredite oder Eigenkapitalbeteiligungen. Dabei kann entweder die klimaneutrale Produktion gefördert werden, wie es hauptsächlich beim IRA in den USA der Fall ist, oder es werden nur Investitionsausgaben gefördert, wie es die geplanten Prämien (»Superabschreibungen«) für klimaneutrale Investitionen in Deutschland vorsehen. Zudem ist eine moderne Industriepolitik immer auch eine Gute-Arbeit-Politik. Das bedeutet unter anderem, dass die Höhe der Investitionsförderung von Gute-Arbeit Kriterien wie Lohnhöhe und Mitbestimmung abhängen sollte. Schließlich muss eine moderne Industriepolitik wettbewerbsfähige Energiepreise gewährleisten, denn für viele Industrieunternehmen ist Energie ein wesentlicher Produktions- und Kostenfaktor.

Fazit

Der US-amerikanische Vorstoß in der Klimapolitik bietet Deutschland und Europa eine Chance, mit einer modernen Industriepolitik den anstehenden Transformationsprozess erfolgreich zu gestalten. Die genannten Maßnahmen sind wichtige Bestandteile einer solchen Industriepolitik. Darüber hinaus braucht es einen ressortübergreifenden Plan zur Energie- und Industriepolitik, den die Bundesregierung zusammen mit den europäischen Partnern in den kommenden Monaten entwickeln und an alle Akteure entsprechend kommunizieren sollte -- plan beats no plan.

Prof. Dr. Achim Truger

Die Reform der EU-Fiskalregeln darf nicht verschleppt werden

Eine für Wohlstand und soziale Stabilität in Deutschland wie der gesamten EU zentrale Herausforderung besteht in der Reform des Stabilitäts- und Wachstumspakts (SWP), also des Regelwerks für die Finanzpolitik der Mitgliedstaaten. Dabei bedarf die Finanzpolitik insgesamt aus mindestens vier Gründen einer Aufwertung. Erstens kommt ihr auf nationaler Ebene eine viel stärkere Rolle als Konjunkturstabilisator zu, weil im Euroraum keine nationale Geldpolitik mehr existiert: Die EZB muss sich bei ihrer Zinspolitik am EWU-Durchschnitt orientieren und kann daher nicht auf unterschiedliche Konjunkturlagen in einzelnen Ländern reagieren. Ohne fiskalpolitisches Gegensteuern auf der nationalen Ebene drohen langanhaltende Zyklen von makroökonomischen Booms und Krisen, die die Stabilität der EWU gefährden. Zweitens muss die Fiskalpolitik besonders in Krisenzeiten die Geldpolitik bei der Konjunkturstabilisierung unterstützen, weil letztere mit der herkömmlichen Zinspolitik an Grenzen stößt. Wie jüngere empirische Untersuchungen zeigen, ist die Fiskalpolitik drittens – zumal in Krisenzeiten – makroökonomisch viel wirksamer, als von manchen zuvor angenommen wurde. Viertens muss die Fiskalpolitik durch hohe und im Zeitablauf stetige öffentliche Investitionen in klassische und ökologische Infrastruktur sowie in Bildung und Forschung langfristig ein hohes Produktivitätswachstum ermöglichen. Ohne ausreichende öffentliche Investitionen und Förderprogramme wird die Transformation zur Klimaneutralität scheitern.

SWP und Fiskalpakt dringend reformbedürftig

Auf die schwere Corona-Wirtschaftskrise und die Energiekrise hat die EU ganz anders als auf die globale Wirtschafts- und Finanzkrise 2009 reagiert. Damals versank der Euroraum ein halbes Jahrzehnt in einer katastrophalen ökonomischen, sozialen und politischen Krise. Diesmal stemmte sich die Wirtschaftspolitik in der EU von Anfang an entschlossen gegen die Krise. Die EZB stellte schnell Liquidität bereit und stabilisierte die Staatsanleihemärkte. Die EU setzte den Stabilitäts- und Wachstumspakt, also die Schuldenregeln, bis zum Jahr 2023 aus, sodass die Mitgliedstaaten Unternehmen und Beschäftigte unterstützen konnten. Schließlich kam es nach einigem politischen Ringen sogar zur Einigung auf den knapp 700 Mrd. Euro starken Europäischen Aufbauplan, der nun den Aufschwung unterstützen soll. Erst einmal hat die EU damit also ganz viel sehr gut und richtig gemacht.

Dennoch drohen große Gefahren, falls das fiskalische Regelwerk des Stabilitäts- und Wachstumspaktes 2024 unverändert wieder in Kraft gesetzt werden sollte. Vor allem vom Schuldenstandskriterium droht Unheil: Länder, deren Schuldenstand 60% des Bruttoinlandsprodukts übersteigt, müssen sich schnell genug auf den Grenzwert von 60% zubewegen. Dies könnte gerade die ohnehin von Euro- und Corona-Krise schwer gebeutelten Staaten, wie Italien, Spanien und Portugal, aber auch Frankreich, mit Schuldenständen weit oberhalb von 100% stark treffen. Sie könnten zu einer stark restriktiven Finanzpolitik mit empfindlichen Ausgabenkürzungen und Steuererhöhungen gezwungen sein. Das würde wiederum die positiven Effekte des Europäischen Aufbauplans zunichtemachen und die weitere wirtschaftliche Erholung gefährden.

Um dies zu verhindern, braucht es eine Reform der EU-Fiskalregeln, die den Mitgliedstaaten vor allem bei den Vorgaben für den Abbau der Schuldenstandsquote mehr Spielraum gibt. Zudem brauchen die Staaten mehr Spielraum zur Finanzierung wichtiger öffentlicher Zukunftsinvestitionen, allen voran zur Bekämpfung des Klimawandels. Genau solche Reformvorschläge dominierten schon seit Jahren die europäische und internationale Debatte. Institutionen, von denen man dies in der Vergangenheit nicht unbedingt erwartet hätte, setzen sich dafür ein, unter anderem das Europäische Parlament, der Europäische Wirtschafts- und Sozialausschuss, der Europäische Fiskalausschuss, der Europäische Stabilitätsmechanismus, die Europäische Zentralbank und der Internationale Währungsfonds – von einer langen Liste von Ökonom:innen und ökonomischen Forschungsinstituten und Think Tanks ganz abgesehen.

Glücklicherweise hat die EU-Kommission das Problem erkannt und einen entsprechenden Reformvorschlag vorgelegt, der auch die anderen Probleme des Regelwerks angeht: Weniger komlex und transparenter sowie verbindlicher in der Umsetzung sollen die Regeln werden, und sie sollen mehr Spielraum für wachstumsfördernde öffentliche Investitionen lassen. Damit die Reform noch rechtzeitig vor 2024 umgesetzt werden kann, muss eine schnelle Einigung her, am besten schon auf dem EU-Gipfel im März. Doch der Widerstand vor allem von Bundesfinanzminister Christian Lindner, der den Vorschlag als »so nicht zustimmungsfähig« bezeichnete, ist groß. Ihm ist die Reform nicht strikt genug, er beharrt auf für alle Länder einheitlichen numerischen Zielen und verbindlichen jährlichen Vorgaben für den Abbau der Schuldenstandsquote.

Bei der Debatte prallen ökonomische Weltanschauungen aufeinander. Befürworter:innen strikter Regeln und harter Strafen gehen davon aus, dass die Konsolidierung letztlich eine Frage des politischen Willens ist. Wenn Zielvorgaben nicht eingehalten werden, schließen sie daraus, dass die Politik durch härtere Regeln oder Strafen dazu gezwungen werden muss. Wie in der Eurokrise klar wurde, schwächt allerdings eine durch harte Regeln verordnete Kürzungspolitik die Wirtschaft und erzeugt Arbeitslosigkeit, wodurch die Steuereinnahmen sinken und die Sozialausgaben steigen. Das wiederum verhindert eine erfolgreiche Konsolidierung und erhöht kurzfristig sogar eher die Schuldenstandsquote. Strikte Konsolidierung kann in eine tiefe Krise führen, wie die Erfahrungen der südeuropäischen Länder in der Eurokrise zeigen. Allerdings wird ohne politischen Willen und Verbindlichkeit der Schuldenabbau nicht gelingen. Vor diesem Hintergrund erweist sich der Kommissionsvorschlag als geradezu weise, denn er lässt einerseits den Staaten mehr Zeit beim Schuldenabbau, macht die Anpassung andererseits aber transparenter und verbindlicher. Sie soll sich nun auf Größen beziehen, die anders als das Haushaltsdefizit oder die Schuldenstandsquote von den Staaten nachprüfbar und tatsächlich aus eigener Kraft eingehalten werden können: Hoch verschuldete Staaten müssten dem Vorschlag zufolge vier Jahre – im Falle der Verpflichtung auf nachweislich wachstumssteigernde Investitionen oder Strukturreformen bis zu sieben Jahre – nach einem mit der Kommission abgestimmten Plan Obergrenzen für die Staatsausgaben strikt einhalten. Dadurch würde das Haushaltsdefizit schrittweise wirtschaftsverträglich auf ein Niveau schrumpfen, bei dem die Schuldenstandsquote automatisch auf einen nachhaltigen Pfad in Richtung des unveränderten Zielwertes von 60% einschwenkt. Überschreitungen der Ausgabengrenzen würden mit einem Defizitverfahren bestraft. Die Einhaltung der Ausgabengrenzen wäre viel leichter zu überwachen und daher auch verbindlicher als die bisherigen komplizierten und erfolglosen Regeln.

Der Grundsatzstreit ist durch den Kommissionsvorschlag also eigentlich längst geschickt überbrückt. Für die letzten technischen Details sollte sich eine konstruktive Lösung finden lassen, wenn die Politik in den Mitgliedstaaten verbal abrüstet und nicht wie bisher der Versuchung erliegt, den Streit wegen durchschaubarer innenpolitischer Motive anzufachen. Der Kommissionsvorschlag bietet die große Chance, verbindlichere Vorgaben für die Begrenzung der Staatsverschuldung wirtschaftsverträglich und mit größeren Spielräumen für öffentliche Investitionen umzusetzen. Die Bundesregierung sollte die Chance erkennen und ihren Widerstand gegen die Pläne aufgeben.

2.

Innovationen und Investitionen stärken – Welche Rahmenbedingungen brauchen wir?

Prof. Dr.-Ing. Siegfried Russwurm

Auch die Innovationspolitik braucht eine Zeitenwende!

Einleitung

Wir leben in der VUKA-Welt. Vulnerabilität der Lieferketten, Unsicherheit, steigende Komplexität und Ambiguität prägen unsere Gegenwart. Spätestens seit der durch den Zusammenbruch der Lehman-Bank ausgelösten weltweiten Finanz- und Bankenkrisen sind viele unserer Glaubenssätze ins Wanken geraten oder zum Einsturz gebracht worden. Einige der Krisen, die sich seither ereigneten, hatten keinen oder zumindest keinen expliziten ökonomischen Hintergrund und haben dennoch jedes Mal tiefste wirtschaftliche Spuren hinterlassen, die die Innovationsfähigkeit und den Ideenreichtum der Unternehmen rund um die Welt auf die Probe gestellt haben. Die Corona-Krise, der russische Angriffskrieg auf die Ukraine mit den unmittelbaren Auswirkungen der Energiekrise und der Wiederkehr der Inflation sind einige der jüngsten geopolitischen und geoökonomischen Herausforderungen, denen die deutsche Industrie gegenübersteht. Darüber hinaus haben Digitalisierung und Klimakrise einen unumkehrbaren Technologieschub ausgelöst, der sich quer durch alle Branchen zieht und Geschäftsmodelle, Produktionsprozesse und Produkte erfasst hat.
Der kürzlich veröffentlichte Innovationsindikator 2023 von BDI und Roland Berger zeigt auf, dass Deutschland erst mit großem Abstand auf die Spitzengruppe (Schweiz, Singapur und Dänemark) auf dem 10. Platz folgt. »Ein Aufschließen zur Spitzengruppe oder eine kontinuierliche Verbesserung sind nicht zu erkennen« urteilt das Autorenteam der Wissenschaftler des Fraunhofer-Instituts für System- und Innovationsforschung sowie des Zentrums für Europäische Wirtschaftsforschung (ZEW). Damit setzt sich für Deutschland ein Trend fort, der unsere Schwäche im Vergleich zu unseren Wettbewerbern nur zu deutlich ins Licht rückt: Lange bekannte Defizite werden nicht oder zu langsam angegangen, Chancen nicht ausreichend genutzt. Aus diesem Grund braucht auch die Innovationspolitik eine Zeitenwende. Die Politik muss schneller und flexibler werden. In der Bundesregierung

mangelt es nicht an Initiativen und Expertise. Sie alle müssen jetzt wirksam gebündelt und mit Maßnahmen unterlegt werden, die unsere Schwachstellen adressieren, notwendigen Wandel beschleunigen und Chancen verwandeln. Schritt halten im Mittelmaß reicht nicht. Wir müssen aufholen, um nicht dauerhaft zurückzufallen.

Haben wir Strategien für die Zukunft?

In zwei Jahren findet die nächste Bundestagswahl statt. Der Wahlkampf – und damit allzu häufig auch der Stillstand der handelnden Politik – setzt erfahrungsgemäß rund ein Jahr zuvor ein. Für die Umsetzung der innovationspolitischen Agenda der Ampel-Koalition bleibt mithin nur noch gut ein Jahr Zeit. Dabei sind die »Zukunftsstrategie Forschung und Innovation« sowie die »Deutsche Agentur für Transfer und Innovation« (DATI) noch gar nicht in die Umsetzung gekommen. Für die Zukunftsstrategie stehen im Bundeshaushalt zudem keine zusätzlichen Mittel bereit und DATI ist nicht einmal gegründet. Auch SPRIND, die Agentur für Sprunginnovationen, braucht deutlich weitergehende Freiheitsgrade, damit sie ihren Auftrag bestmöglich erfüllen kann. Ähnliches beim Thema Reallabore: Sie werden dringend zur Erprobung neuer Produkte und Geschäftsmodelle benötigt, für ihre umfängliche Umsetzung steht aber nach wie vor der Entwurf und die Umsetzung des im Koalitionsvertrag verankerten Reallaborgesetzes aus. Das alles macht klar: An Strategien und politischen Zielen fehlt es Deutschland wahrlich nicht, doch verheddert sich die Politik in der zeitlichen und organisatorischen Orchestrierung. Wir haben kein Erkenntnis-, sondern ein Umsetzungsproblem. Das im aktuellen Innovationsindikator 2023 von BDI und Roland Berger sichtbare Verpassen der Anschlussdynamik an unsere Wettbewerber hat seine Wurzeln in der Vergangenheit, aber das Problem droht sich fortzusetzen! Für die Industrie gehen aus der aktuellen Innovationspolitik zu wenig Impulse hervor, die den Innovationsstandort nachhaltig stärken und damit auch zum wirtschaftlichen Erfolg beitragen. Das muss sich durch mehr politisches Tempo und eine aktivere Einbindung der Industrie in die neuen Instrumente und Strategien, beispielsweise die der Missionen in der Zukunftsstrategie, grundlegend ändern – idealerweise von Anfang an.

Vom analogen zum digitalen Geschäftsmodell – wie kann das gelingen?

Es ist mittlerweile fast eine Binsenweisheit, dass Daten eine der wichtigsten Ressourcen unserer Tage sind. Die Datenökonomie ist längst wirtschaftliche und gesellschaftliche Realität. Allerdings: Damit Deutschland die in der Datenwirtschaft liegenden Potenziale wirklich ausschöpfen kann, ist ein Umdenken beim Umgang mit Daten notwendig. Viel zu häufig nehmen Unternehmen derzeit allein aufgrund großer Rechtsunsicherheiten von den Möglichkeiten einer verstärkten Datennutzung und eines Datenaustauschs Abstand. Dies gilt insbesondere für kleine und mittlere Unternehmen, die nicht ohne Weiteres auf spezifische juristische Expertise zurückgreifen können, die wegen der komplexen Regulierung allzu oft notwendig ist.

Bereits die Datenstrategie der letzten Bundesregierung war ein wichtiger Schritt in die richtige Richtung, kam jedoch ein halbes Jahr vor der Bundestagswahl nie in die Umsetzungsphase. Hier muss die Ampel-Regierung anknüpfen und die gesellschaftlichen und wirtschaftlichen Chancen einer verstärkten Datennutzung bei gleichzeitiger Wahrung des grundrechtlich verankerten Rechts auf informationelle Selbstbestimmung stärker in den Blick nehmen. Um den Gleichklang aus Datenökonomie und Datenautonomie zu gewährleisten, müssen insbesondere technische Datenschutzlösungen im Bereich von Pseudonymisierung und Anonymisierung oberste Priorität haben. Es sollte aber keine Verpflichtung bestehen, Daten zu teilen oder Daten ausschließlich über Datentreuhänder auszutauschen.

Daneben ist der Aufbau von vertrauenswürdigen Datenökosystemen auf Basis europäischer Werte, die einen sektorübergreifenden Austausch von Daten auf der Grundlage gemeinsamer Standards ermöglichen, von großer Bedeutung. Die enge Verknüpfung von GAIA-X und Catena-X mit dem geplanten neuen föderativen Datenraum Manufacturing-X bietet große Chancen für die gesamte Breite der deutschen Industrie, in einem technisch und rechtlich sicheren Umfeld an den Wertschöpfungspotenzialen der Datenökonomie partizipieren zu können. Die Plattform Industrie 4.0 hat im letzten Jahrzehnt das Modell Industrie 4.0 – von der Referenzarchitektur bis zur Verwaltungsschale – konsequent fortentwickelt und mit entsprechenden Standardisierungsprozessen begleitet. Mit gemeinsamen Datenräumen kann Industrie 4.0 nun in die breite Anwendung des industriellen Mittelstands kommen. Die Bereitschaft dafür ist in der europäischen Industrie groß.

Bei all den guten und wichtigen Initiativen der Politik zur »neuen« Digitalisierungswelt gilt aber: Digitalisierung ist kein Allheilmittel für den Industriestandort Deutschland; insbesondere darf die vermeintlich »neue« Digitalwirtschaft nicht gegen die »alte« produzierende Industrie ausgespielt werden. Umgekehrt wird ein Schuh daraus: Wenn wir beides klug miteinander verbinden, können wir unsere jahrzehntelang hart erarbeiteten industriellen Kompetenzen erhalten und in eine prosperierende klimaneutrale und nachhaltige Zukunft überführen.

Fundamente für einen zukunftsfesten Weg

Schlüsseltechnologien bestimmen maßgeblich darüber, welche Innovations- und Wachstumschancen sich in Wirtschaft, Staat und Gesellschaft in Zukunft nutzen lassen. Für Deutschland ist dies eine geradezu überlebenswichtige Frage, denn für die Transformation hin zu einer nachhaltigen Industrie, zu klimaneutralen Städten und zur Dekarbonisierung der Energieversorgung – um nur einige wichtige Themen zu nennen – benötigen wir ein enorm breites Portfolio unterschiedlichster Technologien, um den jeweils besten Lösungen näher zu kommen.

Diese Herausforderung werden wir nur in einem gut strukturierten kollaborativen Prozess aller Innovationstreiber stemmen können. Nicht nur wegen der hohen Investitionsvolumina braucht es ein gemeinsames Verständnis von Wirtschaft, Wissenschaft und Politik, mit welchen Maßnahmen bestmöglich Synergien zwischen verschiedenen Schlüsseltechnologien gehebelt werden können. Die Stärkung eines solchen vielschichtigen Innovationsnetzwerkes ist das Kernanliegen des BDI-Projektes »InnoNation«.

Strukturell haben viele der benötigten Schlüsseltechnologien Querschnittscharakter, liegen also wie Material- oder Digitalisierungstechnologien als Bindeglieder über den Branchengrenzen und können ihr Potenzial nur durch eine branchenübergreifende Anwendung in den jeweiligen Prozessen und in der Bereitstellung neuer Geschäftsmodelle und Produkte am Markt ausschöpfen.

Für alle Unternehmen wandelt sich dadurch auch das Maß an Offenheit in Kooperationsbeziehungen zu Unternehmens- oder Wissenschaftspartnern. Die seit langem zu beobachtende Zunahme der externen, d. h. »aushäusigen« Forschungs- und Entwicklungsausgaben der deutschen Industrie reflektiert diesen Paradigmenwechsel deutlich. Neues Wissen entsteht zunehmend weniger innerhalb der eigenen Werkstore, sondern vermehrt in Kooperationsprojekten oder als Auftragsforschung zusammen mit Wissensträgern außerhalb der »eigenen Wände«. Die Spezialisierung in der Hoch- und Spitzentechnologie ist dabei so ausgeprägt, dass die Unternehmen weltweit nach dem benötigten Wissen für ihre Projekte suchen. Für Deutschland besteht die enorme strategische Herausforderung darin, den erforderlichen Zugang zu und die notwendige Beherrschung der Schlüsseltechnologien zu gewährleisten. Das ist unsere technologische Zukunftsversicherung. Deshalb brauchen wir Rahmenbedingungen, die den Unternehmen den Zugang und die Nutzung zum gesamten notwendigen Schlüsseltechnologieportfolio bereitstellen. Souveränität bedeutet in diesem Zusammenhang, nicht alles in aller Tiefe und Breite selbst vorzuhalten, aber die Möglichkeit zu haben, unterschiedliche Quellen nach Bedarf nutzen und in Wert umsetzen zu können.

Chance Europa – gemeinsam zum Innovationschampion

Es geht nur mit »mehr« Europa. Die großen gesellschaftlichen und wirtschaftlichen Herausforderungen unserer Zeit – von der digitalen und ökologischen »Twin Transition« bis hin zu den neuen geo- und sicherheitspolitischen Realitäten – lassen sich nur im engen Schulterschluss mit unseren europäischen Partnern lösen. Europäische Forschungs- und Innovationspolitik ist dabei Enabler und Problemlöser zugleich. Wir täten gut daran, wenn wir die sich aus der EU ergebenden Chancen noch wesentlich stärker in den Blick nehmen und die nationalen Forschungs- und Innovationsprogramme komplementär mit den europäischen verknüpfen. Beispielsweise sollten die Missionen der Zukunftsstrategie anschlussfähig und skalierbar auf die europäischen Missionen im Rahmen von Horizon Europe sein. Deutschland profitiert von einem innovationsstarken Europa als industrieller und innovativer Motor der EU in besonderem Maße. Als Schlüsseltechnologien müssen vermehrt auch digitale Technologien wie Künstliche Intelligenz und 6G zentrale Elemente eines Modernisierungsschubs in Europa sein. Die europäische Datenwirtschaft muss angekurbelt werden, denn sie ermöglicht es Unternehmen jeglicher Größe, an der Wertschöpfung der digitalen Wirtschaft teilzuhaben. Gezielte Investments in Technologien, die Digitalisierung und Nachhaltigkeitsziele verbinden, wie beispielsweise Smart Grids und Smart Mobility, müssen mit Kraft vorangetrieben werden. Die rasanten technologischen Entwicklungen unter anderem im Bereich des High Performance Computings, der Quantentechnologie und im Edge Computing können in Verbindung mit der deutschen Industriekompetenz starke Katalysatoren für positive Entwicklungen sein, von denen unser Land und unsere Unternehmen stark profitieren.

Mich stimmt positiv, dass sich die EU-Mitgliedsstaaten bei den letzten Ratsschlussfolgerungen vom März dieses Jahres auf das politische »3%-Ziel« geeinigt haben. Bis spätestens 2030 sollen alle EU-Mitgliedsstaaten durchschnittlich mindestens 3% ihres BIPs in Forschung und Innovation investieren. Gekoppelt mit einem hoffentlich starken Budget für das europäische Rahmenforschungsprogramm Framework Programme 10, dem Nachfolgeprogramm von Horizon Europe, kann das Europa und damit auch Deutschland zum Innovationschampion machen.

Prof. Dr. Gustav Horn

Innovationspolitik in Zeiten des Umbruchs

Wir leben in einer Zeit des Umbruchs und der sich überlappenden Krisen. Digitalisierung und der Umstieg auf eine nachhaltige Produktion und Konsumtion wirken mehr oder weniger unterschwellig schon seit langem auf grundlegende Veränderungen hin. Die jüngsten Krisen durch die COVID-Pandemie und den Krieg in der Ukraine haben diese Trends noch spürbar angeheizt. Innovationen sind in diesem Umfeld entscheidend für den Fortschritt und das Wohlergehen der Gesellschaft. In der Zeitenwende wird die Bedeutung von Innovationen noch stärker als sonst hervorstechen, da die Herausforderungen und Möglichkeiten, die sich bieten, erheblich sind.

Die Globalität dieser Tendenzen erzwingt eine spürbar veränderte globale Arbeitsteilung, die den Wohlstand nahezu aller Volkswirtschaften berührt. Gewinnen werden auf Dauer nur jene, die sich frühzeitig auf die neuen Gegebenheiten einstellen. Verlieren werden auf Dauer jene, die sich diesem fundamentalen Wandel zu langsam stellen oder ihn überhaupt nicht zur Kenntnis nehmen. Die maßgebliche wirtschaftspolitische Herausforderung unserer Zeit besteht daher in der aktiven wirtschaftspolitischen Gestaltung der wirtschaftlichen Zeitenwende mit dem Ziel, den Wohlstand in Europa und Deutschland zu sichern.

Wirtschaftspolitik in Zeiten des Umbruchs

Eine zeitgemäß handelnde Wirtschaftspolitik muss in Zeiten grundlegenden Wandels Impulse und Anreize für das Marktsystem setzen, um diesen Wandel frühzeitig in Angriff zu nehmen. Von allein kann eine Marktwirtschaft dies nicht oder nur mit schmerzhaften Friktionen und nur in zu geringem Tempo leisten. Der tiefere Grund hierfür steckt in der fundamentalen Unsicherheit, die mit einem solchen Prozess verbunden ist. Bei hoher Unsicherheit sinkt die Investitionsbereitschaft privater Unternehmen, die nachvollziehbar die hohen Risiken scheuen. Nur wenige Investoren sind unter diesen Umständen bereit oder in der Lage, die notwendigen Investitionen zu leisten. Selbst im Erfolgsfall erzeugt dies Nachfolgeprobleme, die sich dann aus deren Monopolstellungen ergeben.

Von daher ist es geboten, dass der Staat Leitplanken für eine konsequente Innovationspolitik in Zeiten einer grundlegenden Transformation errichtet. Diese bestehen zum einen in grundlegenden Regulierungsvorgaben, die die Ziele des Wandels definieren. Die Festlegung des Zeitpunkts, zu dem z. B. der Verkehr oder die Energieproduktion weitgehend CO_2 emissionsfrei sein sollen, sind Beispiele hierfür. Zum anderen muss die Wirtschaftspolitik Anreize geben, dass der Wandel innerhalb dieser Leitplanken möglichst rasch vorankommt. An dieser Stelle treffen staatliche Maßnahmen und Marktsystem unmittelbar aufeinander. Hier verbinden sich folglich die politischen Ziele mit der Innovationskraft des Marktes.

Voraussetzung für eine erfolgreiche Verbindung ist, dass die Anreize angemessen gesetzt werden. Wie brisant diese Entscheidungen sind, haben gerade Diskussionen der jüngsten Zeit um den Ersatz der Heizungen mit fossilen Brennstoffen bewiesen. Der beste Weg ist, positive Anreize zu setzen. Dieser vermeidet negative Reaktionen, die sich aus zu erwartenden finanziellen Belastungen ergeben und die die politische Unterstützung für den gesamten Prozess leicht gefährden können. Zu diesen positiven Anreizen zählen alle steuerlichen Vorteile und Investitionsprämien in Vorhaben, die der Reduzierung von Emissionen dienen. Die USA haben diesen Weg mit großer Eindeutigkeit und hoher finanzieller Schlagkraft im Rahmen des Inflation Reduction Acts (IRA) beschritten.

Die EU hat ebenfalls schon Investitionsprogramme im Zuge der Überwindung der Folgen der COVID-Pandemie (Next Generation EU) aufgelegt, die teilweise in Emissionen sparende Technologien gehen sollen. Im Unterschied zu den USA dominiert in der EU aber eine projektorientierte Förderung anstelle einer an Zielen orientierten Unterstützung. Dies macht die Verfahren komplizierter und verzögert deren Umsetzung.

Vor allem aber setzt Europa in zentralen Bereichen primär auf negative Anreize. Gemeint ist die Pflicht, Zertifikate für CO_2 Emissionen (ETS-Handelssystem) in vielen Sektoren erwerben zum müssen. Mit deren ständiger und absehbarer Verteuerung steigen die Produktionskosten und machen emissionsträchtige Produktion absolut und relativ unrentabler. Damit erhöht sich der Anreiz, in nachhaltigere Technologien zu investieren oder die Produktion zumindest in Europa ganz einzustellen. Dieser Ansatz kann als prominentes Beispiel einer marktbasierten Transformation gelten. Durch ein geeignetes Marktdesign sollen sich demnach marktwirtschaftliche Re-

aktionen, hier die Reaktion auf sich verteuernde Zertifikate, in den Dienst der Transformation spannen lassen.
Dieses Vorgehen ist zumindest zweischneidig. Einerseits werden die Anreize richtig gesetzt und marktwirtschaftliche Reaktionen mobilisiert, die den Wandel unterstützen und sogar antreiben. Andererseits sollten mögliche Friktionen und Nebenwirkungen nicht übersehen werden. Friktionen können in diesem Rahmen durch spekulative Marktbewegungen auftreten. So können spekulative Anleger Zertifikate horten und die Preise bereits kurzfristig sehr hochtreiben, was den Umstellungsprozess disruptiv werden lassen könnte, mit hohen Einbußen an industrieller Produktion. Wichtiger noch, starke Fluktuationen der Weltmarktpreise z. B. für Rohstoffe können den Preispfad der Zertifikate überlagern. Dies gilt in beide Richtungen. Die Produktionskosten können also fallen, obwohl die Emissionen möglicherweise sogar steigen. Dies verzerrt einen verlässlichen Anpassungspfad für Unternehmen.

Eine zwangsläufige Nebenwirkung dieses Vorgehens ist, dass sie in der Tendenz zu höheren Güterpreisen für die Endverbraucher führt. Schließlich werden die Anbieter versuchen, die Kosten der Zertifikate an ihre Kunden abzuwälzen. Dies wird bei all jenen Gütern wie Energieverbrauch von Bedeutung, deren Verbrauch nicht oder nur schwer substituierbar ist. Der hierdurch entstehende Kaufkraftverlust ist besonders für Haushalte mit niedrigen Einkommen sehr schmerzlich. Daher besteht Konsens darüber, dass es auf Dauer einer sozialen Kompensation z. B. in Form eines pro Kopf gezahlten Energiegeldes bedarf, um diese Härten zu vermeiden.

Transformation als sozialer Prozess

Diese Überlegungen lenken den Blick auf eine entscheidende Voraussetzung für das ökonomische und soziale Gelingen des Umbaus der Wirtschaft. Die Transformation der Wirtschaft in das post-fossile Zeitalter muss als ein sozialer Prozess verstanden werden. Es geht nicht nur darum, die ökonomischen Grundlagen für massive Innovationen zu schaffen, sondern auch die sozialen. Ungleichheit erschwert die Transformation.

Auch in dieser Hinsicht sind Zertifikate mit Nachteilen verbunden. Sie erzeugen zwar richtige Anreize, bringen aber wegen der durch sie bewirkten Teuerung zugleich breite Bevölkerungsschichten in die Abhängigkeit staatlicher Zuwendungen, um die finanziellen Lasten des Umstiegs bewältigen zu können. Die Transformation wird unter diesen Bedingungen nicht als

Subjekt, sondern als Objekt erlebt. Das bedeutet, breite Bevölkerungsschichten gestalten diesen Prozess nicht aktiv mit, sondern erfahren ihn passiv als aufgezwungen.

Daher ist eine Politik der teilhabenden Transformation dringend geboten. Ein zentrales Element einer solchen Politik sind gute und sichere Arbeitsplätze auf dem ersten Arbeitsmarkt. Das heißt, Innovationen sollten zu sozial gesicherten und gut bezahlten Arbeitsplätzen führen. Hierfür müssen die Anreize zum Beitritt zu Tarifverbänden zumindest bei der Vergabe öffentlicher Mittel zur Förderung der Transformation gestärkt werden. Dies ist im Übrigen der Weg, der auch im IRA der US-amerikanischen Regierung beschritten wird.

Ein zweites Element, das in die gleiche Richtung wirkt, ist, Energiegenossenschaften mit und ohne öffentliche Beteiligung noch stärker und zielgenauer zu fördern. Auf diese Weise kommen die Erträge aus der Produktion breiteren Schichten oder zumindest Kommunen zugute. Sinnvoll wäre, diese Förderung sogar als Beschleuniger des Wandels zu nutzen, indem die entsprechenden Programme betragsmäßig oder zeitlich begrenzt werden, so dass rasch eine Gründungswelle ausgelöst wird. In einem solchen Umfeld steigt nicht nur die Produktion erneuerbarer Energien schneller an. Mit einem derartig vergrößerten Markt werden Innovationen zur Erzeugung, Speicherung und Verteilung dieser Energien umso lohnender.

Das dritte Element einer teilhabenden Transformation ist Aus- und Fortbildung auf allen Ebenen. Es gilt, die Fachkräfte zu gewinnen, die den Wandel operativ umsetzen. Dazu sind vor allem die entsprechenden Ausbildungsberufe zu fördern.

Mit all diesen unterstützenden Elementen werden breite Schichten stärker in die Lage versetzt, den Wandel aus eigener Kraft und mit eigenen Entscheidungen zu gestalten und zu bewältigen. Das wird dessen soziale Akzeptanz stärken. Gleichwohl werden darüber hinaus noch staatliche Förderungen und Unterstützungen notwendig sein.

Wandel und Stabilität

Der grundlegende Wandel erfordert eine flankierende gesamtwirtschaftliche Stabilitätspolitik. Da zumindest die großen Industrienationen alle in mehr oder minder starker Ausprägung in die Transformation investieren werden, besteht die Gefahr von preistreibenden Knappheiten bei den hierfür benötigten Gütern. Lösen diese Inflationsspiralen aus, entsteht ein massiver

Konflikt zwischen einer preisstabilisierenden Geldpolitik und den investiven Erfordernissen der Transformation. Um eine solche Konfrontation zu vermeiden, ist eine einkommenspolitische Koordination zwischen Fiskal-, Geld- und Tarifpolitik wie sie in der deutschen Konzertierten Aktion während der Ukraine-Krise praktiziert wurde, im europäischen Maßstab sinnvoll. Nur mit diesen sozialen und gesamtwirtschaftlichen Rahmenbedingungen lassen sich die Herausforderungen der Transformation friktionsfrei bewältigen.

Dr. Jörg Kukies

Die Transformation als Investitionsbeschleuniger

Der russische Angriffskrieg gegen die Ukraine stellt eine Zeitwende dar. Die Auswirkungen des Krieges haben unser Land nach der Corona-Pandemie zum zweiten Mal in kürzester Zeit einem echten Stress-Test unterzogen – in politischer, in militärischer und auch in wirtschaftlicher Hinsicht. In diesem Buch – und in diesem Beitrag – geht es zunächst einmal um die »Economics«. Und hier kann festgehalten werden, dass Deutschland den Krieg in der Ukraine und die damit verbundene Energiekrise sowie den massiven *terms of trade*-Schock bisher gut gemeistert hat. Deutschland ist es gelungen, innerhalb von kürzester Zeit unabhängig von russischen Energieimporten zu werden. Im Jahr 2022 konnte immer noch ein Wachstum von 1,9 % verzeichnet werden und auch für das laufende Jahr deutet sich ein verhaltenes Wachstum an. Die Beschäftigungsentwicklung ist weiterhin sehr positiv. Die Unkenrufe des vergangenen Jahres, in Deutschland würde es zu einer tiefen Energie- und Wirtschaftskrise kommen, haben sich nicht bewahrheitet. Aber es gibt neue Herausforderungen – der Inflation Reduction Act mit seinen hohen Anreizen, wirtschaftliche Aktivitäten in die USA zu verlagern, ist nur ein Beispiel von vielen, auf die Europa mit einer Stärkung seiner Wettbewerbsfähigkeit reagieren muss.

Krisen meistern im Konsens

Was begünstigt diese enorme Resilienz der deutschen Volkswirtschaft? Ein wichtiger Erfolgsfaktor ist dabei, dass an entscheidenden Wegmarken in unserem Land ein Konsens herrscht, der von einer breiten Mehrheit unserer Gesellschaft getragen wird. Dieser Konsens fällt nicht vom Himmel – »consensus building« ist harte Arbeit. An zentraler Stelle bei der Konsensfindung steht dabei der vertrauensvolle und konstruktive Austausch zwischen der Bundesregierung und den Sozialpartnern. Er ist eine große Stärke unseres Landes und spielt eine bedeutende Rolle hinsichtlich der Umsetzung und Akzeptanz von politischen Maßnahmen. In der jüngsten Krise sind die Treffen der Konzertierten Aktion dafür ein sehr gutes Beispiel. Einvernehmlich einigten sich dort Bundesregierung, Gewerkschaften und Arbeitgeberverbände auf die steuer- und abgabenfreie Sonderzahlung als Inflationsausgleich. Das Instrument wird von den Unternehmen auf breiter Front genutzt und hilft Millionen von Arbeitnehmerinnen und Arbeitnehmern, mit den aktuellen Preissteigerungen besser zurecht zu kommen. Ein weiteres Beispiel für die gelungene Zusammenarbeit auf allen Ebenen war der schnelle Bau und die Genehmigung der LNG-Terminals in Wilhelmshaven und an anderen Orten. An diesen Projekten wird deutlich, dass in Deutschland dann, wenn alle an einem Strang ziehen, auch große Infrastrukturprojekte in einer enormen Geschwindigkeit geplant und realisiert werden können.

Transformation: Der Wachstumsmotor der nächsten Dekade

Diese mittlerweile häufig zitierte *Deutschland-Geschwindigkeit* muss nun schnell auch auf andere Infrastrukturbereiche übertragen werden, so dass auch dort eine ähnliche Dynamik für mehr Innovation und Investitionen entsteht. Die neue *Deutschland-Geschwindigkeit* ist eine zentrale Bedingung zum Gelingen der Transformation zu einer klimaneutralen Wirtschaft. Und wenn wir es richtig anstellen, kann die Transformation *der* Wachstumsmotor der nächsten Dekade sein. Wir haben ambitionierte Ziele, die es erfordern, dass in Deutschland massiv in erneuerbare Energien investiert wird: bis 2030 sind rechnerisch jeden Tag vier bis fünf Windräder, über 40 Fußballfelder Photovoltaik, 1.600 Wärmepumpen und vier Kilometer Übertragungsnetze nötig. Mit diesen Investitionen sind neue Beschäftigungsmöglichkeiten in Zukunftstechnologiebranchen, neue Märkte für unsere Industrieunternehmen und neue Wertschöpfungsmöglichkeiten verbunden. Wie eng Technologie und Energiewende verbunden sind zeigt sich an dem Gesetz, mit dem wir die Einführung von »Smart Meter« in unser Stromnetz fördern – damit wird eine intelligente, sparsame, transparente und kosteneffiziente Steuerung des Stromverbrauchs in jedem Haushalt möglich werden.

Doch es braucht die Investitions- und Innovationskraft unseres ganzen Landes, um unsere industrielle Basis zukunftsfähig zu machen und bei den Energietechnologien von morgen global führend zu sein. Deutschland hat dafür gute Voraussetzungen, denn es hat komparative Vorteile bei wissens- und forschungsintensiven Gütern wie Maschinen und Anlagen. So lag Deutschland beim Patente-Ranking im Jahr 2022 auf Platz zwei. Deutschland hat zum fünften Mal in Folge das Ziel der Lissabon-Strategie übertroffen, mindestens drei Prozent des Bruttoinlandsprodukts für Forschung und Entwicklung aufzuwenden. Es gibt enorm viele Hidden Champions und

Weltmarktführer in Deutschland. Im Zuge der Transformation werden wir aber in vielen Bereichen – wie zum Beispiel im High-Tech-Bereich – noch stärker werden müssen. There is no room for complacency!

Innovation und Investition für schnelle Transformation und mehr Wettbewerbsfähigkeit

Die Bundesregierung hat einen ehrgeizigen Plan und wird die Transformation entschlossen vorantreiben. Die energieintensive Industrie ist von hoher Bedeutung für unsere Wertschöpfungsketten. Der Bundesregierung ist bewusst, dass hohe Energiepreise die Unternehmen der energieintensiven Industrie besonders belasten. Darum hat die Bundesregierung durch die Preisbremsen bereits kurzfristig für Entlastung gesorgt. Gleichwohl ist die Situation weiterhin nicht einfach. Das wichtigste Instrument für perspektivisch niedrigere Strompreise sind der massive Ausbau der erneuerbaren Energien und Energieinfrastruktur, was die Bundesregierung konsequent vorantreibt. Hierzu gehört auch ein Neustart der Solarindustrie sowie eine Wiederbelebung der Windstromindustrie in Deutschland und in Europa. Erste klare Anzeichen sind bei einigen Unternehmen jetzt schon sichtbar – viele weitere werden folgen, wenn wir die richtigen Rahmenbedingungen setzen. Die Bundesregierung stellt jetzt die Weichen, um die Investitionsbedingungen in Deutschland und Europa weiter zu verbessern. Eine zentrale Voraussetzung sind dabei neue Grundlinien des Strommarktdesigns. So darf sich nicht nur der Ausbau von erneuerbaren Energien lohnen, sondern auch Investitionen in gesicherte Leistung. Damit schonen wir das Klima und werden unabhängiger von fossiler Energie und den damit verbundenen volatilen Preisen. Denn für Branchen wie die Chemieindustrie ist Versorgungssicherheit extrem wichtig. Mit dem Hochlauf der Wasserstofftechnologien wird die Bundesregierung Möglichkeiten für eine Transformation der Industrie mittels Wasserstoff schaffen. Hier sind wir bereits gut vorangekommen und sind z. B. Wasserstoffpartnerschaften mit Kanada, Namibia und Norwegen eingegangen. Die Nationale Wasserstoffstrategie, der Aufbau eines deutschlandweiten Wasserstoff-Kernnetzes sowie die erstmalige Festlegung eines europäisch einheitlichen Rahmenwerks für Wasserstoff werden weitere Investitionsanreize für diesen Sektor setzen.

Mehr Resilienz durch eine kohärente Industriestrategie

Unsere Industriepolitik muss zukünftig auch das Thema strategische Souveränität stärker in den Blick nehmen. Dazu gehört es, Schlüsseltechnologien gezielt zu fördern. Ein Vorbild, wie das gelingen kann, ist der Chips Act der EU. Ihm verdanken wir jetzt schon einen Neustart der Chip-Herstellung in Europa. Deutschland ist schon jetzt mit großen Ansiedlungs- und Expansionsprojekten hochinnovativer Unternehmen im Halbleiter-Sektor führend. Das Ziel der Bundesregierung ist es, diese starke Position mit weiteren Ansiedlungen auszubauen. Damit werden hohe zweistellige Milliarden-Investitionen ausgelöst und zehntausende hochqualifizierter Arbeitsplätze geschaffen. Zusätzlich entstehen dadurch klassische positive Externalitäten und Netzwerkeffekte – jede neue Ansiedlung führt dazu, dass Unternehmen aus den Bereichen Software, Chip-Design, Spezialitätenchemie sowie Dienstleister zahlreicher Sektoren angesiedelt werden können.

Auch bei anderen Schlüsseltechnologien müssen wir ähnliche Anstrengungen unternehmen. Hier gilt es, auf Grundlage einer umfassenden und zielgerichteten Industriestrategie auf EU-Ebene die Weichen für eine langfristig und nachhaltig erfolgreiche Industrie zu stellen. Die Bundesregierung setzt dazu auf gute Rahmenbedingungen wie schnelle Planungs- und Genehmigungsverfahren sowie die Förderung von Zukunftstechnologien, u.a. mit der KI-Strategie, der Zukunftsstrategie, der Agentur für Sprunginnovationen und der Start-up Strategie. Bei der Finanzierung von Start-ups sind wir in Deutschland erheblich vorangekommen. Unter anderem stellt die Bundesregierung mit dem Zukunftsfonds bis 2030 €10Mrd. zur Verfügung und stärkt damit vor allem die Wachstumsfinanzierung in Deutschland. Da die Investitionen gemeinsam (»pari passu«) mit Privatinvestoren gemacht werden, nutzen wir deren Expertise und lösen zusätzliche Milliardeninvestitionen aus. Erste Erfolge bei der Ansiedlung von Herstellern im Bereich Batterien zeigen, dass die Bundesregierung auch hier die Zukunfts- und Wettbewerbsfähigkeit des Standorts Deutschland aktiv fördert.

Wesentlicher Baustein der Förderung zukunftsorientierter Technologien sind zudem die sogenannten »Wichtigen Projekte von Gemeinsamem Europäischem Interesse« (IPCEI) in den Bereichen Batteriezellfertigung, Mikroelektronik, Cloud und Wasserstoff und Förderprojekten wie Industrie 4.0., Catena-X und Manufacturing-X. Im Bereich Halbleiterfertigung und -forschung sind durch neue und bereits ansässige Unternehmen zuletzt bedeutende Investitionen angekündigt worden. Auch die Impfstoffentwicklung von BioNTech ist Beispiel dafür, wie es funktionieren kann. Gerade bei Medikamenten gilt es, ein größeres Maß an Unabhängigkeit zu erreichen. Daher stärkt die Bundesregierung den Pharma- und Biotech-Standort Deutschland. Die mRNA Technologie hat signifikantes Zukunftspotential, das bei der Bekämpfung des Corona-Virus eindrucksvoll demonstriert wurde. Aber darauf können und wollen wir uns nicht ausruhen und arbeiten mit den hochinnovativen deutschen Unternehmen in diesem Sektor zusammen, um weitere Innovationen zur Bekämpfung von Krebs, Herz- und Gefäßkrankheiten zu fördern. Auch hier gibt es hohe Netzwerkeffekte zwischen Spitzenforschung, Unternehmensansiedlungen und Kapazitätserweiterungen bei bestehenden Unternehmen, die wir fördern und anreizen müssen.

Auf europäischer Ebene müssen wir dabei streng darauf achten, dass neue regulatorische Vorgaben dieses Innovationspotential nicht einschränken – das ist insbesondere in den Bereichen Chemie, Pharma und Biotech ein entscheidender Faktor der globalen Konkurrenzfähigkeit Europas.

Außerdem sollte Deutschland weiterhin ein zentraler Standort einer europäischen Verteidigungsindustrie sein. Diese gehört zu den industriellen Kernen in Deutschland und die aktuelle geopolitische Entwicklung unterstreicht einmal mehr den Bedarf. Wir wollen zudem eine Bundeswehr, die für ihre Aufgabe, die Landes- und Bündnisverteidigung, bestmöglich ausgerüstet ist, auch und gerade bei der elektronischen Kampfführung. Und dafür müssen wir weiter in die Wettbewerbsfähigkeit unserer Verteidigungsindustrie investieren und uns mit unseren industriellen Kernkompetenzen auch in internationale Kooperationen wie FCAS (Future Combat Air System) und MGCS (Main Ground Combat System) einbringen. Deutschland trägt hier auch europäisch Verantwortung, und mit dem €100 Mrd. Sondervermögen zur Stärkung der Bundeswehr haben wir nun die Mittel zur konsequenten Umsetzung.

Schließlich kommt der Raumfahrt sicherheits-, innovations- und industriepolitisch eine wachsende Rolle zu, die auch die Kommission Forschung und Innovation (EFI) in ihrem Gutachten in diesem Jahr zurecht betont. Die Bundesregierung setzt sich für eine wettbewerbsfähige Trägerindustrie aus Europa ein. Erhebliches Potential steckt im »New Space«, bei neuen, kleineren Trägersystemen und der Verbindung von aus der Raumfahrt abgeleiteten Anwendungen mit der Digitalisierung. Wir wollen dieses junge Segment in Deutschland weiter aufbauen. Dafür müssen wir auch die öffentliche Beschaffung mit hochinnovativen Wettbewerben nach Vorbild der DARPA und der intensiveren Nutzung von Ankerkunden-Verträgen weiterentwickeln. Denn nur mit wettbewerblichen Ansätzen schaffen wir die Vorbedingungen für ein nächstes SpaceX aus Europa.

Die neue Deutschland-Geschwindigkeit beim Infrastrukturausbau

Um die Rahmenbedingungen für beschleunigten Infrastrukturausbau zu schaffen, ist die neue Deutschland-Geschwindigkeit *die* Voraussetzung. Wir haben gezeigt: Es gibt eine große Bereitschaft für Flexibilität, wenn es darauf ankommt – wie beispielsweise bei den LNG-Terminals. Deutschland kann beweglich, kann unbürokratisch, kann schnell sein. Diese neue Deutschland-Geschwindigkeit sollte zum Maßstab werden – auch bei der Transformation der Wirtschaft insgesamt. Beim Thema Planungsbeschleunigung haben wir bereits Fortschritte erzielt und weiter Großes vor. Beim Ausbau von Schienenwegen und Straßen hat die Bundesregierung bedeutende Verfahrenserleichterungen beschlossen. Priorität haben außerdem der Ausbau der erneuerbaren Energien und der entsprechenden Infrastrukturen, die die Transformation erst möglich machen. Dabei können Zielkonflikte zwischen Klima- und Naturschutz entstehen, denen Rechnung getragen werden muss. Die Bundesregierung hat einen Weg entwickelt, wie Nutzungskonflikte künftig positiv aufgelöst werden können: Eingriffe in die Natur müssen kompensiert werden, denn Artenvielfalt ist neben dem Klimaschutz die zweite große ökologische Aufgabe unserer Zeit. Dafür sollen Ausgleichszahlungen künftig gebündelt und so zusammenhängende, ökologisch wertvolle Ausgleichsflächen geschaffen werden. Unsere geplanten hohen zweistelligen Milliardeninvestitionen in die Deutsche Bahn sind ein weiteres Beispiel für das Innovationspotential, das ein kluges Miteinander von high-tech und Klimawende auslösen kann. Die Modernisierung der Bahn wird nicht nur Menschen und Güter von der Straße auf die Schiene lenken, sondern auch milliardenschwere Investitionen auslösen – nur mit modernster Digitaltechnologie kann die Erneuerung der Deutschen Bahn gelingen.

Neben der Energie- und Verkehrsinfrastruktur wollen wir uns auch bei den digitalen Infrastrukturen für die Zukunft aufstellen. Die sich derzeit vollziehende Virtualisierung der Mobilfunknetze ist verbunden mit neuen Standards im 5. Mobilfunkstandard (5G) und die Standardisierung für 6G ist bereits im Gange. Mit noch stärkerem Engagement wird sich die Bundesregierung hier nicht nur bei der Standardisierung, sondern auch für ein florierendes europäisches Ökosystem entlang der gesamten Wertschöpfungskette stark machen und dadurch die Resilienz, Souveränität und Cybersicherheit in Europa stärken.

Digitalisierung – der europäische Weg

Bei der Digitalisierung haben Deutschland und Europa noch viel Nachholbedarf. Es ist offensichtlich, dass wir eine tiefgreifende digitale Transformation und die dafür nötige Offenheit brauchen, insbesondere eine moderne Datenpolitik und Datenökonomie sowie eine digitalisierte und zukunftsfähige Verwaltung. Im Vergleich zu vielen anderen großen Volkswirtschaften auf der Welt setzen wir in Europa auf eine Digitalisierung, basierend auf europäischen Werten und Grundrechten. Diese regelbasierte digitale Ordnung ist ein wesentliches Element unserer Souveränität. Nicht zuletzt mit dem Digital Markets Act und dem Digital Services Act haben wir gezeigt, dass wir in der EU Regelungen für faire und funktionierende Märkte im Digitalen schaffen können, die weltweite Strahlkraft haben. Auf diese Weise stellen wir sicher, dass die digitale Transformation im Sinne unserer Bürgerinnen und Bürger vorangetrieben wird: Das betrifft unsere digitale Souveränität insgesamt und den Einsatz und die Entwicklung digitaler Technologien. Das betrifft digitale Infrastrukturen wie den Ausbau von Mobilfunknetzen der Zukunft, 6G und Virtualisierung. Das betrifft die Digitalisierung der Verwaltung. Und das betrifft das den Bereich der Cybersicherheit.

Deutschland erhält ein modernes Einwanderungsrecht

Eine weitere wichtige Voraussetzung dafür, dass die Transformation *der* Wachstumsmotor der nächsten Dekade sein kann, sind ausreichend gut qualifizierte Arbeitskräfte. Dem Handwerk kommt bei den Zukunftsberufen eine Schlüsselrolle zu. Denn um Industrieland zu bleiben, brauchen wir Praktiker mit Erfahrung – qualifizierte Ingenieurinnen, Handwerker, und Maschinenbauer. Dafür wollen wir junge Menschen gewinnen und Fachkräfte aus dem Ausland anwerben. Deshalb gibt die Bundesregierung unserem Land ein modernes Einwanderungsrecht. Wer bei uns mit anpacken will, der ist uns willkommen. Das bedeutet, dass wir gerade auch Flüchtlingen den Berufseinstieg erleichtern wollen. Und wir arbeiten daran, die Frauen-Erwerbstätigkeit weiter zu steigern – insbesondere im MINT-Bereich. Bei den Spitzentreffen der Allianz für Transformation steht das Thema Fachkräfte ganz oben auf der Agenda.

Handels- und Außenwirtschaftspolitik: Resilienz durch Diversifizierung stärken

Ein weiteres wichtiges Handlungsfeld für eine gelungene Transformation ist die Handels- und Außenwirtschaftspolitik. Spätestens mit der Zeitenwende ist dieses Thema noch stärker in den Fokus gerückt. Uns wurde vor Augen geführt, dass Deutschland noch resilienter gegenüber Krisen werden muss. Dafür muss die europäische Handelspolitik noch ambitionierter werden, Freihandelsabkommen und WTO-Reform vorangetrieben werden. Vor dem Hintergrund der geopolitischen Zeitenwende werden die Herausforderungen an eine deutsche Außenwirtschaftspolitik größer: So gilt zum Beispiel für China, dass das Land ein Partner von Deutschland und Europa ist. Gleichzeitig ist China aber auch Wettbewerber und Rivale – insbesondere deshalb, weil es das Land oftmals an Offenheit und Fairness gegenüber internationalen Investoren mangeln lässt. Die Bundesregierung ist aber der Auffassung, dass Globalisierung und internationale Wertschöpfungsketten wichtig sind und deshalb setzen wir nicht auf Decoupling. Natürlich muss die deutsche Wirtschaft die Abhängigkeiten bei kritischen Rohstoffen verringern. Dabei geht es aber um Diversifizierung durch den Aufbau strategischer Allianzen auf allen Kontinenten und nicht um die Rückkehr zu nationalen Lieferketten. Was für Rohstoffe gilt, trifft genauso auch auf Hochtechnologie und Innovationen zu, und nicht zuletzt auch auf Energie und künftig Wasserstoff. Freihandelsabkommen spielen hier eine bedeutende Rolle. Bei Verhandlungen der EU mit dem MERCOSUR, mit Mexiko, Australien, Kenia und Indien ist hier in den vergangenen Monaten eine ganz neue Dynamik entstanden. Das war eine Reaktion auf die Pandemie und ihre Folgen; das ist aber auch ein Gebot der geopolitischen Entwicklungen, hier in Europa und in Asien. Diesen Weg muss Europa noch entschlossener gehen. Darum unterstützt die Bundesregierung den Abschluss neuer EU-Freihandelsabkommen. Auch die Instrumente der Außenwirtschaftspolitik wie z. B. Investitionsgarantien oder der Gewährleistungsrahmen für Entwicklungs- und Förderkredite im Rahmen der Finanziellen Zusammenarbeit entwickelt die Bundesregierung unter dem Blickwinkel der Diversifizierung weiter.

Sozial-ökologische Marktwirtschaft in einem souveränen Europa

Deutschland hat in dieser Krise gezeigt, dass auch Demokratien schnell zu weitreichenden Entscheidungen kommen können. Alleinherrscher unterschätzen Demokratien in diesem Punkt immer wieder. Dabei ist der tiefere Grund ganz einfach: In einer Demokratie arbeiten ihre gewählten Repräsentanten zusammen mit der Gesellschaft, die sie vertreten und von der sich ihre Macht auf Zeit ableitet. Daraus erwachsen Akzeptanz und Gemeinsinn. Und damit lassen sich auch schwierige Situationen meistern. Und so können auch langfristige Herausforderungen wie die Transformation zur Klimaneutralität erfolgreich bewältigt werden.

Diese Transformation wird unserem Land gelingen. Wir alle wissen: Sie ist eine große Herausforderung, aber sie ist auch unabdingbar. Es wird einiges an Veränderung und an Anstrengung von uns allen erfordern, aber die Bereitschaft dafür ist vorhanden. Außerdem ist Deutschland insgesamt in einer guten wirtschaftlichen Verfassung und kann auf vielfältige Stärken aufbauen. Wir sind als Land und als Gesellschaft in dem Ziel vereint, eine Soziale Marktwirtschaft in einem souveränen Europa aufzubauen, in der Nachhaltigkeit, soziale Sicherheit und Chancengerechtigkeit umfassend Rechnung getragen werden.

Christian Sewing

Innovationen und Investitionen stärken

Deutschlands Schätze liegen nicht vergraben unter der Erde. Deutschlands Schätze liegen in den Köpfen seiner Bürger. Der Kern des deutschen Geschäftsmodells basiert auf dem Erfindergeist der Menschen – und nicht auf dem Verkauf von Öl, Gas oder Seltenen Erden. Dieses Geschäftsmodell funktionierte über Jahrhunderte so gut, dass Deutschland sich den Ruf als *das* Land der Dichter und Denker erwarb.

Die großen Erfindungen »*made in Germany*« sprechen für sich: Johannes Gutenberg hat den Buchdruck erfunden, Carl Benz das Automobil und Wilhelm Conrad Röntgen entdeckte die Röntgenstrahlung. Bis heute gehört Deutschland neben den USA und Japan zu den Ländern mit den meisten Patentanmeldungen. Doch der Erfindergeist zeigt deutliche Ermüdungserscheinungen. Während die deutschen Anmeldungen beim Europäischen Patentamt 2021 gegenüber dem Vorjahr nur um 0,3 Prozent stiegen, legten die Patentanmeldungen aus China um 24 Prozent zu.

Die Zahlen bestätigen die Erkenntnisse der Expertenkommission Forschung und Innovation der Bundesregierung: »Deutschland droht ein Verlust an technologischer Souveränität«, schreiben die Fachleute in ihrem aktuellen Jahresgutachten. Bei digitalen Technologien, Materialtechnologien, Produktionstechnologien und Bioökonomie liege Deutschland »im internationalen Vergleich nicht auf den vordersten Plätzen«. Die anstehende Transformation werde sich aber nicht ohne innovative Technologien meistern lassen.

Den Befund der Expertenkommission sollten wir als Weckruf verstehen: an die Politik, an Unternehmen, an die Wissenschaft, an uns alle. Die großen Herausforderungen unserer Zeit – allen voran den Klimawandel, werden wir nur mit mehr Innovationen und Investitionen in Technologie bewältigen können. Andernfalls droht Deutschland abgehängt zu werden, weil es sich immer mehr von Technologien aus Asien oder Amerika abhängig macht. Dieses Risiko sollte niemand unterschätzen. Es ist eine Gefahr für unseren Wohlstand, aber auch für die Stabilität unserer Demokratie.

Deshalb müssen wir jetzt daran arbeiten, die Rahmenbedingungen für Innovationen in Deutschland erheblich zu verbessern – und zwar schnell. Es war ein ermutigendes Signal, als die Bundesregierung den Koalitionsvertrag 2021 mit dem Versprechen »Mehr Fortschritt wagen« überschrieb. Doch bei den Themen digitale Infrastruktur und E-Government ist seither wenig passiert. Von einem digitalen Aufbruch ist in Deutschland immer noch kaum etwas zu spüren.

Um Deutschlands technologische Souveränität dauerhaft zu sichern, braucht es jetzt grundlegende Veränderungen. Und dabei sind für mich drei Bereiche zentral: eine offene Haltung zu Technologie und Innovationen, bessere staatliche Rahmenbedingungen und ein integrierter europäischer Kapitalmarkt.

Geistige Haltung

Deutschland ist trotz der vielen Krisen in den vergangenen Jahren immer noch die viertgrößte Volkswirtschaft der Welt, mit erstklassigen Unternehmen, mit einem hohen Wohlstand und mit einem Arbeitsmarkt, auf dem annähernd Vollbeschäftigung herrscht. Doch die Erfolge der deutschen Wirtschaft und die hohe Wettbewerbsfähigkeit vieler Unternehmen sind keine Selbstverständlichkeit. Es wäre fatal zu denken, dass die Wohlstandsgewinne der Vergangenheit, von denen alle gesellschaftlichen Gruppen profitiert haben, ohne zusätzliche Anstrengungen verteidigt werden können. Die Welt um uns herum wird immer besser, insbesondere die asiatischen Länder mit China an der Spitze. Da reicht es einfach nicht, den Status quo zu verwalten. Nostalgie ist kein Geschäftsmodell.

Was Deutschland braucht, ist eine neue Anstrengungskultur, den unbedingten Willen, über sich hinauswachsen zu wollen. Politiker und Unternehmer müssen gemeinsam die Menschen davon überzeugen, dass es sich lohnt, besser zu werden – mit mutigen Ideen, mit klugen Geschäftsmodellen, mit der Bereitschaft, Dinge disruptiv und völlig neu zu denken. Und Leistung muss auch anerkannt werden und darf nicht negativ belegt sein, wie das leider häufig der Fall ist. Leistung soll Spaß machen und Anreize geben, nur so können wir auf Dauer den Gesamtwohlstand fördern.

Wir brauchen eine Kultur, die Chancen und nicht Risiken in den Mittelpunkt von Reformprozessen stellt. Eine Kultur, die neuen Technologien mit Offenheit und nicht mit Skepsis begegnet. Davon sind wir ein gutes Stück weit entfernt. Innovationen werden bei uns zu oft vor allem unter Risikogesichtspunkten diskutiert.

Ein gutes Beispiel ist die künstliche Intelligenz, die derzeit anhand des Chatbots ChatGPT in aller Munde ist. Die Anwendung kann in natürlicher Sprache Texte in verschiedensten Formen verfassen. Die vorstellbaren Einsatzmöglichkeiten für diese Technik sind vielfältig, sie kann der Wirtschaft einen Schub geben und die Menschen von lästigen Standardaufgaben befreien. Natürlich gibt es auch Risiken, aber wenn ChatGPT ausschließlich als Bedrohung für die Menschen und unsere Jobs dargestellt wird, verkennt das die Realität – und die Chancen, die diese Technik ermöglicht.

Nur wenn wir offen mit solchen technologischen Veränderungen umgehen, können wir Wohlstand und Arbeitsplätze von morgen sichern.

Bessere staatliche Rahmenbedingungen

Offenheit gegenüber Innovationen muss sich auch in einer anderen Regulierungspraxis niederschlagen. Zu oft halten Gesetze und Vorschriften neue Technologien klein, wodurch wir Wachstumspotenzial verspielen.

An anderen Stellen stehen bürokratische Antrags- und Genehmigungsverfahren dem Fortschritt im Weg. Das gilt im Großen wie beim Ausbau der Erneuerbaren Energien, der durch jahrelange Zulassungsverfahren ausgebremst wird. Es gilt aber auch bei Themen wie der steuerlichen Forschungsförderung, die Deutschland im Jahr 2020 eingeführt hat. Wegen ihrer Komplexität wird diese bisher kaum genutzt, von den im Bundeshaushalt veranschlagten 2,5 Milliarden Euro im Jahr ist nur ein kleiner Teil tatsächlich abgeflossen. Das schont die Staatsfinanzen, bringt aber nicht den gewünschten Schub bei der Innovationsförderung.

Bürokratie und Regulierungswut sind der größte Standortnachteil, den wir in Deutschland haben. Quer durch alle Branchen klagen Unternehmen über die Hürden, die ihnen auferlegt werden. Das macht sie empfänglich für Abwerbeversuche, wie sie etwa die USA mit ihrem Inflation Reduction Act und weiteren Anreizprogrammen immer offensiver unternehmen. Die beste Antwort auf diese Initiativen ist aber kein Subventionswettstreit, sondern ein entschlossener Abbau von Bürokratie und Überregulierung.

Das gilt nicht zuletzt mit Blick auf junge Unternehmen. In den vergangenen Jahren hat sich in Deutschland eine lebendige und erfolgreiche Gründerszene entwickelt. Doch noch immer sind die Voraussetzungen für Start-ups nicht so, wie sie sein müssten. Die Hürden sind vielfältig: Kern des Problems ist die Bürokratie bei Unternehmensgründungen, die trotz vieler politischer Versprechen immer noch viel zu aufwändig ist im internationalen Vergleich.

Das muss sich dringend ändern. Deutschland braucht eine Willkommenskultur für Gründer: Die Politik muss das Gründen einfacher machen und Steuernachteile im Bereich der Mitarbeiterbeteiligungen beseitigen.

Positiv ist, dass die Bundesregierung an verschiedenen Stellen im Koalitionsvertrag die Basis für bessere staatliche Rahmenbedingungen gelegt hat. Das Problem ist erkannt. Aber der Gesetzgeber muss Maßnahmen wie die angekündigten Superabschreibungen für Investitionen in Nachhaltigkeit und Digitalisierung jetzt auch zügig umsetzen. Diese geplanten Steuererleichterungen würden die Wirtschaft um viele Milliarden Euro entlasten – und könnten ein wichtiger Beschleuniger für mehr Innovationen und die Transformation der deutschen Wirtschaft werden.

Integrierter Kapitalmarkt in Europa

In der Weltspitze wird sich unsere Wirtschaft aber nur halten können, wenn wir für Innovationen auch viel Geld in die Hand nehmen. Allein der Umbau unserer Wirtschaft zu mehr Nachhaltigkeit wird gewaltige Investitionen erfordern. Die Unternehmensberatung McKinsey schätzt, dass der Übergang zu einer CO_2-neutralen Wirtschaft in Europa bis 2050 jedes Jahr eine Billion Euro kosten wird. Das ist etwa doppelt so viel wie der Bundeshaushalt. Ausgaben in diesen Dimensionen können weder die öffentliche Hand noch Banken allein stemmen. Ohne privates Kapital wird es nicht gehen – oder klarer gesagt: Der viel beschworene »Green Deal« wird ohne eine Kapitalmarktunion nicht realisierbar sein.

Daher ist es gut, dass die Bundesregierung mit dem Zukunftsfinanzierungsgesetz den deutschen Kapitalmarkt vorantreibt. Doch dieser Schritt wird nicht reichen. So wie Europa heute aufgestellt ist, fehlen die Kapital- und Finanzierungsstrukturen, um die Transformation der Wirtschaft aus eigener Kraft zu bewältigen. Europa hat unter den aktuellen Bedingungen ein nachhaltiges Problem, privates Kapital für Investitionen zu mobilisieren.

Bis heute laufen in Europa 70 Prozent der Unternehmensfinanzierungen über Banken – in wirtschaftlich schwierigeren Zeiten wie aktuell sogar noch mehr. In den USA hingegen liegt dieser Wert dank des tiefen, liquiden Kapitalmarktes bei rund einem Drittel.

Unternehmen jeglicher Größe und Risikoklasse können in Amerika passende Finanzierungen bekommen. Das ist ein immenser Wettbewerbsvorteil. Gerade wenn es um die Finanzierung von Zukunftsinvestitionen und In-

novationen geht, kann Amerika dank seines lebhaften Private-Equity- und Venture-Capital-Sektors aus dem Vollen schöpfen.
In Europa dagegen fehlen diese Geldgeber. Und das nicht, weil sie hier nicht investieren möchten. Im Gegenteil: Das Interesse an Anlagen in Europa ist weltweit immens. Aber unsere kleinen nationalen Kapitalmärkte bieten nicht die Voraussetzungen, die große Investoren brauchen. Nicht nur, dass sie sich mit Dutzenden nationalen und divergierenden Vorschriften auseinanderzusetzen haben. Sie müssen auch befürchten, dass sie ihre Anlagen im Bedarfsfall nicht verkauft bekommen, weil es schlicht an der nötigen Liquidität fehlt. Dieses Risiko geht kein Investor ein.
Der fragmentierte europäische Kapitalmarkt verhindert also, dass wir unsere Finanzierungsmöglichkeiten voll ausschöpfen. Diese Blockade müssen wir überwinden – und die Kapitalmarktunion ist der Schlüssel dafür. Sie ist ein zentraler Pfeiler für die Zukunftsfähigkeit Europas und Deutschlands; sie ist der wichtigste Hebel, um die Finanzierung von Innovationen und Investitionen zu meistern; sie ist das größte, einfachste und effektivste Konjunkturprogramm; und sie ist die Grundvoraussetzung dafür, dass Deutschland und Europa mit den USA und China wieder mithalten können.

Deutschland gemeinsam nach vorne bringen

Der Weg dahin wird steinig und wir werden große Herausforderungen meistern müssen. Aber wir kennen auch viele der Antworten, die es braucht, um erfolgreich zu sein: Offenheit für neue Technologien, verbesserte Rahmenbedingungen für Innovatoren und ein starker europäischer Kapitalmarkt, der grenzüberschreitend Investorengelder mobilisiert – das sind die zentralen Zutaten für ein zukunftsfähiges und innovatives Deutschland.
Wenn wir es schaffen, mit vereinten Kräften und einem gemeinsamen Verständnis in Politik, Wirtschaft und Gesellschaft auf dieses Zielbild hinzuarbeiten – dann bin ich zuversichtlich, dass wir unseren Wohlstand nicht nur halten, sondern unsere Position in der Welt sogar ausbauen können. Deutschland hat das Potenzial dazu, wir müssen es aber bestmöglich nutzen.

Bettina Stark-Watzinger

Innovation-Nation:
Wieso mehr Offenheit, Transfer und Ambition entscheidende Zukunftsfaktoren sind

»Futurenomics«: Geschwister der Zeitenwende sind all die Zukunftsgedanken, die wir uns erlauben – ja: abverlangen – müssen, um Raum für Innovation zu schaffen. Kein leichtes Unterfangen. Während diese Zeilen entstehen, tobt immer noch der völkerrechtswidrige russische Angriffskrieg auf die Ukraine, sorgen die geopolitischen Spannungen um Taiwan für Schlagzeilen und meldet Spanien Hitzerekorde schon im Frühjahr. Das hat Folgen auch für uns und unser Handeln. Den Blick über den Tellerrand dieser Poly-Krise zu richten, das kostet Kraft, aber genau die müssen wir aufbringen, um Wertschöpfung und Wohlstand für morgen und auch übermorgen zu sichern.

Das Heikle an Übermorgen ist: So sehr wir auch versuchen, es in unserem Sinne anzubahnen, niemand von uns kann es wirklich vorhersehen. Deswegen ist Offenheit in der Innovationspolitik ein so wichtiger Faktor. Wir dürfen gerade jetzt – unter dem Druck des Krisenmanagements – nicht den Fehler machen, uns auf das Naheliegende, vermeintlich Einfache zu konzentrieren und alle anderen Optionen auszuschließen. Denn Fortschritt gelingt nicht auf einer Scholle, Fortschritt braucht Freiraum.

Gutes Beispiel hier sind die neuen Züchtungstechnologien in der Pflanzenforschung. Zweifellos ist es aufwendig, der Öffentlichkeit die Ängste vor diesen Technologien zu nehmen. Aber wie groß ist zugleich die Chance, die Weltbevölkerung dank solcher Innovationen zu ernähren. Während Deutschland sich sperrt, kommen die neuen Pflanzen anderswo längst auf die Äcker. Die Forschung, der Transfer, die Produktion im großen Maßstab – dieser Wandel findet ohne uns statt. Das kann so nicht bleiben. Ich werbe sehr für mehr Spielraum, damit wir so ein Zukunftsfeld mit bestellen. Je öfter sich die Politik für ein Opt-out oder Wait-wait-wait entscheidet, desto abhängiger werden wir von wenigen Pfaden. Das Gegenteil muss jedoch unser Ziel sein: größtmögliche Unabhängigkeit durch bewusst divers geförderte Innovationen. Das gilt allen voran für den Energiesektor. Deswegen investiere ich viel Arbeit in neue Forschungskooperationen. Ob Australien, USA oder Kanada, ob Südafrika oder Namibia: Überall sind Wissenschaftlerinnen und Wissenschaftler, sind Unternehmen dabei, ihre neuen Ansätze marktreif zu skalieren. Nicht obwohl, sondern gerade, weil wir in Deutschland zu wenig Wind und Sonne haben, muss es unser dringendes Interesse sein, Partnerschaften aufzubauen, grünen Wasserstoff transport- und damit importfähig zu machen. Die passende Technologie kann »Made in Germany« und so erfolgreich werden, wie es unser Anlagenbau seit Jahrzehnten ist. Aber die Offenheit dafür müssen wir auch mental aufbringen, nicht nur die ungeklärten Fragen zählen, sondern eigene Ausrufezeichen setzen: für die Wasserstoffrepublik Deutschland.

Ein ähnliches Mindset brauchen wir für die Fusionsforschung. Natürlich habe auch ich keine Glaskugel, keine Gewissheit darüber, ob und wann der Durchbruch gelingt, um auf diese Weise unser Energieproblem zu lösen. Aber ich will für Deutschland, dass wir die Riesenchance dahinter sehen. Die Chance, dass wir es sind, die die Fusionsenergie erfolgreich vorantreiben.

Mehr Offenheit ist das eine, mehr Netzwerke sind das andere, um tatsächlich mehr Fortschritt zu wagen. Dafür setzen wir in der Bundesregierung auf die Zukunftsstrategie Forschung und Innovation, mein Ministerium als Federführer insbesondere auf den intensiven Austausch mit den Stakeholdern. Sie spielten schon in der Entwurfsphase eine wichtige Rolle und werden es weiterhin tun, wenn wir die Missionen der Zukunftsstrategie jetzt weiter konkretisieren. Die Missionsorientierung, mit der wir unsere Aktivitäten fokussieren, hat einen klaren Vorteil: Menschheitsaufgaben wie die Bewältigung des Klimawandels oder der Armut lassen sich international anschlussfähig und generationenübergreifend darstellen. Wertepartner auf der ganzen Welt können also genauso adressiert werden wie potentielle Innovatoren vor der eigenen Haustür.

Letzteres ist bei DATI, der neuen Deutschen Agentur für Transfer und Innovation, durchaus wörtlich gemeint. Die DATI ist dezentral konzipiert, sie soll regionale Innovationsökosysteme zum Wachsen und Gedeihen bringen. Wir konzentrieren uns dabei auf die ungehobenen Schätze. Die DATI soll beraten und Brücken bauen, vor allem rund um Hochschulen für angewandte Wissenschaften: Brücken zu kleinen und mittleren Unternehmen, Start-ups, sozialen Organisationen, wissenschaftlichen und öffentlichen Einrichtungen, nicht zuletzt kommunalen Behörden. Es geht uns darum, die Agilität der Innovationsförderung weiter zu steigern und mit ihr die

Erfolgsquote beim Transfer, also der Momente, in denen es gute Ideen in die Praxis schaffen.

Der Innovationsbegriff, den wir dabei zugrunde legen, umfasst ausdrücklich auch die Sozialen Innovationen, deshalb ist mir die Arbeit unserer neuen Beauftragten für Soziale Innovationen, Zarah Bruhn, ein großes Anliegen. Die vielfältigen Potentiale Sozialer Innovationen sind in Deutschland längst noch nicht ausgeschöpft, dabei geben sie neue Antworten auf so viele gesellschaftliche Fragen. Wie leben wir im Wohlstand und zugleich im Einklang mit unseren Klimazielen? Wie helfen wir Bedürftigen trotz knapper Kassen? Wie erneuern wir Arbeits- und Produktionsprozesse, Dienstleistungen oder ganz grundsätzlich: unsere Formen der Kooperation? Soziale Innovationen verbessern schon heute unseren Alltag, von Sharing-Modellen über Re- und Up-cycling bis zum Job-Matching – kein Lebensbereich, der nicht neu gedacht werden könnte. Wandel dieser Art bereichert unsere Gesellschaft auf doppelte Weise: durch sein konkretes Ergebnis und durch den Weg dorthin. Bottom-up statt Top-down – weg von: Der Staat wird es schon richten. Hin zu: Ich packe selbst an, bringe meine Kompetenzen zusammen mit anderen optimal ein. Gemeinsam mit Zarah Bruhn will ich die Messbarkeit Sozialer Innovationen fördern. Damit Innovationen nicht mehr nach Kategorien wie »for-profit« oder »non-profit« sortiert werden, sondern nach ihrem Impact für uns alle. Ich bin überzeugt: Dann gelingt auch ein echter Social-Start-up-Hype.

Transformation braucht Leidenschaft und natürlich: Menschen mit ihren Ambitionen. Dieser Text hier soll nicht ohne den Appell für mehr Fachkräfte bleiben. Aber auch nicht ohne die Einladung, die vorhandenen Programmlinien des Bundes genauer anzuschauen und zu überlegen: Wo kann ich mich als Partner anschließen und gute Ansätze in die Fläche tragen? Es muss uns noch viel öfter gelingen, Nachahmer für Best Practices zu finden. Unser Startchancen-Programm beispielsweise folgt genau dieser Logik. Rund 4.000 Schulen in Deutschland sollen Modellschulen werden, Talentschulen in besonders herausfordernden Lagen. Es geht uns um gezielte Hilfe dort, wo sie am nötigsten ist, durch Investitionen in Schul-Infrastrukturen, in Sozialarbeit und in Chancenbudgets, über die diese Schulen frei entscheiden können. Selbstbestimmung soll auch hier ein Schlüsselmoment werden. Bildung, die diesem Anspruch gerecht wird, darf Erfolg nicht an soziale Herkunft koppeln, sondern muss individuelle Fähigkeiten in den Mittelpunkt rücken. Deswegen ist es mir so wichtig, das Aufstiegsversprechen zu erneuern und vor allem endlich wahr zu machen. Unser Startchancen-Programm, die BAföG-Reform, auch die Exzellenz-Initiative für Berufliche Bildung – sie alle zahlen auf dieses Konto ein. Aufstieg heißt für mich, dass jeder junge Mensch die eigenen Talente entfalten und zum Broterwerb machen kann, also Aufstieg für ein selbstbestimmtes, freies Leben, ob als Master oder Meister. Oder Meisterin natürlich.

Parallel fördern wir massiv die MINT-Bildung in- und außerhalb der Schulen, für alle Altersgruppen, ganz gezielt auch für Mädchen und Frauen. Mathematik, Informatik, Naturwissenschaften und Technik sind nicht nur die Grundlagen der viel zitierten Schlüsseltechnologien: Mikroelektronik, Quantentechnologien, Künstliche Intelligenz, Robotik, Batterie- und Materialforschung. MINT-Fragen betreffen inzwischen so gut wie alle Felder, ganz buchstäblich auch diejenigen, auf denen umweltschonend angebaut und geerntet wird.

Segen und Fluch liegen in den aktuellen Debatten dazu oft dicht beieinander. Das Veränderungspotential der Künstlichen Intelligenz für viele Berufe beispielsweise können wir heute nur erahnen, aber schon machen sich Verbotsforderungen für ChatGPT und Co breit. Von dieser Art Alarmismus kann ich nur abraten. In der Geschichte der Menschheit gab es bei jeder disruptiven Innovation Ängste und Vorbehalte – die sollten wir auch gar nicht kleinreden. Aber zugleich sollten wir uns erinnern, dass sich auch immer Zeitgenossen fanden, um die Nachteile beherrschbar zu machen. Buchdruck, Dampfmaschine, Internet: Wer möchte sie heute noch rückabwickeln?

»Futurenomics« heißt für mich, die Chancen zu betonen, ohne die Risiken aus dem Blick zu verlieren. Fest steht: Veränderung ganz ohne Risiken ist nicht möglich. Aber durchaus eine Gesellschaft, die den Chancen durch ihr eigenes Zutun das größere Gewicht gibt.

Rafael Laguna de la Vera und Thomas Ramge

Der große Sprung

»Innovare« heißt »erneuern«. Es heißt nicht »ein bisschen besser machen.« Eine Sprunginnovation verändert unser Leben grundlegend zum Besseren und macht es nicht nur ein wenig bequemer. Sprunginnovatoren finden mit den Mitteln von Wissenschaft und Technik eine neue Lösung für ein relevantes Problem. Eine Sprunginnovation zerstört oft alte Märkte und schafft neue. Sie wirkt wirtschaftlich disruptiv und gefährdet jene, die in Pfadabhängigkeiten nur inkrementell innovieren, also erfolgreiche Technologien in kleinen Schritten verbessern. Manchmal durchlaufen Sprunginnovationen schmutzige Phasen, bevor sie viel nützen und nicht mehr schaden. Gelingt ein großer wissenschaftlicher und technischer Sprung, zeigt er sich in Bildern und Statistiken, in Sprache und Kunst. Die Welt sieht nach ihm anders aus, und wir nehmen sie anders wahr. Manchmal haben Sprunginnovationen sogar die Kraft, politische Systeme zu Fall zu bringen und neue zu erschaffen. Sprunginnovationen sind oft Grundlage sozialer Innovationen.

Die erste Kulturpflanze war eine Sprunginnovation, das Einkorn vor rund 10 000 Jahren. Die Erfindung des Segelboots vor 6000 Jahren hat die Welt verändert, wie später der Nagel, der Zement und das Papier. Der Buchdruck und optische Linsen waren Sprunginnovationen und natürlich Dampfmaschine, elektrischer Strom, Fotoapparat und Flugzeug. Im 19. und frühen 20. Jahrhundert kamen viele Innovationssprünge aus Deutschland, die unser Leben bis heute stark prägen: Röntgenapparat, Automobil, Kunstdünger, Aspirin. Doppelte Buchführung, industrielle Stahlproduktion und das Fließband sprunginnovierten weltweit die Wertschöpfung. War Penicillin die größte Sprunginnovation der Medizingeschichte? Oder das Wasserklosett? Oder doch die Antibabypille? Die Digitalcomputer der 1940er-Jahre lösten die digitale Revolution und eine Reihe von Sprunginnovationen aus, darunter Mikrochip, den PC und natürlich das Internet, das unser Leben in den vergangenen drei Jahrzehnten so stark verändert hat wie keine andere neue Technologie.

Mit dem echten Internet-Smartphone, 2007 von Steve Jobs ins Leben gerufen, tragen wir eine Sprunginnovation in der Tasche und können die Finger nicht mehr von ihm lassen. Die Sprunginnovation der mRNA-Impfstoffe hilft uns, mit Wissenschaft und Technik aus Mainz und Tübingen die größte Krise seit dem Zweiten Weltkrieg, die Corona-Pandemie, zu bewältigen und uns gegen neue Epidemien zu wappnen. Was kommt als Nächstes? Niemand kann es sicher wissen, denn die Unberechenbarkeit liegt im Wesen der Sprunginnovation. Wohl aber kann man ihr auf die Sprünge helfen. Wir suchen z. B. seit Sommer 2021 in einem offenen Ideenwettbewerb nach einer radikal besseren Lösung, mit der Pharmakologinnen[3] künftig sehr viel schneller Medikamente gegen Viren entwickeln können. Wissenschaft und Technik sind bei der antiviralen Wirkstoffentwicklung erstaunlich erfolglos. Trotz steigender Gefahr werden beschämend wenige neue Wirkstoffe zugelassen. Hier braucht es endlich einen großen Sprung mit einem Medikament mit Breitbandwirkung ähnlich wie bei Antibiotika, nur eben nicht gegen bakterielle Krankheitserreger, sondern gegen Viren.

Wir bei der SPRIND sind Technikoptimisten. Wir sind davon überzeugt, dass Wissenschaft und Technik in den kommenden Jahrzehnten viele Antworten auf die großen Herausforderungen unserer Zeit finden werden. Sie werden uns grüne Energie aus Wind und Sonne, Wasserkraft und Kernfusion im Überfluss bringen. Diese könnte so günstig sein, dass es sich kaum noch lohnt, sie abzurechnen. Durch CO_2-freie Energie für weniger als zwei Cent pro Kilowattstunde lassen sich Armut und Hunger weltweit radikal senken. Mit ihr können wir der Atmosphäre in großen Mengen Kohlendioxid entziehen und den Klimawandel aufhalten. Die Welt wird dadurch deutlich friedlicher werden. Weniger Menschen müssen dann aus ihrer Heimat fliehen. Forschende der Biomedizin verstehen derweil den Bauplan des Lebens immer besser. Mithilfe von Gentechnologie und Gesundheitsdatenrevolution stehen wir an der wissenschaftlichen Schwelle, die großen Krankheiten kleinzukriegen: Krebs und Demenz, Herz-Kreislauf-Erkrankungen und Autoimmunkrankheiten, psychische Erkrankungen und Lähmungen, Blindheit und schwere Hörschäden. Wir hoffen, dass es gelingt, den Alterungsprozess der Zellen deutlich zu verlangsamen, damit wir gesünder älter werden können. Und vielleicht sogar Zeit mit Ururenkeln zu verbringen.

Durch Wissenschaft und Technik werden wir Biodiversität erhalten und Tierschutz stärken. Denn ultraintensive Landwirtschaft, gerne vertikal und mit resistenten Züchtungen, kann Flächenverbrauch für Nahrungsmittelproduktion reduzieren. Fleisch kommt hoffentlich alsbald nicht mehr aus dem Mastbetrieb, sondern naturidentisch aus einer riesigen Petrischale. Wir werden elektrisch fliegen, in autonomen Drohnen, die keine Straßen brauchen. Für die Langstrecke gibt es CO_2-neutrale Kraftstoffe, und vielleicht nehmen wir beim Flug nach Australien alsbald eine (zeitliche) Abkürzung durchs All. Digital sprunginnovierte Bildung wird so viel Spaß machen wie ein gutes Computerspiel, mit Robolehrern und menschlichen Pädagogen, die Peer Learning im Kleinen coachen. Vielleicht macht diese Art Bildung dann sogar ein wenig süchtig.

Wir wagen die Prognose: In zehn Jahren werden wir alle KI-Assistenten benutzen, die uns bei unseren Entscheidungen unterstützen und dabei unsere Interessen vertreten, und nicht jene von Amazon, Google oder Apple. Wir werden in den kommenden zwanzig Jahren ein System entwickeln, um große Asteroiden umzulenken, die auf die Erde zusteuern. Und obwohl nicht alle von uns bereit wären mitzufliegen: Wir hoffen, dass wir bis 2050 eine dauerhafte Kolonie auf dem Mars gründen. Warum? Weil das uns Menschen helfen wird, unseren alten Entdeckergeist neu zu entdecken und wieder den Mut zu entwickeln, wirklich große Sprünge zu wagen. Dieser Entdeckergeist ist so dringend nötig wie zu Zeiten von Christoph Kolumbus und Marco Polo.

Neue Technologie muss die Fehler alter Technologie wieder ausbügeln. Nur durch Innovationssprünge werden wir wirtschaftlich und ökologisch aus Pfadabhängigkeiten wieder herausfinden, in die wir uns seit der Industrialisierung begeben haben und in denen wir festzuhängen scheinen wie die Nadel eines Plattenspielers in der Rille einer Schallplatte mit tiefem Kratzer. Für Deutschland, das Land des Automobils und der Spaltmaße, gilt dies ganz besonders. Global gesehen kann uns nur radikal bessere Technologie helfen, die wachsende Weltbevölkerung ressourcenschonend zu versorgen, den Weltfrieden zu wahren und weitere regionale Kriege zu vermeiden. Dazu müssen wir uns jedoch zunächst von einem Gegenwartsmythos verabschieden: Wir leben in weniger innovativen Zeiten, als wir oft glauben.

In den letzten fünfzehn Jahren kam der Fortschritt allenfalls in Trippelschritten voran. Die angeblich so disruptiven Plattformen aus dem Silicon Valley lösen Probleme, die wir eigentlich nie hatten. Auch vor Amazon konnten wir schon ganz gut einkaufen, vor Airbnb in Urlaub fahren und vor Uber ein Taxi telefonisch bestellen. Ja, auch wir bei der SPRIND hängen ständig auf Twitter und wollen die Bequemlichkeit einiger digitalen Dienste nicht mehr missen. Und ja, ein selbstfahrendes Auto wäre schon eine feine Sache. Aber selbst dieser Innovationssprung erschiene uns deutlich kleiner als jener bei der Erfindung des Fahrrads. Das Fahrrad machte das Reisen nicht bequemer, es vervielfachte den Bewegungsradius eines großen Teils der Bevölkerung. Es war eine Ermächtigungsinnovation. Das selbstfahrende Auto macht uns zu Beifahrern. Was wir zurzeit allenthalben sehen, ist die Simulation von Innovation. Innovationstheater. Rasenden Technologiestillstand. Vielleicht brauchen wir keine weiteren Apps, Gadgets, Plattformen und digitalen Geschäftsmodelle, die unser Leben angeblich einfacher machen, aber uns de facto infantilisieren und überwachen. Wir brauchen also genau nicht jene Art von Scheininnovation, für die weltweit nahezu unbegrenzt Risikokapital zur Verfügung steht. Wir brauchen sprunghafte Innovationen, die das Leben einer größtmöglichen Anzahl von Menschen in größtmöglichem Umfang besser macht. Sinnvollen und sinnstiftenden Nutzen finden wir, wenn wir den Fokus bei der Suche nach neuen Anwendungen auf menschliche Bedürfnisse richten, von basalen Lebensgrundlagen bis zur Möglichkeit zu individueller Selbstverwirklichung, basierend auf der Ethik des britischen Philosophen und Sozialreformers Jeremy Bentham: auf der Maximierung des Glücks und Minimierung des Unglücks.

Doch wer bringt eigentlich Technologie in die Welt, die das Glück möglichst vieler Menschen maximiert und nicht den Gewinn weniger Big-Tech-Unternehmen? In der SPRIND-Sprache heißt die Antwort HiPos, High Potentials. Diese Sprunginnovatorinnnen und -innovatoren sind Nerds mit Mission. Sie haben ein für andere schwer nachvollziehbares Interesse an einem Spezialgebiet, gerne an der Grenze zu manischer Besessenheit. HiPos sind ungewöhnlich resilient gegen Rückschläge. Und sie haben den tief verankerten Wunsch, mit ihrem Wirken auch Wirkung zu erzielen. Ihre Begeisterung steckt an. HiPos reißen ihre Teams mit. Bei der SPRIND haben wir das große Glück, schon eine Reihe davon kennengelernt zu haben – und Projekte zu starten.

Wie kann der Staat zugunsten der Sprunginnovation sinnvoll unternehmerisch tätig werden? Die USA und China machen in zwei unterschiedlichen Modellen vor, wie ein »Entrepreneurial State« (Mariana Mazzucato) erfolgreich Technologieentwicklung beschleunigt, Wertschöpfung im eigenen Land hält und natürlich auch geopolitische Interessen verfolgt – oft auf Kosten der technologischen Souveränität in Europa. Bei der Gründung der SPRIND haben wir uns unter anderem die US-amerikanische Innovationsagentur DARPA genau angeschaut, wie sie arbeitet und warum sie Sprunginnovationen in Serie hervorbringt, wie das Internet, GPS und Rettungsroboter. Und auch bei der mRNA-Technologie hat die DARPA maßgeblich mitgemischt.

Deutschland und die Europäische Union können von Unternehmerstaaten lernen, im »Tal des Todes der Innovation« als risikofreudige Akteure aufzutreten. Das Tal beginnt, wo die Förderung von Grundlagenforschung endet, aber die Technologie noch nicht reif für einen Markt ist. Wagniskapitalgeber sind keineswegs so wagemutig, wie der Begriff vermuten lässt. Der Staat muss hier zum einen viel stärker seine Einkaufsmacht nutzen, indem er hochinnovative Produkte bestellt, bevor sie kommerziell ausentwickelt sind. Das müssen nicht zwingend Impfstoffe oder Quantencomputer sein. Auch günstige Wärmepumpen und Fassadenisolation, 20GW/h Windparks oder 100 000 Wohnungen in gutem Ökostandard für 1500 Euro pro Quadratmeter wirken gesellschaftlich sprunginnovativ. Zweitens co-investieren erfolgreiche Unternehmerstaaten wie die USA, Taiwan, Südkorea, Singapur und natürlich auch China massiv in Innovationen und machen dabei volkswirtschaftlich gerechnet einen sehr guten Schnitt. Staat und Gesellschaft haben ein anderes Rückflussmodell als Wagniskapitalfonds. Bei Letzteren zählt nur das Geld, in Gesellschaften auch bessere Gesundheit, gute Arbeit, saubere Umwelt, höhere Steuereinnahmen, erfolgreicher Strukturwandel und geopolitischer Anspruch.

Bemerkenswert dabei ist: Kapital ist nicht die knappe Ressource. Alleine das Geldvermögen der Privathaushalte in Deutschland beträgt rund 8 Billionen Euro. Fünf Prozent davon wären 350 Milliarden Euro. Die knappe Ressource ist Risikointelligenz. Wir müssen endlich verstehen: In Zeiten technologischer Paradigmenwechsel besteht das größte Risiko darin, keine Risiken einzugehen und auf die lineare Fortschreibung der Gegenwart zu setzen. Doch genau das tun wir mit unserem volkswirtschaftlichen Fimmel für »mündelsichere Anlagen« und unserer Skepsis gegenüber Wagniskapital, besonders wenn es in der Wachstums- und Exitphase ums Klotzen geht, und nicht ums Kleckern bei den Frühphasen-Investitionen von Start-ups. Umso bedenklicher ist, dass die wenigen Rosinen hochinnovativer Start-ups aus Deutschland von nichteuropäischen Investoren gepickt werden, sobald sich ihr Erfolg abzeichnet und dreistellige Millionenbeträge für den letzten Sprung zum Weltunternehmen mit Technologieführerschaft nötig sind. Fünf Prozent von 8 Billionen Euro sind 400 Milliarden. Dies wäre eine sinnvolle Risikostreuung einer Gesellschaft, die technologische Zukunft mitgestalten – und an dieser mitverdienen – möchte und letztlich auch muss.

Die gute Nachricht ist: Wir haben die Forscherinnen. Wir haben die Ingenieure. Wir haben das Kapital. Wir müssen die Sprunginnovierenden eigentlich nur machen lassen. Der deutsche Staat kann mit innovativer Förderpolitik dabei helfen, eine neue Kultur offener Innovation zu schaffen. Daran glauben wir, und daran arbeiten wir.

PS: Einige werden unser Zukunftsbild als zu technikbestimmt und technikoptimistisch wahrnehmen. Einige werden diesen Optimismus gar als naiv empfinden. Das können wir nachvollziehen, zumindest teilweise. Frei nach Odo Marquard: Das Neue muss beweisen, dass es besser ist als das Alte. Nicht umgekehrt. Das stimmt. Doch das Alte und Erprobte erscheint uns in Anbetracht von mehreren existenziellen Bedrohungen der Menschheit nicht mehr so wirklich zukunftsfähig.

PPS: Pessimismus ist Zeitverschwendung und macht schlechte Laune.

Stefan Wintels

Besinnen wir uns auf unsere Stärken!

Deutschland hat die Kraft, die Transformation zu bewältigen – mit zukunftsweisenden Innovationen und der Bündelung von öffentlichen und privaten Investitionen.

Im Jahr 2045 ist Deutschland klimaneutral. So lautet das Ziel, das sich Deutschland verbindlich gesetzt hat. Um es zu erreichen, müssen wir unser Wirtschaftsmodell auf eine neue Grundlage stellen. Dies setzt kontinuierlichen technologischen Fortschritt voraus und erfordert zielgenaue Innovationen, die dann möglichst schnell in eine breite Anwendung überführt werden müssen.
All das verlangt Investitionen in einer ganz neuen Dimension. Allein in Deutschland dürfte laut KfW Research der Finanzierungsbedarf bei rund fünf Billionen Euro bis zur Mitte des Jahrhunderts liegen. Die öffentliche Hand kann dies nicht allein stemmen. 90 Prozent der Klimaschutzinvestitionen müssen von privaten Investoren aufgebracht werden. Förderbanken können dazu einen wichtigen Beitrag leisten, indem sie die nötigen Anreize setzen, um privates Kapital zu mobilisieren. Die Voraussetzungen, um die nachhaltige Transformation zu bewältigen, sind gut – vorausgesetzt, Deutschland besinnt sich auf seine Stärken. Dies sollen die folgenden fünf Thesen deutlich machen.

These 1: Die nachhaltige Transformation ist eine Chance für den Standort Deutschland

Deutschland gilt als das Land, das seine innovative Stärke in klassischen Industriebereichen wie dem Maschinenbau oder der Automobilindustrie hat. Nur wenigen ist bewusst, dass deutsche Unternehmen auch bei grünen Technologien international vorne mitspielen: von Batterietechnik über effizientere Solarzellen und Antriebskonzepte zur Elektromobilität bis zur Wasserstoffproduktion und Energiespeicherung oder Technologien für die Kreislaufwirtschaft.[4]
Die damit verbundenen Chancen für zukünftiges Wachstum und Beschäftigung sind erheblich. Allerdings wächst die internationale Konkurrenz, die

mit großer Geschwindigkeit aufholt. Wenn Deutschland seine führende Position behaupten will, stellen sich neben einer Verbesserung der generellen Standortfaktoren drei zentrale Aufgaben:
1. Intensivierung von Forschung und Entwicklung in Wissenschaft und Wirtschaft.
2. Förderung der Weiterentwicklung von marktnahen Zukunftstechnologien, die kurz vor dem kommerziellen Durchbruch stehen.
3. Steigerung der betriebswirtschaftlichen Attraktivität von innovativen Technologien, um sie in der Breite anzuwenden.

These 2: Der deutsche Gründer- und Erfindergeist ist immer noch da

Eine solche Aussage mag auf den ersten Blick überraschen, ist doch die Zahl der Gründungsvorhaben seit Jahren tendenziell rückläufig. Ein Grund hierfür ist auch die anhaltend hohe Nachfrage nach Fachkräften auf dem Arbeitsmarkt. Dafür steigt der Anteil der so genannten Chancengründer:innen, also der Menschen, die eine eigene Geschäftsidee verfolgen.[5]
Die Bandbreite der Geschäftsmodelle solcher Chancengründer:innen ist breit. Von besonderem Wert sind die technologie- und wachstumsgetriebenen Start-ups, die mit hochinnovativen Lösungsmodellen den Wandel vorantreiben. Ihr Bestand hat sich nach einem Corona-bedingten Rückgang deutlich erholt.[6] Aber auch aus vielen forschungs- und entwicklungsintensiven etablierten größeren Unternehmen kommen wichtige Impulse für die Transformation.
Dass der deutsche Gründer- und Erfindergeist nach wie vor lebendig ist, beweisen auch folgende Fakten:
- Deutschland zählt weltweit zu den 6% der Länder mit dem leistungsfähigsten Innovationssystem[7]
- In allen Innovationsrankings nimmt Deutschland einen Platz unter den Top 10 ein[8]
- Jede zehnte Wasserstoff-Erfindung kommt aus Deutschland[9]
- Bei den Patentanmeldungen liegt Deutschland weltweit auf Platz 2[10]

Diese Erfolgsmeldungen sind erfreulich, aber der Handlungsdruck bleibt hoch. Die Zahl der deutschen Patentanmeldungen ist im Jahr 2022 um fast fünf Prozent auf knapp 25.000 gesunken – der niedrigste Stand seit über zehn Jahren. Vor allem bei digitalen Innovationen hat Deutschland laut dem Europäischen Patentamt Nachholbedarf.[11] Wir benötigen daher dringend einen digitalen Aufbruch in unserem Land.

These 3: Die Transformation beruht auf einem selbst tragenden Ökosystem für Wachstumsfinanzierungen

Die Entwicklung von innovativen grünen Technologien ist eine wesentliche Voraussetzung für das Erreichen der Klimaziele, sie ist jedoch risikobehaftet und meist kapitalintensiv. Deshalb sind Vorhaben dieser Art von Anfang an mit Finanzierungsschwierigkeiten konfrontiert. Deswegen gilt es, zügig ein selbst tragendes Ökosystem zu entwickeln, das Unternehmen von der Gründung an über alle Phasen hinweg die passende Finanzierung für ihr Wachstum bereitstellt.

Deutschland hat auf diesem Weg inzwischen deutliche Fortschritte gemacht. Dabei hat sich eine Rollenverteilung bewährt, in der staatliche Institutionen als Impulsgeber und Ankerinvestoren den Rahmen für ein wachsendes Engagement privater Investoren setzen. Ein Beispiel ist der 2005 gegründete High-Tech Gründerfonds (HTGF), der inzwischen rund 700 Start-ups begleitet hat[12] und aktuell rund 1,4 Milliarden Euro an Kapital verwaltet.[13] Die 2018 gegründete KfW-Tochtergesellschaft KfW Capital hat bisher rund 1,7 Milliarden EUR sowohl in etablierte als auch neue VC-Fonds investiert. Damit hat KfW Capital bereits mehr als das Vierfache an privatem Kapital mobilisiert.[14]

Den Grundsatz, Kapital von privaten Investoren zu gewinnen und zu hebeln, verfolgt auch der im Frühjahr 2021 gestartete und mit 10 Milliarden Euro ausgestattete Zukunftsfonds des Bundes. Er umfasst ein differenziertes Instrumentarium, das den Finanzierungsbedürfnissen der Unternehmen zielgenau entspricht. So bietet der KfW-Baustein RegioInnoGrowth künftig auch Start-ups, die nicht im Fokus von Venture Capital-Fonds stehen, sowie innovationsstarken Mittelständlern Zugang zu Beteiligungskapital. Wachstumsunternehmen, die Fremdkapital suchen, finden im KfW-Baustein Venture Tech Growth Financing (VTGF 2.0) ein maßgeschneidertes Kreditangebot. Der Weg zu einem ausgereiften Ökosystem ist damit bei Weitem noch nicht vollendet. Bund und KfW arbeiten intensiv daran, den Finanzierungsbaukasten um wichtige eigenkapitalähnliche Instrumente wie Mezzanine oder Nachrangkapital zu vervollständigen.

These 4: Ein innovativer und digitaler Mittelstand wird zum Erfolgsfaktor

Für die nachhaltige Transformation ist ein innovativer und digitaler Mittelstand unabdingbar. Sowohl bei der Digitalisierung als auch bei der Innovationskraft gibt es im deutschen Mittelstand deutlichen Handlungsbedarf. Zu den größten Hemmnissen in der Digitalisierung zählen fehlende IT-Kompetenzen und der Mangel an Fachkräften. Deshalb ist die digitale Aus- und Weiterbildung auch für die KfW ein Fokus-Thema geworden. Ein Leuchtturmprojekt mit hoher Signal- und Langzeitwirkung sind die TUMO-Zentren nach armenischem Vorbild. Hier erwerben junge Menschen unter pädagogischer Anleitung vielfältige digitale Kompetenzen. Die KfW hat nach der ersten Eröffnung des TUMO-Zentrums in Berlin 2020 gemeinsam mit privaten Geldgebern und Kommunen in drei weiteren Städten TUMO-Zentren errichtet und baut weitere Standorte auf. Das Projekt zeigt, wie privates Kapital auch im Bereich Bildung erfolgreich für eine wichtige Voraussetzung der Transformation mobilisiert werden kann.

Neben der Digitalisierung bleibt die Stärkung der Innovationskraft des breiten Mittelstands besonders wichtig. Seit vielen Jahren sinkt der Anteil der mittelständischen Unternehmen, die neue Produkte und Prozesse einführen. Schwierigkeiten bei der Finanzierung sind auch hier ein wichtiger Grund. Die Finanzierung von Innovationen durch Kredite wird u. a. dadurch erschwert, dass es sich oft um immaterielle Güter wie FuE-Ausgaben oder Software handelt, die als Sicherheiten schwerer zu bewerten sind als »harte« Anlagegüter wie Maschinen oder Immobilien. Immaterielle Investitionen werden aber für die Transformation immer wichtiger.[15] Förderbanken können durch eine günstige und langfristige Refinanzierung der durchleitenden Banken und ggf. durch eine gezielte Risikoteilung den Spielraum für nachhaltige Investitionen erheblich erweitern.

These 5: Der Kapitalmarkt wird zum Treiber der Transformation

Um den immensen Investitionsbedarf der Transformation aufzubringen, muss unser Wirtschaftsmodell so gestaltet werden, dass der Erfolg unternehmerischen Handelns eng mit dem Schutz der natürlichen Lebensgrundlagen verknüpft wird. Der Kapitalmarkt hat eine wichtige Steuerungsfunktion bei der Allokation von Kapital und kann zum Treiber der Transformation werden, wenn zwei zentrale Bedingungen erfüllt sind:

1. Abbildung der Klimawirkung von Investments in der Rentabilität
Die im April 2023 beschlossene Reform des EU-Emissionshandels enthält ein Grenzausgleichssystem, das dafür sorgt, dass die CO_2-Bepreisung auch für Energie- und Treibhausgas-intensive Produkte gilt, die in die EU importiert werden. Damit entstehen marktwirtschaftliche Anreize für klimafreundliche Investitionen, denn die CO_2-orientierte Bepreisung bildet die Risiken klimaschädlicher Investitionen besser ab und lenkt Kapitalströme so in klimafreundliche Investments.

2. Transparenz in Bezug auf die Klimawirkung von Investitionen
Ein Beispiel für das wachsende Interesse von Investoren an nachhaltigen Investments sind Green Bonds. Die KfW gestaltet die Entwicklung dieses Marktes seit Jahren maßgeblich mit. Dabei berichtet sie ihren Investoren kontinuierlich, umfassend und transparent über die konkrete Verwendung der aufgenommenen Mittel. Zugleich arbeitet die KfW intensiv an der Entwicklung einer konzernweiten Wirkungsbilanz, mit der sie künftig allen Stakeholdern die tatsächlichen Auswirkungen der KfW-Finanzierungen nachweisen kann. Dadurch kann die Effizienz der Fördermittel sowie die Reichweite bei privaten Investoren weiter gesteigert werden.

Das Jahrzehnt der Entscheidung ist ein Jahrzehnt des Handelns!

In diesem Jahrzehnt entscheidet sich, unter welchen Bedingungen unsere Kinder und Enkel leben werden. Der Pfad der Transformation ist vorgezeichnet, jetzt geht es darum, dass wir schnell in die Umsetzung kommen. Das Ziel muss es sein, bis zum Ende des Jahrzehnts den Wandel zu einer nachhaltigen Gesellschaft zu beschleunigen und gleichzeitig Deutschland als Industrie- und Technologiestandort zu stärken. Deutschland hat die Kraft, das Jahrzehnt der Entscheidung für sich zu entscheiden, wenn wir uns auf unsere Stärken besinnen.

Kerstin Jorna

An age of permacrisis?

The EU faces complex challenges such as climate change, the ageing of its population, and digitalisation. Whilst many of these challenges have been around for a while, recent disruptions have exacerbated them. The COVID-19 pandemic, supply chain disruptions, Russia's aggression against Ukraine, increasing geopolitical tensions, and -in particular for Europe- the scarce availability and rising prices of energy seem to have paved the way for an open-ended »permacrisis«, with high degrees of uncertainty.

Throughout the Covid-19 pandemic, supply chain disruptions that were initially confined to the health ecosystem (e.g. personal protective equipment) expanded later onto other industrial ecosystems such as electronics, mobility, renewable energy, construction and energy intensive industries. Recent policy and analytical work by the European Commission, such as the updated 2022 Industrial Strategy[16], have shown the extent of EU's strategic dependencies vis-à-vis third countries in relation to raw materials, energy and semiconductors. These dependencies and related disruptions continue to redefine the architecture and dynamics of global supply chains and can generate choke points.

In parallel, we are seeing new risks of deindustrialisation, with impact on regions considered as naturally sheltered from this trend until very recently. Such a deindustrialisation process could risks further deepening the erosion of EU's technological sovereignty[17]. China dominates a number of global supply chains, such as solar panels. Finally, subsidies and active industrial policies by key third countries – in some cases as a policy response to these recent disruptions –also bear a direct impact on the EU economy and on its ability to remain an attractive place to conduct business, invest and scale-up.

»Sustainable competitiveness« at the heart of industrial policy

In such challenging times, EU industrial policy must get tuned to the times. The past focus on economic competitiveness – in particular when reduced to »cost competitiveness"– must be broadened. Sustainable competitiveness[18] is not only about economic efficiency but about the resilience of an economy and its ability to grow over the longer term ensuring both social and environmental mindfulness. Because of these interlinkages between economic efficiency, resilience, social and environmental goals, we need to simultaneously work along the nine drivers of sustainable competitiveness, which range from access to private capital, R&D and domestic capacities in critical areas up to resource efficiency and skills (see Figure 1 below).

Some may argue that this approach is far from being new. The broad goals of the EU Treaty include social, environmental and technological progress. Moreover, the focus on sustainable competitiveness has been at the core of the European Semester process of economic policy co-ordination since 2019, given the central role that sustainability has been playing in relation to EU policies that foster investments and reforms. Whilst there is no doubt that sustainable competitiveness is not entirely new as a concept, the goals of industrial policy are intrinsically linked to the EU's green and digital ambitions, as anchored in the European Grean Deal and the Digital Decade. And these goals cannot be achieved if the EU does not work to preserve its industrial and technological sovereignty and reinforce its domestic capacities in strategic areas. In the absence of open strategic autonomy, we run a serious risk of slowing down our pursuit of the green and digital transitions. In other words, our ability to shape and direct the green and digital transitions depends (and relies) on an economy which is competitive, sustainable and resilient. Ultimately, these are the key objectives of our revamped industrial policies.

Achieving the EU's long-term competitiveness entails **a re-shaping and re-tooling of our industrial policy**. To deliver on our green and digital agenda, it is a must to invest in areas which will secure the EU's industrial lead in the fast-growing net-zero technologies and notably in the clean tech, raw materials, and digital spheres. We also need to address structural and systematic supply chain disruptions. These disruptions, combined with marked strategic dependencies, can bring along medium-term consequences for the EU linked to the scarcity of critical products, energy sources and raw materials. This can in turn bear an impact on the EU's resilience, resulting in the non-availability of these goods in the event of idiosyncratic shocks. Therefore, the development of internal EU capacity, including through a predictable and simplified regulatory environment, faster access to funding, skills enhancement, and policies to build resilient supply chains will all contribute to increase their availability.

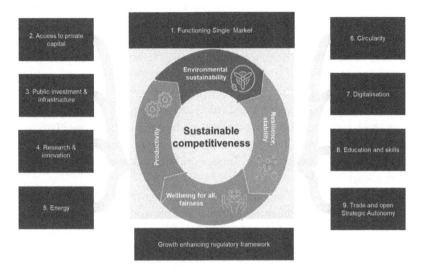

Figure 1: **Sustainable competitiveness: four axes and nine drivers to achieve long-term competitiveness** | Source: European Commission.

More than ever before, European businesses have to make relevant future-oriented investment decisions in a context of heightened uncertainty, unrelenting supply constraints and not always fair global competition. This means that policy makers need to ensure a future-proof regulatory framework, so that the EU remains an attractive place to do business, invest and thrive. Reducing the regulatory burden, notably on small and medium-sized enterprises (SMEs), which are at the core of the EU economy, remains key. Therefore, the EU will continue to review existing and planned legislation to ensure that businesses operate in a conducive environment for a clean-tech step change. Recently, within the framework of the Green Deal Industrial Plan[19], the EU has tabled several critical initiatives to create a robust and attractive regulatory framework in support of net-zero industry.

The Net-Zero Industry Act[20] and the Critical Raw Materials Act[21] both lay down ambitious goals to be achieved by the Union by 2030 in relation to clean tech manufacturing and the building of domestic capacities for strategic raw materials supply chains. In support of these goals, administrative simplification and streamlined permitting for the deployment and roll out renewables is particularly essential. This framework will ensure that our

firms remain competitive globally and overcome obstacles linked to unfair global competition when transitioning towards the net zero economy.
The simplifications and increased flexibility put forward in the March 2023 revamp of the state aid framework, the so-called Temporary Crisis and Transition Framework[22], will also facilitate the roll-out of renewables, the curbing of the EU's strategic dependencies and promote faster decarbonisation. The use of Free Trade Agreements and enhanced cooperation with like-minded partners – including through initiatives such as the Critical Raw Materials Club – will provide EU businesses with a platform to carry out investments in the clean tech economy. This framework will also preserve the integrity of the Single Market.

Moreover, the EU has a remarkable ability to unilaterally shape global markets through setting regulatory standards. Recent studies that we carried out on this phenomenon known as the »Brussels Effect« show that the existence of regulations in foreign countries is positively and significantly associated with the prior existence of similar regulations in the EU. More than ever before, the Single Market can act as a powerful engine of an industry ›Made in Europe‹.

It is also clear by now that the EU will not be able to achieve its net-zero industry goals without drastically tackling a number of under-investments that Europe has been facing over the last decade[23]. Mobilising public and private investments into net-zero industries requires well-calibrated and targeted policy interventions that rely on different yet complementary instruments. The firepower of the EU lies in its ability to provide seed public funding via tools such as InvestEU, Horizon Europe and the Innovation Fund, which in turn can leverage and mobilise private investments[24]. In technological areas which are key for the clean tech economy and where risks are in some cases too high for the market to bear, public de-risking whether at EU or national level must also be considered.

The Single Market, now celebrating its 30th anniversary, is one of our most powerful policy levers to ensure the efficiency of investments. It acts as a springboard for firms to thrive and invest. In the shorter-term, and in case of a major demand or supply shock, the Single Market Emergency Instrument will ensure the smooth flow of goods and services across the EU. In the longer term, a well-functioning Single Market is a key platform for European businesses to scale up their green and digital capacities and to curb strategic dependencies in critical products, including notably raw materials.

In addition, the deepening of the Capital Markets Union will unlock private investment and improve the efficiency of capital allocation across the EU. Furthermore, by aligning R&D funding and public procurement priorities – e.g. by including security of supply and innovation criteria therein[25] – we can ensure that the state acts as first buyer and opens up new markets in areas which are critical for our industrial and technological sovereignty. Finally, the Net Zero Industry Act will contribute to a skilled workforce supporting the production of net-zero technologies in the EU[26].

Conclusion

In view of the changing nature and dynamics of the economic challenges faced by the EU over the recent past, the Single Market ensures that the EU remains an attractive location to invest and de-risk clean tech innovations. We need to ensure a business environment where the green business case in Europe can flourish, driven by innovations. It will be essential to mobilise all available tools in support of the scale-up of disruptive and market-creating technologies. While the overarching goal is clear, it will be indispensable to guarantee the alignment of national and EU level public and private investments.

Dr. Werner Hoyer

Europa braucht eine Investitionsoffensive

Europa steht angesichts von Klimakrise, Krieg und Energieunsicherheit vor tiefgreifenden Veränderungen seiner Wirtschaft. Während insbesondere stark von Öl und Gas abhängige Branchen einen schweren Stand haben werden, geraten angesichts von Inflation und steigenden Zinsen zunehmend auch grüne und technologisch innovative Branchen unter Druck. Europa braucht deshalb eine Investitionsoffensive.

Es ist ein Phänomen, das sich in jeder Krise beobachten lässt: Europas Unternehmen schieben ihre bereits geplanten Investitionen auf die lange Bank – oder stoppen sie ganz. Oft gilt das auch für die öffentliche Hand. Bei der Europäischen Investitionsbank jedenfalls registrierten wir dieses Verhalten in der Weltfinanz- und Eurokrise der Jahre 2008 bis 2012, während der Corona-Pandemie und seit Beginn des Ukraine-Krieges in der Energiekrise.

Was aus Sicht des einzelnen Unternehmens kurzfristig betriebswirtschaftlich sinnvoll erscheinen mag, hat sich in den nunmehr 15 Jahren seit Beginn der Weltfinanzkrise zu einer ernsten Gefahr für die künftige Wettbewerbsfähigkeit der gesamten Wirtschaft in der Europäischen Union ausgewachsen. Denn andere Weltregionen – allen voran die USA, aber auch China und andere aufstrebende Länder Asiens – denken auch in schwierigen Zeiten über die jeweils akute Krise hinaus an ihre wirtschaftliche Zukunft danach. Eine Zahl illustriert dies in erschreckender Weise:

In der letzten Dekade lagen die Investitionen relativ zum Bruttoinlandsprodukt in der Europäischen Union in jedem Jahr um zwei Prozentpunkte unter denen der USA. Nicht nur der von allen Seiten beklagte Sanierungsstau im Bereich öffentlicher Infrastruktur zeigt dies erschreckend deutlich, sondern auch das langsame Tempo bei der Energiewende und dem Glasfasernetzausbau. Gleichzeitig bleiben europäische Unternehmen bei Innovationen hinter ihren amerikanischen Konkurrenten zurück. Europäische Unternehmen sind insbesondere schlechter darin, neue Praktiken und Technologien einzuführen. Die Konsequenz ist leider offensichtlich: Europas Wettbewerbsfähigkeit sinkt, mit der absehbaren Folge, dass der Wohlstand leidet.

Versäumt wurde es, einen investitionsfreundlichen Rechtsrahmen zu schaffen. Langwierige Genehmigungsverfahren halten sowohl private wie auch öffentliche Investitionsvorhaben zurück. Darüber hinaus leiden insbesondere öffentliche Projektträger an einem Mangel an technischen Planungs- und Umsetzungskapazitäten. Gerade in Deutschland beklagt dies die Politik selbst seit Jahren. Die frühere Kanzlerin Angela Merkel sprach selbst wiederholt davon, dass Deutschland kein Erkenntnisproblem hat, sondern ein Umsetzungsproblem.

Dies gilt nicht allein für Deutschland, sondern für Europa insgesamt. Noch immer ist der EU-Binnenmarkt für Dienstleistungen nicht vollendet. Das bedeutet: Start-ups müssen sich für ihre europaweite Expansion in jedem einzelnen der 27 EU-Mitgliedsstaaten mit dem jeweiligen Steuer- und Konsumentenrecht abplagen; der Binnenmarkt mit 450 Millionen Einwohnern bleibt daher oft ungenutzt. Für Start-ups aus dem Silicon-Valley dagegen ist ein Roll-out in den USA mit 330 Millionen Einwohnern eine Selbstverständlichkeit.

Ein weiteres Hindernis ist der ebenfalls nicht vollendete EU-Kapitalmarkt: Investoren finden noch immer keinen EU-einheitlichen Rechtsrahmen vor. Eine echte Kapitalmarktunion könnte zum Hebel werden, die enormen Ersparnisse, die es in Europa ja gibt, den Wachstumsmotoren von Morgen zuzuleiten. Deshalb haben die Präsidentinnen der EZB und EU-Kommission, die Präsidenten des Europäischen Rats und der Euro-Gruppe und ich Anfang März 2023 gemeinsam an die EU-Mitgliedsstaaten und das EU-Parlament appelliert, den Markt für Finanzgeschäfte endlich zu harmonisieren: Ein gemeinsames Insolvenzrecht, leichter zugängliche Finanzinformationen, ein vereinfachter Zugang zu Kapitalmärkten und eine integrierte Kapitalmarktaufsicht sind aus Investorensicht essenziell.[27]

Die ausgeprägte europäische Investitionsschwäche wird verstärkt durch weitere Faktoren: Die durch den russischen Angriff auf die Ukraine ausgelöste Energiekrise, aber auch die durch die COVID-Pandemie ausgelösten Lieferkettenprobleme haben uns eindrucksvoll vor Augen geführt, in welchen Bereichen Europa sich in ungesunde Abhängigkeiten von Drittstaaten begeben hat, und wo es uns an Resilienz mangelt. Auch jetzt wird vielfach einmal mehr verdrängt, dass der Klimawandel nichts von seiner Bedrohung verloren hat.

Seit Jean Monnets Zeiten gilt: Europa und der Zusammenhalt seiner Staaten wurden in Krisen geschmiedet. Deshalb müssen wir die aktuellen Krisen als historische Chance nutzen: Wir müssen die Energiewende beschleunigen, ungesunde Abhängigkeiten von Drittstaaten beenden und dabei die Wettbewerbsfähigkeit unserer Wirtschaft stärken. Der Schlüssel hierfür liegt in einer Stärkung Europas als Investitionsstandort.

Wir müssen das Investitionsumfeld verbessern. Dazu benötigt es kürzere Genehmigungsprozesse und größere Entwicklungs- und Planungskapazitäten, sowohl im öffentlichen wie auch im privaten Sektor. Darüber hinaus brauchen wir dazu auch das notwendige Kapital, um die Investitionen zu realisieren. Allerdings haben die gestiegenen Energiekosten den Investitionsspielraum vieler Unternehmen und Staaten massiv eingeschränkt.

Die neuen Subventionspakete der Regierung von US-Präsident Joe Biden haben das Thema mit Wucht einmal mehr auf die Tagesordnung der europäischen Staatenlenker gebracht: der Inflation Reduction Act (IRA), das mit 375 Milliarden Dollar bislang umfangreichste Investitionspaket der Vereinigten Staaten für den Klimaschutz in Form von Zuschüssen, Steuergutschriften und Darlehen, sowie der CHIPS and Science Act, mit weiteren 280 Milliarden Dollar für die Förderung der Halbleiter-Industrie.

Diese Subventionspakete bieten zunächst eine große Chance im Kampf gegen den Klimawandel. Und sie werden neue Absatzmärkte für die europäische Exportindustrie und hierbei insbesondere den stark exportabhängigen Maschinenbau schaffen. Zunächst waren diese Pakete jedoch so gestrickt, dass nur US-amerikanische Projekte in den Genuss der großzügigen Förderung kommen sollten – was nun offenbar zugunsten Europas korrigiert wird. Wie wenig Vertrauen aber in die Reaktionsfähigkeit unserer Institutionen herrscht, zeigt die schnelle Reaktion ausgerechnet der hochinnovativen Unternehmen: Kaum war der IRA in den USA beschlossen, setzten auf unserem Kontinent Abwanderungsbewegungen ein, insbesondere von Unternehmen in den Bereichen Wasserstoff und Batterien, die im Zentrum der EU-Klimastrategie stehen.

Öffentlich wird vor allem eine Antwort Europas auf die US-Subventionspakete gefordert. Wir sollten jedoch viel breiter denken: Wir brauchen generell eine umfassende Antwort auf die mangelnde Investitions- und Innovationsbereitschaft in Europa – eine europäische Investitionsinitiative.

Ja, es hat in den vergangenen Jahren bereits große Investitionspakete gegeben, angefangen vom Juncker-Plan über den Wiederaufbaufonds RRF, den Europäischen Garantiefonds EGF bis hin zum neuen InvestEU-Programm. Hunderte Milliarden Euro kamen so bereits der EU-Wirtschaft zugute. Aber:

All diese Programme, die vorrangig dauerhafte Schäden durch Finanzkrise, Eurokrise und Corona-Krise verhindert haben, werden nicht ausreichen, künftige strukturelle Investitionslücken zu schließen: Grüne Transformation und Digitalisierung der Wirtschaft erfordern innovationsfreundliche, langfristig angelegte Investitionen.

Es ist offensichtlich, dass öffentliche Mittel allein nicht ausreichen werden, um die industrielle Transformation voranzutreiben. Darüber hinaus sollten wir uns hüten, in einen Subventionswettlauf mit anderen Staaten zu treten. Auch werden wir es nicht schaffen durch staatliche Förderung allein eine langfristig innovative und wettbewerbsfähige Industrie zu erhalten.

Die Lösung des Problems liegt darin, durch öffentliche Kredite und moderne Finanzinstrumente gezielt privates Kapital zu mobilisieren. Die Europäische Investitionsbank hat bewiesen, wie auf diesem Weg innovative Projekte angeschoben werden können – sei es die Batterieentwicklung von Northvolt, die Covid-Impfstoffentwicklung von BioNTech oder der massive Ausbau von Offshore-Windparks in der Nordsee.

Während bei reinen Subventionen die Mittel für die öffentliche Hand unwiederbringlich verloren sind, fließen bei Krediten und Finanzinstrumenten im Fall von erfolgreichen Projekten die Gelder wieder zurück und können erneut eingesetzt werden. Mit anderen Worten: Erfolge in der Arzneimittelforschung können den nächsten Windpark finanzieren und umgekehrt.

Konkret sollte eine solche Initiative für mehr Investitionen diese Punkte umfassen:

- Erstens: Wir müssen den Ausbau der Erneuerbaren ambitioniert vorantreiben. Wir brauchen mehr, auch rechtliche, Klarheit über geplante Ausbaupfade für saubere Energien und die notwendige Infrastruktur. Sich ständig ändernde Ausbauziele für Erneuerbare und das Fehlen von adäquaten Förderprogrammen erhöhen die Unsicherheit für Investoren und bremsen so die Energiewende aus.
- Zweitens: Wir müssen mehr in Innovation und Digitalisierung investieren – gerade im Bereich innovativer sauberer Technologien (Cleantech). Auch für die Versorgung mit kritischen Rohstoffen müssen wir mehr tun. Zur Dekarbonisierung großer Teile unserer Industrie fehlt uns heute noch die notwendige Technologie, oder sie ist noch zu teuer – wie zum Beispiel grüner Wasserstoff. Gleichermaßen ist die Versorgung mit kritischen Rohstoffen, die beispielsweise essenziell für die Transformation des Automobilsektors sind, nicht gesichert. Wir müssen mehr in die

grüne Industrie, aber auch in die Versorgung mit kritischen Rohstoffen investieren. Mehr und besseres Recycling, aber auch neue Rohstoffminen in Europa sind hierbei unumgänglich.
- Drittens: Wir dürfen unsere Digitalindustrie nicht vergessen. Die Transformation unserer Wirtschaft hin zur Klimaneutralität sowie den Erhalt unserer Wettbewerbsfähigkeit werden wir nur erreichen, wenn wir es schaffen, tatsächlich das gesamte Leben und Wirtschaften bis hin zu jeder Milchkanne in Europa zu digitalisieren und auch die Möglichkeiten der KI eher als Chance denn als Risiko zu begreifen.

Die Europäische Kommission hat im März ein umfangreiches Maßnahmenpaket vorgelegt, um die Transformation Europas hin zu einem grünen und digitalen Kontinent zu beschleunigen. Nun gilt es diese Pläne zum Leben zu erwecken – durch dezidierte Investitionen in unsere Zukunft.

Han Steutel

Deutschland braucht eine innovative Industriepolitik

Demografie, Digitalisierung, Energiewende und eine veränderte geopolitische Tektonik: Die Herausforderungen für den Industriestandort Deutschland sind groß. Noch ist unklar, ob unsere Wirtschaft in den Veränderungsprozessen zu den Gewinnern zählen wird oder im globalen Wettbewerb zurückfällt. Um zu bestehen, muss sich Deutschland wegen des Mangels an Ressourcen auf seine Stärke als Land der Dichter und Denker besinnen. Mit dieser Strategie ist Deutschland zu einer der stärksten Exportnationen der Welt gewachsen. Wenn wir nun alles allein daransetzen, die Erfolge alter Strukturen zu konservieren, stehen wir uns selbst im Weg.

Mehr noch: Am Status quo alter industrieller Strukturen festzuhalten, führt in eine Sackgasse. Zwar basiert die vorhandene wirtschaftliche Stärke Deutschlands auf ihrem industriellen Kern, den es im Gegensatz zu den meisten entwickelten Volkswirtschaften bewahrt hat, doch vollzieht sich innerhalb der deutschen Industrie seit der Jahrtausendwende ebenfalls ein tiefgreifender Wandel. Viele Branchen, die bislang das Rückgrat ausmachen, verlieren an Bedeutung. Es sind die hochinnovativen Wirtschaftszweige wie die Elektro- oder die Pharmaindustrie, die diesen Verlust kompensieren. Schon deswegen ist es richtig, weiter auf wissensintensive Produktion zu setzen. Hinzu kommt, dass die demografische Wende in Deutschland früher einsetzt als in den meisten Ländern: Die Zahl der Menschen im erwerbsfähigen Alter wird in den kommenden Jahren rapide sinken. Es gilt also, das bestehende Potenzial an Arbeitskräften möglichst produktiv einzusetzen. Dabei kommt unserem Standort zugute, dass gerade die produktivsten Industrien auch die innovativsten sind.

Vor allem die hochinnovativen Branchen bieten im Übrigen auch das, was es braucht, um gut ausgebildete junge Menschen hier zu halten und Fachkräfte aus aller Welt für Deutschland zu begeistern: hochqualifizierte und gut bezahlte Arbeitsplätze, die auch überdurchschnittlich das Potenzial gut ausgebildeter Frauen nutzen. Um im Konzert der innovativen Industriestandorte weiter erfolgreich zu sein, müssen wir also einen Fokus auf Hightech-Branchen als Schlüssel des künftigen Wohlstands lenken.

Wir brauchen eine auf eine innovative Zukunft ausgerichtete Industriepolitik für Deutschland. Ideen sind das Wachstum von morgen. Gerade die pharmazeutische Industrie steht in vielen Bereichen vor grundlegenden Durchbrüchen mit Weltmarktpotenzial. Damit diese hier Früchte tragen, bedarf es neben (eigentlichen) Selbstverständlichkeiten wie dem Abbau einer unnötig starren Bürokratie, beispielsweise bei klinischen Studien, eine gute öffentliche Grundlagenforschung ebenso wie ein grundsätzlich innovationsfreundliches Umfeld.

Das betrifft auch den Dialog zwischen Politik, Wissenschaft und Wirtschaft bei der Ausgestaltung der Innovationsförderung. Ist sie nicht zielgenau, engt sie die unternehmerischen Spielräume letzten Endes ein. Sie kostet Geld und beschneidet damit auch private Investitionsbudgets. Daher sollten Investitionsentscheidungen weitestgehend dort belassen werden, wo Risiko, Gewinne – und eben auch die Expertise liegen – nämlich in den Unternehmen selbst, während die Politik deren Bemühungen punktuell, aber mutig flankiert, etwa mit der Bildung von Forschungsclustern.

Ein aktuelles Beispiel ist die Entwicklung einer nationalen Strategie für die Gen- und Zelltherapien, die aktuell im Auftrag des Bundesforschungsministeriums vom Berliner Institut für Gesundheitsforschung erarbeitet wird. Gen- und Zelltherapien sind mittlerweile ein deutlich sichtbares Zeichen einer medizinischen Revolution, die weg von einer nur »Remissions-erhaltenden Therapie« hin zu einer »therapiefreien Remission«[28] führt. Einfach formuliert: nicht mehr nur die immer bessere Behandlung von Symptomen, sondern letztendlich das Ausheilen von Krankheiten.

Eine große Zahl an Unternehmen weltweit hat sich auf den Weg gemacht, dieses Ziel zu erreichen, auch in Deutschland. Darunter sind Leuchtturmprojekte wie das Fraunhofer Institut für Immunologie und Zelltherapie mit dem Zukunftscluster »Saxocell« des Bundesministeriums für Bildung und Forschung, das Bayerische Zentrum für Krebsforschung mit dem Projekt »Zelluläre Immuntherapie«, das Berlin Center for Advanced Therapies und das vom Fraunhofer Institut für Produktionstechnologie geleitete EU-Projekt »AI powered, Decentralized Production for Advanced Therapies in the Hospital«. Hinzu kommen zahlreiche Unternehmensgründungen in den vergangenen Jahren, Kooperationen mit forschenden Pharma-Unternehmen sowie die Entwicklung eines hochinnovativen Pharmamaschinen- und Anlagenbaus. Dies zeigt: Öffentliche Förderung muss an das unternehmerische Engagement anschließen. Das geht nur im gleichberechtigten Dialog.

Eine innovationsgetriebene Wirtschaft, in der die medizinische Biotechnologie ihre ganze produktive und kurative Kraft entfalten soll, braucht zudem einen modernen Kapitalstock – dazu zählt auch die öffentliche Infrastruktur. Typischerweise gehen privatwirtschaftliche Investitionen nur Hand in Hand mit öffentlichen. Besonders – aber nicht ausschließlich – bei letzterem hat seit der Jahrtausendwende ein schleichender Verfall eingesetzt. Damit droht Deutschland von anderen Wettbewerbern abgehängt zu werden.

Insbesondere die Corona-Krise hat Deutschlands Innovationsdefizite offengelegt, aber auch die Quellen neuer Stärke aufgezeigt. Diese Stärke bedarf der transnationalen Kooperation, wie sie im europäischen Binnenmarkt seit Jahrzehnten vorangebracht wird. Dabei sind nicht nur neue Infrastrukturen für grünen Wasserstoff, Chips, Batterietechnik und Quantencomputing notwendig, sondern auch die Modernisierung der Gesundheitswirtschaft. Darin besteht die große Chance des sogenannten »Important Projects of Common European Interest« (IPCEI) mit dem Schwerpunkt »Health/Gesundheit«, wie es Frankreich und Deutschland als Herzstück der Europäischen Union im Jahr 2021 auf den Weg gebracht haben[29]: Die Stärkung der Widerstandsfähigkeit der europäischen Medizintechnik- und Pharmabranche zur Bekämpfung künftiger Pandemien geht einher mit der tiefgreifenden Modernisierung der Gesundheitsversorgung und der Förderung von Hightech-Medizin sowie der dafür notwendigen Produktionstechnik.

Dazu werden in einem ersten Schritt vor allem die Förderung der Technologie von Gen- und Zelltherapien, die Entwicklung von neuen Antibiotika und Medikamenten für bislang nicht oder nicht ausreichend behandelbare Krankheiten sowie die nachhaltige Transformation der Pharmaproduktionstechnik in den Mittelpunkt gestellt. In einem zweiten Schritt sollen auch die Chancen von Medizintechnik und Digitalisierung im europäischen Kontext mittels Verbundprojekten genutzt werden. Deutschland kann es sich nicht leisten, die Chancen dieser »Important Projects« an sich vorbei ziehen zu lassen.

Und um die dazu nötigen privaten Investitionen spürbar anzuschieben, muss Deutschland auch im internationalen Steuerwettbewerb wieder aufschließen. Derzeit ist die Steuerlast vergleichsweise hoch und insbesondere die steuerliche Förderung von Forschung und Entwicklung ist in anderen Ländern attraktiver. Um wünschenswerte Investitionen zu beschleunigen, sind die viel diskutierten Super-Abschreibungen der richtige Ansatz. Ausreichend sind sie aber nicht. Denn Politik muss auch die Interdependenzen zwischen den einzelnen Entscheidungssilos beispielsweise in den Bereichen der Wirtschafts-, Innovations- und Gesundheitspolitik mitdenken.

Kapital fließt nämlich nicht ausschließlich dorthin, wo die höchsten Renditen locken, sondern auch dorthin, wo es geschützt ist. Geisterfahrten wie zuletzt zur kurzfristigen Überbrückung finanzieller Lücken in der Gesundheitsversorgung dürfen nicht zum Regelfall werden. Diese Sorge erwächst allerdings, wenn die Finanzierung unserer Sozialsysteme nicht endlich nachhaltig geregelt wird: Drohende Löcher in den sozialen Sicherungssystemen verleiten mutmaßlich zu weiteren finanziellen Übergriffen. Damit wird eine zukunftsfähige Ausrichtung unserer Sozialsysteme zum Standortfaktor – und dies gilt ebenso für den Faktor Arbeit. Ufern die Beiträge zu den Sozialsystemen aus, bieten andere Länder bessere Einkommensperspektiven und werben somit die hier dringend benötigten Arbeitskräfte ab.

Fazit: Wir brauchen Mut, Schlüsselindustrien zu benennen, und ein klares Bekenntnis, die Hightech-Branchen zu fördern. Die Politik sollte Forschungsförderung und steuerliche Aspekte im Dialog mit den Unternehmen auf diese Branchen zuschneiden. Dann entstehen dort die attraktiven Jobs von morgen und motivieren ausländische Fachkräfte, nach Deutschland zu kommen – oder im Fall junger Menschen, die nach ihrer Ausbildung global über ihren Lebensmittelpunkt nachdenken, zu bleiben. Bei alldem muss die Politik ein verlässlicher Partner sein und Antworten auf dringende Fragen finden – etwa die langfristige Ausrichtung unserer Sozialsysteme.

Prof. Dr. Friederike Welter

Ein innovationsstarker Mittelstand braucht zuverlässige Rahmenbedingungen

Die Corona-Pandemie hat laut der Studie »Die Auswirkungen der Innovationstätigkeit von KMU in Krisenzeiten auf ihre wirtschaftliche Entwicklung« des IfM Bonn zu einer Verdoppelung des Anteils der innovationsaktiven Unternehmen gegenüber den Jahren davor geführt. Der Anteil an Geschäftsmodellinnovationen stieg dabei auf fast das Dreifache an. Drei von vier Unternehmen realisierten hingegen Prozessinnovationen. Braucht es folglich Krisen, um die Innovationstätigkeit der Unternehmen in Deutschland zu erhöhen? Aus meiner Sicht nicht.

Vielmehr haben die Familienunternehmen während der Pandemiejahre gezeigt, was den Mittelstand in Deutschland auszeichnet: Herausforderungen begegnen sie mit Kreativität, Flexibilität und Kundennähe. Von Vorteil ist dabei, dass sie aufgrund ihrer flacheren Struktur einfacher als Konzerne unternehmerische Prozesse verändern sowie Geschäftsmodelle und Produkte an die veränderten Gegebenheiten anpassen können.

Dies lässt sich auch am Beispiel der nachhaltigen Transformation der Wirtschaft aufzeigen: Bis 2045 soll das Ziel der Treibhausgasneutralität in Deutschland umgesetzt sein. Bereits im vergangenen Jahr gaben zwei von drei mittelständischen Unternehmerinnen bzw. Unternehmern bei einer Befragung des IfM Bonn an, bis 2025 mehr in Nachhaltigkeit investieren zu wollen – auch wenn sie nach eigenen Angaben noch nicht abschätzen konnten, ob und inwiefern der Markt ihre Investitionen in grüne Produkte und Produktionsprozesse auch tatsächlich honorieren werde. Als weitere Unsicherheitsfaktoren bezeichneten die befragten Führungskräfte die Preisentwicklung für Energie und Vorprodukte sowie den Aufbau einer Infrastruktur zur intensiven Nutzung von grünem Strom und Wasserstoff. Gerade diese Unsicherheit hemmt weitere Investitionen. Denn letztlich können sich kleinere Unternehmen Fehlinvestitionen kaum erlauben – im schlechtesten Fall könnte dies zur Unternehmensaufgabe führen.

Um die Innovationsbereitschaft des Mittelstands zu fördern und seine Wettbewerbsfähigkeit zu stärken, braucht es für die mittelständischen Unternehmen daher erstens verlässliche Rahmenbedingungen, was auch den Umfang der bürokratischen Pflichten mit einschließt. Auch hierzu ein Beispiel: Zwar sind aktuell nur größere Unternehmen gemäß der »EU-Strategie zur Finanzierung einer nachhaltigen Wirtschaft« verpflichtet, Nachhaltigkeitsinformationen über ihre Wertschöpfung zu veröffentlichen. Tatsächlich sind aber auch kleine und mittlere Unternehmen indirekt von dieser Vorgabe betroffen, wenn sie Zulieferer und damit Teil der Wertschöpfungskette großer Unternehmen sind. Unabhängig davon ist zu befürchten, dass die Informationsanforderungen an Unternehmen weiter zunehmen, da beispielsweise auch Finanzierungspartner zunehmend Daten zur Nachhaltigkeit einfordern.

In den Unternehmen werden zwar schon eine Reihe an Verbrauchsdaten beispielsweise für Strom, Wasser oder Treibstoff erhoben. Zukünftig werden aber auch Daten zu den CO_2-Emissionen vonnöten sein – und wie sich diese auf einzelne Kunden und Aufträge verteilen. Dies wird den bürokratischen Aufwand gerade für kleinere Unternehmen nochmals erhöhen. Schon heute werden jährlich in einem Unternehmen mit 125 Beschäftigten laut der Studie »Bürokratiekosten von Unternehmen aus dem Maschinen- und Anlagenbau« rund 3 % des Umsatzes durch die Erfüllung der bürokratischen Pflichten gebunden. Dies sind bei einem Umsatz von 23,5 Millionen rund 705.000 Euro – und umgerechnet auf die Beschäftigungskosten 10 in Vollzeit arbeitende Mitarbeiterinnen und Mitarbeiter. Zum Vergleich: Bei einem Großunternehmen mit einem Umsatz von 239,5 Millionen Euro liegen die Kosten für den bürokratischen Aufwand bei gut einem Prozent (2,48 Millionen Euro) bzw. den Kosten für die Beschäftigung von 40 vollzeitbeschäftigten Mitarbeiterinnen und Mitarbeitern.

Zweitens müssen die (in-)direkten Auswirkungen von Gesetzesinitiativen auf die Finanzierung von notwendigen Investitionen, insbesondere durch kleinere Unternehmen im Blick behalten werden. Laut einer Befragung von 2022 für die IfM-Studie »Die Förderung nachhaltiger Finanzierung durch die EU – Auswirkungen auf den Mittelstand« wollen gut 40 % der mittelständischen Unternehmen Förderdarlehen und 36 % von ihnen klassische Bankdarlehen ihrer Hausbank zur Finanzierung nachhaltiger Investitionen nutzen. Meist handelt es sich hierbei um Regionalbanken, bei denen aufgrund der gewachsenen, langjährigen Verbindung auch weiche Faktoren in die Kreditentscheidung einfließen. Dies hat zwar für die Unternehmenskunden und Banken den Vorteil, dass durch den langjährigen intensiven Kontakt, leichter Nachhaltigkeitsrisiken identifiziert werden können. Gleichzeitig stehen die Regionalbanken vor der Herausforderung, dass sich Kredite an kleine und mittlere Unternehmen derzeit negativ auf die Green Asset Ratio auswirken, mit der laut EU-Vorschrift der Anteil nachhaltiger Anlagewerte im Portfolio einer Bank gemessen wird. Hier muss eine Lösung gefunden werden, damit Banken mit einem hohen KMU-Anteil im Kreditportfolio nicht benachteiligt und unnötige Kredithürden für die KMU bei der Transformationsfinanzierung vermieden werden.

Um die Innovationsbereitschaft in Deutschland weiter zu stärken, gilt es drittens, sowohl den Wissenstransfer aus Hochschulen durch Unternehmensgründungen weiter zu fördern als auch etablierte mittelständische Unternehmen zur unternehmensübergreifenden Innovationsentwicklung zu ermutigen. Generell sind zwar unternehmensübergreifende Kooperationen nicht neu für mittelständische Unternehmen: Viele Innovationen entstehen in Zusammenarbeit mit Kunden und Lieferanten. Neu ist bei der unternehmensübergreifenden Innovationsentwicklung jedoch, dass die Unternehmen sich gezielt innovative Partner suchen, weil ihnen bestimmte Ressourcen fehlen oder sie neue Märkte erschließen möchten. So nimmt beispielsweise die Zusammenarbeit mit Start-ups sowie anderen Know-how Trägern für die Adaption von Zukunftstechnologien zu, um Geschäftsmodelle im Mittelstand weiterzuentwickeln und entsprechende Kompetenzen aufzubauen, weil sich die Innovationszyklen verkürzen und der IT-Fachkräftemangel verschärft.

Im besten Fall führt das neu erworbene Wissen dazu, dass die Partner über die ursprüngliche Kooperationsbeziehung hinaus weitere Innovationsentwicklungen mit anderen Partnern realisieren. Allerdings kann die unternehmensübergreifende Innovationsentwicklung nur dann erfolgreich sein, wenn sich die Partner vertrauen und ein gemeinsames Werteverständnis besitzen. Auch ist eine leistungsfähige digitale Infrastruktur notwendig, über die sich die Partner täglich austauschen können. Im Zuge der digitalen Transformation, die wir seit Jahren erleben, wird dies jedoch immer mehr zur neuen Normalität.

Christian Miele

Wie Startups Innovationen vorantreiben

Wenn wir über Innovationen reden, kommen wir an Startups nicht vorbei. Sie sind nicht nur Innovations- und Wachstumstreiber, sondern auch ein entscheidender Faktor im Transformationsprozess unserer Wirtschaft. Wie das? Startups bringen innovative Ideen schnell in die Praxis, gehen neue Wege, erproben fortschrittliche Geschäftsmodelle und setzen dabei auf schlanke, digitale und möglichst automatisierte Prozesse. Startups wollen einen Beitrag leisten, um die Transformation der Wirtschaft zu unterstützen und Herausforderungen unserer Zeit zu lösen, so wird zum Beispiel ökologische Nachhaltigkeit für immer mehr Gründer zum relevanten Faktor beim Aufbau und der Entwicklung ihres Unternehmens. Startups transformieren nicht nur die Wirtschaft, sondern legen den Grundstein für Technologiekonzerne von Weltformat und füttern etablierte Unternehmen mit neuen Ideen. Unterm Strich stärken Startups die Wettbewerbsfähigkeit Deutschlands und tragen dazu bei, unseren Wohlstand zu sichern.

Aus wirtschaftlicher Notwendigkeit heraus muss sich Deutschland also die Frage stellen, wie wir ein möglichst gründungsfreundlicher Standort sein können. Denn wir sind ein rohstoffarmes Land. Früher einmal haben Innovationen das Land der Dichter und Denker reich gemacht. In der zweiten Hälfte des 19. und Anfang des 20. Jahrhunderts galt Deutschland nicht nur als die Apotheke der Welt, sondern auch als erfolgreiches Gründungsland. Unternehmen wie Daimler, Bosch oder auch Bayer entstanden in dieser Zeit. Heute gilt Deutschland eher als das Land der Angestellten und Beamten als das der Dichter und Denker.

Damit Startups erfolgreich sein können, müssen wir ihnen den Boden bereiten. Unser Ziel sollte es sein, ein Standort zu werden, der Risikobereitschaft honoriert und den Pionier*innen unserer Zeit die besten Voraussetzungen bietet, um mit Innovationskraft erfolgreich zu sein. Wir müssen Deutschland zum Weltmarktführer für Startups machen.

Das Potenzial ist gewaltig – die Voraussetzungen durchwachsen

Die Voraussetzungen? Durchwachsen. Da sind zuerst einmal die globalen konjunkturellen Baustellen, seit 2022 wachsen sie stark. Zinswende, gestörte Lieferketten und die geopolitischen Auswirkungen von Putins Angriffskrieg auf die Ukraine – dagegen ist auch das Startup-Ökosystem nicht immun. Die Wagniskapital-Finanzierungen gingen zurück, ebenso die Neugründungen.

Deutschland kann sich glücklich schätzen, dass unser deutsches Startup-Ökosystem in den letzten Jahren unheimlich gereift und robuster geworden ist.

Denn Startups sind zum echten volkswirtschaftlichen Faktor gereift. Die kumulierte Unternehmensbewertung deutscher Startups hat sich seit 2018 mehr als versechsfacht und liegt nun bei 168 Milliarden Euro – das sind gut 5 Prozent des gesamten Bruttoinlandsprodukts. 2018 lagen wir noch unter einem Prozent. Auch das Job-Potenzial von jungen, innovativen Unternehmen ist gewaltig: schon heute arbeiten für sie rund 415.000 Menschen in Deutschland.

Mit den Multiplikatoreffekten haben junge, innovative Unternehmen bisher rund 1,6 Millionen Arbeitsplätze direkt geschaffen bzw. indirekt gesichert. Das sind schon heute mehr Arbeitsplätze als etwa in der Automobil- und Chemieindustrie zusammen. Mit den richtigen Weichenstellungen lässt sich diese Entwicklung in den nächsten Jahren noch deutlich verstärken.

Doch aus diesem Potenzial machen wir bisher noch zu wenig. Die Gründe sind lähmende Bürokratie, fehlende Risikobereitschaft, zögerliche politische Weichenstellungen und ein immer noch mangelndes Bewusstsein für die innovative Kraft von Startups. Andere Länder machen das besser. In Frankreich hat Präsident Emmanuel Macron Startups zur Chefsache erklärt. Er integriert das transformative Potenzial politischer Pläne zur Erneuerung der französischen Industrie, setzt ambitionierte Ziele, was die Anzahl der Startups mit Milliardenbewertung betrifft, und feiert Finanzierungsrunden großer Startups öffentlich – das sind die richtigen Prioritäten! Folglich wächst der Abstand zu unseren europäischen Nachbarn, international müssen wir dringend aufholen. Unser Standort ist schwächer als die europäische Konkurrenz wie Frankreich, Holland oder Großbritannien – der Abstand zu den Amerikanern ist noch deutlicher. Für Deutschland ist das ein Warnsignal.

Innovationsstandort Deutschland:
Gute Forschung – aber wir machen nichts draus

So müssen wir uns mit Blick auf Innovationen hierzulande fragen: Leben wir zu sehr von der Substanz? Denn nicht nur beim Blick auf Startup-Rahmenbedingungen, auch im internationalen Wettlauf der Innovationen fallen wir zurück. In Deutschland droht Innovationsarmut. Während ™Unternehmen in den USA und China immer mehr für Forschung und Entwicklung ausgeben, wird die Investitionslücke im Vergleich zu Deutschland größer. Mehr noch: Wir haben in Deutschland zwar eine gute Forschungslandschaft, das Problem ist die Umsetzung in die Praxis. Uns fehlen Ressourcen und Initiativen für mehr Ausgründungen, die unsere Unternehmen am Puls der Ideen halten.

Trotz erfolgreicher wissenschaftlicher Veröffentlichungen und Weltklassepatenten bleibt Deutschland insbesondere beim Transfer von neuen wissenschaftlichen Erkenntnissen in marktfähige Produkte und Dienstleistungen weit hinter anderen führenden Ländern wie den USA zurück. Dabei können wir viel – hierzulande wurden pro Kopf mehr als doppelt so viele Patente wie in den USA angemeldet!

Wenn wir unsere PS auf die Straße bringen wollen, müssen wir an den Hochschulen ansetzen. Studierende haben oft unzureichenden Zugang zu Entrepreneurship: Sie wissen schlichtweg nicht, welche Schritte man gehen muss, um im Labor erfolgreich erprobte Ideen in die unternehmerische Praxis zu bringen.

Das Paradebeispiel ist die mp3. Sechs Erfinder des Fraunhofer-Instituts entwickelten ein Verfahren, um Musik stark zu komprimieren – ohne hörbare Qualitätseinbuße. Erst dieses Verfahren erlaubte es dem US-amerikanischen Unternehmen Apple, mit dem iPod die Welt zu verändern. Apple ist heute das wertvollste Unternehmen der Welt – und doppelt so viel wert wie alle deutschen börsennotierten Firmen zusammen! Diese Geschichte lehrt uns: Es kommt nicht immer auf die Idee an, sondern darauf, wie man sie zum Erfolg führt. Und genau dieses unternehmerische Denken sollten wir jungen Menschen vermitteln. Wir müssen Strukturen zur Gründungsförderung an Universitäten fördern und dabei klar den Aufbau von unternehmerischen, nachhaltigen Strukturen incentivieren.

Wie das gelingen kann, zeigt z. B. UnternehmerTUM in München. 2002 von der Unternehmerin Susanne Klatten initiiert, tritt UnternehmerTUM seit 20

Jahren an, um eine neue Gründungskultur zu etablieren. Aus dieser Idee ist mittlerweile eine Institution für Unternehmertum geworden und ein starker Motor für den Startup-Standort München. Jedes Jahr werden mit Hilfe von UnternehmerTUM ca. 50 skalierbare Startups gegründet. Ein Team von mehr als 300 Mitarbeitenden unterstützt jährlich rd. 5.000 Teilnehmende. In 20 Jahren sind so über 1.000 Startups entstanden. Über 1.000 Ideen, die in die Tat umgesetzt worden sind. Dabei verfolgen sie einen ganzheitlichen Ansatz und begleiten Gründerinnen und Gründer entlang des gesamten Prozesses – von der ersten Idee bis zur ersten Finanzierung. Nun hat München Berlin bei den Startup-Gründungen pro Kopf den Rang abgelaufen. Das ist auch ein Erfolg der guten Gründungsförderung an Hochschulen.

Das zeigt, wie neue Startups entstehen, die eine Frischzellenkur für die deutsche Wirtschaft sind. Sie haben das Potenzial für Tech-Champions Made in Germany, siehe Celonis, Flixbus und Lilium. Und das ist dringend notwendig. Denn unsere Wirtschaft ist in die Jahre gekommen. Statt Rising Stars hervorzubringen, drohen deutsche Unternehmen am Firmenfirmament zu verglühen. Während die fünf wertvollsten Konzerne der USA mit Ausnahme Saudi-Aramco weniger als 30 Jahre alt sind, sind ihre deutschen Pendants meist vor mehr als hundert Jahren gegründet worden. Mehr noch: Im Ranking der wertvollsten Unternehmen war Ende letzten Jahres kein deutsches Unternehmen vertreten. Ein Grund dafür ist der schwach aufgestellte Tech-Sektor.

Die besten Köpfe für Deutschland gewinnen – und halten

Um Tech-Champions Made in Germany hervorzubringen, brauchen wir zudem internationale Top-Talente in Deutschland. Qualifizierte Mitarbeiter sind für Startups ein entscheidender Erfolgsfaktor, der Fachkräftemangel ist laut Umfragen das zentrale Hemmnis für Startups. Aber: Im globalen »War for Talents« konkurrieren deutsche Startups nicht mehr nur mit deutschen oder europäischen Unternehmen um die besten Fachkräfte, sondern mit global agierenden Digital- und Technologieunternehmen. Dabei ziehen deutsche Startups noch zu oft den Kürzeren – gegenüber etablierten Unternehmen sind sie bei der Gewinnung von Mitarbeitenden strukturell im Nachteil.

Ein international erprobtes Mittel, um im »War for Talents« mitzuhalten, sind Mitarbeiterbeteiligungen. Startups nutzen dieses Instrument, um Top-Talente zu sich zu locken. Doch die Rahmenbedingungen in Deutschland sind international nicht konkurrenzfähig: Wir sind europaweit Schlusslicht. Das muss sich ändern – Deutschland muss Spitzenreiter werden! Zudem muss der Zugang für Fachkräfte und Gründer nach Deutschland erleichtert werden. Eine schnellere und vereinfachte Einwanderung muss her. Nur wenn Handwerker Wohnungen bauen und Erzieher sich um den Nachwuchs kümmern können, sind wir als Einwanderungsland für internationale Fachkräfte attraktiv.

Ein Land am Kapitaltropf?

Der dritte wichtige Punkt ist Kapital. Das Investment-Ökosystem in Deutschland hat sich in den letzten Jahren professionalisiert und weiterentwickelt – VC-Investments stiegen seit 2018 von etwa 5 auf knapp 10 Milliarden Euro. Im internationalen Vergleich zeigt sich aber ein Rückstand gegenüber anderen entwickelten Ökosystemen. Deutschland ist bei der pro Kopf-Betrachtung der Investments in Startups schwächer als vergleichbare europäische Standorte wie Frankreich, Holland oder Großbritannien aufgestellt – der Abstand zu dem US-amerikanischen Ökosystem ist noch deutlicher.

Besonders deutlich ist das bei Later-Stage-Investments, also Kapitalzuschüssen in fortgeschrittene Startups. Bezogen auf die Wirtschaftsleistung fließt in Großbritannien fast viermal so viel Geld zu weiter entwickelten Startups. In Deutschland geht ohne außereuropäisches Kapital nicht mehr viel. Das führt zu geopolitischer Abhängigkeit: Im internationalen Wettbewerb um Zukunftstechnologien sind Startups ein zentraler Faktor. Und zweitens verpassen wir Rendite: Aktuell profitieren andere Weltregionen überproportional von deutschen Innovationen.

Folglich müssen wir mehr Kapital privater institutioneller Investoren, wie z. B. Lebensversicherungen, mobilisieren. Nur so werden wir in Deutschland den wachsenden Kapitalbedarf der Startups und Scaleups stillen können.

Angesichts unseres ungeheuren Potenzials an guten Ideen, motivierten Gründern und starken Unternehmen bin ich zuversichtlich, dass wir mit den richtigen Weichenstellungen die deutschen Wirtschaftskraft wiedererwecken können. Tech-Champions Made in Germany sind kein naiver Traum, sondern eine echte Option. Wir können die Startup-Szene zu einem Kernpfeiler unserer Volkswirtschaft machen und ihr mit deren innovativer Kraft eine Frischzellenkur verpassen. Packen wir's an!

3. Energetische und industrielle Transformation – Ziele, Pfade und Instrumente

Dr. Leonhard Birnbaum

Die Lehren aus der Krise ziehen – (Energie-)Infrastruktur wichtiger denn je

Der schreckliche Angriffskrieg Russlands gegen die Ukraine hat großes Leid auf unseren Kontinent gebracht, energiepolitisch ist er eine massive Herausforderung. Trotzdem sind Europa und gerade auch Deutschland besser als befürchtet durch den Winter gekommen. Wir haben erfolgreiches Krisenmanagement geleistet, etwa indem große Mengen Flüssiggas nach Europa umgeleitet wurden. Fürs erste zumindest konnten wir damit den Ausfall russischer Gaslieferungen auffangen. Zugleich wurde der befürchtete Energiepreisschock für Bevölkerung und Wirtschaft in Grenzen gehalten. Maßgeblich beigetragen haben dazu politische Interventionen wie die Strom- und Gaspreisbremse und ein erfolgreiches Krisenmanagement in großen Teilen der Energiewirtschaft. Hier haben sich vorausschauende Strategien mit einem über mehrere Jahre gestreckten Energieeinkauf bewährt und Kostensteigerungen für die Kunden gedämpft. Aber die Krise ist längst nicht vorüber.

Jetzt ist es Zeit, Vorsorge zu leisten

Wir dürfen uns nicht in falscher Sicherheit wiegen. Und weder Glück mit dem Wetter noch ad hoc Management in der Krise sind Konzepte, auf die wir uns als starke Wirtschaftsnation in der Mitte Europas langfristig verlassen sollten. Wir brauchen noch schneller noch mehr nachhaltige, sichere und bezahlbare Energie. Die Bundesregierung hat deshalb gleich nach dem Beginn des Ukrainekriegs im vergangenen Jahr mit ihrem Osterpaket reagiert und ihre Ziele für den Ausbau der Erneuerbaren noch einmal deutlich nach oben geschraubt. Und der Markt tut genau das, was der Markt tun soll. Der Wert von sicherer, bezahlbarer und nachhaltiger Energieversorgung ist in den Augen von Haushalts- und Gewerbekunden in den vergangenen Monaten deutlich gestiegen. Wir sehen aktuell einen deutlichen Hochlauf von Kundenanfragen für Solaranlagen, Wärmepumpen, Elektromobilität und Wasserstofflösungen.

Energiekrise verstärkt den Bedarf einer modernen Energieinfrastruktur

Das ist eindeutig die positive Nachricht: Die Krise wirkt beschleunigend auf die Energiewende in Deutschland und den Hochlauf regenerativer Energie. Sie wirkt aber auch beschleunigend auf den Bedarf einer modernen Energieinfrastruktur. Die Zahl der Netzanschlussbegehren explodiert derzeit. Zugleich wird das Energiesystem immer dezentraler und komplexer. Entscheidend für dessen Effizienz ist die Steuerung. Hier haben wir mit der Digitalisierung einen mächtigen Hebel, den wir aber eben auch nutzen müssen. Beim Thema Energieinfrastruktur kann man nun diskutieren, ob das Glas halb leer oder halb voll ist. Ich würde lieber den Blick nach vorn richten und fragen: Was müssen wir tun, um das Glas voll zu kriegen?

Fakt ist, schon vor der Krise war klar, dass dieses Jahrzehnt ein Jahrzehnt der Transformation sein muss – eines Ausbaus und vor allem einer Modernisierung insbesondere unserer Stromverteilnetze mit besonderem Schwerpunkt auf Digitalisierung. Die zweite DENA-Leitstudie Ende 2021 rechnete mit einem Investitionsbedarf von rund 80 Milliarden Euro bis 2030 und rund 200 Milliarden Euro bis 2045 in die deutschen Stromverteilnetze, um unsere Klimaziele zu erreichen. Schon vor der Krise ging es dabei auch darum, am langen Ende eine volkswirtschaftliche Kostenexplosion zu vermeiden. Denn wenn die Netze das Nadelöhr sind, wird der erzeugte Strom nicht effizient im Land verteilt, und wir müssen zusätzlich dafür zahlen, Anlagen verstärkt abzuregeln, um die Systemstabilität zu wahren. Den noch ambitionierteren Zielen des Osterpakets folgend steigt nun aber auch der Investitionsbedarf in die Netze. Zugleich befinden wir uns nach der Wende von FED, EZB und vielen Zentralbanken weltweit urplötzlich in einem massiv veränderten Zinsumfeld. Das sichere Investment in harte und regulierte Assets, wie das deutsche Stromnetz, muss sich gegenüber anderen sicheren Häfen wie etwa festverzinslichen Anleihen durchsetzen.

Attraktive Investitionsbedingungen sind entscheidend für den Netzausbau

Für den Netzausbau zapfen wir internationale Finanztöpfe an. Das ist bei dem gigantischen Investitionsbedarf ein enormer Vorteil gegenüber aus dem öffentlichen Haushalt finanzierten Infrastrukturinvestitionen. Doch wenn der Kapitalfluss stockt, haben wir ganz ähnliche Probleme. Denn Energie steht am Anfang der wirtschaftlichen Wertschöpfung und ist entscheidend für die Perspektiven dieses Landes.

Noch etwas ist an dieser Stelle wichtig: Wie bei der Bildung treten die positiven Effekte beim Infrastrukturausbau meist mit Verzögerung in Kraft. Und das gilt eben nicht nur für den Bau von Windparks. Es gilt auch für Investitionen in die Wasserstoffwertschöpfungskette oder Ladeinfrastruktur für Elektromobilität und insbesondere auch für den Stromnetzausbau. Von der Planung über die Investitionsentscheidung, über den Bau bis hin zur Fertigstellung rechnen wir hier in Jahren, nicht in Monaten. Es ist wichtig, dass wir das in Deutschland – gerade auch in der Politik – verstehen und in Zyklen denken. Wir müssen heute investieren oder werden es später bereuen. Denn was heute nicht gebaut wird, kommt uns in einigen Jahren teuer zu stehen.

Wir erleben ähnliches weltweit bereits bei kritischen Rohstoffen für die Energiewende, bei Lithium, perspektivisch wohl auch bei Kupfer, sogar beim wenig geliebten Rohöl. Die Entwicklungsperspektive von Regionen weltweit hing lange davon ab, wie schnell und kontinuierlich neue Öl- und Gasquellen erschlossen werden konnten. Heute lautet die Frage, gerade für Deutschland: Wie schnell und kontinuierlich erschließen wir neue und verlässliche Quellen aus Erneuerbaren, aus LNG und Wasserstoff? Und vor allem: Wie schnell sorgen wir dafür, dass die Energie in den Netzen und am Ende auch bei Haushalten und Gewerbe ankommt?

Vorrang für Netzausbau

Also, wie füllen wir das Glas? Wir erreichen es durch konsequentes Umdenken und ebenso konsequentes Handeln. Der Auf- und Ausbau unserer Energieinfrastruktur muss jetzt Priorität haben – für Energiewirtschaft und Netzbetreiber, für Politik und Regulierung, aber auch für Bürger und Rechtsstaat. Wir erleben vielversprechende Ansätze einer neuen Pragmatik, die sich etwa bei der diskutierten Umsetzung der EU-Notfall-Verordnung in Form einer »strategischen Umweltverträglichkeitsprüfung« und einer »Standardisierung im Artenschutz« zeigt. Wir erleben auch vielversprechende Ansätze, das gesteigerte Bewusstsein für die Relevanz von Energieinfrastruktur in Gesetzgebung und Genehmigungspraxis einzubringen. Erneuerbare und Verteilnetze sind mittlerweile als »im überragenden öffentlichen Interesse liegend« deklariert. Ebenso wird – etwa in der »Wind an Land Strategie« des BMWK – die zwingende Voraussetzung eines Gleichschritts von Erneuer-

baren und Netzausbau unterstrichen und die Notwendigkeit eines vorausschauenden Netzausbaus hervorgehoben.
Diese Ansätze allerdings reichen noch nicht. Beispielsweise ist es wichtig, Vorrangflächen auch tatsächlich festzulegen, um das Instrument der »strategischen Umweltverträglichkeitsprüfung« nutzen zu können. Und damit keine Unklarheit bleibt: Ein wenig Verbessern der bestehenden Prozesse reicht nicht. Im Ergebnis brauchen wir einen fundamentalen Wandel. Zum Beispiel reden wir auf 110kV Ebene von Genehmigungsdauern von über 10 Jahren. Da ist 2030 schon vorbei! Wir brauchen nicht Erleichterungen von ein paar Prozent, um auf 8-9 Jahre zu kommen. Wir brauchen einen Schnitt, der uns auf 2-3 Jahre bringt!
Elementar ist auch die Verzahnung der Netzausbauplanung mit den Vorgaben für die Netzbetreiber in der Anreizregulierungsverordnung. Digitalisierung im Netzbereich sollte in der Erlösobergrenze für Netzbetreiber regulatorisch angerechnet und damit incentiviert werden. Und vielleicht lässt sich auch ein Beispiel an anderen europäischen Staaten nehmen, deren Regulierung »Klimaschutzzuschläge« für jene Netzbetreiber vorsieht, die besonders stark in moderne Netze investieren und Erneuerbare integrieren.
Wir müssen die Möglichkeiten der Digitalisierung unserer Energieinfrastruktur jetzt endlich konsequent nutzen. Und dafür bleibt der Smart Meter Rollout eine wesentliche Voraussetzung. Das im April 2023 verabschiedete Gesetz zum Neustart der Digitalisierung der Energiewende und Novelle des Messstellenbetriebsgesetzes (MsbG) ist ein Schritt zur Beschleunigung und Vereinfachung des Rollouts, aber auch noch nicht ausreichend. Politik und Energiewirtschaft müssen nun gemeinsam an weiteren Vereinfachungen und Verbesserungen arbeiten. Auch auf Europäischer Ebene, bei der laufenden Strommarktreform, kann und soll die Gelegenheit genutzt werden, um regulatorische Hindernisse zum Netzausbau und Digitalisierung zu beseitigen.

Zeit des Machens

Das vergangene Jahr kann durchaus Mut machen. Wir haben eine neue Mentalität des Machens erlebt, und zum Teil auch schon das von Bundeskanzler Scholz eingeforderte neue »Deutschland-Tempo«. Genau da müssen wir jetzt weiter machen, auch und gerade dann, wenn uns die Energiekrise etwas Luft zum Atmen lässt.
Wir von E.ON haben die Investition in Energieinfrastruktur bereits 2021 in den Mittelpunkt unserer Strategie gestellt. Nach den Lehren des ver-

gangenen Jahres haben wir unsere Ambitionen noch einmal deutlich nach oben geschraubt. Bis 2027 wollen wir nun europaweit 33 Milliarden Euro in die Energiewende investieren. Wir investieren insbesondere in die Stromverteilnetze in Deutschland, die Ladeinfrastruktur, in kundennahe Dekarbonisierung. Dieses Geld und die energiewirtschaftlichen Investitionen ins regulierte Netzgeschäft insgesamt sind aber abhängig davon, dass der Regulierungsrahmen, insbesondere die Eigenkapitalverzinsung, die attraktiven Investitionsbedingungen schafft, die ich bereits erwähnte.

Bureaucracy Reduction Act für das neue Deutschlandtempo

Zugleich hemmen uns immer noch die altbekannten Probleme: Manchmal jahrzehntelange Genehmigungsverfahren und überbordende Bürokratie – nicht nur beim Erneuerbaren, gerade auch beim Netzausbau. Hier muss sich unser Land endlich neu erfinden. Ansonsten wird »Deutschlandtempo« kein internationales Qualitätsmerkmal, sondern ein Synonym für »Schneckentempo«. Es ist nicht so, dass wir auf anderen Märkten keine Bürokratie kennen würden. Aber Deutschland ist ganz ohne Zweifel in diesem Feld weit vorne. Geredet wird viel von weniger Bürokratie. Wenn ich aber auf die Realität schaue, werden wir vor allem in Deutschland kontinuierlich mit zusätzlicher Bürokratie überzogen, die uns von unserer eigentlichen Aufgabe abhält. Immer mit guten Absichten aber ohne Verständnis, was das im Einzelnen bedeutet. Das können wir uns nicht mehr leisten!

China expandiert mit seinem Projekt »Neue Seidenstraße«, die USA öffnen mit ihrem »Inflation Reduction Act« trotz historischer Verschuldung noch einmal die Staatskasse. Und auch Europa muss sich seinen Weg aus der Krise herausinvestieren. Mitte März hat die EU-Kommission einen Net Zero Industry Act vorgeschlagen, als erste Säule des Green Deal Industrial Plan, der EU-Antwort auf den amerikanischen IRA. Während die politische Initiative zu begrüßen ist, bleibt die Wirksamkeit dieses Gesetzesentwurfs im Hinblick auf die Verbesserung der Geschäftsmöglichkeiten und den Abbau von Bürokratie für Net-Zero Technologien noch sehr schwer einzuschätzen. Gerade das ist aber ein Hebel. Wir müssen unsere Schwäche zur Stärke machen. Wir brauchen einen BRA, einen »bureaucracy reduction act«, und neben guten Investitionsbedingungen auf jeden Fall auch eine nachhaltige Mentalität des Machens.

Michael Vassiliadis

Zukunftsmodelle für die deutsche Industrie: Wir müssen mehr Europa wagen!

Die deutsche Industrie hat schon einfachere Zeiten erlebt. Eine Krise folgt auf die nächste. Erst hat Corona unser Immunsystem herausgefordert, jetzt hat der völkerrechtswidrige Angriff auf die Ukraine – und dessen energiepolitische Konsequenzen – die deutsche Industrie auf die Intensivstation befördert. Die Gaskommission musste die Erstversorgung des Patienten übernehmen. Die ganzheitliche Behandlung der Industrie wird jedoch weitaus herausfordernder. Die Branchen der IGBCE stehen vor Belastungen, die einerseits mit den Folgen des Krieges zusammenhängen, andererseits sind es die Auswirkungen einer immer notwendiger werdenden Transformation in Richtung Treibhausgasneutralität. Die Aufgabe der zweitgrößten Industriegewerkschaft ist es nicht allein, diesen Prozess konstruktiv und kritisch zu begleiten. Unser Anspruch ist es, die Transformation im Interesse der Beschäftigten mitzugestalten. Der Erhalt, die Umstellung der Produktion und der Schutz von Industriearbeitsplätzen haben höchste Priorität. Dafür brauchen wir einen aktiven Staat, der Industriepolitik betreibt, um die Gestaltung eines vollkommen neuen Energiemarktes zum Aufbau neuer Industrieanlagen, zum Schutz unserer Märkte und der Entwicklung neuer Berufsgruppen zu ermöglichen. Für eine erfolgreiche Entwicklung sind in den nächsten Jahren drei Punkte relevant: Beschleunigung, Pragmatismus und Kooperation. Nachdem die Zieldebatten beim Klimaschutz und die Richtung der Transformation im Wesentlichen abgeschlossen sind, wird offensichtlich: Das große Thema ist die Umsetzung! Nicht, dass nicht gehandelt würde. Das Einsetzen des Krieges, die Verabschiedung massiver Investitionsprogramme in den USA und die sich verändernde Rolle Chinas trugen massiv zu einem Umsteuern in der EU und Deutschland bei. Wir müssen aber aus der Rolle eines Getriebenen raus und vor die Lage kommen. Dafür brauchen wir die Entwicklung einer Handlungsstrategie, also einer Industriestrategie, zu der auch die Schaffung der notwendigen Transformationsinstrumente gehört, die den Rahmen für deren Realisierung im notwendigen Zeitrahmen schafft und die richtigen ökonomischen, aber auch die mit uns Gewerkschaften ausgehandelten tariflichen Arbeitsbedingungen schafft.

Das aber ist alles andere als trivial. Allein die Veränderung von Produktionsprozessen lässt schrittweise ganze Produktionsketten anders erscheinen, die wiederum neue Rahmenbedingungen benötigen – technischer und politischer Natur. Neben der Implementierung von Förderinstrumenten und der Einführung neuer Techniken ist daher eine aktive Strukturpolitik gefragt. Strukturpolitik sorgt dafür, dass morgen die notwendigen Versorgungswege zur Verfügung stehen, welche unsere Industrie in die langfristige Wettbewerbsfähigkeit führen. Das stärkt die Abwehrkräfte unseres verzweigten Industriesystems. Neben der Wandlung alter Produktionslinien müssen wir dringend neue Industriefelder erschließen, welche die Beschäftigung von morgen sichern. Dazu gehören beispielsweise die Halbleiter-, Batterie- und Biotechnologie, aber auch Elektrolyseure. Diese Wirtschaftszweige sorgen dafür, dass unsere Wertschöpfungsketten resilienter werden.

Hybris aber wäre es zu glauben, dies alles ließe sich isoliert im nationalen Rahmen realisieren. Der Erhalt der Industrie ist eine europäische Herausforderung und Aufgabe. Hier werden sinnvollerweise, weil dann im europäischen Maßstab wirkend, Standards verbindlich reguliert. Dabei dürfen wir die Fokussierung allein auf ökonomische Kennziffern nicht absolut setzen. Wer nur auf die Zahlen blickt – seien es die Quartalszahlen der Unternehmen oder die Einsparung von CO_2-Emissionen –, übersieht Teile der Wirtschaft, der Wertschöpfung, der Beschäftigung und damit des gesellschaftlichen Wohlstandes. Wir haben einen ganzheitlichen Blick auf die ökonomischen Zusammenhänge aus der Perspektive der Beschäftigten. Folgende Instrumente sind unerlässlich für einen nachhaltigen und ganzheitlichen Wandel unserer Industrie – es gilt langfristig Wertschöpfung und Beschäftigung zu sichern:

Die richtige Finanzierung: CCfD und Transformationsfonds

Der Erhalt unserer Wertschöpfungsketten wird aufgrund des internationalen Drucks immer schwieriger, weswegen Modelle wie Carbon Contracts for Difference unerlässlich sind. CCfD sind Versicherungen für die vielen Mutigen, die sich die Transformation ihrer Wertschöpfungsprozesse zutrauen und die großen Zukunftsthemen angehen. Kaum ein anderes Instrument schafft mehr Pragmatismus und Planungssicherheit bei einem zunehmend unsicheren Marktumfeld, weil es Investitionen erleichtert und den Marktzugang für neue Produkte, die ggf. noch nicht wettbewerbsfähig sind, ermöglicht. Um negativen Entwicklungen entgegenzuwirken, benötigen wir zusätzlich einen Fonds, der Wertschöpfungsketten fördert und aktive Industriepolitik ermöglicht: Den »Fund for Industrial Transformation« (FIT EU). Dieser Fonds würde endlich zu einer vollen Entfaltung der Kräfte der bisher bekannten IPCEI-Förderung beitragen. Die EU braucht dringend eine Vereinfachung ihrer Förderverfahren, um tatsächlich Innovationen zu beschleunigen und die Integration in den Markt zu erleichtern. In Deutschland haben wir bereits einige Erfahrungen mit der Etablierung politischer Fonds, etwa den Energie- und Klimafonds. Jedoch sind diese nicht vollumfassend angelegt und entfalten bislang keine gesamtwirtschaftliche Wirkung. Die wachsenden Herausforderungen machen das Therapieinstrument Transformationsfonds, auch trotz einiger Kritikpunkte, notwendig. Wir erlangen die Möglichkeit, ganze Branchen finanziell zu unterstützen und gezielt Innovationsprojekte auf eine neue Stufe zu heben. Finanzmittel könnten mit der richtigen Regulierung unbürokratisch und gezielt eingesetzt werden, sodass neue Techniken schneller ihren Weg in den Markt finden. Wir müssen jedoch endlich dafür sorgen – und das wäre der Anfang einer echten Industriestrategie – dass die Kosten einer Transformation ermittelt werden und der Staat seinen Beitrag beziffert. Im Zuge dessen ist es notwendig, Eigenverantwortung von den Unternehmen abzuverlangen, den Eigenbeitrag zu definieren und Grenzen einer Finanzierung aufzuzeigen. Durch die Fokussierung auf modernste klimaneutrale Technik findet schon heute eine sichtbare Marktverzerrung statt, sodass Traditionsunternehmen jetzt einen Changeprozess einleiten müssen. Der Einsatz eines Transformationsfonds stellt daher keinen Dauertropf an Subventionen dar, sondern komplettiert die politische Idee einer klimaneutralen Wirtschaft und schafft das notwendige Therapiekonzept. Was wir brauchen, um Risiken abzumildern, sind zeitliche Begrenzungen und klare Definition der finanziellen Rahmenbedingungen, damit weiterhin Innovationsanreize bestehen. Grundvoraussetzung bleibt jedoch, dass nur staatliche Unterstützung fließen kann, wenn sich dies auch in Standortsicherung, Tarifbindung und Beschäftigungsgarantien widerspiegelt.

Neues Strommarktdesign & Industriestrompreis

Eine verlässliche Energieversorgung ist eine Grundvoraussetzung für klimaneutrale Zukunftstechnologien, dafür braucht es drei Dinge:

1. Verlässlichkeit, d. h. Versorgungssicherheit
2. stabile Preise
3. niedrigere Preise

Ein neues Strommarktdesign muss all das sicherstellen – das geht nur mit einem niedrigen Industriestrompreis. Bis in die 30er Jahre müssen wesentliche Meilensteine im Energiesektor umgesetzt werden. Allein in der chemischen Industrie rechnen wir mit einem Strombedarf von 528 TWh Strom, was etwa der gesamten aktuellen Strommenge in Deutschland entspricht. Daher braucht es einen Mix aus Erneuerbaren Energien und den schnellen Hochlauf von Brückentechnologien. Unter Brückentechnologien verstehen wir Gaskraftwerke, die H2-ready sind und die Grundlast im Energiesystem sichern können. Langfristig müssen wir das Preisgestaltungssystem in Europa überarbeiten, da einzelne teure Gaskraftwerke nicht preissetzend für immer günstiger werdende erneuerbare Anlagen sein können. Eine sinnvolle Reform des Strommarktdesigns steht und fällt mit der Einführung eines bestenfalls europäischen Industriestrompreises. Diese sollten solange technologieoffen ausgestaltet sein und als »Brücke« fungieren, bis der EE-Ausbau den industriellen Strombedarf vollständig decken kann. Insgesamt muss Europa in der Neuordnung des Energiemarktes die gemeinsamen Stärken, auch im geplanten Wettbewerb, bündeln und letztlich dem Ziel einer Energieunion näherkommen: Dazu gehört u. a. der bessere Austausch (H2-Ready-Pipelines) und der gemeinsame Einkauf (hier v. a. Gas). Grundlegend gilt es, mehr Flexibilität und Netzstabilität zu schaffen, damit auf neue industrielle Bedarfe besser reagiert werden kann. Dabei dürfen wir nicht nur in technischen Dimensionen denken, da soziale und ökonomische Faktoren an Bedeutung gewinnen werden.

Ein modernes Strommarktdesign kommt nicht ohne einen günstigen Industriestrompreis aus. Im internationalen Vergleich weist Deutschland einen relativ hohen durchschnittlichen Industriestrompreis von 16,81 Cent pro KWh (Stand 2020) auf, der die Wettbewerbsfähigkeit, gerade in energieintensiven Branchen, massiv verzerrt. Die Folgen des Ukrainekriegs werden dafür sorgen, dass diese Nachteile für die deutsche Wirtschaft zunehmen werden. In der Gaskommission haben wir einen möglichen Weg definiert, wie wir einen Ausgleich zwischen Anreizen zur Energieeffizienz und Preissicherung schaffen können. Langfristig brauchen wir jedoch einen gesicherten Preis von 4-5 ct/KWh Strom, um die Wettbewerbsfähigkeit unserer Industrie zu erhalten. Anreize zur Einsparung und zur Veränderung des Verbrauchsverhaltens bleiben jedoch weiterhin zentral, sodass mit weiteren Entlastungen und einem Transformationsfonds weitere Anreize vorhanden sein müssen. Der Bezug eines Industriestrompreises muss dabei so unkompliziert wie möglich gestaltet werden, um einen Tarifdschungel zu vermeiden. Daher gilt es, den Bezug des Industriestrompreises an eine simple Strombezugsmenge zu koppeln, um insbesondere Großabnehmer vor explodierenden Preisen zu schützen. Nur mit einem gesicherten Strompreis können Unternehmen langfristig Investitionen in den Standort Deutschland tätigen und erhalten mehr Beständigkeit. Die Implementierung eines Industriestrompreises von 4-5 Cent pro KWh ist die Voraussetzung für die Wiederherstellung des internationalen Wettbewerbs.

Anpassung des Europäischen Beihilferechts

Ein weiterer Beitrag zur Wiederherstellung der internationalen Wettbewerbsfähigkeit ist eine Anpassung der europäischen Beihilfestandards. Auch hier geht es nicht um den Ausbau von Vorteilen für die europäische Industrie, sondern um Chancengleichheit. Wenn wir weiterhin an der konservativen Beihilferegelung festhalten, führt dies nur zu einer Schwächung europäischer Industriestrukturen und unserer Innovationskraft. Es sorgt dafür, dass wir ohne Möglichkeit staatlicher Unterstützungen Geschwindigkeit aus der Transformation nehmen und nach den Spielregeln der Zauderer Wandel betreiben müssen. Die Zunahme von Abhängigkeiten müssen wir um jeden Preis verhindern.

Mitgliedstaaten müssen deutlich mehr Möglichkeiten erhalten, Industrien regulatorisch und finanziell zu unterstützen – bei (Neu-)Investitionen, aber auch bei laufenden Kosten. So muss etwa das Instrument der IPCEI vereinfacht werden. Es muss auch für kleine und mittlere Unternehmen geöffnet und auf alle strategischen Transformationsbranchen ausgeweitet werden. Um dem möglichen Wettbewerbsnachteil von finanzschwächeren Mitgliedstaaten zu begegnen, müssen zusätzliche europäische Gelder mobilisiert werden.

Aufbau der H2-Technologie und neuer Industriecluster

Als wesentliches Transformationsziel kann sicherlich der Aufbau einer H2-Wirtschaft genannt werden. Ein erfolgreicher Aufbau hängt jedoch maßgeblich von den beschriebenen Instrumenten Transformationsfonds, Industriestrompreis, Ausbau Erneuerbarer Energie und einer neuen Beihilferegelung ab.

Neben den politischen Instrumenten muss als technische Voraussetzung mit einem schnelleren Ausbau der Infrastruktur begonnen werden. Seit Jahren können wir einen Streit über die richtigen Infrastrukturstandards beobachten, jedoch fehlt es vielmehr an grundsätzlichen Fragestellungen.

- Welche Kapazitäten benötigen wir tatsächlich für den Wandel?
- Wer koordiniert die Planungsprozesse überregional?
- Wie sehen geeignete Finanzierungsmodelle aus, die Sicherheit schaffen?

Hierbei benötigen wir eine enge Abstimmung zwischen Politik, Verwaltung und Unternehmen, damit passende Rahmenbedingungen für die Zukunftswirtschaft geschaffen werden und beim Übergang alte Strukturen nicht vernachlässigt werden. Das Denken in integrierten Prozessen ist unerlässlich, da alle Prozesse aufeinander aufbauen. So muss stets gewährleistet sein, dass die Funktionsfähigkeit und Wettbewerbsfähigkeit der Anlagen gesichert bleiben. Nur auf diese Weise können wir Strukturbrüche verhindern – die sozialen Ziele einer industriellen Transformation müssen im Mittelpunkt aller Behandlungsoptionen stehen.

Sind strukturelle Voraussetzungen geschaffen, kann schrittweise die Entstehung neuer Märkte einsetzen, hierfür brauchen wir jedoch keine Förderung von politischen Leuchtturmprojekten, sondern den Aufbau von Strukturen in der Breite. Am Beispiel Wasserstoff wird deutlich, dass Carbon Contracts for Difference, ein Industriestrompreis und insbesondere ein Transformationsfonds notwendig sind. Für einen Erfolg müssen Anlagen im Industriemaßstab errichtet werden, die enorme Investitionen verlangen; zumeist sind diese bislang nicht wettbewerbsfähig und können nur mit hohen Strommengen betrieben werden. Dieses Umfeld schafft zum aktuellen Zeitpunkt unüberwindbare Hürden, in einem freien Markt zu bestehen, der jedoch mit politischem Druck zur Transformation bewegt wird. Der politische Weg ist richtig, jedoch verpflichtet er den Staat Unterstützung zu leisten. Bei einer optimalen Marktlage und funktionierenden Politikinstrumenten kann im H2-Sektor schrittweise mit einem ersten grünen Leitmarkt gerechnet werden.

Die Mischung aus Ordnungs-, Finanz- und Strukturpolitik macht diesen neuen Wirtschaftszweig so einzigartig. Langfristig gilt es, daraus neue Cluster zu kreieren, die untereinander vernetzt sind. Der zwingend benötigte transeuropäische Ausbau von Infrastruktur muss – nicht nur beim Wasserstoff – europäisch gedacht werden. Die Politik ist gefordert, die Neuansiedlung an strategisch geeigneten Standorten regulatorisch und finanziell zu fördern. So können schrittweise aus ersten Erfolgsgeschichten neue Cluster entstehen – die Gesundung der Wirtschaft würde damit in Gänze voranschreiten. Infrastrukturprojekte, wie die hier genannten, sind keine Selbstläufer: Es braucht jetzt den politischen Mut, den Schulterschluss mit Gewerkschaften, NGOs und der Industrie.

Die Transformation ist bis heute nicht mit dem Rüstzeug ausgestattet, um bis 2045 einen umfassenden Wandel herbeizuführen. Fest steht, der Wandel wird kommen, dabei darf kein Beschäftigter auf der Strecke bleiben, hierfür werden die Gewerkschaften kämpfen. Wir brauchen eine vollumfassende Industriestrategie, die politische Instrumente festlegt, Infrastrukturstandards, aber auch Aus- und Weiterbildungsformate definiert. Darüber hinaus müssen wir den Innovationstransfer von der Belegschaft in Richtung Management fördern, die Innovationskraft in den Unternehmen wird an vielen Stellen nur unzureichend gehoben – eine starke Mitbestimmung kann hier als Beschleuniger fungieren.

Genauso verhält es sich gesamtgesellschaftlich. Die Stärkung des gesellschaftlichen Dialogs ist auch hierfür unerlässlich, da sich nur mit guten Fachkräften eine neue Industriestruktur schaffen lässt. Vielleicht stellt gerade die Stärkung unserer Fachkräfte, neben allen Politikinstrumenten, gar die wichtigste Therapieform dar, um die deutsche Industrie am schnellsten von der Intensivstation zu holen.

Kerstin Andreae

Das Wertversprechen der Energiewirtschaft: Eine sichere, nachhaltige und bezahlbare Energieversorgung in der Transformation

Einleitung

Nach der Covid-19-Pandemie und dem Beginn des russischen Angriffskrieges in der Ukraine stehen Deutschland und Europa vor enormen politischen, wirtschaftlichen und gesellschaftlichen Herausforderungen. Dazu bleibt die Bekämpfung des Klimawandels und deren Folgenbewältigung eine der herausragenden Aufgaben des 21. Jahrhunderts. Wir stehen vor einer gewaltigen energetischen und industriellen Transformation.

Auch unter diesen neuen Rahmenbedingungen steht die deutsche Energiewirtschaft zu ihrem Wertversprechen, unsere Volkswirtschaft sicher und nachhaltig mit bezahlbarer Energie zu versorgen. Denn Energie wird weiter am Anfang zahlreicher Wertschöpfungsprozesse stehen und damit eine zentrale Rolle in unserer Volkswirtschaft einnehmen. Der Ausstieg aus der Kernenergie hat die Energiewirtschaft in Deutschland bereits stark verändert. Ein zusätzlicher beschleunigter Ausstieg aus der Kohleverstromung und die damit angestrebte deutliche Reduzierung des CO_2-Ausstoßes wird nur erfolgreich gelingen, wenn durch eine massiv anwachsende Nutzung Erneuerbarer Energien in einem transformierten Energiesystem, Strom und dekarbonisierte Energieträger verlässlich und zu wettbewerbsfähigen Preisen zur Verfügung stehen. Unsere Industrie steht entsprechend unter Handlungsdruck, ihre Geschäfts- und Wertschöpfungsmodelle so anzupassen, dass Produkte und Prozesse zunehmend einen Beitrag zur Dekarbonisierung leisten und langfristig am Markt bestehen können. Somit ist die Energiewirtschaft zwingend ein zentraler Partner der Industrie. Gleichzeitig ist die Industrie als Produzent und Lieferant ein wichtiger Partner beim umfassenden Ausbau der Erneuerbaren Energiesysteme und der dafür notwendigen Transformationstechnologien. Um auf dem Weg zur Klimaneutralität industrielle Wertschöpfungsketten in Deutschland und Europa zu halten oder neu anzusiedeln, bedarf es jedoch kluger und strategisch angelegter Rahmenbedingungen.

Turbo beim Ausbau der Erneuerbaren Energien benötigt

Die Bundesregierung hat sich im Koalitionsvertrag ambitionierte Pläne für den Ausbau Erneuerbarer Energien gesetzt. Die Ziele erfordern bis 2030 beim Ausbau mindestens eine Verdopplung der Onshore-Windenergie, eine Verdreifachung bei PV und bei Offshore-Windenergie annähernd eine Vervierfachung. Auch danach soll der forcierte Ausbautakt anhalten. Allerdings verläuft der Ausbau der Erneuerbaren Energien derzeit noch viel zu langsam, um die von der Bundesregierung formulierten Ziele zu erreichen. Die Bundesregierung muss daher nun alle bestehenden Hemmnisse für den Ausbau der Erneuerbaren Energien beseitigen. Konkret bedeutet das vor allem: Planungs- und Genehmigungsverfahren beschleunigen, mehr Flächen für erneuerbare Erzeugungsanlagen und eine »Gelingenshaltung« in jeder Amtsstube.

Mit einer erfolgreichen Energiewende schützen wir nicht nur unser Klima, sondern erhalten einen Standortvorteil und reduzieren teure fossile Energieträgerimporte aus oft geopolitisch problematischen Regionen. Damit bauen wir Abhängigkeiten ab, stärken Resilienz, Versorgungssicherheit und Klimaschutz.

Ohne Infrastruktur keine Energiewende

Wichtig ist, dass der Netzaus- und -umbau mit dem EE-Ausbau und der Transformation im Gasbereich Schritt hält und in die Gesamttransformation des Energiesystems (inklusive der Wärmeversorgung) als Bedingung eingebunden wird. Auch hier bedarf es Anpassungen und Beschleunigungen im Planungs- und Genehmigungsrecht, u. a. mehr bundesrechtliche Standardisierung als Orientierung für die Behörden vor Ort. Darüber hinaus muss die Regulierung die geänderten Rahmenbedingungen mit Blick auf Zinswende, Inflation und OPEX-Aufwüchse berücksichtigen. Die Netzstabilität im Strom-Bereich ist ein echter Standortvorteil für Deutschland. So betrug die durchschnittliche Stromunterbrechungsdauer im Jahr 2021 nur rund 12,7 Minuten. Das ist weltweit ein absoluter Spitzenwert. Auch eine digitale Infrastruktur gehört zur klimaneutralen Energieversorgung und muss zum Markenzeichen des Erfolgs der deutschen Energiewende werden.

Wasserstoff als Hebel zur Dekarbonisierung und industriepolitische Chance

Der Hochlauf einer Wasserstoffwirtschaft und die Nutzung von erneuerbaren und dekarbonisierten Gasen als Transformations- und Wachstumstreiber nimmt weltweit Fahrt auf. In der Europäischen Union hingegen bestehen trotz ambitionierter Ziele und eines klaren politischen Willens aber noch zu viele regulatorische Unsicherheiten, die das Investitionsumfeld für Wasserstoff erschweren.

Dabei bietet ein erfolgreicher Wasserstoffhochlauf im doppelten Sinne große Chancen für den Industriestandort Deutschland: Auf der einen Seite ermöglicht Wasserstoff die Dekarbonisierung bestimmter industrieller Prozesse und damit die Zukunftsfähigkeit von Industrieunternehmen im Land. Auf der anderen Seite kann Wasserstoff durch seine (langfristige) Speicherbarkeit eine verlässliche Deckung der Residuallast bei der Stromerzeugung gewährleisten und damit ein auf Erneuerbaren Energien fußendes Stromsystem stabilisieren. Wasserstoff und erneuerbarer Strom bilden damit zwei Seiten ein und derselben Medaille. Außerdem können deutsche Hersteller in der gesamten Wertschöpfungskette mit ihren Produkten tätig werden und an die Exporterfolge des Anlagen- und Maschinenbaus anknüpfen. Einen wichtigen Beitrag zum Hochlauf einer Wasserstoffwirtschaft könnten darüber hinaus neu zu öffnende Importkanäle liefern, welche einerseits die Mengendifferenz schließen und wichtige Beiträge zu attraktiven Preisen liefern können. Gerade beim Aufbau und der Etablierung von Kooperationen mit anderen Ländern kann und sollte der Staat eine aktive industriepolitische Rolle als »Enabler« spielen.

Ein Marktdesign »fit for Renewables«

In den kommenden Jahren wird sich nicht nur unser Strommix, sondern das gesamte Stromsystem sehr stark verändern. Ziel ist eine klimaneutrale Stromerzeugung, die fast vollständig auf Erneuerbaren Energien beruht. Dabei muss der Finanzierungsrahmen so gestaltet sein, dass genug Investitionsanreize bestehen, um die EE-Ausbauziele zu erreichen. Auch eine systemdienliche Nutzung von Flexibilitätsoptionen im zukünftigen Stromsystem und ein ausreichender Zubau und Betrieb von steuerbarer Leistung muss sichergestellt werden, um die Versorgungssicherheit weiterhin auf hohem Niveau zu gewährleisten. Zudem werden die Themen Prosuming und lokale Preissignale stärker in den Fokus rücken.

Im Transformationsprozess Richtung Klimaneutralität gilt es sicherzustellen, dass Versorgungssicherheit, Wettbewerbsfähigkeit und Bezahlbarkeit auf weiter hohem Niveau gewährleistet werden. Als Teil des Energiebinnenmarkts muss jede Veränderung im Marktdesign Deutschlands bereits auf der europäischen Ebene ansetzen oder zumindest EU-verträglich ausgestaltet sein. Das bisherige Grundprinzip des Marktdesigns, dass in einem funktionierenden Wettbewerb gemeinsam mit dem europäischen CO2-Zertifikatehandel die günstigsten Maßnahmen und Technologien bei der Energieversorgung zum Zuge kommen, muss dabei erhalten bleiben. Gleichzeitig geht es darum, die Re-Finanzierung von Erneuerbaren Energien, von Kapazitäten zur Residuallastabdeckung und von Flexibilitäten sicherzustellen. Dabei wird auch die Nachfrageseite des künftigen Strommarktes zumindest in Teilen mit Flexibilitäten auf die Volatilität der Erneuerbaren Energien reagieren müssen.

Insbesondere das Thema der gesicherten Leistung muss stärker adressiert werden. Atom- und beschleunigter Kohleausstieg sowie altersbedingte Kraftwerksabgänge erfordern den Zubau gesicherter Leistung bis 2030. Studien aus 2021 gehen von einem Bedarf von mindestens 20 GW bis 2030 aus. Der EOM 2.0 wird aber keine Gas-/H2-Kraftwerke anreizen, denn Investitionsanreize für Kapazitäten sind in aktueller Regulatorik nicht gegeben. Eine Kraftwerksstrategie für den akut und mittelfristig erforderlichen Zubau und ein systematischer Ansatz für einen (wie auch immer ausgestalteten) Kapazitätsmarkt werden für die Bereitstellung der erforderlichen Kapazitäten bei gesicherter Leistung sorgen müssen.

Wettbewerbsfähige Strompreise als conditio sine qua non

Strompreise gehören für viele Industriebranchen zu den wichtigsten Kostenfaktoren. Die Wettbewerbsfähigkeit der Industrie kann durch hohe Energiepreise in Gefahr geraten, wie die Strom- und Gaspreiskrise 2021/22 nachdrücklich gezeigt hat. Was für die Industrie im internationalen Wettbewerb zählt, ist allerdings nicht allein der absolute Preis, sondern auch der relative Wettbewerbsnachteil gegenüber den wichtigsten Konkurrenten in China und den USA. Derzeitig ist die deutsche Industrie hier gegenüber wichtigen Wettbewerbern im Nachteil und auch perspektivisch wird Deutschland Wettbewerbsnachteile gegenüber Regionen mit günstigeren Erzeugungsbedingungen für Erneuerbare Energien haben. Zwar gibt es bereits weitreichende Entlastungsregelungen für Industriebetriebe mit besonders hoher

Stromintensität, die diesen Nachteil über die Reduzierung von Abgaben und Entgelten ausgleichen. Diese müssen aber für zukünftige Konstellationen angepasst werden. Staatlich finanzierte Vergünstigungen für die Industrie sollten immer mit klaren Bedingungen an die Transformation und deren langfristige Überlebensfähigkeit am Standort Deutschland gekoppelt sein. Neben der Industrie, die sich in einem Wettbewerbsverhältnis mit außereuropäischen Konkurrenten befindet, muss eine Industriepolitik vor allem strategisch wichtige Sektoren im Blick haben und diese durch Standortförderung unterstützen. Ein Industriestrompreis ist ein weiterer Eingriff in den Markt, nachmarktliche Instrumente wie die Senkung der Stromsteuer aber auch gezielte Standort- und Transformationsförderung sind dem vorzuziehen.

Transformationskosten

Eine veränderte und erweiterte Versorgungsstruktur und damit verbundene geänderte marktwirtschaftliche Szenarien werden den Bedarf an Investitionen maßgeblich erhöhen. Nach Berechnungen im Rahmen eines Fortschrittsmonitors von BDEW und EY kann aktuell von einem Finanzierungsbedarf für die Energiewende in Deutschland von über 600 Milliarden Euro bis 2030 allein für den Energiesektor ausgegangen werden. Darüber hinaus wird die Stärkung des europäischen Industriestandorts zusätzlichen Kapitalbedarf erfordern. Gleichzeitig würden diese Ausgaben für eine erhebliche Wertschöpfung in Deutschland und Europa sorgen. Mit dem Sustainable Finance Framework hat die EU bereits wichtige Rahmenbedingungen geschaffen, um Kapitalströme verstärkt in nachhaltige Projekte zu lenken. Ein Großteil der jetzt benötigten Investitionen muss aber von privaten Akteuren getätigt werden. Dafür braucht es wirtschaftsfreundliche Rahmenbedingungen, Zugang zu Kapital und vor allem Investitionssicherheit. Flankierend kann allerdings auch eine gezielte staatliche Unterstützung notwendig sein. Um energieintensive Branchen bei ihrer Dekarbonisierung zu unterstützen, kann der Staat etwa Unternehmen über sogenannte Klimaschutzverträge (Carbon Contracts for Difference ‚CCfD) bezuschussen und so den Einsatz CO_2-armer Technologien anreizen. Klimaschutzverträge schaffen mittelbar ein Angebot an klimafreundlich produzierten Gütern und verbessern deren Marktfähigkeit. Eine andere Möglichkeit ist die Einführung sogenannter grüner Leitmärkte. Hier würde der Staat einen Markt für die Produktion grüner Güter schaffen, indem er vorgibt, dass bestimmte Mengen klimaneutraler

Produkte auf dem Weg zur Klimaneutralität nachgefragt werden. Zusätzlich könnte der Staat über die Bereitstellung von sogenanntem Hybridkapital (stille Beteiligungen) den Aufbau von neuen energiewirtschaftlichen Strukturen anreizen.

Industrie »made in Europe – made for Europe«

Um Souveränität über wichtige technologische Entwicklungen zu bewahren und industrielle Innovationen weiter vorantreiben zu können, müssen Forschung, Entwicklung, aber vor allem auch die Produktion vor Ort in Europa stattfinden. Dazu gehört ebenfalls, die Fachkräfte-Frage stärker in den Fokus zu nehmen. Bereits heute stellt der Fachkräftemangel ein akutes Hemmnis für die wirtschaftliche Entwicklung in Europa und Deutschland dar. Zur Erreichung der Klimaziele müssen die Themen Innovation, Transformation, Fachkräfte und Klimaneutralität noch konsequenter als bisher zusammengedacht werden.

Zum Abbau von externen Abhängigkeiten, zur Sicherung des Industriestandortes, aber auch aus Nachhaltigkeitsaspekten muss zudem in Zukunft ein stärkerer Fokus auf den Gedanken der Zirkularität, also auf innovative Konzepte im Bereich der effizienten Nutzung und Wiederverwertung von Produkten und Rohstoffen gelegt werden. Die zum Teil bereits im Green Deal Industrial Plan der EU geplanten Maßnahmen sind hier ein wichtiger Schritt in die richtige Richtung und sollten nun auch konsequent vorangetrieben werden. Zudem sollten auch industrielle Produktionskapazitäten für Energiewende-Technologien wie Windenergieanlagen, PV-Module, Elektrolyseure und Wärmepumpen innerhalb der EU erhöht werden, um den steigenden Bedarf nach Transformationstechnologien stärker aus heimischer Produktion decken zu können. Nur so kann sichergestellt werden, dass Deutschland und Europa auf diesem wichtigen Zukunftsfeld souverän und handlungsfähig sein werden.

Ein weiterer wichtiger Teil der Lösung ist die Zusammenarbeit mit zuverlässigen internationalen Partnern durch den Abschluss von Freihandelsabkommen mit anderen Weltregionen und die Stärkung internationaler Kooperationen (Raw Materials Club) mit verlässlichen Partnern. Auch zukünftig ist aber eine autarke Versorgung der EU mit den für die Energiewende benötigten Rohstoffen und Technologien weder realistisch noch erstrebenswert. Klar ist: Der Klimawandel ist ein globales Phänomen, zur Bewältigung bedarf es daher internationaler Kooperationen in einer weiterhin global arbeitsteiligen Weltwirtschaft. Es ist daher zu begrüßen, dass die Staats- und Regierungschefs der G7 Ende 2022 die Gründung eines offenen und kooperativen internationalen Klimaclubs beschlossen haben und dieser zunehmend Interesse bei anderen Partnern findet. Hier soll der Austausch zu internationalen Rahmenbedingungen für die Industriedekarbonisierung gestärkt werden, um so die Arbeit an gemeinsamen Standards, Methodologien und Strategien für wichtige Industriesektoren zu beschleunigen.

Deutschland und Europa sind bei der Dekarbonisierung vorangeschritten, stehen aber in einem weltweiten Wettbewerb um die besten klimafreundlichen Technologien für die Industrie von morgen. Andere Länder und Weltregionen, wie etwa China und die USA, haben mit wichtigen Weichenstellungen (IRA, Made in China 2025) nachgezogen und uns mittlerweile bei zahlreichen Aspekten der Transformation überholt. Wir müssen deshalb dafür Sorge tragen, dass in Deutschland und Europa in ähnlichem Maße Kapital, Fachkräfte, Technologien und Infrastruktur zur Verfügung stehen, attraktive Investitionsbedingungen geboten werden sowie international ein »level playing field« für die handelnden Akteure besteht. Nur so lässt sich die massive Transformation zur Klimaneutralität bewältigen. Wir können uns nur proaktiv, mit Zuversicht und eingebettet in ein starkes und handlungsfähiges Europa aus dieser Krise heraus investieren.

Andreas Kuhlmann und Ann-Katrin Schenk

In Zeiten des Wandels: Industriepolitik neu denken

Im August 2022 unterzeichnete der amerikanische Präsident den Inflation Reduction Act (IRA) und setzte damit neue Maßstäbe für Investitionen in den Klimaschutz und Transformationstechnologien. Mindestens 369 Milliarden US-Dollar werden darin bereitgestellt für die Stärkung der grünen Industrien sowie der Reduktion von Treibhausgasen in Form von Zuschüssen, Steuergutschriften und Darlehen. Neben dieser erheblichen Summe für direkte Subventionen, beinhaltet der IRA auch sogenannte *local-content clauses*, also Vorgaben, dass Industrieprojekte zu einem festgelegten Teil mit Komponenten aus heimischer Produktion realisiert werden sollen.

Die Unterzeichnung des IRA durch Joe Biden kam für viele in Deutschland überraschend. Dabei war die Initiative im Wahlkampf lange angekündigt und von vielen in Deutschland und Europa sehr begrüßt worden. Endlich will ein Präsident der Vereinigten Staaten sich mit aller Kraft dem Thema Klimawandel zuwenden! Es hätte ausreichend Zeit gegeben, sich damit zu befassen. Der IRA ist, neben der Bekämpfung der Inflation als Folge des russischen Angriffskriegs auf die Ukraine, auch eine Antwort auf die geopolitischen Verschiebungen und die Veränderungen der globalen Wertschöpfungsketten im Bereich der Klimatechnologien. Er macht vor allem deutlich: Klimapolitik, das ist nicht mehr nur ein Wettbewerb um die besten Klimaziele. Klimapolitik, das ist eben auch ein Wettbewerb um die besten Technologien, die grünste Wirtschaft, den ökonomisch erfolgreichsten Weg zu einem zukunftsfähigen Wirtschaftsstandort. Und plötzlich merken wir, dass wir trotz langwährender Diskussionen nicht so gut aufgestellt sind, wie wir eigentlich dachten.

IRA als Lektion

Der IRA sollte ein Weckruf für uns sein. Sicher, er enthält grenzwertige Handelsrestriktionen, über die es auf höchster politischer Ebene zu streiten gilt. So wie es nun auch geschieht. Vor allem aber hält uns der IRA auch einen Spiegel vor. Wie ernst haben wir es gemeint mit der schnellstmöglichen Transformation und der Umsetzung unserer Klimaziele? Haben wir uns nicht viele Jahre lang mit kleinteiliger Regulierung unnötige Fesseln angelegt, wenn es um grünes Wachstum und die Einführung neuer Technologien geht? Einiges spricht dafür. Deutschland und die EU sind zu kompliziert, wenn es um die Skalierung von Zukunftstechnologien geht. Die erfolgreichste Gegenmaßnahme wäre, sich das einzugestehen und mit aller Kraft Hürden und Beschränkungen abzubauen und für eine entsprechende Dynamik mit einfachen Regeln zu sorgen. Und auch hier wieder: Schritt für Schritt ist es der Fall. Aber eben längst nicht so entschlossen, wie es in den USA und im Übrigen auch in anderen Regionen der Welt passiert.

Und es macht die Situation nicht einfacher, dass wir gleichzeitig erkennen, wie stark wir bei manchen Zukunftstechnologien von anderen Ländern abhängig sind, die ihre heimischen Industrien massiv fördern, auch bei der Expansion in andere Erdteile. China zum Beispiel, ein Land, welches nicht nur ebenfalls ganz erheblich in Green Tech investiert, sondern überdies über 90 % der in Deutschland eingesetzten PV-Module produziert. Die Abhängigkeit von vielen anderen kritischen Rohstoffen ist sogar noch kritischer.

Die Europäische Union reagierte auf all das im Februar 2023 mit einem Green Deal Industry Plan, der die europäische Industrie auf Kurs für das Erreichen des Klimaneutralitätsziels bis 2050 bringen soll. Den regulatorischen Rahmen dafür setzt der Net Zero Industry Act, der Schlüsseltechnologien für die Transformation definiert, die von z. B. verkürzten Genehmigungsverfahren für Produktionsstätten und einem gelockerten Beihilferahmen profitieren sollen und deren Bedarf im Jahr 2030 zu 40 % aus europäischer Produktion gedeckt werden soll.

Obwohl die Europäische Kommission auch massive und direkte Förderungen für Produkte *made in Europe* vorschlägt, stellt sie ein breiteres Instrumentarium, wie z. B. die Verkürzung von Genehmigungsverfahren vor. Das ist gut, denn ein reines Rennen um die höchsten Subventionen hätte mit Sicherheit vor allem eine Verliererin: die Transformation zur Klimaneutralität. Um diese zu erreichen, gilt es eben auch: Absatzmärkte durch eine planbare Nachfrage zu schaffen, eine gute Governance der Transformation herzustellen, den Abbau von administrativen Hürden zu beschleunigen, die Ausbildung von Fachkräften sicherzustellen, eine zukunftsweisende Infrastruktur bereitzustellen, sowie mit Rohstoffen strategisch umzugehen.

Diese und andere Punkte adressierte der bereits im April 2022 einberufene Roundtable zum Ausbau der Produktionskapazitäten für die Energiewende in Deutschland und Europa (STIPE) im Bundesministerium für Wirtschaft und Klimaschutz (BMWK). In diesem Prozess, der von der deutschen Energie-Agentur für das BMWK durchgeführt wurde, diskutierten die Stakeholder gemeinsam darüber, wie die Produktionskapazitäten für drei kritische Branchen der Energiewende (wieder-) hergestellt werden können: Photovoltaik, Windenergie und Stromnetze. Dies geschah vor dem Hintergrund der ehrgeizigen EE-Ausbauziele der deutschen Bundesregierung, aber auch zur Verringerung der Abhängigkeiten von Drittstaaten. Elf zentrale Handlungsempfehlungen wurden entwickelt[30], die in Teilen sicherlich auch auf andere Transformationstechnologien übertragbar sind.

Eine Frage der Herangehensweise

Doch wenn es darum geht, die richtigen industriepolitischen Entscheidungen in Deutschland und der EU zu treffen, dann ist eine grundsätzliche Frage zu beantworten: Wollen wir einen Fokus auf einzelne Sektoren legen oder wollen wir schlichtweg durch Förderinstrumente wie Carbon Contracts for Difference oder einem künstlich verminderten Industriestrompreis alles das sichern, was wir in Deutschland bereits haben? Egal, wie zukunftsfähig es auch sein mag?

Keine Frage, Klimaneutralität wird die Welt verändern. Deutschland ist eines der Länder, das aus guten Gründen überall auf der Welt dafür wirbt. Wenn sich überall aber nun neue Wertschöpfungsstufen bilden und alles anders wird, wie wahrscheinlich ist es dann, dass in Deutschland alles so bleibt, wie es ist, nur eben klimaneutral?

Es ist eine schwierige Frage von höchster Relevanz. Wenn wir die Stahlindustrie bei der Umstellung begleiten, bräuchten wir nicht eigentlich eine Vorstellung davon, wie viel Stahl wir in Deutschland in Zukunft erzeugen wollen. Und vor allem, wie viel davon Primärstahl ist und wie viel davon Sekundärstahl, der ganz andere Produktionsvoraussetzungen hat. Wie sieht es mit der Chemieindustrie aus, wenn wir in Zukunft einen globalen Handel von grünem Wasserstoff und darauf aufbauenden Derivaten, wie zum Beispiel Ammoniak haben?

Aus nachvollziehbaren Gründen scheuen wir uns in Deutschland vor so einer Diskussion, aber sie ist fundamental. Denn die heute auf den Weg gebrachten Förderinstrumente werden uns und zukünftige Generationen eine Menge Geld kosten. Jeder Standort erscheint uns wichtig, für die Kolleginnen und Kollegen an dem jeweiligen Ort ist das natürlich auch so. Sicher wird diese Transformation in Teilen schmerzhaft sein und uns als Gesellschaft etwas abverlangen. Aber es ist undenkbar, dass Politik hier einen bis ins letzte ausdifferenzierten kleinteiligen Plan erstellt, der dann durch entsprechende Förderung abgesichert werden kann. Gebraucht wird vielmehr ein kluger Mix von politischen Vorstellungen über die besonders relevanten Sektoren, gut vorbereitete Leitmärkte für die entsprechenden Produkte sowie ausgleichende sozialpolitische Maßnahmen da, wo es am meisten schmerzt.

Wer sich jedoch zu sehr auf das Bewahren konzentriert, verpasst die jetzt gerade sich global entwickelnde Dynamik von Zukunftstechnologien, dem dazugehörigen Know-How und die Etablierung von Fachkräften.

Konzentration auf Innovationen und Zukunftstechnologien

Ein zentrales Instrument für die Stärkung der europäischen Industrie ist die Schaffung grüner Leitmärkte durch qualitative Kriterien in öffentlichen Ausschreibungen. Mit dem niedrigsten Preis als alleiniges Zuschlagskriterium werden deutsche und europäische Technologiehersteller mit den internationalen Wettbewerbern, die direkte Förderung erhalten, nicht konkurrieren können. Local content-clauses, wie im IRA, sind jedoch protektionistisch und reizen keine verbesserte, klimafreundlichere und kostensenkende Produktion an. Kriterien wie CO_2-Intensität, Recyclingfähigkeit und Flächeneffizienz können hier eine sinnvolle Lösung sein, um den nötigen Pull im Markt zu erzeugen. Voraussetzung ist, dass die qualitativen Kriterien (branchen-)spezifisch und in der richtigen Gewichtung zum Preis in die Ausschreibungen aufgenommen werden.

Es wird geschätzt, dass der Investitionsbedarf in Deutschland etwa fünf Billionen Euro beträgt, um bis 2045 klimaneutral zu werden. Mindestens 80 % davon sind private Investitionen. Diese Summe wird ohne die Hebelwirkung von öffentlichen Geldern nicht aufgebracht werden. Jedoch gilt es, jeden öffentlichen Euro effizient zu nutzen, um ein Vielfaches dessen an privatem Kapital aufzubringen. Hier gibt es eine Reihe von Möglichkeiten, wie z. B. Hybridkapital-Beteiligungsprogramme für Produzenten von Energiewendetechnologien.

Produktion ist also das eine. Mindestens genauso wichtig ist das dafür erforderliche Rückgrat, die Infrastruktur eines Landes. Wollen wir zukunftsfähige heimische Energiewendetechnologien, dann brauchen wir zukunftsfähige Infrastruktur. Hier geht es, unter anderem um die Rolle von Häfen, z. B. für Offshore Wind Anlagen, aber auch den Import von Wasserstoff und seinen

Derivaten, passende Schienen-, (Wasser-)Straßen- und Stromnetze. Auch hier krankt es oft an langen Planungs- und Genehmigungsprozessen, mangelnden Mitteln und Fachkräften. Aber auch an einer strategischen Standortpolitik bzw. Komplikationen in der Abstimmung mit anderen Teilen der Verwaltung. Wie z. B. im Fall einer geplanten Offshore-Konverter Fabrik in Rostock-Warnemünde, wo Bedenken des Verteidigungsministeriums eine Ansiedlung verhinderten. Auch dieser Fall unterstreicht die Notwendigkeit einer vorausschauenden und effizienten Governance der Transformation als elementaren Standortfaktor.

Ein effektiver Mix aus Instrumenten, Akteuren und Kapital

Das also könnte der richtige Mix für eine kluge neue Industriepolitik sein: Ein schneller Ausbau einer zukunftsfähigen Infrastruktur, ein klarer Fokus auf die Förderung von skalierbaren Innovationen, Abbau von Bürokratie und Einschränkungen und vor allem Rahmen für dynamische, die Kreativität der vielfältigen Marktakteure unterstützende Märkte schaffen. Ein gutes Zukunftsbild, das nicht allzu detailverliebt ist, sondern eine globale Perspektive beinhaltet und den vielfältigen Akteuren in Deutschland und der EU eine gute Orientierung ist. Viel zu tun, es wird dabei viele Fehler geben. Aber das ist nicht schlimm. Der größte Fehler wird sein, diese jeweiligen Fehler durch überbordenden Eifer vermeiden zu wollen.

Jakob von Weizsäcker

Klimatransformation: The Good, the Bad, and the Ugly

Die erfolgreiche Entkopplung unseres Wohlstands und unseres Wirtschaftswachstums von Treibhausgasemissionen zur Rettung des Weltklimas ist mit ziemlicher Sicherheit die größte politische und wirtschaftliche Herausforderung unserer Generation. Manche zweifeln, ob das überhaupt gelingen kann, denn tatsächlich begannen die Industrialisierung und das fossile Zeitalter fast zeitgleich mit der Erfindung des automatischen Webstuhls und der Dampfmaschine in der zweiten Hälfte des 18. Jahrhunderts. Und seit über zweihundert Jahren ist unser Wirtschaftswachstum und der dadurch erlangte Wohlstand aufs engste mit dem Verbrennen von Kohle, Gas und Öl verknüpft.

The Good

Glücklicherweise ist Klimaneutralität selbst auf dem heutigen Stand der Technik grundsätzlich möglich, wäre dann aber mit empfindlichen Wohlstandseinbußen verbunden. Damit der Zustand der Klimaneutralität mit Wohlstand und Wirtschaftswachstum einhergehen kann, benötigen wir massive Investitionen in post-fossile Technologien, post-fossile Produktion und post-fossile Infrastrukturen.

Deutschland und Europa können diese Investitionen vorantreiben und dadurch Vorreiter und Vorbild für erfolgreiches klimaneutrales Wirtschaften werden – und wir trauen uns das auch zu. Mit der Rolle als Vorreiter verbindet sich die Aussicht auf wirtschaftliche Vorteile des Pioniers durch Technologieführerschaft. Und mit der Rolle als Vorbild verbindet sich der Anspruch, dass das post-fossile Wirtschaftsmodell so attraktiv ausfällt, dass es anderen Teilen der Welt hilft, ihren Klimaverpflichtungen im Rahmen des Pariser Klimaschutzabkommens nachzukommen oder deren Umsetzung sogar deutlich zu beschleunigen. Der Beitrag zum Klimaschutz auf diesem Wege wäre ungleich größer als derjenige, der durch die reine Reduktion der Treibhausgasemissionen in Deutschland erreicht werden kann.

Die Zuversicht, diese Kraftanstrengung leisten zu können, schlägt sich in ambitionierten Klimazielen nieder. Bis 2045 soll Deutschland klimaneutral werden, die EU insgesamt bis 2050. Auch den erforderlichen Emissionspfad haben wir mit ambitionierten Zwischenzielen festgelegt. Die gute Nachricht ist also, dass wir einen Plan zur Klimaneutralität haben und auch der Pfad dorthin klar definiert ist.

The Bad

Die schlechte Nachricht ist, dass es beim Instrumentenmix, mit dem der Pfad erfolgreich beschritten werden soll, leider noch erhebliche Verwirrung gibt, wie die aktuellen klimapolitischen Diskussionen auch in Deutschland zeigen. Diese Verwirrung schafft Unsicherheit und sie erschwert die Zielerreichung sowohl für die Wirtschaft als auch für private Haushalte. Im Kern gibt es drei Instrumente, die überhaupt zur Verfügung stehen:

1. Die Bepreisung klimaschädlicher Emissionen
2. Das Ordnungsrecht – also Gebote und Verbote
3. Die klimafreundliche Subventionierung

Jedes dieser Instrumente hat Vor- und Nachteile. Und jedes dieser Instrumente nutzen wir auf dem Weg zur Klimaneutralität heute schon ausgiebig – und werden es in Zukunft noch stärker tun. Der genaue Instrumentenmix, den man zur Zielerreichung benötigt, muss politisch gesetzt werden. Je mehr man für den Klimaschutz mit einem Instrument tut, desto weniger muss man mit den beiden anderen bewirken. Zum Beispiel können mehr klimafreundliche Subventionen für die industrielle Transformation, klimafreundliche Infrastruktur oder klimafreundliche Innovationen den CO_2-Preis verringern, den man für die klimapolitische Zielerreichung benötigt. Strengere Gebote und Verbote können das ebenso leisten.

Die Potenz des Preissignals gegen klimaschädliche Emissionen ist groß. Dass dies sogar kurzfristig gilt, hat der durch den Ukrainekrieg ausgelöste Energiepreisschock eindrucksvoll unter Beweis gestellt. Da eine Bepreisung von CO_2 vorab aber nicht festlegt, wie die Reduktion der Emissionen zu erfolgen hat, verlangt sie vom Staat vergleichsweise wenig Einblick oder gar Entscheidungen hinsichtlich der besten CO_2-Vermeidungsmöglichkeiten und überlässt dies recht weitgehend der Findigkeit des Marktes und seiner Akteure. Darüber hinaus lassen sich mit der Bepreisung Einnahmen erzielen, die dann für die soziale Abfederung der Transformation, die klimafreundliche Subventionierung und zur Absenkung von weniger zielgenauen staatlichen Steuern oder Abgaben genutzt werden können. Aufgrund dieser Eigenschaften rät die Wirtschaftswissenschaft tendenziell dazu, das Instrument der CO2-Bepreisung vergleichsweise stark zu nutzen. Der rasch ansteigende CO2-Preispfad würde dann immer noch flankiert durch ein transformativ aktualisiertes Ordnungsrecht und durch staatliche Förderung für post-fossile Innovationen und Infrastrukturen sowie punktuelle Industriepolitik. Aber ein derart steiler CO2-Preispfad dürfte in der politischen Praxis vorerst schwer zu erreichen sein. Dies liegt einerseits an der Schwierigkeit, die CO2-Bepreisung international so zu koordinieren, dass das Problem der Carbon Leakage, also die Verlagerung klimaschädlicher Produktion in andere Weltgegenden ohne nennenswerten positiven Klimaeffekt, aber mit nennenswertem negativen Arbeitsplatzeffekt, nicht zu groß wird. Und andererseits liegt dies an der Gefahr von sozialen Verwerfungen, wenn die CO2-Bepreisung nicht zuverlässig sozial abgefedert wird, wie die Gelbwestenproteste in Frankreich eindrücklich vor Augen geführt haben.

Der Bundeskanzler und die Bundesregierung sind sich dieser Gefahren sehr bewusst. Sie versuchen daher unter anderem durch die Schaffung eines Klimaclubs dem Problem der Carbon Leakage entgegenzuwirken und haben bereits in der Ukrainekrise eine hohe Bereitschaft unter Beweis gestellt, höhere Energiekosten sozial abzufedern. Und das möglichst ohne dabei die Anreize zum Einsparen von Energie und Emissionen zu verringern. Gleichwohl zeichnet sich politisch deutlich ab, dass der CO2-Preispfad in Deutschland und der EU tendenziell vorläufig so flach bleiben dürfte, dass staatliche Förderung und Ordnungsrecht einen deutlich höheren Beitrag leisten müssen. Das aber bedeutet auch eine deutlich höhere Belastung für die Staatsfinanzen. Es bedeutet außerdem eine deutlich stärkere Einmischung des Staates in die Entscheidungen von Wirtschaftsunternehmen und Haushalten.

Einen tragfähigen Instrumentenmix zur Zielerreichung hinzubekommen, ist aus vorgenannten Gründen ein politischer Balanceakt. In der Ampel-Koalition sind dafür alle erforderlichen Einsichten vorhanden: Das Wissen um die sozialen und industriellen Tücken des Preisinstruments, das Wissen um die Nachteile überbordender staatlicher Einmischung durch Ordnungsrecht und die Gefahr ausufernder staatlicher Subventionierung für die Staatsfinanzen. Gleichzeitig existiert aber die gemeinsame Überzeugung, dass man trotz der offensichtlichen Schwierigkeiten mit jedem einzelnen Instrument insgesamt einen Instrumentenmix benötigt, der die Erfüllung der klimapolitischen Ziele sichert. Dieser politische Abwägungsprozess ist im vollen Gange.

The Ugly

Man kann davon ausgehen, dass im Ergebnis weiterhin weniger auf das Instrument der CO_2-Bepreisung gesetzt werden dürfte, als die meisten Ökonominnen und Ökonomen, den Autor eingeschlossen, sich wünschen würden. Wenn dies zutreffen sollte, dann hätte das zwei wichtige Konsequenzen, denen man sich im Sinne einer Second-Best-Lösung pragmatisch stellen sollte.

Erstens würde der Staat in der Transformationsphase eine aktivere innovations- und industriepolitische Rolle einnehmen, als in der deutschen wirtschaftspolitischen Tradition üblich. Denn das Mehr an Ordnungsrecht und das Mehr an staatlicher Förderung bedeutet, dass sich der Staat weitreichender in die Entscheidungen von Wirtschaft und Haushalten einmischt als mit dem CO_2-Preis. Denn sowohl mit Subventionierung als auch mit Ordnungspolitik beeinflusst der Staat nolens volens private Entscheidungen vergleichsweise stark und detailliert. Je umsichtiger diese den Instrumenten immanente Lenkung eingesetzt wird, desto unproblematischer ist diese Einmischung. In vielen Feldern wird sie dann sogar im engeren Sinne hilfreich sein. Dies gilt insbesondere im Bereich der in jedem Falle erforderlichen massiven Investitionen in zukunftsfähige Infrastruktur für die Klimaneutralität und die Setzung von post-fossilen Standards.

Zweitens wird die Fiskalpolitik in der Transformation deutlich stärker gefordert. Die fiskalischen Kosten der Transformation werden umso höher ausfallen, je weniger auf das Instrument der CO_2-Bepreisung gesetzt wird. Der Extremfall sind die USA. Weil dort eine nationale CO_2-Bepreisung politisch derzeit nicht möglich ist, setzt man mit dem Inflation Reduction Act (IRA) besonders stark auf teilweise kreditfinanzierte Subventionen. Auch in Deutschland und Europa erscheint es unwahrscheinlich, dass die zusätzlichen fiskalischen Kosten allein durch Umschichtungen im Haushalt zu stemmen sein werden.

Damit der Staat diese größere Transformationsverantwortung in den kommenden Jahren erfolgreich wahrnehmen kann, wäre es empfehlenswert, die staatlichen Fähigkeiten unter anderem in den folgenden drei Bereichen gezielt weiter auszubauen:

1. Strategische Vorausschau für die Transformation: Je besser das Verständnis des Staates für die anstehenden Transformationsprozesse in den Be-

reichen Industrie, Infrastruktur und Innovation ist, desto besser kann es gelingen, dass der Staat im Ordnungsrecht und mit seinen Förderprogrammen synergistisch mit den privaten Akteuren die Transformation erfolgreich vorantreibt. Und desto besser wird es gelingen, nicht vor allem sehr teure Partikularinteressen zu bedienen, ohne dabei sehr viel für den Klimaschutz oder die wirtschaftliche Dynamik zu erreichen. Für eine solche bessere strategische Vorausschau gibt es viele gute Anknüpfungspunkte im Koalitionsvertrag der Ampelkoalition. Aber der Bereich ist weiter ausbaufähig und außerdem wäre viel gewonnen, wenn Deutschland und Frankreich hier stärker im Sinne einer schrittweisen Europäisierung der strategischen Vorausschau zusammenarbeiten könnten.
2. Mechanismus-Design für die Transformation: Mit klugem Mechanismus-Design kann es gelingen, das Zusammenspiel von staatlicher Förderung und Ordnungsrecht so auszugestalten, dass private Anreize und die Kräfte des Wettbewerbs die Transformation beflügeln, statt sich nicht vorhandenes Wissen anzumaßen oder mit den gesetzten Anreizen die Transformationsziele zu konterkarieren. Ein Beispiel für gelungenes Mechanismus-Design war die Strom- und Gaspreisbremse auf Basis der Vorschläge einer entsprechenden Expertenkommission. Es wäre gut, wenn dieses Vorgehen Schule machen würde. Mit einem überzeugenden Mechanismus-Design kann es übrigens auch gelingen, die soziale Abfederung für höhere CO_2-Preise überzeugend auszugestalten, sodass damit dann doch noch der Weg für eine raschere und weitreichendere CO_2-Bepreisung geebnet werden kann. Sowohl für die strategische Vorausschau als auch für das Mechanismus-Design wäre es wichtig, die Datenverfügbarkeit für transformationspolitische Entscheidungen des Staates weiter zu verbessern. Die jüngst verkündete Ernennung eines Chief Data Officers im Bundeskanzleramt ist ein gutes Signal, dass das Problem angegangen wird.
3. Finanzierung für die Transformation: Dass die Transformation nicht alleine aus den Kernhaushalten zu stemmen sein dürfte, hat man bereits in der Corona-Krise auf europäischer Ebene erkannt und entsprechend mit Next Generation EU ein zusätzliches Finanzierungsvehikel geschaffen. Auch die Ampelkoalition ist dieser Erkenntnis gefolgt und hat unter anderem das Klima- und Transformationsfonds benannte Sondervermögen zusätzlich befüllt. Und auch auf Landesebene kann der Autor beispielhaft aus dem Saarland berichten, dass mit dem hiesigen Transformationsfonds ein Sondervermögen eingerichtet wurde, mit dem das Land die

durch den Energiepreisschock in Folge des Ukrainekriegs beschleunigte und verteuerte Transformation angesichts der großen Branchenbetroffenheit und der geringen Finanzkraft im Saarland meistern kann. Aber jenseits dieser in einem jeweils sehr spezifischen Kontext getroffenen und begründeten Einzelentscheidungen ist eine grundsätzlichere Unterhaltung in Deutschland und Europa unvermeidlich, wie eine angemessene Finanzierung der Transformation und die Erreichung der Klimaziele in den kommenden Jahrzehnten ermöglicht werden kann. Und zwar ohne dabei in einen schädlichen Subventionswettlauf einzutreten oder die Tragfähigkeit der öffentlichen Finanzen zu gefährden.

Kurzum: Es gibt gute Gründe, sich auf eine kraftvolle Innovationspolitik, Infrastrukturpolitik und Industriepolitik des Staates für die Transformation einzulassen, auch wenn dabei einige Gefahren lauern. Voraussetzung, um die Chancen eines solchen Vorgehens zu maximieren und die Risiken zu minimieren, ist ein vorausschauender, moderner Staat, der sich Wissen aneignet, aber nicht anmaßt.

Prof. Dr. Ines Zenke

Die wiederentdeckte Krise – Was für Lehren sollte man aus Ölkrise und Energiekrise ziehen?

An einem warmen Freitag Ende August 2022 erreichte der Großhandelspreis für Erdgas am Terminmarkt mit 337,24 EUR/MWh seinen vorläufigen Höhepunkt. Obwohl kein Privathaushalt an diesem Tag seine Heizung anmachen musste, sorgten die knappe Versorgungslage, der anhaltende Ukraine-Krieg und die wachsende Unsicherheit mit Blick auf den kommenden Winter für diesen Höchstpreis. Wegen der Verknüpfung der Großhandelspreise für Erdgas und Strom trieb das auch den Strompreis in die Höhe. Denn das letzte zur Deckung des Strombedarfs benötigte Kraftwerk bestimmt den Strompreis für alle. Und recht oft ist das ein Gaskraftwerk. Der Börsenstrompreis am EPEX-Spotmarkt für Deutschland/Luxemburg lag im August 2022 dementsprechend bei 465,18 EUR/MWh und hatte sich damit gegenüber dem Vorjahr fast verfünffacht. Das Vertrauen auf billiges russisches Erdgas hatte die Wirtschaft und Haushalte verwundbar gemacht.

Naturgemäß reagiert gerade die energieintensive Industrie sehr sensibel auf die Energiepreise. Die Strompreise für Industriekunden liegen in Deutschland sowohl im europäischen als auch im weltweiten Vergleich seit Jahren hoch. Dies ist für energieintensive Unternehmen, die globale Güter herstellen und sich daher auf dem Weltmarkt messen lassen müssen, ein Problem. Im Bundestagswahlkampf 2021 hatte der heutige Bundeskanzler Olaf Scholz einen Industriestrompreis von (damals noch denkbaren) 4 ct/kWh zum Ziel erklärt. Das ist seit der Krise utopisch, aber der Diskurs über die Energiekosten läuft.

Der Ukraine-Krieg und die damit einhergehende Energiekrise haben einmal mehr gezeigt, dass eine dauerhafte, preisgünstige und möglichst krisenfeste Sicherung des Energieangebots von entscheidender Bedeutung ist. Die Geschichte lehrt, dass hierfür auf Diversität sowohl bei Energielieferanten als auch bei Energieträgern zu setzen ist. Der Blick 50 Jahre zurück lohnt sich.

Geschichte wiederholt sich

Die aktuelle Energiekrise und die in Reaktion auf sie erlassenen staatlichen Maßnahmen erinnern stark an eine andere Energiekrise: die sogenannte Ölpreiskrise von 1973/1974. Beide Krisen wurden durch Kriege außerhalb Deutschlands und der EU verursacht. Vor beiden Kriegen bestand eine gesicherte und preisgünstige Energieversorgung in Deutschland, welche auf bequemen und billigen Energieimporten aus den liefernden Regionen beruhte. Zu Beginn der Ölpreiskrise war Deutschland zu 57% von Energieimporten abhängig und 2020 deckten wir rd. 65% unseres Erdgasbedarfs mit russischen Importen. Im Rahmen der Kriege wurde diese Importabhängigkeit ausgenutzt, Energielieferstopps und ihre Ankündigung wurden als Waffe eingesetzt, sodass es zum Anstieg der Energiepreise und zu Engpässen in der Versorgung kam. Auch wenn die Importabhängigkeit in der aktuellen Krise noch stärker war und nach wie vor ist, weniger Potenzial bei der bereits verbesserten Energieeffizienz besteht und der Ukraine-Krieg auf ohnehin schon angespannte Energiemärkte traf (u. a. aufgrund der vorzeitigen Stilllegung konventioneller Stromerzeugungskapazitäten und eines sprunghaften Nachfrageanstiegs nach Lockerung der coronabedingten Einschränkungen). Der Vergleich beider Situationen und vorgeschlagener Antworten lohnt ungeachtet dieser Unterschiede. Viele der schon 1973/74 aufgeworfenen Fragen stellten sich mit dem Ukraine-Krieg erneut. Ein Blick auf die Ölpreiskrise erlaubt eine gute Einordnung und kann zumindest teilweise dabei helfen, gegenwärtige Entscheidungen besser zu kalkulieren.

Als kurzfristige Reaktion wurden jeweils Maßnahmen zur Sicherung der Energieversorgung und zur Energieeinsparung getroffen. Sowohl in den 1970er-Jahren als auch heute wurde und wird auf eine gemeinsame europäische Energiepolitik gesetzt. Die Verlautbarung der Konferenz der Staats- und Regierungschefs der EG in Kopenhagen vom 14. und 15.12.1973 enthielt ein entsprechendes Gesamtprogramm der EU. Seit Februar 2022 wurden auf europäischer Ebene u. a. ein gemeinsames Vorgehen beim Gaseinkauf, ein flexibler Gaspreisdeckel, eine Pflicht, bestimmte Gasfüllstände zu sichern sowie mit dem REPowerEU ein umfassender Plan zur raschen Verringerung der Abhängigkeit von fossilen Brennstoffen aus Russland (z. B. durch Energieeinsparungen und einen beschleunigten Ausbau der erneuerbaren Energien) vereinbart. Auf nationaler Ebene ist anlässlich der Ölkrise das Energiesicherungsgesetz in Kraft getreten, welches die Verteilung von Ölmengen, eine Verordnungsermächtigung der Bundesregierung zur Preisregulierung von fossilen Brennstoffen und Strom sowie Mechanismen für Härtefälle erstmals regelte. Das damals eingeführte Energiesicherungsgesetz wurde in Folge der aktuellen Entwicklungen erstmals nach Jahrzehnten wieder – und dann gleich mehrfach – novelliert und seine Instrumente kamen zur Anwendung (bekannteste Beispiele dürften die Treuhandverwaltung und Verstaatlichung von Energieunternehmen sein). Darüber hinaus wurden u. a. die Laufzeiten dreier Atomkraftwerke verlängert, Energiepreisbremsen verabschiedet und Booster-Genehmigungen für die Errichtung dringender Infrastruktur (vor allem LNG-Terminals) ermöglicht.

Damals wie heute wurden die Bürgerinnen und Bürger zum Energieeinsparen angehalten. Wurde in den 1970ern geworben – »Müssen Sie eigentlich so lange duschen? Das ist ja Energieverschwendung« –, plädierte der baden-württembergische Ministerpräsident Winfried Kretschmann im August 2022 für Waschlappen, welche auch eine brauchbare Erfindung seien. Neben diesen bloßen Aufforderungen gab es während der Ölpreiskrise ferner z. B. sonntägliche Autofahrverbote. Im vergangenen Jahr ging die Politik nicht ganz so weit, jedoch wurde unter anderem eine Kurzfristenergieversorgungssicherungsmaßnahmenverordnung verabschiedet und Einsatzreihenfolgen vorbereitet.

Mittel- bis langfristige Maßnahmen, welche auf die Nutzung alternativer Energiequellen abzielen, wurden im Rahmen beider Krisen ergriffen. In den 1970er-Jahren wurde Nordseeöl gefördert, wurden Forschungsprogramme zur Nutzung erneuerbarer Energien ins Leben gerufen, Erdgas und Braunkohle intensiver genutzt, der deutsche Steinkohlebergbau erhalten sowie die Nutzung der – neuerdings wieder diskutierten – Kernenergie beschleunigt. Aktuell werden der Ausbau der erneuerbaren Energien – die man jetzt auch »Freiheitsenergien« nennt – vermehrt vorangetrieben sowie Innovation und Forschung in der Energieproduktion und -nutzung gefördert.

Langfristig kam es als Reaktion auf die Ölpreiskrise zu einer Diversifikation der Förderquellen. Auch heute werden Energieressourcen, Erzeugungsarten, Importländer und Anbieter diversifiziert. Es werden Wasserstoffabkommen mit unterschiedlichsten Ländern geschlossen. Die EU-weite Koordination der Krisenversorgung entsprechend der europäischen Energiesolidarität wird weiter ausgebaut. An einer Reform des Energiemarktdesigns mit einer hoffentlich klaren Entkopplung des Strompreises vom Gaspreis wird gearbeitet.

Fazit: Lehren aus der Ölpreiskrise und der aktuellen Energiekrise

Es stellt sich die abschließende Frage, welche Lehren aus der Ölpreiskrise von 1973/1974 und der jüngsten Energiekrise zu ziehen sind, um künftige Energiekrisen zu verhindern, dauerhaft die Energieversorgung zu sichern und somit bezahlbare sowie wettbewerbsfähige Energiepreise für die deutsche Wirtschaft zu gewährleisten. Die Antwort ist ziemlich einfach: Man darf sich nicht abhängig machen von einem Energieträger, von einer Technologie, von einem Anbieter. Jedes Mal, wenn sich eine solche Konzentration als bequemer oder billiger darstellt, verringert sie gleichzeitig die Resilienz des Energiesystems.

Diesen Aspekt sollten wir also stets und immer mitbedenken, wenn es darum geht, neue Energiequellen wie LNG und Wasserstoff zu erschließen oder Ressourcen für Schlüsseltechnologien wie Lithium und seltene Erden zu sichern. Und man sollte ihn zum Beispiel auch dann berücksichtigen, wenn man heute die Weichen für die nächsten Jahrzehnte stellt – zwischen Champagnerwasserstoff, all-electric societies, CCS/CCU und Bioenergien.

Klaus Müller

Transformation: Der Weg ist beschritten

Die Bundesnetzagentur hat im vergangenen Jahr unter Hochdruck daran gearbeitet, die drohende Gasmangellage abzuwenden und gleichzeitig für genau diesen Fall vorbereitet zu sein. Es war ein Jahr im Ausnahmezustand. Auch jetzt können wir uns noch nicht zurücklehnen, der nächste Winter hält die nächste Herausforderung bereit. Dennoch halte ich es für sehr wichtig, nun den Blick über die kommenden vier Jahreszeiten hinaus zu richten. Lassen wir ein Auge auf dem Füllstand der Gasspeicher, dem Verbrauch und den Einsparungen – und widmen uns mit dem anderen der Frage nach dem »Danach«.

Die Energieversorgung der Zukunft muss sicher, bezahlbar und vor allem klimafreundlich sein. Das ist das Ziel. Auch der Weg dorthin ist weitgehend unstrittig: Die Erneuerbaren Energien und die dafür notwendigen Netze müssen zügig ausgebaut werden. Dafür wiederum braucht es niedrige Hürden; Genehmigungsverfahren müssen schneller sein, als es bisher der Fall war. Außerdem setzen viele zu Recht ihre Hoffnung auf grün erzeugten Wasserstoff als neuen CO2-neutralen Energieträger. Dies ist also der grobe Rahmen, in dem wir uns als Bundesrepublik und als Europa bewegen. Europa ist hier ein wichtiges Stichwort. Denn wo wir von Netzen sprechen, müssen wir immer über Staatsgrenzen hinausdenken. Wir sind über Leitungen und Kabel miteinander vernetzt und sollten es auch in politischer Hinsicht sein. Der Austausch zwischen den Ländern Europas, dafür trete ich klar ein, muss in Zukunft noch enger sein. Sicherheit und Stabilität gibt es nur, wenn wir gemeinsam Netze schaffen.

Was bisher geschah

Die Energieerzeugung befindet sich im Wandel. Vor zwanzig Jahren spielten Wind- und Wasserkraftwerke kaum eine Rolle, von Photovoltaik- oder Biomasse-Anlagen ganz zu schweigen. Mehr als 90 Prozent der Stromerzeugung wurden damals durch fossile Energieträger und Atomkraft gestemmt. Der Gedanke, diese riesige Menge durch klimafreundliche Energien zu ersetzen, war kaum mehr als eine träumerische Vision. Schmutzige Braunkohlekraftwerke produzierten allein ein Viertel des benötigten Stroms. Kernenergie war zwar irgendwie verpönt, aus Ermangelung an Alternativen aber trotzdem eine wichtige Stromquelle.

Inzwischen sieht das ganz anders aus: Die Erneuerbaren sind rasant gewachsen und decken etwa die Hälfte der gesamten Stromerzeugung. Die Stromnetze sind trotzdem stabil. Entgegen aller Schwarzmalerei gibt es heute nicht mehr Stromausfälle, auch mit der fluktuierenden Einspeisung erneuerbaren Stroms. Seit dem Jahr 2006, als die Erzeugung noch von fossilen Kraftwerken dominiert wurde, haben sich die Unterbrechungen der Stromversorgung fast halbiert.

2022 lag der Anteil Erneuerbarer Energien an der Nettostromerzeugung, also dem Strommix, der tatsächlich aus der Steckdose kommt, bei 51,1 Prozent. 2019 waren es 46,1 Prozent. Dieser Anstieg könnte steiler sein, der höhere Anteil 2022 liegt auch am niedrigeren Stromverbrauch; wir werden aber in unseren Bemühungen nicht nachlassen. Auch wenn es im vergangenen Jahr so ausgesehen haben mag, als ob die Regierung sich auf die Beschaffung von Gas konzentriert hätte: Die Umstellung von fossilen auf klimafreundliche Energieträger schreitet parallel dazu voran. Die Bundesregierung nimmt darüber hinaus alles in Angriff, was auf nationaler Ebene geregelt werden kann. So hat sie zum Beispiel mit dem Osterpaket und der Umsetzung der EU-NotfallVO Genehmigungen beschleunigt und dafür gesorgt, dass die Bundesnetzagentur die Höchstwerte für die Wind- und Solarausschreibungen erhöhen durfte. Auch bei den Flächengenehmigungen für Erneuerbare Energien gibt es planungsrechtliche Vereinfachungen. Dies ist allerdings Sache der Länder, nicht der Regulierungsbehörde. Dennoch sind diese Genehmigungen für uns sehr relevant. Von ihnen hängt ab, ob es überhaupt genug Projekte für unsere Ausschreibungen gibt.

Die Akzeptanz für einen Ausbau der Erneuerbaren Energien ist in der Bevölkerung sehr hoch. Laut einer Forsa-Umfrage schätzen 82 Prozent der Befragten zum Beispiel den Ausbau der Windkraft als »wichtig« oder sogar »sehr wichtig« ein. Eine stärkere Partizipation auf kommunaler Ebene könnte diese Zustimmung noch erhöhen. Bürgerenergiegenossenschaften und private PV-Anlagen zu fördern und durch niedrige bürokratische Hürden zu unterstützen, hilft hier.

Was jetzt passieren muss

Ganz oben auf der To-do-Liste steht der Transport der großen Strommengen vom windreichen Norden in die Industrieregionen im Süden. Das ist Aufgabe der Übertragungsnetze. Schon allein der Netzanschluss eines einzigen großen Windparks auf See bedeutet einiges an Vorplanung. Es braucht starke Leitungen, die den Strom aufnehmen und weiterleiten. Die Bundesnetzagentur unternimmt jede Anstrengung, diesen Netzausbau zu unterstützen.

Unsere physischen Stromnetze müssen also schnell ausgebaut werden. Dabei geht es nicht allein um mehr Kabel und Leitungen. Der Ausbau muss mit einem Umbau des Verteilernetzes zu einem intelligenten Netz zusammengedacht werden. Hier sind regulatorische Vorgaben gefragt, kluge und vorausschauende, damit die Netze digital werden und Märkte als Koordinationsmechanismus effizient funktionieren können. Hier kommt die Bundesnetzagentur als Regulierungsbehörde ins Spiel. Es ist unsere Kernaufgabe, den Dreiklang von Netzanschluss, Netzausbau und Netzbetrieb im Auge zu behalten. Wir sorgen dafür, dass Gesetze sinnvoll umgesetzt werden; wir unterbreiten Vorschläge, denen die Energiewirtschaft, Unternehmen und Betreiber, genauso zustimmen können wie Verbraucherinnen und Verbraucher. Laut Koalitionsvertrag sollen bis 2030 80 Prozent des Stromverbrauchs aus erneuerbaren Energien stammen und 15 Millionen Elektrofahrzeuge zugelassen werden. Hinzu kommt – der russische Angriffskrieg auf die Ukraine und der damit einhergehende Wegfall von russischem Pipelinegas spielt dabei eine große Rolle – eine große Anzahl von Wärmepumpen in privaten Haushalten. Das bringt beträchtlich höhere Anschlussleistungen mit sich, außerdem eine höhere Gleichzeitigkeit in der Netznutzung als bei gewöhnlichen Verbrauchern. Gleichzeitig muss eine immer höhere Leistung an volatiler erneuerbarer Erzeugung ins System integriert werden. Das gelingt nur mithilfe eines leistungsfähigen Strommarkts und einer flexibleren Nachfrage. Um dieses Ziel zu erreichen, müssen die Netzbetreiber viele Milliarden in den Ausbau der Übertragungs- und Verteilernetze investieren. Nicht nur der Bedarf an Übertragungskapazität steigt deutlich an, sondern auch der an Informationen und Koordinierung. Betreiber müssen das Verhalten der flexiblen Einspeiser und Verbraucher vorhersagen, um rechtzeitig und angepasst auf Überlastungen oder Spannungsschwankungen reagieren zu können. Digitalisierung hilft dabei, Informationen zu erfassen, zu übertragen, zu teilen und zu verarbeiten. Wir brauchen digitale Schnittstellen. Ohne sie wird es keine Lösung geben, die kundenfreundlich, zeitnah und effizient funktioniert. Ab 2024 müssen Netzbetreiber laut Verordnung digitale Netzanschlüsse ermöglichen. Auch der angepasste §14a Energiewirtschaftsgesetz gilt als ein Treiber der Digitalisierung auf der Niederspannungsebene. Der Weg zum Smart Grid ist beschritten.

Wasserstoff am Horizont

Der Wasserstoff, vor allem der grüne, also klimaneutral produzierte, soll unsere Zukunft sein. Uns heißt in diesem Fall, die Wirtschaft und das Klima. Auch ich setze große Hoffnung auf diese Energie. Aber Grüner Wasserstoff wird uns noch nicht im nächsten oder übernächsten Jahr in großem Umfang zur Verfügung stehen. Wenn wir jedoch 2023 die Weichen stellen und uns über die wahrscheinlichen Einsatzbereiche des Wasserstoffs verständigen, können wir in diesem Jahr mit der Netzplanung beginnen. Ohne Optimismus kann man keine Energiewende schaffen. Die Chancen haben sich wegen der hohen fossilen Energiekosten signifikant verbessert.

Der Hochlauf der Wasserstoffwirtschaft dauert noch etwas, aber es gibt sichtbare Schritte in diese Richtung, zum Beispiel diesen: Im Herbst hat Wirtschaftsminister Habeck in Hamburg die erste Wasserstofflieferung aus den Vereinigten Arabischen Emiraten in Empfang genommen. So soll die Kupferdrahtproduktion, die üblicherweise viel Gas verbraucht, klimaneutral umgestellt werden. Auch Norwegen wird künftig ein wichtiger Partner für die deutschen Wasserstoffimporte werden. Sogar eine direkte Versorgungspipeline ist im Gespräch. Noch befinden wir uns in einer Übergangsphase. Der Kohleausstieg ist beschlossen, der Strombedarf steigt durch den Zuwachs an E-Mobilität und Wärmepumpen. Wir bauen also die Energieversorgung um, damit sie sicher bleibt. Wir gehen weg von sehr vielen Kraftwerken (Atom und Kohle), die permanent durchlaufen. Stattdessen setzen wir auf Erneuerbare Energien, deren Anteil noch weiter steigen wird. Die Energie aus Wind und Sonne schwankt bekanntermaßen, sodass wir Lücken füllen müssen. Energie, die immer bereitsteht, um notfalls einzuspringen – das kann zunächst nur Erdgas sein. An die Stelle des Gases wird der klimaneutral produzierte Wasserstoff treten. In der Übergangszeit kann das auch erstmal sogenannter »blauer« Wasserstoff sein. Dieser erfordert natürlich, dass es für das abgetrennte CO_2 eine Verwendung gibt, und sei es das sichere Verpressen in alten Erdgaslagerstätten, etwa in Norwegen. Diese klimaneutralen Kraftwerke werden also laufen, wenn es zu wenig Wind und Sonne gibt: ein präziser und bedarfsorientierter Einsatz.

Transformation ist ein Prozess. Wir stecken längst mittendrin, Richtung und Ziel bedürfen keiner Diskussion mehr. Jetzt gilt es – so simpel es klingt – dranzubleiben. Nicht nachzulassen in den Bemühungen, das Energiesystem der Zukunft zuverlässig, bezahlbar und vor allem klimafreundlich zu gestalten.

Hildegard Müller

Die industrielle Transformation mit Innovationen zum Erfolg machen: Damit höchste Qualität auch in Zukunft »Made in Germany« ist

»Made in Germany« – das ist weltweit ein Synonym für hohe Qualität, herausragende Ingenieurskunst und technologischen Fortschritt. Das soll auch so bleiben. Dafür müssen in Berlin und Brüssel dringend entsprechende Weichen gestellt werden. Vielmehr wird jedoch ein Regulierungskorsett geschnürt, das der Industrie die Luft zum Atmen nimmt – das sehen wir in der Automobilindustrie besonders deutlich. Hinzu kommen Standortbedingungen, die international immer weniger wettbewerbsfähig sind. So wird die Zukunft der Industrie, dem wichtigsten Hebel für eine klimaneutrale Zukunft, in Deutschland und Europa ernsthaft aufs Spiel gesetzt, insbesondere vor dem Hintergrund des sich verschärfenden internationalen Standortwettbewerbs.

Grundsätzliche Probleme müssen angegangen werden

Die Krisen der vergangenen Jahre haben uns vor Augen geführt, dass Deutschland in vielen Bereichen seine Wettbewerbsfähigkeit verliert. Blicken wir zurück auf die Corona-Pandemie: In dieser Zeit haben wir eklatanten Nachholbedarf bei der Digitalisierung gesehen. Wenn wir auf den schrecklichen Angriffskrieg Russlands auf die Ukraine schauen, sehen wir, dass Deutschland sich bei der Energie in eine zu große Abhängigkeit von russischem Gas begeben hat. Diese folgenschweren Fehler sind nur zwei Beispiele.

Der Industriestandort Deutschland ist aktuell nicht zukunftsfest aufgestellt. Auch Europa fällt immer weiter zurück. Wenngleich es ein Instrument mit protektionistischen Elementen ist, so ist der US-amerikanische Inflation Reduction Act ein Beispiel für eine Maßnahme, die eindrucksvoll die Kräfte der Industrie entfesselt – im Sinne des Klimas. Die EU arbeitet an einer eigenen Industriestrategie, doch bis sie auf den Weg gebracht wird, vergeht wertvolle Zeit. Zeit, die die internationale Konkurrenz im Standortwettbewerb nutzen wird. Es muss darum gehen, dass die wichtigen Transformationstechnologien in Deutschland und Europa entstehen bzw. bleiben. Dies wird nur gelingen, wenn die Standortbedingungen für die Unternehmen – gerade auch für den Mittelstand – attraktiv sind und Technologieoffenheit wieder zum Leitprinzip wird. Dazu gehören auch eine wettbewerbsfähige Steuer- und Abgabenlast, eine bessere Infrastruktur genauso wie ein Booster für die Digitalisierung, wettbewerbsfähige Energiepreise und schnellere Planungs- und Genehmigungsverfahren, z. B. beim Ausbau der erneuerbaren Energien. Dass der SPD-Parteivorsitzende mehr Tempo und eine »Deutschlandgeschwindigkeit« beim Ausbau wichtiger Infrastrukturen fordert, ist vor diesem Hintergrund nur folgerichtig.

Wir müssen an der internationalen Zusammenarbeit festhalten

Wir müssen den Standort stärken, dürfen uns gleichzeitig aber nicht vom freien Handel und von internationalen Partnerschaften abwenden. Dazu gehört auch, dass Klarheit im Verhältnis zu China besteht. In Berlin wird öffentlich von De-Risking gesprochen, während einige politische Kräfte weiterhin ein Decoupling anstreben. Diese widersprüchlichen Signale schaden unseren Wirtschaftsbeziehungen zu China und führen zu Unsicherheiten und Anspannungen.

De-Risking, also Diversifizierung und Resilienz, ist grundsätzlich vollkommen richtig. Allerdings erfordert diese Zielsetzung eine einheitliche, umfangreiche, schnellgreifende und gleichzeitig langfristig wirksame Strategie in Berlin und Brüssel. Dies wird aktuell jedoch nicht forciert. Klar ist zudem: Ohne China werden wir die globalen Probleme nicht lösen. Das gilt insbesondere auch für eine erfolgreiche Bewältigung der Klimakrise – die wir ohne internationale Zusammenarbeit nicht bewältigen werden. Eine kritisch-konstruktive Zusammenarbeit ist daher entscheidend.

Das Beispiel China zeigt, dass wir an der internationalen Zusammenarbeit festhalten müssen. Multilateralismus ist wichtig, wir dürfen uns insbesondere als Exportnation davon nicht lossagen. Vielmehr ist Diversifizierung das Gebot der Stunde. Ohne weitere Freihandelsabkommen sowie Energie- und Rohstoffpartnerschaften wird die Transformation der Industrie nicht gelingen. Die internationale Kooperation, nicht zuletzt ausgedrückt in freiem und fairem Welthandel, ist ein Erfolgsprojekt, das nicht nur auf unserem Kontinent zu Beschäftigung, Wachstum und Wohlstand geführt hat.

Ich bin überzeugt: Der größte Beitrag, den wir zum weltweiten Klimaschutz leisten können, sind Innovationen, die insbesondere den Schwellenländern helfen, ihr Wachstum klimaneutral zu gestalten. Politik, Industrie und Gesellschaft müssen gemeinsam entschlossen daran arbeiten, dass Deutschland als führender Standort für Transformationstechnologien den Klimaschutz global voranbringt. Dies wird nur gelingen, wenn wir auch auf die Globalisierung setzen.

Klimaschutz voranbringen – marktwirtschaftlich und technologieoffen

Nur mit international wettbewerbsfähigen Standortbedingungen kommen wir beim Klimaschutz entscheidend voran. Die Ampelkoalition hat gezeigt, dass sie einige richtige Vorhaben angehen will. Diese Vorhaben müssen aber auch schnell und unkompliziert umgesetzt werden.

Die angekündigte Weiterentwicklung des Klimaschutzgesetzes – also die Neuausrichtung auf ein langfristig angelegtes, sektorenübergreifendes Klimaschutzprogramm – verschiebt den Fokus richtigerweise auf weitsichtigere Strategien. Dieser Ansatz soll durch den Emissionshandel als künftiges Leitinstrument der nationalen und europäischen Klimapolitik verstärkt werden. Die Stärkung des marktwirtschaftlichen Ansatzes auf dem Weg zur Klimaneutralität ist zentral, um als Investitions-, Innovations- und Produktionsstandort attraktiv zu bleiben.

Die Mobilität der Zukunft ist klimaneutral – dazu bekennen wir uns

Marktwirtschaftliche und technologieoffene Ansätze sind entscheidende Hebel, um Klimaneutralität zu erreichen, gerade auch im Verkehrssektor. Die deutsche Automobilindustrie bekennt sich zu den Zielen des Pariser Klimaabkommens. Wir leisten unseren Beitrag, damit Mobilität in Europa bis spätestens 2050 klimaneutral ist. Dafür investieren Hersteller und Zulieferer der deutschen Automobilindustrie von 2023 bis 2027 weltweit mehr als 250 Milliarden Euro in Forschung und Entwicklung. Der Fokus der FuE-Investitionen liegt auf der Transformation, insbesondere der Elektromobilität – inklusive Batterietechnik, autonomes Fahren sowie Digitalisierung. Neben passenden Standortbedingungen, damit die Mobilität der Zukunft in Deutschland und Europa entsteht, braucht es aber auch die richtigen politischen Rahmenbedingungen. Sie dürfen Innovationen nicht hemmen, sondern sie müssen Innovationen ermöglichen.

Die Schlüsseltechnologie für die emissionsfreie Mobilität der Zukunft ist die Elektromobilität. Der Hochlauf bei elektrischen Fahrzeugen verläuft steil. Bis 2030 sollen 15 Millionen E-Pkw in Deutschland unterwegs sein. Damit gehen wachsende Anforderungen an den vorauslaufenden Ausbau der Ladeinfrastruktur und der Stromnetze einher. Nach Verabschiedung des Masterplans Ladeinfrastruktur II der Bundesregierung gilt es nun, die Verbindlichkeit der Beiträge der einzelnen Stakeholder weiter zu erhöhen. Dafür ist ein transparentes Monitoring vom Hochlauf der Infrastruktur im Vergleich zum prognostizierten Bedarf für die Zielerreichung notwendig. Hier sind alle in der Pflicht – von der Politik, über die Industrie, die Kommunen bis hin zur Energiewirtschaft, welche die Chancen neuer digitaler Geschäftsmodelle in weiten Teilen noch nicht realisiert hat.

Grundlagen für ein kosteneffizientes und klimaneutrales Energiesystem schaffen

Die Stromnetze müssen immer stärker darauf ausgelegt sein, Erzeugungs- und Lastspitzen abdecken zu können. Stromnetze müssen vorausschauend ausgebaut werden – dies gilt mit Blick auf die Einbindung von Elektroautos, aber auch von Wärmepumpen. Durch das smarte Laden von Millionen elektrischer Fahrzeuge können in Zukunft mehr erneuerbare Energien integriert und die Stromnetze stabilisiert werden. Flexible Stromtarife und ein intelligentes Lademanagement müssen künftig dafür sorgen, dass E-Autos vor allem dann geladen werden, wenn erneuerbare Energien reichlich und kostengünstig zur Verfügung stehen. Durch vergleichbar attraktive Anreize können Elektroautos auch netzdienlich geladen werden, um lokal auftretende Netzengpässe zu vermeiden. Die Netze können so effizienter bewirtschaftet werden.

Elektromobilität, Stromerzeugung und Stromnetze müssen in Zukunft noch stärker zusammengedacht werden. Mittels bidirektionaler Ladetechnologien werden Elektroautos den zwischengespeicherten erneuerbaren Strom bei Bedarf wieder in das Heimnetz oder das öffentliche Versorgungsnetz rückspeisen können. Als mobile Speicher können E-Autos künftig dazu beitragen, den wachsenden Speicherbedarf zu decken.

Um die Klimaziele zu erreichen, brauchen wir alle Technologien

Die Elektromobilität hat für uns als deutsche Automobilindustrie absolute Priorität, um das Ziel der Klimaneutralität zu erreichen. Und doch ist es entscheidend, dass wir alle Technologieoptionen zulassen, um die Klimaziele zu erreichen. Dazu gehören auch E-Fuels bzw. synthetische Kraftstoffe. Es gibt keinen anderen Weg, wie der globale Bestand an Fahrzeugen defossilisiert werden kann. Für die 1,5 Mrd. weltweit zugelassenen Fahrzeuge sind E-Fuels unverzichtbar.

Vor diesem Hintergrund ist es gut und richtig, dass die EU-Kommission sich noch einmal mit diesem Thema beschäftigen wird. Das Beispiel verdeutlicht: Ob Elektromobilität, Wasserstoff, E-Fuels oder vielleicht eine noch gar nicht bekannte Lösung: Technologieoffenheit ist entscheidend, um Klimaneutralität nicht nur in Europa, sondern weltweit zu ermöglichen. Vielfalt ist Trumpf.

Wir müssen uns in Deutschland und Europa endlich darauf besinnen, dass unsere innovative Industrie der Schlüssel zu erfolgreichem Klimaschutz ist. Dazu braucht es passende Rahmen- und Standortbedingungen. Wir leisten unseren Beitrag und setzen auf Zusammenarbeit, um die Transformation zu einem deutschen und europäischen Erfolgsprojekt zu machen. Die Welt wartet nicht auf uns.

Dr. Simone Peter

Ein klimaneutrales Stromsystem für Klima, Wertschöpfung, Sicherheit und Standort

Die industrielle Transformation hin zum klimaneutralen Wirtschaften verursacht global tiefgreifende Veränderungen. Der internationale Wettbewerb um zukunftsfähige, klimafreundliche Produkte, von Stahl über Chemie bis hin zur Automobilindustrie und sauberen Energietechnologien, hat spätestens seit dem Pariser Klimaabkommen von 2015 international an Dynamik gewonnen. Wer heute wettbewerbsfähig sein will, muss klimafreundlich wirtschaften – und braucht dazu Grüne Energie. Ökostrom und -wärme, aber auch Moleküle, wie Grüner Wasserstoff, stehen nachfrageseitig hoch im Kurs.

Von Asien, allen voran China, bis zu den USA mit dem jüngst etablierten »Inflation Reduction Act«, einem gigantischen Konjunkturpaket für Klimaschutztechnologen, setzen Industrieregionen auf den Green Deal. Und auch Europa hat erkannt, dass Technologieführerschaft, Resilienz und Zukunftsfähigkeit eng miteinander in Verbindung stehen – drastisch vor Augen geführt durch den Krieg in der Ukraine und die übergroße Abhängigkeit von russischem Erdgas, aber auch schon in den Jahren vorher aufgrund massiver Lieferengpässe und Produkteuerungen während der Corona-Pandemie.

Die gute Nachricht dabei ist: Die Nutzung Erneuerbarer Energien, allen voran Wind- und Sonnenenergie, wird global immer günstiger. Für ein paar Cent je Kilowattstunde liefern Windenergieanlagen und Photovoltaik preiswerten Ökostrom. Ihr Anteil am gesamten Kapazitätszuwachs erreichte deshalb im Jahr 2022 bereits beeindruckende 83 Prozent, wie die aktuellen Statistiken von IRENA, der Internationalen Agentur für Erneuerbare Energien, zeigen. Dieses Wachstum bei den Erneuerbaren geht mit einem rückläufigen Ausbau nicht erneuerbarer Kapazitäten einher. Auch EU-weit erzeugten Erneuerbare Energien im Winter 2022/23 zum ersten Mal mehr Strom als fossile Brennstoffe. Der Erneuerbaren-Anteil lag zwischen Oktober 2022 und März 2023 bei rund 40 Prozent des Strommixes, der Anteil des Stroms aus fossilen Brennstoffen bei 37 Prozent.

Und auch in Deutschland geht es nach langen Jahren der Flaute bei der Energiewende wieder voran. Die Bundesregierung unter Kanzler Olaf Scholz hat sich gemäß dem Motto »Mehr Fortschritt wagen« in ihrem Koalitionsvertrag von 2021 zum Ziel gesetzt, in den kommenden Jahren die Weichen für die Zukunft der Bundesrepublik stellen. Ein zentrales Thema zieht sich durch alle Bereiche der Koalitionsvorhaben: Klimaschutz und Energiewende. Insbesondere der Ausbau der Erneuerbaren Energien soll in der einstigen Energiewenderepublik wieder beschleunigt werden und Deutschland auf seinen Pfad als einstiger Energiewendevorreiter zurückfinden. Der Grundstein dafür wurden unter Rot-Grün im Jahr 2000 mit dem Erneuerbaren-Energien-Gesetz (EEG) gelegt, das global mehrfach kopiert wurde und eine beispiellose Kostendegression der Erneuerbaren international mit sich brachte. Die deutsche Klimaschutzpolitik sieht heute vor, dass wir bis zum Jahr 2045 Treibhausgasneutralität erreichen. Dafür muss die gesamte Energieversorgung transformiert und auf 100 Prozent Erneuerbare Energien umgestellt werden. 50 Prozent im Stromsektor sind mittlerweile erreicht, die anderen Sektoren hinken weit hinterher, vor allem Gebäude und Verkehr. Damit die Ampel-Zielvorgabe von 80 Prozent Erneuerbaren Energien am Stromverbrauch und 50 Prozent klimaneutral erzeugter Wärme bis zum Jahr 2030 realistisch erreicht werden kann, und die Erneuerbaren ihr riesiges Klimaschutzpotenzial voll entfalten können, braucht es außer der Entfesselung der günstigen Technologien Wind und Photovoltaik auch neue Rahmenbedingungen für den Energiemarkt. Denn das auf fossil-atomare Energieträger ausgerichtete System der Großkraftwerke muss sich auf millionenfach regional verteilte Erzeuger, aber auch auf neue Verbraucher einstellen, die Energie teils selbst erzeugen (Prosumer) oder flexibel verbrauchen können. Zudem nimmt die Kopplung der Sektoren, wie Strom und Wärme mittels Wärmepumpe, Strom und Verkehr mittels Elektromobilität oder Strom und Industrie mittels Grünem Wasserstoff hinzu, Netze werden intelligenter und Speicher aller Art finden verbreitet Anwendung.
Erneuerbare Energien sind mittlerweile systemsetzend geworden und bestimmen künftig die Regeln. Es geht darum, hohe Mengen Stroms aus den fluktuierenden Quellen Sonne und Wind optimal in das System zu integrieren und gleichzeitig ihre Betriebswirtschaftlichkeit am Markt zu sichern. Denn obwohl diese den Börsenstrompreis immer öfter senken, teils sogar auf unter null Cent je Kilowattstunde, fehlt bislang eine dauerhaft wirtschaftliche Grundlage und damit die Basis für den weiteren marktge-

triebenen Ausbau Erneuerbarer Energien. Hierfür bedarf es eines neuen Strommarktdesigns. Die von der Bundesregierung eingesetzte Plattform »Klimaneutrales Stromsystem« erarbeitet Vorschläge in diesem Jahr, und auch die EU-Kommission wagt sich an eine Überarbeitung des Strommarktdesigns auf EU-Ebene.

Gleichzeitig hat die Bundesregierung das Ziel, mit einer »Kraftwerksstrategie« den Kraftwerkspark so umzubauen, dass zusätzliche steuerbare Leistung zur Verfügung steht, und plant unter anderem, thermische Kraftwerke mit Wasserstoffperspektive zu fördern. Konkret sollen nach »Werkstattbericht«[31] des Bundeswirtschaftsministeriums vom März dieses Jahres neue Instrumente für Wasserstoffkraftwerke im EEG ergänzt und bestehende Instrumente wie Biomethan-Ausschreibungen und das Kraft-Wärme-Kopplungsgesetz (KWKG) weiterentwickelt werden. Darüber hinaus sollen zusätzliche Gaskraftwerke bereitgestellt werden, die auf Wasserstoffbetrieb umstellbar sind.

Aber ist das überhaupt sinnvoll? Denn zentrale Kraftwerksstrukturen passen systemisch immer weniger zu einem dezentral angelegten klimaneutralen Stromsystem, in dem der Anteil Erneuerbarer Energien schnell wachsen wird. Auch ist zu befürchten, dass Gaskraftwerke in Ermangelung grünen Wasserstoffs auf unbestimmte Zeit mit fossilem, importiertem Erdgas betrieben würden, auch werden sie mit dem schnellen Ausbau der Erneuerbaren immer seltener gebraucht, sodass sich schnell die Frage der Wirtschaftlichkeit solcher fossilen Kapazitäten stellt, die nur stundenweise betrieben werden.

Hinzu kommt: Wind- und Sonnenstrom sichern wachsend die Versorgung und ergänzen sich ideal. An wenigen Stunden und Tagen, in denen das künftig nicht der Fall ist, stehen bereits heute dezentrale Back-up-Lösungen zur Verfügung, die flexibel steuerbare Leistung bereitstellen können. Über 9000 Biogasanlagen, mehr als 7000 Wasserkraftwerke sowie Kraft-Wärme-Kopplungsanlagen, die zunehmend grün werden sollen, sind als breit verteilte Basis bereits verfügbar. Auch die Flexibilisierungspotenziale der Geothermie sollten genutzt werden: der signifikante Anstieg der Aufsuchungsgenehmigungen lässt eine wachsende Stromproduktion mithilfe von Erdwärme erwarten. Speicher und kraftvolle Power-to-X-Turbinen kommen noch hinzu. Diese regional zu fördern, liefert auch einen wichtigen Beitrag für den Technologiehochlauf und die Sicherung von Heimatmärkten, wie wir sie heute nur noch bei wenigen Klimatechnologien vorfinden.

Künftig müssen viel mehr Anreize für eine flexible Steuerung von Stromangebot und -nachfrage gesetzt und damit die stärkere Systemverantwortung von Erneuerbaren Energien genutzt werden. Fossile Kraftwerke der 500-Megawatt-Klasse können jedoch zu neuen Systemproblemen führen: Aufgrund der zentralen Standorte reagieren diese Großkraftwerke nur bedingt gut auf ein Netzproblem und können somit zu größeren Netzausgleichsmaßnahmen (sog. »Redispatch«) und damit höheren Kosten führen. Zum anderen ist das System vulnerabler bei Kraftwerksausfällen oder Lieferengpässen beim importierten Brennstoff. Aber auch aus Gründen des Klimaschutzes sind Gaskraftwerke kontraproduktiv, besteht doch die Gefahr, dass sie aus Ermangelung an Grünem Wasserstoff mit fossilem Erdgas beziehungsweise mit blauem Wasserstoff, der aus Erdgas unter Abspaltung von CO_2 produziert wird, laufen. Das Problem des blauen Wasserstoffs – neben ungeklärten Risiken bei der Speicherung des anfallenden CO_2 – sind zudem seine Vorkettenemissionen.

Mittels Carbon Capture and Storage (CCS) oder Utilization (CCU) lassen sich die entstehenden Emissionen zwar senken, doch 25 Prozent entstehen bereits, bevor das Erdgas die Wasserstoffanlage überhaupt erreicht. Was bleibt, sind Emissionen von 143 bis 218 Gramm CO_2 je Kilowattstunde (kWh). Die Emissionen von grauem Wasserstoff liegen sogar bei durchschnittlich 300 Gramm CO_2 pro kWh. Nur grüner Wasserstoff mit Emissionen von etwa 26 Gramm CO_2/kWh ist daher annähernd klimaneutral. Ob und wann er in ausreichenden Mengen für die Stromversorgung zur Verfügung steht, vor allem da die Versorgung der Industrie mit grünen Molekülen oberste Priorität haben muss, steht allerdings noch in den Sternen.

Klimafreundlich, bezahlbar und sicher sind dagegen die bereits vorhandenen erneuerbaren Anlagen. Künftig könnten allein Biogasanlagen bis zu 27 Gigawatt flexible Leistung bereitstellen, wobei nicht mehr Biomasse verstromt wird, und verstärkt Rest- und Abfallstoffe zum Einsatz kommen sollen, sowie der Anschluss an die Gasspeicher über das Gasnetz erfolgen muss. Unter Ausnutzung dieser regionalen Potenziale mit weiterem Speicheraufbau, Lastmanagement und der Kopplung der Sektoren in Verbindung mit der Entfesselung von Wind und Solar kann bis zur Mitte des Jahrhunderts vollständig auf den Einsatz zusätzlicher Wasserstoff-Gasturbinen verzichtet werden, wie eine Studie des BEE zusammen mit den Fraunhofer Instituten ISE und IEE gezeigt hat; und auch ohne Atomkraftwerke, deren Abschaltung reibungsfrei erfolgte, und mit einem Kohleausstieg bis 2030. Dies reduziert den benötigten Transformationsrahmen der deutschen Energielandschaft und ermöglicht die Nutzung des Grünen Wasserstoffs in anderen Bereichen. Vor allen der energieintensive Industriesektor, allen voran Stahl, Chemie, usw. braucht große Mengen grünen Wasserstoffs, um klimaneutral zu werden und damit wettbewerbsfähig zu bleiben. Für die Vielzahl der regionalen Leistungsträger sind daher jetzt optimale Bedingungen zu schaffen. Statt einer Kraftwerksstrategie ist eine Flexibilitätsstrategie notwendig, die teure Fehlallokationen, zu späten Klimaschutz und verschenkte Wertschöpfung vermeidet. Deutschland hat ausreichende heimische Potenziale für Erneuerbare Energien, bleibt weiter Stromexporteur und reduziert zeitgleich die Abhängigkeit von Energieimporten mit ungewisser Zukunft. Das Energiesystem wandelt sich immer weiter von zentral zu dezentral. Es wird bürgernäher, demokratischer, aber auch resilienter, sauberer und bezahlbarer. Und auch die Marktwerte der Erneuerbaren Energien lassen sich so erhöhen, was den klimapolitisch notwendigen Ausbau sicherstellt. Auch erhebliche Einsparungen im Netzbetrieb lassen sich durch eine dezentrale, bürgernahe erneuerbare Erzeugung sowie mit erzeugungsnaher Wasserstoffproduktion, welche auf die Residuallast ausgerichtet ist, erzielen. Eine win-win-win-Situation für Erzeuger, Verbraucher und den Industriestandort, die Zugang zu sauberer, bezahlbarer Energie dauerhaft sichert und Technologieführerschaft wiederbringt. Die Zeit läuft. Aber Deutschland hat viel Know-how und alle Chancen.

Stefan Kapferer

»Jetzt nicht zurücklehnen« – welche Lehren Deutschland aus dem letzten Winter für die künftige Energieversorgung ziehen kann

Deutschland hat die schwierige Energieversorgungslage des vergangenen Winters gut gemeistert. Die befürchtete Versorgungskrise blieb aus. Dies ist vor allem einem entschlossenen und pragmatischen Handeln von Politik und Gesellschaft zu verdanken. Die gleiche Entschlossenheit und den gleichen Pragmatismus benötigen wir nun, um die Energiewendeinfrastruktur zügig auszubauen. Sie bildet die Grundlage, um die Wettbewerbsfähigkeit und den Wohlstand Deutschlands und Europas zu erhalten.

Der 24. Februar 2022 hat die Welt verändert. Der heimtückische Überfall Russlands auf die Ukraine hat vieles, was zuvor als selbstverständlich galt, in Frage gestellt. Das gilt insbesondere auch für die sichere und zuverlässige Energieversorgung unseres Landes. Der Wirtschaftsstandort Deutschland hat lange von vergleichsweise günstigen Energieimporten aus Russland profitiert. Vor allem russisches Gas hatte das Land in eine Importabhängigkeit manövriert, die vielen unüberwindbar erschien. Es ist daher eine beachtliche Leistung, dass Deutschland in so kurzer Zeit unabhängig von russischen Gasimporten wurde. Eine Versorgungskrise bei Gas, Strom und Wärme wurde verhindert. Eine Preiskrise im Energiebereich – zumindest für die Verbraucherinnen und Verbraucher – abgefedert. Das lag vor allem daran, dass viele Herausforderungen schnell erkannt und pragmatisch angegangen wurden. Dazu gehören etwa die schnelle Genehmigung und der Bau notwendiger LNG-Terminals, die Rückkehr wichtiger Kraftwerkskapazitäten an den Strommarkt, die Möglichkeiten zur Höherauslastung der Stromnetze und die Maßnahmen zur Beschleunigung von Genehmigungsverfahren beim Ausbau der Erneuerbaren und der Netze. Und nicht zu vergessen – der sparsame Umgang vieler Bürgerinnen und Bürger mit Energie. Politik und Gesellschaft haben in dieser Situation getan, was notwendig war.

Energiekrise wirkt wie Katalysator

Dass wir verhältnismäßig glimpflich durch den Winter gekommen sind, heißt jedoch nicht, dass wir uns als Gesellschaft wieder entspannt zurücklehnen können. Die akute Versorgungskrise ist zwar überwunden, die geopolitischen Entwicklungen seit dem Februar 2022 haben jedoch wie ein Katalysator für zahlreiche ökonomische Entwicklungen gewirkt, die massive Auswirkungen auf die europäischen Volkswirtschaften haben. Neben den Kosten für die Überwindung der Abhängigkeit von russischen Energieimporten, gehören dazu eine Sensibilisierung für Abhängigkeiten von chinesischen Produkten sowie einer aktuell protektionistischen Wirtschaftspolitik der USA. Diese Entwicklungen stellen die Wettbewerbsfähigkeit der europäischen, insbesondere aber auch der deutschen Volkswirtschaften zunehmend in Frage. Wenn es uns gelingen soll, künftigen Generationen europäischer Bürgerinnen und Bürger nachhaltigen Wohlstand zu sichern – einer Voraussetzung auch für die Stabilität der demokratischen Grundordnung – dann müssen wir zügig Antworten auf die drängenden wirtschaftspolitischen Fragen unserer Zeit liefern. Industrie- und Energiepolitik bilden dabei die Schlüsselfelder, die künftig noch enger als bisher miteinander verzahnt werden müssen.

Standortfaktor bezahlbare und verlässliche grüne Energie

Eine wettbewerbsfähige Industrie braucht eine bezahlbare, zuverlässige und nachhaltige Energieversorgung. Gerade letzteres kann sich für Investoren zu einem entscheidenden Standortvorteil entwickeln. Das Beispiel Ostdeutschlands zeigt, welche Bedeutung ein steigender Anteil erneuerbarer Energien für die wirtschaftliche Entwicklung einer Region haben kann. Das Netzgebiet des Übertragungsnetzbetreibers 50Hertz umfasst die neuen Bundesländer sowie Hamburg. Der bilanzielle Anteil der Erneuerbaren Energien am Stromverbrauch innerhalb dieses Netzgebietes lag im vergangenen Jahr bereits bei 65 Prozent. Ziel der Unternehmensstrategie von 50Hertz ist es, bis 2032 den kompletten Stromverbrauch aus Erneuerbaren Energien abzudecken. Mehr Erneuerbare Energien sorgen für mehr Attraktivität des Wirtschaftsstandorts und ziehen neue Industrieansiedlungen nach sich. So konnten in Ostdeutschland in den vergangenen Jahren wichtige neue Industrieansiedlungen auf den Weg gebracht werden. Dazu gehören etwa die Tesla-Fabrik im Süden von Berlin, aber auch geplante Chipfabriken in Sachsen-Anhalt und Sachsen.

Neue Industrieansiedlungen und Dekarbonisierung sorgen für einen steigenden Strombedarf. Aktuelle Analysen der vier Übertragungsnetzbetreiber zeigen, dass sich der Stromverbrauch in den nächsten zwei Jahrzehnten etwa verdoppeln wird. Dies erfordert einen verstärkten Ausbau der Erneuerbaren Energien. Dabei ist es unerlässlich, dass der Ausbau der Energieinfrastrukturen, also der Stromnetze, Elektrolyseure, Backup-Kapazitäten und Wasserstoffnetze mit dieser Entwicklung Schritt hält.

Deutschland-Geschwindigkeit ist möglich

Hier schließt eine wichtige Lehre aus den letzten 12 Monaten an – die Genehmigung und Inbetriebnahme der wichtigen LNG-Terminals, denn sie zeigt: Die vielbeschworene Deutschland-Geschwindigkeit ist möglich. Dazu braucht es aber einen grundlegenden Change im Mindset derjenigen, die diese Infrastrukturen umsetzen müssen. Das betrifft Genehmigungsbehörden, das betrifft aber auch Infrastrukturunternehmen. Wir müssen lernen, dass die Energiewende den Mut erfordert, voranzugehen. Konkret bedeutet das, beim Ausbau der Energieinfrastrukturen nicht immer nur die perfekte Lösung anzustreben. Oftmals ist die pragmatischere und zügige Lösung die bessere.

Der Umbau der Energieversorgung führt zu sichtbaren Veränderungen. Das gilt für LNG-Terminals, aber auch für den Ausbau der Erneuerbaren Energien, neuer Backup-Kraftwerke und der Stromnetze. Dass diese Veränderungen nicht überall sofort auf Begeisterung stoßen, kann ich nachvollziehen, jedoch kann das Projekt Energiewende nur gelingen, wenn Gesellschaft, Politik und Wirtschaft an einem Strang ziehen.

Europäische Lieferketten stärken

Die vier Übertragungsnetzbetreiber haben ermittelt, was an Höchstspannungsnetzausbau notwendig ist, um bis 2045 eine klimaneutrale Stromversorgung zu ermöglichen. Das Ergebnis: Für ein Klimaneutralitätsnetz brauchen wir mehrere tausend Kilometer neue Stromleitungen – die meisten davon bereits bis 2037. Das ist quasi morgen. Für das Netzgebiet von 50Hertz heißt das zum Beispiel: Im Vergleich zum bisher geplanten Ausbaubedarf verdoppeln sich durch den neuen Netzentwicklungsplan in etwa die neu zu bauenden Leitungskilometer (von 1750 auf etwa 3200 km), die Anzahl neuer Transformatoren (von 120 auf 235) und der Schaltfelder in Umspannwerken (von 575 auf 1000).

Eine entscheidende Frage ist dabei, wo die Materialien und elektrotechnischen Anlagen herkommen, die wir für den Betrieb des Klimaneutralitätsnetzes benötigen. Hierauf braucht es dringend eine gemeinsame europäische Antwort, um den Ausbau der Produktion und eine Stärkung der Lieferketten auf dem Kontinent voranzutreiben. Denn die europäische Industrie benötigt die Energiewende für nachhaltige, zuverlässige und bezahlbare Energie. Die Energiewende wiederum benötigt die Industrie, um die notwendigen Assets zu bauen, und zwar unabhängig vom Importwillen nichtdemokratischer Staaten.

Kohleausstieg nur mit neuen Backup-Kapazitäten möglich

An fünf von sieben Tagen im vergangenen Jahr deckten die Erneuerbaren Energien mehr als die Hälfte des Strombedarfs im 50Hertz Netzgebiet ab, jede sechste Stunde sogar 100%. Das ist eine gute Nachricht für den Klimaschutz und für den Strompreis. Unsere Analysen haben deutlich gezeigt, dass eine hohe Einspeisung von Erneuerbaren Energien zur Dämpfung der Strompreise an den Großhandelsmärkten geführt hat. Diese Zahlen dürfen jedoch nicht darüber hinwegtäuschen, dass die Erneuerbaren Energien witterungsabhängig sind. Deshalb braucht es auch in Zukunft zuverlässige Backup-Kapazitäten, die immer dann einspringen, wenn der Wind nicht weht und die Sonne nicht scheint. Gegenwärtig erledigen vor allem Kohlekraftwerke diesen Job. Wenn wir bis 2030 aus der Kohleverstromung aussteigen wollen, braucht es daher dringend Investitionsanreize in neue gesicherte Kraftwerkskapazitäten.

Technologieoffenheit und Vertrauen in die Marktkräfte

Vieles scheint darauf hinzudeuten, dass vor allem Gaskraftwerke, die Wasserstoff-ready sind, den überwiegenden Teil dieser Backup-Kapazitäten stellen werden. Das sollte uns jedoch nicht daran hindern, mit Technologieoffenheit an viele Herausforderungen der Energiewende zu gehen. Es gibt Akteure, die heute den Anschein erwecken, sie wüssten, wie das klimaneutrale Energiesystem im Jahr 2045 aussieht. Man müsste dann nur noch diese und jene Maßnahmen Schritt für Schritt umsetzen. Die Wahrheit ist jedoch: Niemand kann schon heute sagen, welche Innovationen noch vor uns liegen. Wir müssen uns in vielen Fragen Spielräume lassen, um bei technologischen Entwicklungen auch wieder auf andere Pfade abbiegen zu können. Ich glaube hier an die Innovationskraft des Marktes. Nehmen wir zum Beispiel die

Frage, wie die Wärmewende in Bestandsgebäuden gelingen kann. Ich glaube, dass es ein Mix sein wird aus verschiedenen Technologien. Und ob auch Wasserstoffheizungen dabei sein werden, entscheiden am Ende Angebot und Nachfrage.

Das Wesen offener demokratischer Gesellschaften ist, dass sie Korrekturen an falsch eingeschlagenen Wegen vornehmen können. Falsifizierbarkeit ist hier das Stichwort. Niemand kann die Zukunft vorhersagen. Es gibt nur Prognosen und wenn diese sich als falsch erweisen, wird der Kurs korrigiert. Und folgen in der repräsentativen Diskussion Abgeordnete nicht dem Korrekturwunsch der Mehrheit der Wählerinnen und Wähler, dann können sie abgewählt werden. Dies unterscheidet gewählte Parlamente von einem ausgelosten Gesellschaftsrat. Der Wähler könnte diesen nämlich nicht nur nicht wählen, er könnte ihn auch nicht abwählen.

Dr. Nina Scheer

Energiewende im Zeichen von Energiesicherheit

Die Energiepreiskrise ist Spiegel und Auftrag zugleich: Sie lässt uns spüren, wie verwundbar Gesellschaften angesichts von Preissteigerungen fossiler Energien und unserer Abhängigkeit von ihnen sind – verschärft über die Auswirkungen des russischen Angriffskrieges auf die Ukraine. Sowohl der Klimawandel als auch die Endlichkeit fossiler Ressourcen verlangen von uns den beschleunigten Umstieg auf Erneuerbare Energien – im Zeichen von Energiesicherheit.

Im Folgenden seien wesentliche Anker der Energiesicherheit genannt.

Energiesicherheit verlangt ...

... den beschleunigten Umstieg auf Erneuerbare Energien

Allein im Jahr 2022 erwirkten die fossilen Energiepreissteigerungen angesichts unserer gegebenen Abhängigkeit von fossilen Energieressourcen bundesweit Hilfsgelder von insgesamt 300 Mrd. Euro – zunächst 100 Mrd. verteilt auf zwei Entlastungspakete, dann 200 Mrd. im Zuge der sogenannten Wärme- und Strompreisbremsen. Selbst wenn aufgrund verschiedener Faktoren, darunter auch Einsparleistungen und ein milder Winter, bislang weniger Mittel zur Entlastung verwendet wurden, als für manche Szenarien errechnet und bereitgestellt, zeigt dies doch: Die künftige Bezahlbarkeit von Energie steht und fällt mit dem beschleunigten Umstieg auf Erneuerbare Energien. Dies gilt umso mehr in Betrachtung von Klimawandelfolgeschäden, wie sie zu einem entscheidenden Anteil auf die Verbrennung fossiler Energieressourcen zurückzuführen sind und sein werden.

Der Wert der Importe von Rohöl und Erdgas nach Deutschland lag im Jahr 2022 bei ca. 130 Mrd. Euro (Rohöl 59,22; Erdgas 71.12) gegenüber ca. 73 Mrd. im Jahr zuvor (statista.com). Nur ein Teil dieser Kosten ist gleichwohl in den Energiepreisen enthalten. In Europa werden fossile Energien immer noch mit ca. 50-70 Mrd. jährlich subventioniert.

In Erneuerbaren Energien liegt die Garantie für Versorgungssicherheit, Wertschöpfung mit zukunftsfester Arbeit und Vermeidung von Kriegen um immer knapper werdende, da endliche Ressourcen – zumal bei steigender Weltbevölkerung.

... **Energiewendetechnologien zur kritischen Infrastruktur zu erklären.**

Auch im Zeitalter der Erneuerbaren sollten einseitige Abhängigkeiten vermieden und bestehende Abhängigkeiten abgebaut werden. Wenn heute über 90 % der Solarmodule aus China importiert werden, vermindert dies nicht nur die heimische Wertschöpfung, sondern macht uns verwundbar. Dies bedeutet nicht, Handel zu unterbinden oder »Grenzen« zu schließen, zumal Handel immer auch eine Brücke für völkerbezogene Verständigung bieten kann. Es ist aber ein Unterschied, ob es um Handelsbeziehungen oder um handelsbedingte Abhängigkeiten geht.

Die Voraussetzungen für den Ausbau Erneuerbarer Energien haben objektiv die Bedeutung von kritischer Infrastruktur und müssen auch als solche eingestuft werden. In diesem Sinne wurde der Ausbau Erneuerbarer Energien im Rahmen einer umfangreichen Novelle des Erneuerbare-Energien-Gesetzes 2022 richtigerweise ins überragende öffentliche Interesse gestellt und als der öffentlichen Sicherheit dienend definiert.

Es muss sowohl zur europäischen als auch nationalen Sicherheit zählen, den beschleunigten Umstieg auf Erneuerbare Energien staatlich zu garantieren und die hierfür erforderlichen Voraussetzungen zu schaffen. Erleichterungen im Beihilferecht und auch ein Bündel an Notfall-Maßnahmen weisen bereits diesen Weg; weitere Schritte müssen folgen. Im Ergebnis muss es gelingen, den sich aktuell weiter verschärfenden Marktverdrängungen und Marktverzerrungen, wie sie etwa in Form des Inflation Reduction Act einen massiven Standortwettbewerb zulasten Europas auslösen, Stand zu halten. Neben dem Organisieren von Flächenverfügbarkeit zum Ausbau Erneuerbarer Energien, verlangt der Umstieg auf Erneuerbare-Energien-Versorgung auch die Sicherstellung von technologischer Entwicklung und Produktionsprozessen in Deutschland und Europa. Energietechnologien und Energie-Infrastruktur sind zur kritischen Infrastruktur zu zählen und müssen auch als solche behandelt werden.

Der Klimaschutz und Transformationsfonds (KTF) ist als ein Sondervermögen bereits eine gute Grundlage für verschiedene Investitionen und Förderungen. Viele Titel werden in ihrer vielfältigen Verwendbarkeit jedoch nicht abgerufen. Dies verleitet zur Annahme, dass die Verfügbarkeit von öffentlichen Mitteln gewährleistet sei. Dieser Eindruck trügt allerdings. Denn über die vergangenen Jahre wurden Transformationsmaßnahmen blockiert, sodass auch Anreize und Investitionsmöglichkeiten verloren gingen. Um diese bereits eingeleitete Umkehr in der gebotenen Zeit zu realisieren, müssen die unterschiedlichen Stränge nun gleichlaufend – ohne weiteren Zeitverzug – gestärkt werden. Dann werden aber auch mehr staatliche Mittel gebraucht werden, wie etwa in Bezug auf Bedarfe beim Netzausbau (inklusive den Verteilnetzen) und solchen für eine gelingende sowie zugleich gerecht ausgestaltete Wärmewende.

... Infrastruktur in Öffentlicher Hand

Die Bedeutung einer funktionierenden Infrastruktur verlangt auch, sie in staatlicher Hand zu wissen. Netzausbau darf nicht eine Frage der Wirtschaftlichkeit sein, sondern muss im Lichte von Daseinsvorsorge als eine Frage der sicheren und damit auch nachhaltig ausgerichteten Versorgung verstanden werden. Gleiches gilt für die Instandhaltung und Umstellung der Netze auf 100 % Erneuerbare Energien in Kombination mit Speichern sowie von Gasnetzen auf erneuerbaren Wasserstoff.

... mit Klimaschutz den Fokus auf Erneuerbare Energien zu legen. Effektivität statt Effizienz.

Die Klimaschutzpolitik sollte dabei nicht nur durch die Brille der CO_2-Reduktion betrachtet werden. Mit CO_2-Reduktion wird noch keine Energiewende geleistet. Umgekehrt leistet allerdings die Energiewende CO_2-Reduktion. Um die für den Klimaschutz maßgeblichen Einsparungen von Treibhausgasen zu erreichen, darf die Verursachungsseite gleichwohl nicht nur auf CO_2-Minderung verengt werden, da dies zu folgenden Fehlannahmen führen könnte:

Zum einen die Fehlannahme von »Efficiency First« – einem sich verbreitet eingenisteten Begriff. Er intendiert die vermeintliche Notwendigkeit der vorrangigen Effizienz. Folgt man dieser Prämisse, kann dies aber zur technologischen Verengung führen, etwa zur einseitigen Fokussierung auf stromgeführte Technologien anstatt etwa auch Bioenergie oder gar Wasserstoff in den Blick zu nehmen.

Zum anderen können Infrastrukturleistungen aus dem Blick geraten. Wenn die Existenz vorhandener Infrastruktur oder vorhandenen Häuserbestands nach der Prämisse der physikalisch effizientesten Lösung aus dem Blick gerät, kann dies – am Beispiel der Wärmeversorgung – sowohl zum Verlust von Wohnraum als auch zu Mehrinvestitionen führen, wenn vorhandene Gasnetze bei der Transformation ungenutzt bleiben. Statt einer Effizienzbetrachtung bedarf es einer Effektivitätsbetrachtung – unter Einbeziehung auch der vorhandenen Infrastruktur, Akteure und weiterer in den jeweiligen Einzelfällen entscheidungsrelevanter Faktoren.

Und auch wenn Forderungen nach der Renaissance der Atomenergie aufkommen, ist dies verbreitet auf die Annahme zurück zu führen, ohne Atomenergie gelänge keine CO_2-Reduktion. Neben den ungelösten Endlagerfragen für Atommüll, der Risiken von Atomenergienutzung, der faktisch unvermeidbaren staatlichen Haftungsübernahme ist auch hier die fehlende Ressourcenunabhängigkeit (Uran) wie auch die fehlende Gesamteffektivitätsbetrachtung zu benennen: Atomkraftwerke sind schwer regelbar; sie erschweren die Energiewende. Atomenergie bildet nie endende Investitionsabhängigkeiten: in der Gesamtverantwortung wird angesichts der Folgelasten nie ein Abschluss erreicht sein. Einmal begonnen, verleitet dies zu einem sich immer fortsetzenden Investitionskreislauf – einem Teufelskreis.

... keine Verlängerung des fossilen Zeitalters durch Negativemissionstechnologien (CCS/CCU).

Die aktuelle Diskussion um CO_2-Minderung lenkt die Aufmerksamkeit verstärkt auf den Einsatz von sogenannten Negativemissionstechnologien, mit Blick auf die von heute aus gesehen unvermeidbaren, da prozessbedingten Restemissionen – etwa bei Zementherstellung. Einst galt auch Stahlherstellung als ein Prozess mit unvermeidbaren Restemissionen; möglicherweise hat auch das in Deutschland bislang geltende Verbot von CCS (Carbon Capture and Storage), der unterirdischen Ein- bzw. Endlagerung von zuvor abgeschiedenem CO_2, dazu beigetragen, dass Stahl heute nicht mehr als Produktionsprozess mit unvermeidbaren Restemissionen gilt, da hier entsprechende Vermeidung entwickelt wurde.

Die Ampel-Koalition hat sich in ihrem Koalitionsvertrag 2021 bundesseitig vorgenommen, im Umgang mit Negativemissionstechnologien eine Langfriststrategie zu entwickeln. Wirtschaftsminister Robert Habeck ist positiv gegenüber CCS eingestellt, wenngleich die Grünen-Bundestagsfraktion auch kritische Einschätzungen vorhält.

Nach meiner Einschätzung besteht die reale Gefahr, dass eine Ermöglichung von CCS selbst mit den besten Absichten zur CO_2-Minderung letztlich im Gesamteffekt zu einer Verlängerung des fossilen Zeitalters und damit auch zu einem Netto-Plus an CO2-Emissionen führen wird. Denn die Gleichsetzung von CCS mit CO2-Neutralität konkurriert dann unweigerlich mit Forschung und Entwicklung zur realen CO2-Vermeidung und alternativen Technologien und Prozessen. Dies erschwert zugleich den Umstieg auf Alternativen und verminderte Chancen auf Marktführerschaften für alternative Technologien.

Wenn es in Folge dessen zu einer Verlängerung des fossilen Zeitalters käme, wäre auch von einem Mehr an Emissionen auszugehen. Denn auch CCS erfasst nur einen Teil der Emissionen und ist sehr energieintensiv – benötigt also mehr Energie mit dann auch verbundenen Emissionen.

Wenn die Anwendung von CCS eben jene Effekte auslöste, wäre damit das Gegenteil dessen erreicht, was aktuell im Zusammenhang mit der Nutzung von CCS gefordert wird – nämlich die Minderung von CO2-Emissionen.

In diesem Sinne hat sich die SPD-Bundestagsfraktion in einem am 9. Mai 2023 verabschiedeten Positionspapier klar für Bedingungen und Leitplanken im Umgang mit Negativemissionstechnologien ausgesprochen, wonach etwa die Vorrangigkeit der CO2-Vermeidung und etwa auch eine Anwendung rein auf unvermeidbare Emissionen zu gewährleisten ist. Letztere darf sich wiederum nicht erschwerend auf CO2-Vermeidung auswirken. Lock-In-Effekte zulasten von CO2-Vermeidung müssen ausgeschlossen werden. Entsprechende Leitplanken flankieren, dass mit CCS auch infrastrukturelle und gefahrenstoffbedingte Folgeverantwortlichkeiten einher gehen, deren Vergesellschaftung abzulehnen ist. Letztere wären aber unweigerlich intendiert, sofern CCS als Klimaschutztechnologie gefördert würde. CCS steht für eine weitere Endlagerproblematik, erzeugt dauerhafte, auf nachfolgende Generationen verlagerte Verantwortlichkeiten im Umgang mit nie entweichen dürfendem CO2.

... den systemischen Umstieg auf Erneuerbare Energien.

Der Erfolg der Energiewende verlangt nicht nur den weiteren Ausbau, sondern den auch systemischen Umstieg auf Erneuerbare Energien und deren fluktuierende Eigenschaften. Dies bedeutet einen Zuschnitt von Versorgungssicherheit auf die fluktuierenden Eigenschaften Erneuerbarer Energien unter Einbindung sogenannter Flexibilitäten – Speicher, aber etwa auch Demand-Side-Management. Die sogenannte Grundlast, wie sie bislang durch schwer regelbare bzw. unflexible Großkraftwerke gestellt wird, darunter bis zuletzt insbesondere Atomkraftwerke, blockiert den Umstieg auf Erneuerbare Energien. Die ununterbrochene Verfügbarkeit von Energie enthält auf ihrer Kehrseite die Inflexibilität, einen Ausgleich für fluktuierende Erneuerbare Energien leisten zu können und blockiert damit den benannten Umstieg.

Obwohl Erneuerbare Energien auch über die letzten Jahre auf Basis der europäischen Erneuerbare-Energien-Richtlinie Vorrang genossen, wurden und werden sie – systemisch bedingt – abgeregelt, wenn es die Energiesicherheit mit Blick auf die relative Inflexibilität konventioneller Kraftwerke verlangt. Dies wird – verhetzend – den Erneuerbaren Energien bzw. der Energiewende zugeschrieben und zeigt: Das reine Plus an Energie durch den Zubau Erneuerbarer Energien realisiert noch keinen systemischen Umstieg. Über Jahre wurde aber eben dieser erschwert.

Insofern ist es wichtig, den Energiemarkt auf Erneuerbare Energien umzustellen, wie dies etwa auch aktuell über die Plattform klimaneutrales Stromsystem und hier zu erarbeitende Vorschläge vorbereitet wird. Auch die aktuell angekündigte Kraftwerksstrategie sowie Überarbeitung der nationalen Wasserstoffstrategie muss im Ergebnis diesem Erfordernis entsprechen: Dem systemischen Umstieg auf Erneuerbare Energien.

... die Dezentralität der Energiewende.

Die Erfolgsfaktoren lagen bisher in der relativen Verbrauchsnähe zur regenerativen Energiegewinnung sowie einer Vielfalt von Akteuren. Diese über Faktoren der »Dezentralität« zu erreichenden Maßgaben der Energiewende waren dann am erfolgreichsten, wenn sie in ihren Anreizfunktionen wirkten. Je mehr Hürden und Auswahlprozesse entstanden – etwa über die in der 18. Legislaturperiode eingeführte Ausschreibung für Windenergie und hiermit eingegangenen Mengenbegrenzungen – desto mehr wurde die Energiewende blockiert und verlangsamt. Eben diese Hemmnisse gilt es nun wieder zu beseitigen und sie wurden in Teilen auch bereits beseitigt.

... Mengenbeschränkungen zulasten Erneuerbarer Energien zu beseitigen.

Mengenbegrenzungen sind häufig auch nur mittelbar gegeben – wie etwa bei den bereits erwähnten Ausschreibungen zu erkennen. Stehen Ausschreibungsmengen für den Ausbau Erneuerbarer Energien auf den ersten Blick schlicht für Ausbaumengen, so wird doch auf den zweiten Blick deutlich, dass Ausschreibungsmengen einer zuvor festgelegten Ausbaumenge bedürfen, auf die jene zugeschnitten sind – sowohl der Zeit als auch der absoluten Menge nach gesehen. Demgegenüber kam das Erneuerbare-Energien-Gesetz in seiner Grundkonstruktion, mit der es zum Hochlauf der Energiewende und der Entstehung von 400 Arbeitsplätzen binnen weniger Jahre kam, mit nur wenigen Seiten Gesetz und vor allem mit nur den beiden übersichtlichen Säulen aus: Zum einen einer garantierten gesetzlichen Abnahme des regenerativ erzeugten Stromes und zum anderen einer gesetzlich festgesetzten und auf 20 Jahre garantierten Vergütung, die insbesondere an die Banken gerichtet die erforderliche Investitionssicherheit brachte. Mit Einführung der Ausschreibungen brach der Windenergieausbau ein.

Aber auch das 2 % Flächenziel für den Windenergieausbau, wie es nun mit dem Wind-an-Land-Gesetz verabschiedet wurde und die Länder verpflichtet, bis 2027 den Weg hierfür zu beschreiten, ist nur auf den ersten Blick eine Ermöglichung des Ausbaus. Auf den zweiten Blick wird deutlich, dass die 2 % auch als Mengenbegrenzung wirken können – wenn die Länder ihre Regionalplanung so aufstellen, dass jenseits dieser Quote kein weiterer Ausbau möglich ist. Sinnvoller – allerdings leider so nicht vom Wirtschaftsministerium erarbeitet – wäre es, mehr Ausbau zuzulassen, bis die gesetzten Energiewende- und Klimaschutzziele erreicht sind. Über die gerichtliche Praxis haben sich genug Normungen herausgebildet, die jenseits von entsprechenden mengenbegrenzenden Faktoren einen angemessen Interessenausgleich wahren lassen.

... Ermöglichung ...

Die verbreite Aussage, es gäbe nicht ausreichend heimische Erneuerbare Energien lenkt von ihrer faktisch unbegrenzten Verfügbarkeit ab. Die eigentlichen limitierenden Faktoren liegen in den rechtlichen Rahmenbedingungen zur Nutzung Erneuerbarer Energien, da sie immer das Ergebnis von Abwägungsprozessen im Verhältnis widerstreitender Interessen sind. Zu diesen Ergebnissen zählen etwa mengenbegrenzende Faktoren wie Flächenlimitierungen, Abstandsregelungen, Landschaftsbildvorgaben, Naturschutz oder auch Lärmschutz. Hierbei gilt es auch zwischen solchen Faktoren zu differenzieren, die absolut gewählt sind, da sie sich etwa an gesundheitsrelevanten Grenzwerten orientieren und solchen, die eher auf einer empfundenen Ebene ansetzen. Bei Letzteren kann festgehalten werden: Wird mancherorts bereits ein Windrad bekämpft, besteht andernorts ein selbstverständliches Einvernehmen, dass sogar hunderte von Windrädern dazu gehören und schlicht für günstige und unabhängige Energie stehen. In Regionen mit hoher Windenergienutzung ist dies am Beispiel von Schleswig-Holstein in den Händen der Menschen vor Ort entstanden und in Entsprechung dieser Teilhabe als »richtiger« Weg erkannt. Ein zentraler Erfolgsfaktor der Energiewende liegt – sektorübergreifend – in der Ermöglichung.

... und Teilhabe.

Veränderungen haben einen anderen gesellschaftlichen Wert, wenn sie die Menschen gleichberechtigt – im Guten wie im Schlechten – betreffen. Wenn hingegen nur ein Teil der Bevölkerung einen Benefit davon trägt oder Einschränkungen zu erdulden hat, werden Veränderungen zu Konfliktpotenzial. Ein und dieselbe Veränderung kann entweder als Einschränkung oder als positive Veränderung wahrgenommen werden – je nachdem, in welchem Verhältnis sich die Veränderung für das Individuum im Vergleich zur Allgemeinheit vollzieht und als solche auch wahrgenommen wird. Die Veränderungsfähigkeit einer Gesellschaft steht und fällt somit mit dem »Teilhabewert« der verändernden Lenkungsfaktoren.

Die in unserer Demokratie elementar zu respektierende Mündigkeit im Denken und Handeln aller Bürgerinnen und Bürger kann nur über Mitgestaltung, aber nicht über blinde Gefolgschaft erreicht werden. Somit muss es mit der vielerorts erklärten Maßgabe, die Menschen »mitzunehmen«, um eben solche Rahmenbedingungen gehen, die den Menschen ermöglichen, Veränderung auch zu ihren Gunsten mitzugestalten, um auf gegenseitiger Augenhöhe zu arbeiten und zu leben.

Aus diesem Grund sollten Maßnahmen zur Stärkung von Gerechtigkeit etwa auch nie ausschließlich durch Sozialtransfers erfolgen. Transfers sind immer nur das letzte Mittel, das greift, wenn teilhabeorientierte Entwicklung gleichwohl Lücken lässt und um jene zu füllen – als Ausdruck des Sozialstaatsverständnisses, Niemanden zurück zu lassen. Transfer darf hingegen nicht *anstelle* von Teilhabe und von teilhabeorientierten Rahmenbedingungen treten, da dies dem Gestaltungsanspruch einer lebendigen Gesellschaft zuwider liefe. Dies ist letztlich auch Ausdruck unseres verfassungsgegebenen Demokratieversprechens.

Fazit:

Mit der streckenweise explodierenden Preisentwicklung fossiler Energien während des vergangenen Jahres – mit Beginn bereits im Jahr 2021 – steht die Notwendigkeit einer zu beschleunigenden Energiewende deutlicher denn je im Raum. Spürbar wird zudem: Wir bräuchten den beschleunigten Umstieg auf Erneuerbare Energien in Loslösung unserer Abhängigkeit von fossilen Ressourcen auch ohne die gleichermaßen dringlichen Klimaschutzerfordernisse. Denn: Fossile Ressourcen sind endlich; bei steigender Weltbevölkerung steigt auch der Bedarf. Ohne Umstieg auf Erneuerbare sind Kriege um die verbleibenden Ressourcen und Energiearmut vorprogrammiert. Der beschleunigte Umstieg auf Erneuerbare Energien steht für Chancen auf dauerhaft bezahlbare und für alle verfügbare, somit gerecht »verteilte« Energie, für Arbeit mit Zukunft und Freiheit durch Loslösung von Abhängigkeiten und deren Folgeeffekten sowie für die Vermeidbarkeit eines sich beschleunigenden Klimawandels. Die Energiewende ist Ausdruck von Freiheit, Gerechtigkeit und Solidarität.

Dr.-Ing. Christoph Maurer

Staatliche Flankierung der Dekarbonisierung von Energiesystem und Industrie

Klimaneutralität erfordert schnelle Maßnahmen

Die geopolitisch notwendige Abkopplung von fossilen Energielieferungen aus Russland hat vor Augen geführt, wie abhängig eine hoch industrialisierte Volkswirtschaft von der sicheren Verfügbarkeit günstiger Energie ist. Entscheidend für die erfolgreiche Eindämmung der Krise waren angebotsseitig die kurzfristige Substitution von Energielieferanten sowie nachfrageseitig die schnelle Anpassung von Produktionsprozessen und die mit außerordentlichen Bemühungen erreichten Verbrauchseinsparungen. Gerade die nachfrageseitigen Anpassungen sind aber mit ausbleibendem Wirtschaftswachstum bis an die Grenze einer Rezession und mit erheblichen Einschränkungen verbunden gewesen und insofern nicht nachhaltig.

Gleichzeitig steht die deutsche Volkswirtschaft und insbesondere die deutsche Industrie in den nächsten Jahren vor einer deutlich größeren Herausforderung. Deutschland hat sich, in Übereinstimmung[32] mit den Zielen des Pariser Klimaabkommens, das ambitionierte Ziel gesetzt, Treibhausgasneutralität (politisch oft als Klimaneutralität bezeichnet) bis 2045 zu erreichen. Auf EU-Ebene wird Treibhausgasneutralität aktuell bis 2050 angestrebt.

Im Bereich der Industrie verlangen bereits die Sektorziele des Klimaschutzgesetzes bis 2030 eine (sehr ambitionierte) Minderung der Treibhausgas(THG-)Emissionen um 58 %. Um deutschlandweit Treibhausgasneutralität bis 2045 zu erreichen, muss bis dahin die industrielle Produktion so weit wie möglich auf klimaneutrale Prozesse und Energieträger umgestellt werden. Es ist allerdings in der Fachdiskussion klar, dass u.a. aufgrund kaum vermeidbarer Prozessemissionen auch bei systemweiter THG-Neutralität ein Rest an industriellen THG-Emissionen verbleiben wird. Diese Emissionen müssen entweder abgeschieden und gespeichert (CCS) oder in anderen Sektoren kompensiert werden.

Transformationspfade

So unbestritten notwendig die Verfolgung derart ambitionierter Ziele vor dem Hintergrund des sich spürbar verschärfenden Klimawandels ist, so herausfordernd erscheint deren Operationalisierung. Dies zeigen verschiedene wissenschaftliche Energiesystemstudien wie die Langfristszenarien zur Transformation des Energiesystems im Auftrag des BMWK[33], die – basierend auf einer detaillierten Simulation von Energieangebot und -nachfrage – zielkompatible Entwicklungspfade für das deutsche und europäische Energiesystem ableiten.

Selbst wenn die Ausbauziele bei erneuerbaren Energien bis 2045 mit ca. einer Verfünffachung der installierten Leistung erreicht werden, wird Deutschland ca. 30 % – 40 % seines Energiebedarfs importieren müssen, vermutlich vor allem in Form von klimaneutralem Wasserstoff und Wasserstoffderivaten. Hinzu kommen erhebliche Ausbaubedarfe im Bereich der Energieinfrastrukturen (allein für den Übertragungsnetzbereich haben die Übertragungsnetzbetreiber kürzlich ein notwendiges Investitionsvolumen von ca. 130 Milliarden Euro genannt[34]).

Im Bereich der Industrie müssen Produktionsprozesse, die heute auf fossilen Energieträgern beruhen, zügig dekarbonisiert werden. Im Bereich der Stahlproduktion bedeutet das neben der Stärkung der Kreislaufwirtschaft und der verstärkten Nutzung von Sekundärstahl vor allem den Ersatz von Hochöfen durch Wasserstoff-Direktreduktion. Im Bereich der Chemieindustrie werden fossile Kohlenwasserstoffe als Rohstoff durch klimaneutralen Wasserstoff und daraus gewonnene synthetische Kohlenwasserstoffe ersetzt werden müssen. Die Erzeugung von Prozesswärme, die heute vor allem auf Erdgas basiert, wird – je nach Szenario – überwiegend auf strom- oder wasserstoffbasierte Wärmeerzeugung umgestellt. In der Kalk- und Zementindustrie, in der Prozessemissionen nicht vermieden werden können, wird die Abscheidung von anfallenden Emissionen notwendig werden. Dabei wird abgeschiedenes CO_2 zu einem Rohstoff, der z.B. in der Chemieindustrie bei der Produktion von Kunststoffen eingesetzt werden kann. Die allein im Industriesektor benötigten Wasserstoffmengen belaufen sich szenarioabhängig auf knapp 300 TWh bis 450 TWh. Je nach Grad der Elektrifizierung industrieller Prozesse steigt der Strombedarf der Industrie zudem um ca. 25 % bis 75 % an[35].

Angesichts der Nutzungsdauer industrieller Produktionsanlagen, die typischerweise im Bereich mehrerer Jahrzehnte liegt, wird offensichtlich, dass mit Blick auf die genannten Ziele und Transformationspfade bei Modernisierungen und Ersatzinvestitionen bereits heute ein Umstieg auf treibhausgasneutrale Produktionstechnologien erfolgen sollte. In der Stahlindustrie, bei der in absehbarer Zeit ein Ersatz von Hochöfen in hoher Zahl ansteht, ist der Wechsel auf Direktreduktionstechnologien deshalb ein sehr wichtiges Thema. Auch in anderen Industriezweigen wird der verstärkte Einsatz von Strom und grünem Wasserstoff noch in dieser Dekade notwendig sein, wenn das Sektorziel des Klimaschutzgesetzes erreicht werden soll.

Verzicht auf Transformation wäre industriepolitisch fatal

Allerdings sind treibhausgasneutrale Produktionsprozesse heute vielfach noch nicht wettbewerbsfähig. Aus diesem Dilemma heraus zu schlussfolgern, man könne und solle die Transformation aufschieben, scheint aber aus verschiedenen Gründen fatal.

Das europäische Emissionshandelssystem ETS wurde lange kritisch gesehen und teilweise als wirkungslos bezeichnet. Jüngst hat sich die EU aber in der Klimapolitik ambitionierter gezeigt als viele Mitgliedstaaten. Das ETS erweist sich gerade in der Energiekrise als wirksames Instrument zur Zielerreichung. In jüngerer Vergangenheit sind die Preise im Emissionshandel erheblich gestiegen (auf aktuell ca. 90 €/t CO2). Alle Analysen gehen auch vor dem Hintergrund der Beschlüsse zur Umsetzung des Green Deals von einem deutlichen weiteren Anstieg bis 2030 und darüber hinaus aus. Die Wettbewerbsfähigkeit emissionsintensiv hergestellter Produkte wird deshalb schnell abnehmen. Gerade die deutsche Industrie mit einem hohen Anteil von Exporten in Regionen außerhalb der EU wird davon i. V. m. dem Auslaufen der Gratiszuteilung von Emissionszertifikaten stark getroffen werden. Der beschlossene Grenzanpassungsmechanismus (CBAM) kann das nicht kompensieren, weil er nur auf den Absatz innerhalb der EU zielt.

Gleichzeitig drohen Deutschland und Europa die Technologieführerschaft bei verschiedenen Klimaschutztechnologien wie z. B. im Wasserstoffbereich zu verlieren. Mit dem Inflation Reduction Act hat die USA – unabhängig von den sehr kritisch zu sehenden protektionistischen Tendenzen – über einfach zu erlangende und nennenswerte Subventionen einen starken Anreiz für den lokalen Hochlauf von Schlüsseltechnologien für die Dekarbonisierung gesetzt. Aus der Klimaschutzperspektive ist das uneingeschränkt zu begrüßen. Anders als das in manchen Debattenbeiträgen anklingt, sollte Industriepolitik in Deutschland und Europa deshalb nicht darauf zielen, dass diese Entwicklungen hier und nicht in den USA (und anderswo) stattfinden. Wichtig ist vielmehr, dass auch hier in Klimaschutztechnologien investiert wird und technologische Entwicklung und Innovation in diesen wichtigen Zukunftsmärkten stattfinden.

Flankierung durch fokussierte staatliche Maßnahmen

Die vorangegangenen Überlegungen zeigen die Notwendigkeit und gleichzeitig die Schwierigkeit der rapiden Transformation von Energiesystem und Industrie. Sie machen auch deutlich, dass der Staat diesen Transformationsprozess aktiv und klug flankieren sollte.

Dabei sind verschiedene Herausforderungen zu bedenken. Aufgrund von Unterschieden in den Gestehungskosten und Transportschwierigkeiten bei den wesentlichen Energieträgern Strom und Wasserstoff werden internationale Energiepreisunterschiede gegenüber der Vergangenheit eher zunehmen. Die Kostennachteile für besonders energieintensive Grundstoffindustrien in Zentraleuropa könnten dadurch ansteigen und eine Neuordnung der globalen Arbeitsteilung sinnvoll erscheinen lassen.

Gleichzeitig sollte der industriepolitische Fokus deutlich stärker als in der Vergangenheit auf der Vermeidung von Abhängigkeiten, nicht nur bei Energie, sondern auch bei Rohstoffen und Vorprodukten liegen. Das impliziert aber nicht zwingend eine Verlagerung dieser Produktion nach Europa, insbesondere wenn hier erhebliche Kostennachteile bestehen, sondern kann auch durch eine strategische Diversifizierung von Lieferanten erreicht werden.

Schließlich ist zu berücksichtigen, dass die Transformation auch die Staatshaushalte vor enorme Herausforderungen stellen wird und staatliche Mittel gleichzeitig begrenzt sind. Eine staatliche Garantie für die Fortführung nicht mehr nachhaltiger Geschäftsmodelle ist deshalb nicht durchhaltbar und würde auf lange Sicht das Innovationspotenzial der deutschen Industrie sogar schwächen. Staatliche Mittel zur Unterstützung der Transformation sind sinnvoll und notwendig, sie sollten aber sparsam und strategisch fokussiert eingesetzt werden. Wenig zielgenaue Maßnahmen wie ein undifferenzierter, stark subventionierter Industriestrompreis, der aktuell von vielen Akteuren gefordert wird, werden vom Autor eher kritisch gesehen.

Vor diesem Hintergrund empfiehlt sich eine Fokussierung der staatlichen Transformationspolitik auf drei Säulen:
- Die Rolle der CO_2-Bepreisung und des Emissionshandels sollte eher gestärkt als geschwächt werden. CO_2-Preise, gerne auch als hybride Instrumente im Sinne eines Emissionshandels mit Mindestpreispfad, ermöglichen die Erschließung von dezentralem Wissen über Optionen zur Emissionsvermeidung und deren Kosten und können die Transformation von Energiesystem und Industrie besser koordinieren als zentrale Stellen. Anders als eine Dekarbonisierung über Subventionierung, wie sie aktuell z. B. in den USA verfolgt wird, belastet die CO_2-Bepreisung, darüber hinaus hingegen den Staatshaushalt nicht, sondern sorgt im Gegenteil sogar für Einnahmen, die genutzt werden können, um Härten abzufedern und die Transformation an strategisch entscheidenden Stellen aktiv voranzutreiben (s. u.). International sollte das Ziel nicht darin bestehen, den europäischen Markt z. B. durch eine protektionistische Ausgestalung des CBAM abzuschotten, sondern stattdessen im Sinne eines Klimaclubs unterschiedliche Systeme der CO_2-Bepreisung auszuweiten und untereinander kompatibel zu machen.
- Der Staat kann und sollte die Transformation mit Forschungs- und Innovationsförderung im Bereich der Dekarbonisierungstechnologien beschleunigen und für einen Transfer dabei gewonnenen Wissens sorgen. Gleichzeitig erscheint eine zukunftsgerichtete strategische Industriepolitik notwendig und sinnvoll. Das bedeutet, staatliche Mittel nicht primär dafür einzusetzen, bestehende industrielle Strukturen zu erhalten oder merkantilistisch anmutende Ziele z. B. bei Importquoten zu erreichen. Stattdessen sollte staatliche Industriepolitik gewährleisten, dass für die Energiewende wichtige Industriezweige wie z. B. im Bereich der Wasserstofftechnologie auch in Deutschland und Europa wettbewerbsfähig sind. Bei bestimmten Schlüsseltechnologien und für die Industriezweige mit hoher Wertschöpfung in Deutschland wichtiger Vorprodukte (wie Stahl und High-Value Chemicals) sollten darüber hinaus Abhängigkeiten vermieden und die Möglichkeit zur dekarbonisierten Produktion in Deutschland vorangetrieben werden.
- Bei aktiven industriepolitischen Maßnahmen besteht eine große Gefahr, dass sie vor allem großen und lobbystarken Unternehmen zugutekommen. Gerade für die vielfach klein- und mittelständisch organisierte deutsche Industrie sind deshalb ergänzend die sichere und möglichst

kostengünstige Verfügbarkeit von (klimaneutral hergestellter) Energie und der Ausbau von Energieinfrastrukturen in der Breite notwendig. Beim Ausbau der erneuerbaren Energien und der Stromnetze zeichnen sich erste Fortschritte ab, auch wenn eine weitere, deutliche Beschleunigung notwendig bleibt. Eine noch größere Herausforderung könnte der Hochlauf des Wasserstoffsystems darstellen. Hier bestehen aktuell viele offene Fragen, z. B. zur Verfügbarkeit von Importen und zur Planung, Errichtung und Finanzierung einer Netz- und Speicherinfrastruktur. Einen klaren (europäisch abgestimmten) Rechts- und Finanzierungsrahmen für den Wasserstoffhochlauf zu schaffen, ist eine drängende staatliche Aufgabe, damit der dringend notwendige Einstieg der Industrie in die Wasserstoffnutzung gelingt.

4. Digitale Transformation und digitale Souveränität – Welche Maßnahmen sind europäisch und national notwendig?

Christina Raab

Transformation und Souveränität – was sind die nächsten Schritte für deutsche Unternehmen?

Vor dem Hintergrund geopolitischer Verschiebungen, der Pandemie und des Krieges in der Ukraine verstärken sich die Diskussionen um die digitale Souveränität. Dabei geht es sowohl um die Abhängigkeit von immer häufiger auch geopolitisch instrumentalisierter Technologie als auch um deren Potenziale für die Zukunft der Wertschöpfung. Für die Unternehmen aber bedeutet das ein Ausloten von Abhängigkeiten und gegebenenfalls die Neukonfiguration der Wertschöpfungsketten und IT-Grundstrukturen, eine Diversifizierung von Zulieferern und globalen Innovationszentren.

Die Rolle der Technologie

Nur mit Hilfe von Technologien lassen sich die großen Herausforderungen dieses Jahrhunderts, wie das Streben nach Gleichheit, Gerechtigkeit, Bildung und Wohlstand, aber auch Ressourcen und Recycling, Nahrungsmittelproduktion, Gesundheit, Umweltschutz und Klimakrise annehmen und bewältigen. Gemeinsam mit dem Digitalverband Bitkom hat Accenture zum Beispiel ausgerechnet, dass sich in Deutschland mittels Digitalisierung jede fünfte Tonne CO_2 einsparen lässt.[36] Technologie wird zur kritischen Infrastruktur für die Zukunft.

Die führenden Industriestaaten sichern sie sich bereits in großem Umfang: Die USA zum Beispiel schützen mit dem 370 Milliarden Dollar schweren Inflation Reduction Act (IRA) die einheimische Clean-Energy-Industrie. Der Chips-Act fördert die Produktion von Halbleitern mit 52,7 Milliarden Dollar. Auch Quantum Computing wird von einer nationalen US-Initiative mit einer Milliarde Dollar vorangetrieben.

Europa wacht auf

Was bedeutet Souveränität für Europa im Verhältnis zu den großen Digitalmächten USA und China? Auch wenn die Europäische Union Teil der westlichen Wertegemeinschaft mit den USA ist, ist sie bestrebt, ihre eigene

Technologie-Kompetenz zu fördern und zu entwickeln, um so ihre wirtschaftliche wie politische Entscheidungsfreiheit zu sichern. So hat die EU angekündigt, ihrerseits 43 Milliarden Euro in ein Chips-Gesetz zu investieren, das Kompetenz, Start-ups und Fertigung im Bereich Halbleiter beflügeln soll. Bis 2030, so ein Entwurf für einen »Net Zero Industry Act«, sollen zwei Fünftel der für ihre Klimaziele jährlich benötigten grünen Schlüsseltechnologien in der EU selbst hergestellt werden: 85 % von Windkraftanlagen und Batterien, 60 % der Wärmepumpen, 40 % der Solarpaneele und ausreichend Elektrolyseure, um die Hälfte des grünen Wasserstoffs herzustellen. Neben 250 Milliarden Euro im Rahmen der NextGeneration EU enthält die europäische Digitalstrategie außerdem rechtliche Rahmenregelungen für digitale Identität, Märkte und Cybersicherheit.

Eine neue Lieferketten-Partnerschaft mit den USA soll die Abhängigkeit von China entschärfen, das momentan 98 % der kritischen Rohstoffe und Seltenen Erden für digitale Technologien liefert. Um die Abwanderung der Produktion von Zukunftstechnologien in die USA zu verhindern, kündigte die Kommissionspräsidentin Ursula von der Leyen im Januar 2023 in Davos einen neuen Green-Deal-Industrieplan an, der Genehmigungsverfahren vereinfachen und beschleunigen soll. Es wird diskutiert, die Restriktionen für staatliche Beihilfen zu lockern. Dringend notwendig sind auch Fachkräfte: Bis 2030 sollen, so das Ziel, 2,5 Millionen zusätzlicher Jobs in diesen Branchen geschaffen werden. Neue Handelsverträge mit Mexiko, Neuseeland und Australien, die erneute Annäherung von Großbritannien und der Ausbau der Beziehungen mit Kanada sollen den internationalen Warenverkehr erleichtern, Kosten senken, vor allem aber die Landschaft der Wirtschaftspartner diversifizieren.[37] Europa sucht seinen Platz zwischen den Wirtschaftsmächten USA und China, auch in der Digitalpolitik.

Die Digitalisierung der Unternehmen

Digitale Souveränität meint eine verantwortete partielle Autonomie in einer vernetzten Welt, die Möglichkeit, Handlungsspielräume in digitalen Kontexten zu erkennen und sie selbstbestimmt nutzen zu können.[38] Globalisierung bedeutet nicht mehr die Vereinheitlichung über den ganzen Planeten hinweg. Globale Skalierungseffekte wie auch lokale Anpassung, Kundenbedürfnisse und Regulierung werden neu austariert. Die Entscheidung für die Auswahl von Technologien ist immer auch eine strategische. Sie erfordert mehr denn je digitale Kompetenzen auf Seiten der Unternehmen und staatlicher

Instanzen. Das Erfolgsmodell Deutschland benötigt einen konsequenten Umbau auf allen Ebenen.

Eine besondere Rolle bei der Sicherung von Wohlstand und Stabilität kommt der Digitalisierung der Unternehmen zu, die vor allem in der letzten Dekade Fahrt aufgenommen hat: Begonnen hat sie mit der Optimierung unternehmensinterner Prozesse zur Kostenersparnis. Das Potenzial digitaler Geschäfts- und Wachstumsmodelle wurde in Europa später erkannt als zum Beispiel in den USA. Über das Sammeln, Aggregieren und Auswerten von Daten ermöglichen Plattformen digitale Ökosysteme, in denen selbst Konkurrenten miteinander kooperieren, um neue Geschäftsmodelle zu entwickeln. Auch die kleinen und mittleren Unternehmen, die für Deutschland so wichtig sind, können sich hier mit Hilfe vorkonfigurierter Schnittstellen für Entwicklungen und neue Dienstleistungen zusammenschließen. Über verschiedene Wirtschafts- und Wissenschaftszweige hinweg schafft das europäische Gaia-X-Projekt den Rahmen für die Integration großer Datenströme und will, basierend auf den europäischen Werten Transparenz, Offenheit und Interoperabilität, dabei auch internationale Standards setzen. Es versteht sich als »role model« auf dem Weg zur digitalen Selbstbestimmung.

Virtuelle Datenräume und Clouds sind die strukturelle Voraussetzung solcher Prozesse. In ihnen können nicht nur einzelne Bereiche, sondern sämtliche Anwendungen, Services und Daten eines Unternehmens zusammengeführt werden. Für ihre dynamische Transformation benötigen Unternehmen einen digitalen »Kern« (Digital Core): sich dynamisch entwickelnde Technologien wie prädiktive Analytik oder Maschinenlernen, mit deren Hilfe bestehende Prozesse schnell neu bewertet und umgestaltet werden können. Fokus auf diesen Bereich zahlt sich aus: Unternehmen, die das volle Potenzial von Daten, Technologie und Mensch nutzen, können eine Prämie von bis zu 11 % bei der Topline-Produktivität erzielen[39].

Ein riesiges, noch unausgeschöpftes Potenzial hat die Künstliche Intelligenz (KI). Doch bisher haben nur 12 % der weltweiten Firmen die Möglichkeiten in einem Maße ausgeschöpft, das zu überdurchschnittlichem Wachstum und Transformation ihrer Geschäftsmodelle führt. In Deutschland wenden 9 % KI-Technologien an, meistens Großunternehmen. Eine Studie des Digitalverbands Bitkom 2022[40] registrierte zwar Offenheit. Doch zwei Drittel der Wirtschaft haben noch nicht in KI investiert. Häufig wird Fachkräftemangel als Grund genannt. Doch 2021 führt die Erwähnung von KI in Gewinnmitteilungen bei 40 % der 2000 weltgrößten Unternehmen zu einem Anstieg ihrer Aktienkurse. Aufsehen erregen vor allem die Fortschritte im Bereich der generativen KI, die aus vorhandenen Daten und Algorithmen neue Inhalte schafft, und der eine große Zukunft für die Lösung komplexer Fragen vorausgesagt wird.

Cloud, KI und Plattformen spielen eine wichtige Rolle im Metaverse, der nächsten Stufe des Internets, dem Web 3.0. Auch wenn das Metaverse meist im Zusammenhang mit Gaming, Einzelhandel oder Fitness erwähnt wird, so liegt sein revolutionäres Potenzial in der industriellen Produktion. Es ist vor allem ein multidimensionaler Raum der Kollaboration und ermöglicht zum Beispiel die mehrstimmige und parallele Optimierung von Prozessen, etwa an »Digitalen Zwillingen«, die schon heute bei Flugzeugen oder Auto-Crash-Tests mit Gewinn eingesetzt werden. Noch reicht die vorhandene Computerkapazität aber nicht aus, um ein umspannendes Metaverse Industrie 4.0 zu betreiben.

Unternehmen und politische Entscheidungsträger betrachten bei dem Einsatz dieser Technologien zunehmend den Aspekt der Souveränität. Auf der Unternehmensseite sind eine Diversifizierung der Anbieter sowie Konzepte eines resilienten Supply Chain Managements[41] Teil der Lösung, auf der Policy-Ebene sind es Initiativen wie beispielsweise Gaia-X[42].

Die permanente Wandlung

Drei von vier Unternehmenslenkern in der EU rechnen mit weiterer Fragmentierung der Weltwirtschaft genauso wie mit regionalen Verwerfungen. 60 % ihrer Kunden geben außerdem wechselnde Prioritäten aufgrund des raschen Wandels an[43]. Der einzige Weg, sich an diese rasch verändernden Rahmenbedingungen dynamisch anzupassen, ist die Digitalisierung auf allen Ebenen. Es braucht eine Transformation in allen Bereichen: innovative Architekturen für Wertschöpfung, innovative Geschäftsmodelle mit individualisierten Dienstleistungen, andere Formen der Unternehmensführung, neue Talente, die radikale Bereitschaft zu Veränderung, kurz – die permanente Revolution. Überdurchschnittlich investiert wurde bei Aerospace and Defense, Mobility und Life Sciences.

Die große Mehrheit – 86 % der von Accenture weltweit befragten internationalen Unternehmen – sind Transformierer – sie setzen zwar auf neue, digitale Technologien, aber nur in Teilen ihrer Geschäftsbereiche, häufig in isolierten Silos. In Europa sind es 90 % der Firmen, die dieser gebremsten Strategie folgen. 4 % sind sogar bloße Optimierer, ohne dass Technologien dabei eine wesentliche Rolle spielen. Nur 6 % der Unternehmen haben sich die kontinuierliche, bereichsübergreifende Transformation – die »Re-invention« – zum Ziel gesetzt.

Wer erfolgreich bleiben will, muss jedoch einen permanenten Prozess der Wandlung durchlaufen. Denn die Ziele sind nicht mehr die fortgeschriebenen Benchmarks – sie liegen an neuen, unbekannten Horizonten. Das erfordert eine bessere Performance in vielen Bereichen, eine gute Strategie und kreatives Personal, das von Anfang an in die Prozesse eingebunden ist. Talente zu finden, anzuwerben und weiterzuentwickeln wird zu einer zentralen Aufgabe. Silos haben keine Chance mehr. Für diese Art komplexer Prozesse gibt es keine zertifizierten Fachleute, nur Gestalter, die den Mut zum Unbekannten haben. Die Auswahl der genutzten Technologien ist immer eine strategische Entscheidung der Unternehmen und der politischen Akteure.

Sabine Bendiek

Digitale Transformation und digitale Souveränität: Die Cloud ist das Fundament

Geht es um Digitalisierung, tendieren wir in Deutschland und Europa manchmal dazu, mehr Augenmerk auf die Herausforderungen der Gegenwart als auf die Möglichkeiten in der Zukunft zu legen. Nichtsdestotrotz ist es notwendig, den Nachholbedarf an der ein oder anderen Stelle zu benennen und vor allem auch anzugehen – jedoch mit einem zukunftsgewandten, optimistischen Blick.

Ein Blick über die Grenzen

Andere Länder machen es uns vor: In einer digitalisierten Welt sind vor allem die USA und China führend. Beispielsweise gab es 2022 mehr als 1.300 Unicorns weltweit, sprich nicht-börsennotierte Unternehmen mit Bewertungen von über einer Milliarde US-Dollar, knapp doppelt so viele wie im Jahr 2021. Die meisten Unicorns sind in den USA ansässig (625), gefolgt von China (312). Deutschland lag mit nur 36 Unicorns auf dem fünften Platz[44]. Die Geschäftsmodelle dieser Unternehmen basieren häufig auf einer Digital-First oder Plattformstrategie.

Wie skalierbar digitale Plattformen und Geschäftsmodelle sind, veranschaulicht die Marktkapitalisierung der sechs größten US-Tech-Aktien: Alphabet, Apple, Amazon, Microsoft, Nvidia und Meta waren Ende 2021 insgesamt etwa 10,7 Billionen US-Dollar wert. Auch wenn in jüngster Vergangenheit Einbrüche im Tech-Sektor zu verzeichnen waren, lag ihr Gesamtwert Ende 2022 noch bei insgesamt etwa 6,9 Billionen US-Dollar[45].

In einigen Ländern wiederum setzt der öffentliche Sektor entscheidende Impulse für mehr Digitalisierung, wie in Australien oder Großbritannien. Die britische Regierung hat beispielsweise bereits 2013 eine Cloud-first-Strategie festgelegt, wie entsprechende Dienste auch und gerade mit Blick auf die Anforderungen an Datenschutz und IT-Sicherheit sinnvoll genutzt werden können.[46] Davon profitiert auch die Wirtschaft. Derartige politische

Entscheidungen bringen die digitale Welt in den Alltag der Bürger und Bürgerinnen.

Wo stehen wir in Deutschland?

Die deutsche Wirtschaft sieht für sich selbst großen Nachholbedarf, wie eine Umfrage der Deutschen Industrie- und Handelskammer unter 4.300 Unternehmen zeigt: Im Durchschnitt geben sie sich für den Bereich Digitalisierung nur die Schulnote Befriedigend.[47] Der öffentliche Sektor in Deutschland liegt sogar hinter den Unternehmen zurück. In einer Umfrage des European Center for Digital Competitiveness beklagten 98% der befragten Führungskräfte aus Politik und Wirtschaft einen Rückstand in der Digitalisierung bei Ämtern, Behörden sowie generell im öffentlichen Dienst.[48]
Der Koalitionsvertrag der aktuellen Regierung legt erfreulicherweise einen besonderen Fokus auf die Chancen der Digitalisierung. Diese soll den Alltag der Bürger und Bürgerinnen erleichtern, nachhaltig ausgestaltete Wirtschaftsprozesse absichern und den Service der öffentlichen Hand weiter verbessern. Was braucht es dazu konkret? Die Antwort: Offenheit für die Cloud, Datenverfügbarkeit und Datenschutz, Datenqualität und Datenkompetenz.

Offenheit für die Cloud

Die Cloud ist längst Normalität – auch in der öffentlichen Verwaltung. Auch hier lohnt nochmals ein Blick über die Grenzen Deutschlands hinaus. So hat sich die niederländische Regierung bereits 2018 entschieden, die Personalverwaltung der Ressorts Verteidigung, Inneres, Finanzen, Justiz und Infrastruktur in die Cloud zu verlegen. Die Gründe liegen auf der Hand: Flexibilität, Skalierbarkeit und die einfache Möglichkeit, weitere Ministerien in einer späteren Phase einzubinden. Im Oktober 2022 wurde darüber hinaus bekannt gegeben, dass das Ministerium für Infrastruktur das SAP-Kernsystem in die Cloud bringen wird.[49] Ein weiterer Cloud-Vorreiter ist die Schweiz. Dort hatte die Bundesverwaltung im Jahr 2021 einen Rahmenvertrag über die Verwendung von Cloud-Lösungen der SAP abgeschlossen, der insbesondere die Nutzung der Cloud-Dienste in den Personal- und Beschaffungsprozessen ermöglicht. Die Beispiele zeigen, dass die Realisierung von Cloud-Lösungen ressort- und Regionen übergreifend möglich ist und dass selbst in besonders sensiblen Bereichen, wie im Personalmanagement, die Nutzung von Cloud-Services kein Tabu sein muss.

Obwohl es für Deutschland Aufholbedarf gibt, ist dennoch über Bund, Länder und Kommunen hinweg eine neue Offenheit gegenüber der Cloud zu verspüren. Die Bundesregierung hat in ihrem Koalitionsvertrag festgelegt, dass eine Cloud der öffentlichen Verwaltung aufgebaut werden soll. Diese soll auf einer Multi-Cloud-Strategie basieren, schließt also Open Source und kommerzielle Cloud-Anbieter ein, bietet offene Schnittstellen und unterliegt strenger Sicherheits- und Transparenzvorgaben. Auch die Bundesländer haben sich 2021 eindeutig positioniert. In einem Positionspapier[50] führen sie aus, dass der öffentliche Sektor selbst rasche Lösungen erwartet.

Datenverfügbarkeit und Datenschutz

Im Grundsatz besteht Einigkeit: Die zuverlässige Verfügbarkeit von Daten und ihre sichere Nutzung sind Grundvoraussetzungen für das Vertrauen in die Cloud. Auch der Koalitionsvertrag bestätigt, dass die Datenverfügbarkeit gegeben sein muss und hier ebenfalls Aufholbedarf für Deutschland besteht. Gerade bei sensiblen personenbezogenen Daten muss ein sinnvoller Ausgleich zwischen dem Interesse an der Datenverfügbarkeit und -nutzung, zum Beispiel für Forschungs- und Entwicklungszwecke im Sinne der Gemeinschaft, und dem berechtigten Anliegen des Datenschutzes im Sinne des Einzelnen sichergestellt sein. Dies wird insbesondere deutlich am Beispiel von Gesundheitsdaten. Einen sinnvollen Ansatz liefert die Pseudonymisierung oder die Anonymisierung von Daten. In der öffentlichen Diskussion müssen sowohl die Risiken einer Re-Identifizierung als auch die greifbaren Chancen, wie Fortschritte in der Medizin, stehen. Denn klar ist: Die Nichtnutzung von Daten in der Versorgung, Forschung und Prävention ist mit hohen medizinischen Risiken für Patientinnen und Patienten in Deutschland verbunden.

Den Datenschutz ernst nehmen und die Freiräume für Fortschritt nutzen ist möglich. Auch hier lohnt der Blick über die Grenzen. Einige EU-Mitgliedstaaten zeigen, dass die strengen Vorgaben der EU-Datenschutzgrundverordnung die Nutzung von Daten für Innovation nicht ausschließen. In Finnland werden Patientendaten zentral in der Cloud gespeichert. Diese Daten können in pseudonymisierter Form von Unternehmen abgerufen und für Forschung und Innovation genutzt werden. Die Akzeptanz in der Bevölkerung ist erstaunlich: Obwohl die Bereitstellung von Daten für den Datenspeicher freiwillig ist, haben sich von 5,5 Millionen Bürgern und Bürgerinnen nur 217 abgemeldet.[51]

Die Verfügbarkeit anonymisierter oder pseudonymisierter Daten erfordert jedoch einen rechtlichen Rahmen. Die US-amerikanische Clinton-Regierung hat 1996 mit dem Health Insurance Privacy and Portability Act (HIPPA) die Anonymisierung von Gesundheitsdaten geregelt.[52] HIPPA legt klar fest, dass ein Datensatz dann als anonym gilt, wenn 18 gesetzlich festgelegte Identifizierungsmerkmale entfernt wurden. Diese Rechtssicherheit brauchen wir dringend auch in Deutschland und Europa.

Datenqualität

Der Staat muss Vorreiter sein, wenn es um Datenqualität geht. Regieren und Verwalten in Echtzeit erfordert Echtzeitdaten. Das gilt ganz besonders in Krisenzeiten: Sich in Echtzeit ein Lagebild zu Corona, den Speicherständen der Gasspeicher oder zur Versorgung der Geflüchteten aus der Ukraine zu verschaffen, sind nur einige Beispiele aus jüngster Zeit. Verlässliche Informationen kommen nur von verlässlichen Daten, sprich, wir müssen hohe und einheitliche Standards ansetzen.

Kriterien wie Maschinenlesbarkeit, standardisierte Metadatensätze und semantische Interoperabilität, also genauer gesagt eine Standardisierung der Beschreibung von Datensätzen, sorgen dafür, dass Daten besser und breiter nutzbar werden. Das gemeinsame Datenportal von Bund und Ländern mit seinen derzeitig 62.000 Datensätzen zeigt, dass wir auf dem richtigen Weg sind.[53]

Datenkompetenz

Mit der Digitalisierung und dem Einzug von datengetriebenen Geschäftsmodellen ändert sich auch die Arbeitswelt. Immer mehr Unternehmen verlangen (und brauchen) Kompetenzen von ihren Beschäftigten, die auf den Umgang mit neuen Technologien und den intelligenten Einsatz von Daten sowie dem verantwortungsvollen Umgang mit ihnen ausgerichtet sind. Es fehlt aber an Fachkräften, die über Kompetenzen im Umgang mit Digitalem und allem, was dazugehört, verfügen: Für das Jahr 2025 werden bereits 126.000 unbesetzte Arbeitsplätze für Datenexperten und -expertinnen vorausgesagt.[54]

Der Weg zu einer digitalisierten Arbeitswelt fängt jedoch nicht mit der Ausbildung oder dem Studium an, sondern sollte bereits in der schulischen Bildung verankert sein. Bislang ist die gezielte Ausbildung von Datenkompetenzen in den Rahmenlehrplänen der Länder nicht systematisch verankert. Daten- und Medienkompetenzen werden vereinzelt, aber nicht über die Bundesländer und Schulformen hinweg konsistent gelehrt. Denn: Um digital arbeiten zu können, muss man auch digital lernen dürfen. Dann steht der digitalen Transformation nichts im Weg und wir können ihre Chancen in vollem Maße nutzen.

Chancen und Perspektiven der digitalen Transformation

Eine bedeutende Chance für unsere verzahnte Wirtschafts- und Industriestruktur in Deutschland liegt in der Schaffung von Unternehmensnetzwerken über Wertschöpfungsstufen hinweg. Geschäftsnetzwerke wie Catena-X, ein erweiterbares Ökosystem der Automobilbranche, machen das deutlich. Hier arbeiten Unternehmen gemeinsam daran, die größten Probleme der Branche anzugehen, wie etwa den CO_2-Fußabdruck entlang der gesamten Wertschöpfungskette zu verfolgen und optimieren.

Das ist nur ein Beispiel, an dem jedoch klar wird, welche Bedeutung Daten und innovative Technologien für die Realisierung haben. Um Unternehmen und ihre Abläufe erfolgreich zu vernetzen, müssen sie »die gleiche Sprache sprechen«. Dies erfordert sichere Datenräume, basierend auf einheitlichen Standards, die einen flüssigen Datenaustausch zwischen den Unternehmen ermöglichen. Catena-X ermöglicht einen solchen unternehmensübergreifenden, sicheren Datenaustausch für alle Mitglieder.

Der Hebel für eine effizientere und nachhaltigere Wirtschaft ist immens, wenn mehrere Branchen weltweit auf diese Weise verbunden sind. Digitale Lösungen allein reichen allerdings nicht aus. Es gilt, ein digitales Mindset in den Köpfen zu verankern, das es uns erlaubt, Arbeitsweisen, Strategien und Geschäftsmodelle zu hinterfragen, zu überdenken und letztlich auch zu ändern.

Als Land der Ingenieure können wir stolz darauf sein, dass Made in Germany eine Top-Herkunftsmarke ist. Wenn wir uns das bewahren wollen, müssen wir den Drang nach Disruption und Innovationen sowie das Bewusstsein für Präzision und Qualität in die digitalisierte Welt übertragen.

Valentina Daiber

Digitale Infrastruktur – Basis für eine zukunftsfähige digitale Gesellschaft

Weltweites Arbeiten von unterwegs, neue Geschäftsmodelle und effizientere, nachhaltige Herstellungsverfahren durch digitale Produktion, smartes Wohnen, autonomes Fahren oder schnelle und einfach zugängliche Verwaltungsdienstleistungen – all diese Versprechen der angestrebten Gigabitgesellschaft benötigen vor allem eines: eine moderne, zeitgemäße digitale Infrastruktur. Sie ist die Basis einer wertschöpfenden Digitalisierung.

Die Gigabitstrategie der Bundesregierung formuliert entsprechend ambitionierte Ziele für die nächsten Jahre: Glasfaseranschlüsse für alle Haushalte und die flächendeckende Versorgung mit dem neuesten Mobilfunkstandard bis 2030 – auch für ländliche Gebiete. Dies erscheint machbar, bedarf aber großer Anstrengungen aller Beteiligten.

Um Deutschlands digitale Infrastruktur zukunftsfest zu machen, müssen Politik und Wirtschaft deshalb gemeinsam zu sinnvollen Rahmenbedingungen und Regulierungsvorgaben finden. Aus Sicht der Telekommunikationsbranche sind dafür besonders folgende Punkte wichtig:

1. Frequenzpolitik an Nutzern ausrichten

In der Vergangenheit hat der Staat bei Frequenzvergaben in der Regel seine fiskalischen Interessen in den Vordergrund gestellt. Durch entsprechendes Auktionsdesign wurden diese teuer und haben hierdurch den Unternehmen wichtige Investitionsmittel entzogen. So haben die Netzbetreiber seit dem Jahr 2000 über 66 Milliarden Euro bei Auktionsverfahren in Deutschland ausgegeben – allein für die Nutzungsrechte an den Frequenzen. Dabei müssen gerade mehr Investitionen in die Netze das Ziel sein – und zwar in alle Frequenzbereiche, die den größten Nutzen für die Verbraucher:innen versprechen.

Das Ziel sollte eine strategische Frequenzpolitik sein, die eine investitionsfördernde Marktumgebung schafft und die Potenziale des dynamischen Netzausbaus hebt, indem zum Beispiel die Förderung des 5G-Ausbaus auf den tatsächlichen Bedarf abgestimmt wird und Nutzungsrechte für auslaufende Frequenzen im Sinne der Planungssicherheit verlängert werden. Dies würde dauerhaft den Betrieb der heute bestehenden Mobilfunknetze in der Fläche gewährleisten. Die Unternehmen der Branche könnten zudem noch mehr Mittel in den Ausbau der digitalen Infrastrukturen investieren – zusätzlich zu den 11,6 Milliarden Euro, die sie laut VATM-Marktstudie allein im Jahr 2022 in Telekommunikationssachanlagen investiert haben. Für eine Verlängerung der auslaufenden Frequenzen spricht auch ein ganz praktischer Grund: Das aktuell vergebene Spektrum im Mobilfunk wird von Millionen Kunden genutzt, die bei einer Umverteilung von möglichen Versorgungseinbrüchen betroffen wären.

Die künftige Vergabe von Frequenzen sollte sich zudem an ihrer erwarteten Nutzung orientieren, speziell in einer zunehmend digitalen Gesellschaft, in der das Smartphone eine große Rolle spielt. So steigen die Zahlen des transportierten Datenvolumens und der Verbindungsminuten im Mobilfunk beständig an, wie die jährlichen VATM-Marktstudien zeigen.

Solche Aspekte sollten auch bei der Bereitstellung von Frequenzrechten berücksichtigt werden, zum Beispiel bei der bald anstehenden Neuvergabe der sogenannten Kulturfrequenzen im UHF-Spektrum. Damit könnte der Mobilfunk künftig flexibler auf veränderte Bedarfe der Bevölkerung reagieren. Dies würde seine Wirkung zwar erst ab 2030 entfalten, doch es sollte nicht heute mit einer vorschnellen Entscheidung die Tür für morgen zugeschlagen werden! Stattdessen sollte sich Deutschland in der internationalen Regulierung für eine Ko-primäre Zuweisung dieser Frequenzen einsetzen, wodurch sie sowohl für die Rundfunk- als auch Mobilfunk-Nutzung ausgewiesen würden.

2. Deutschlandgeschwindigkeit jetzt!

Der Ausbau der digitalen Infrastruktur hat in den letzten Jahren bereits signifikante Fortschritte erzielt. Dennoch muss er weiter vorangetrieben und oberste politische Priorität werden, um jetzige und zukünftige Generationen und die deutsche und europäische Wirtschaft zu befähigen, mit ihren globalen Wettbewerbern Schritt zu halten. Dafür ist es wichtig, die von Bundeskanzler Olaf Scholz angemahnte Deutschland-Geschwindigkeit auf allen Feldern zu etablieren, die für den Netzausbau relevant sind. Es geht hierbei auch um Anpassungsfähigkeit und Tempo als Kernkompetenzen in einer Welt im Wandel.

Eine wichtige Voraussetzung für das Gelingen des anvisierten Breitband- und Mobilfunkausbaus ist die Beschleunigung von Planungs- und Genehmigungsverfahren durch Bund, Länder und Kommunen. Branchenverbände wie Bitkom oder VATM fordern in diesem Zusammenhang zurecht Änderungen an der gemeinsamen Musterbauordnung der Länder. Eine ganz konkrete Maßnahme zur Entlastung der Genehmigungsbehörden im Bereich des Mobilfunkausbaus wäre die Einführung einer Genehmigungsfiktion. Dadurch würde nach Ablauf einer Frist von drei Monaten und bei Vorlage aller erforderlichen Unterlagen eine automatische und widerrufbare Baugenehmigung für neue Mobilfunkmasten erteilt. Da mittlerweile ohnehin nur ein Bruchteil der Mobilfunkstandorte nicht genehmigt wird, könnte dies allen Beteiligten viel Zeit und Aufwand sparen – und den Mobilfunkausbau stark beschleunigen. Hier sind vor allem die Bundesländer als Gesetzgeber gefragt.

3. Für eine echte digitale Industriepolitik in Europa

Wir reden seit einem Jahrzehnt darüber, dass sich Deutschland und Europa im Bereich der Digitalisierung nicht von anderen globalen Akteuren abhängig machen dürfen. Doch faktisch ist seitdem wenig passiert, um die Digitale Souveränität des Kontinents zu stärken. Dazu gehören neben der Finanzierung von Forschung und Entwicklung auch öffentliche Investitionen in Zukunftsbereiche, zum Beispiel Cloud-Technologie oder 6G, sowie die Stärkung europäischer Investoren und Unternehmen. So sollten die politischen und regulatorischen Rahmenbedingungen der Telekommunikationsindustrie Planungssicherheit und Bewegungsspielraum bieten, anstatt durch wenig zielführende Preisregulierungen das Wachstum der Branche zu hemmen. Zudem muss beim Ausbau der digitalen Infrastruktur das sogenannte Investment Gap – also die Lücke zwischen den tatsächlichen und den eigentlich notwendigen Investitionen – geschlossen oder zumindest verkleinert werden. Die EU-Kommission etwa beziffert die Finanzierungslücke in diesem Bereich europaweit auf mindestens 174 Milliarden Euro bis 2030. Einen Beitrag zu dieser gewaltigen Summe könnten z. B. die Over-The-Top-Dienstleister (OTT) wie Google, Meta oder Netflix leisten, die als Haupttreiber des weltweiten Datenverkehrs agieren und von der dahinterstehenden Infrastruktur der Netzbetreiber profitieren. Hier sollte eine europäische Lösung für die Einführung eines Fair Share-Konzeptes gefunden werden.

Europa sollte zudem daran arbeiten, seine Vorreiterrolle im Mobilfunk wieder zu erlangen, so wie es beim GSM-Standard für das volldigitale Mobilfunknetz der Fall gewesen ist. Derzeit gibt es in Europa zwar über hundert Mobilfunkanbieter, doch Europas Bedeutung im Markt der Technologielieferanten für Mobilfunkzugangsnetze ist sukzessive geschrumpft. Deshalb ist es unter anderem notwendig, das Ökosystem europäischer Technik zu stärken, zum Beispiel durch den Open RAN-Ansatz: Mithilfe von offenen Standards und Schnittstellen könnten die Mobilfunk-Komponenten verschiedener Hersteller miteinander kombiniert werden. Der Aufbau einer entsprechenden offenen Netzwerkarchitektur sollte von Politik und Unternehmen gemeinsam vorangetrieben und finanziell gefördert werden.

Die digitale Infrastruktur ist die Grundlage für den Fortschritt unserer Gesellschaft. Deswegen müssen Politik und Wirtschaft gemeinsam alles daransetzen, den Ausbau weiter anzutreiben.

Die Telekommunikationsunternehmen in Deutschland leisten engagiert ihren privatwirtschaftlichen Beitrag, um die digitalen Lebensadern unseres Landes zu erhalten und auszubauen, damit die Vision einer innovativen Gigabitgesellschaft Realität werden kann. Sie sind im Sinne langfristiger Wettbewerbsfähigkeit in einem globalen Umfeld aber auch auf eine konsistente Industriepolitik, einen starken Markt und Planungssicherheit angewiesen. Dazu gehören – wie oben skizziert – eine strategische Frequenzpolitik für den Mobilfunk der Zukunft, die auch von der Politik angestrebte Beschleunigung von Planungs- und Genehmigungsverfahren sowie gemeinsame europäische Lösungen zur Stärkung der Investitionsfähigkeit (z. B. durch OTT Fair Share) und des technischen Ökosystems.

Wenn diese Maßnahmen berücksichtigt werden, sind wir bereits einen guten Schritt weiter, die digitale Infrastruktur in Deutschland und Europa für die Zukunft zu rüsten. Angesichts der notwendigen Transformation von Wirtschaft und Gesellschaft hin zu mehr Klimaschutz und Energieeffizienz ist dies auch dringend geboten, damit sich die positive Wechselwirkung zwischen Digitalisierung und Nachhaltigkeit noch stärker entfalten kann – und wir alle von der Gigabitgesellschaft profitieren können.

Prof. Dr. Sabina Jeschke, Dr. Fabian Dömer und Dr. Kai-Oliver Zander

(Hypo-)Thesen zur Entwicklung von Künstlicher Intelligenz und ihrer Potentiale

Mit ChatGPT ist Künstliche Intelligenz (KI) endgültig im Alltag angekommen. Der aktuelle Hype ist jedoch weniger einem weiteren Durchbruch der FÄHIGKEIT von KI geschuldet – dieser hat längst stattgefunden –, sondern repräsentiert vor allem einen Meilenstein in der SICHTBARKEIT von KI. Vielmehr ist die KI der zentrale Treiber der vierten industriellen Revolution, deren Start man etwa auf 2010 festlegen kann – technische Systeme werden intelligent. Die Konsequenzen sind vielfältig und beschränken sich keineswegs auf punktuelle Einsätze oder einzelne Prozessverbesserungen: Mit dem Einsatz von KI, umfassender Digitalisierung, zusätzlichen Datenquellen und neuen Datenspeicherparadigmen in Data Lakes – hin zu einem »Schema-on-Read« statt eines »Schema-on-Write« – werden Unternehmen zu datengetriebenen, kognitiven Organisationen. Gleichzeitig liefert KI wesentliche Beiträge zur Bewältigung großer gesellschaftlicher Fragestellungen, insbesondere zum Umgang mit dem demographischen Wandel und zur Bewältigung des Klimawandels. In 12 Thesen skizzieren wir die Zukunft in einer KI-getriebenen Welt.

Die jüngsten Entwicklungen der KI

These 1: ChatGPT ist (noch) dumm – wird aber die Welt verändern!

ChatGPT ist derzeit ein reines Sprachmodell. Die Maschine hat kein Kontextwissen, wie es etwa eine Wikipedia abbildet, es kennt keine bestehenden verbindlichen Rahmen wie etwa Gesetzestexte, sie hat keine Vorstellungen von wahr oder falsch und auch nur ein minimales »ethisches framing«. Die sprachlichen Fähigkeiten sind dagegen beeindruckend – die Antworten von ChatGPT sind von denen eines Menschen sprachlich praktisch nicht zu unterscheiden. (Sie fallen eher durch eine hohe Qualität auf, die manche Menschen nicht erreichen.) In Bezug auf den Inhalt kann das System jedoch auch völligen Unsinn fabulieren. Insofern ist ChatGPT in seinem aktuellen

Zustand zwar nicht für kritische Geschäftsanwendungen einsetzbar – insbesondere nicht ohne »Aufsicht« –, aber sehr wohl für interne Standardprozesse und sogar kreative Prozesse in Unternehmen, wenn das Tool mit hinreichender kritischer Distanz genutzt wird. Es gibt aber auch schon andere Tools, die spezialisierter sind und mehr »Wissen« in Form von Regeln etc. enthalten. Damit können sie inhaltlich zuverlässigere Texte produzieren. Hier sei auf das »Vorzeige«-Start-Up Aleph Alpha in Heidelberg verwiesen.

Zudem sind in Kürze Weiterentwicklungen zu erwarten, die über reine Textgeneration weit hinausgehen und unsere Arbeitswelt disruptiv verändern werden. Dazu zählen automatisierte Recherchen, Erstellung von Präsentationsmaterialien verschiedener Formate, die Formulierung von Bewerbungen, Zusammenfassungen, Textübersetzungen (bzw. die Verbesserungen von Übersetzungen, wie sie Google Translate etc. liefern), die Beantwortung von E-Mails, der Einsatz als Webportal-Chatbot bis hin zur automatisierten Code-Generierung für Software – zumindest als Rohentwurf, der von Programmierern überprüft und angepasst werden muss. Dieser letzte Punkt birgt ein enormes Potential insbesondere für Deutschland – ein Land, in dem IT-Fachkräfte händeringend gesucht werden.

These 2: KI ist endgültig im Alltag angekommen!

Die KI ist der zentrale Treiber der vierten industriellen Revolution – technische Systeme werden intelligent. Im Vergleich fällt die Nähe der vierten zur zweiten industriellen Revolution auf, denn in beiden Fällen handelt es sich um »Automatisierungsrevolutionen«: Während jedoch die zweite vor allem physische Arbeit automatisierte und im Schwerpunkt daher produzierende Gewerbe veränderte, automatisiert die vierte kognitive Leistungen. Daraus resultiert eine noch breitere Auswirkung auf alle Lebensbereiche, speziell im Dienstleistungssektor.

Das autonome »Google Car« markierte 2012 einen wichtigen Meilenstein, weil damit KI-basierte Systeme endgültig im öffentlichen Raum angekommen waren. Zwar waren damals etwa fahrerlose Transportsysteme bereits seit Jahrzehnten im Einsatz, bewegten sich aber stets in geschützten, abgesperrten Bereichen von Industrieanlagen. Vergleichbare Entwicklungen haben Industrieroboter genommen, die sich von »gefencten« Bereichen zu »Cobots« weiterentwickelt haben, die ohne zusätzliche Schutzräume unmittelbar mit Menschen Hand in Hand arbeiten. Bei diesen Beispielen handelt es sich um körperbehaftete künstliche Intelligenzen.

Systeme wie etwa Google-Translate oder ChatGPT – aber auch die Google-Suche selbst – fallen in eine zweite Gruppe, nämlich die der körperlosen KI-Systeme, oft auch als intelligente Assistenten bezeichnet. Wegen der verhältnismäßig einfachen Zugänglichkeit dieser Systeme via Internet und der Tatsache, dass regulatorische Maßnahmen hier i. d. R. geringer ausfallen (ein ChatGPT braucht keine TÜV-Zulassung, ein autonomes Auto schon) ist von einer radikalen, schnellen Ausbreitung solcher Assistenten auszugehen.

These 3: Der »Cognitive Shift« – Mit KI zu biologisch-inspirierten Organisationen!

Lewis & Lee lieferten 2015 das Konzept eines sogenannten »cognitive enterprise« – es beschreibt den Transfer eines Unternehmens in ein System, das wie ein intelligenter Organismus funktioniert und sein Vorbild in biologisch-intelligenten Systemen hat: Die digitale und durchsuchbare Speicherung von Informationen und Wissen einerseits und die große Anzahl zusätzlicher Datengeneratoren (etwa durch Sensoren in Gebäuden oder Produktionssystemen, Kameraanlagen, Betriebsdaten von IT-Systemen, Mobilfunkdaten von Mitarbeitern, etc.) andererseits führen zusammen mit externen Daten (z. B. Wetterdaten, Mobilitätsdaten, Energiedaten) dazu, dass eine Organisation sich permanent und in Echtzeit analysieren und auf dieser Basis – manuell oder automatisiert – optimieren kann.

Voraussetzung für einen solchen »cognitive shift« ist ein radikal anderer Zugang zum Datenmanagement: Im Gegensatz zu relationalen Datenbanken, die je nach Einsatzzweck bestimmte, ausgewählte Daten in einer fixen Struktur speichern, speichern Data Lakes »alles«, was an Datenpunkten aus welchen Quellen auch immer zur Verfügung steht, und das im Rohdatenformat – also so naturbelassen wie nur möglich und unabhängig von konkreten Einsatzzwecken, weil diese sich über die Zeit immer wieder verändern und weiterentwickeln können.

Vernetze Data Lakes sind der Gegenentwurf zu den vielen verteilten und unverbundenen Datenbanken, deren Informationen nur schwer zu einem Gesamtbild zusammengefügt werden können. Sie bauen vielmehr den Informations- und Wissensspeicher einer Organisation nach dem Vorbild eines biologischen hoch vernetzten Nervenzentrums – zu einem Organisationsgehirn – auf. Zentral organisierte Data Lakes bilden die Basis für »gemeinsames, geteiltes Wissen« für die Gesamtorganisation und die Basis für ein lernendes System.

Dabei brechen Data Lakes mit der Tradition, Daten für einen bestimmten »purpose« zu erfassen – und erfassen alle Daten, »purpose-less«, um auf alle potentiellen Einsatzzwecke vorbereitet zu sein. Digital-born Unternehmen wie etwa Google funktionieren genau so, und so ist auch zu erklären, warum eine Suchmaschine ohne medizinische Spezialkenntnisse plötzlich führend wurde in der Vorhersage der Grippeausbreitung (Google-Flu 2008).

Es liegt auf der Hand, dass der in Europa immer wieder propagierte Ansatz der »Datensparsamkeit« in direktem Widerspruch zu diesem mächtigen Ansatz steht und dringend kritisch hinterfragt werden muss, bevor sich die Abstände europäischer zu US- oder chinesischen Organisationen in der Prozessführung und -kontrolle weiter vergrößern.

Ausblick auf die weitere Entwicklung von KI

These 4: Deep Learning, 5G, Quantum Computing: Drei Phasen der KI fordern die Unternehmen immer wieder neu!

So revolutionär die Fortschritte der KI derzeit wirken – wir stehen in der Entwicklung noch eher am Anfang des KI-Zeitalters. KI wird durch drei zentrale Phasen und technologische Entwicklungen getrieben:

Die jetzige **Algorithmische Phase** wird vor allem von deep learning/tiefen neuronalen Netzen, aber auch anderen Algorithmen bzw. deren Kombinationen getrieben. ChatGPT ist ein zentraler Meilenstein, ebenso sind hier Entwicklungen der letzten 10 Jahre wie AlphaGo oder GoogleCar zu nennen, Alexa und Siri, Recommender Systems wie etwa bei Amazon, der Einsatz von KI für condition based monitoring/maintenance usw.

In der **konnektivitätsgetriebenen Phase** gelingt durch den Rollout von Mobilfunkprotokollen mit vernachlässigbaren Latenzzeiten – 5G und 6G – in naher Zukunft ein Durchbruch bei »körperbehafteten« autonomen Systemen wie Autos, Drohnen, etc., weil die für die Steuerung des Systems notwendige Rechenleistung nicht mehr onboard erbracht werden muss (und damit in Gewicht, Größe, Energieverbrauch etc. beschränkt ist), sondern in den besten cloud-basierten Rechenzentren durchgeführt werden kann.

In der **Quantum-Computing getriebenen Phase** entfallen die Limitierungen der KI durch unzureichende Rechenleistung. Es ist eine »kontrollierte Explosion« verfügbarer Rechenleistung zu erwarten, und damit vier zentrale Effekte für Optimierung, Simulation und KI-Verfahren: Hochkomplexe Systeme werden erstmals simulierbar, echtzeitfähige Steuerung komplexer

Systeme wird möglich, optimale Lösungen werden gefunden, die Geschwindigkeit bei Produktinnovationen steigt massiv.

These 5: Intelligenz via Trial-and-Error: Die Reinforcement Algorithmen holen auf!

Mehr als 95% der heutigen KI-Anwendungen in Unternehmen basieren auf datengetriebenen KI-Algorithmen, weshalb auch die Frage von Datenverfügbarkeit, deren Kosten, Datenschutzregelungen etc. einen breiten Raum in der Gestaltung von KI-Projekten einnehmen. Es wird vielfach übersehen, dass es einen zweiten mächtigen Zugang zu KI gibt, der komplett ohne »Startdaten« auskommt – trial-and-error-basierte Algorithmen, die die Lösungen explorativ finden, der kompletten Datenproblematik elegant ausweichen und i.d.R. auch flexibler mit Veränderungen umgehen können.

Wir unterscheiden (in der subsymbolischen KI) zwischen datengetriebenen und nicht-datengetriebenen Verfahren:

Die prominentesten Vertreter der **datengetriebenen KI** sind supervised learning und unsupervised learning, die i.w. in der Vergangenheit gut dokumentierte Prozesse analysieren und sie für die Zukunft automatisieren. Limitationen liegen einerseits beim Thema Datenverfügbarkeit inkl. Privacy, andererseits bei der Schwäche solcher Algorithmen bei der Reaktion auf neue Sachverhalte, für die keine Trainingsdaten vorliegen.

Reinforcement Algorithmen erlauben die explorative Durchsuchung des gesamten Lösungsraums von einem beliebigen Startpunkt (wie bei einem »Blinde Kuh«-Spiel). Voraussetzung ist die Fähigkeit, eine Zielfunktion zu definieren, gegen die der Feedbackmechanismus seine Leistungssteigerung permanent messen kann. Im Unterschied zu datengetriebenen Verfahren sind keine Start-Trainingsdaten erforderlich und es werden auch Lösungen für komplett neue Fragestellungen gefunden.

Mit der Entwicklung von Quantum Computing (siehe These 4) verschwindet auch ein vermeintlicher Nachteil der Trial-and-Error-Algorithmen, dass nämlich die Lernphase in komplexen Parameterräumen zu viel Zeit für den praktischen Einsatz dieser Algorithmen in Anspruch nimmt. Perspektivisch erlauben diese Verfahren einen noch mächtigeren Zugang zu KI, weil etliche Beschränkungen datengetriebener Verfahren überwunden werden können.

These 6: Synthetische Daten heben Machine Learning/Subsymbolische KI auf ein neues Level!

Der Wunsch nach privacy und entsprechende regulatorische Vorgaben limitieren den Einsatz datengetriebener KI-Algorithmen erheblich. Die strikten Datenschutzvorgaben in Europa sind immer wieder Gegenstand der Kontroverse. So wurden etwa in Zeiten der Pandemie die Widersprüche zwischen dem Schutz der individuellen Privatsphäre und dem Wunsch nach umfassender Datenerfassung zur Bewertung von Maßnahmen und ihrer Wirksamkeit offensichtlich. Der Bedarf an computergestützter Modellierung und Simulation komplexer Modelle und menschlicher Verhaltensmuster nimmt rasant zu, weil Systeme und insb. Infrastrukturen stärker überlappen – so kann Mobilität heute nicht mehr in »Auto, Bahn, Bus, etc.« aufgeteilt werden, stattdessen sind realistische multimodale Verkehrsmodelle gesucht.

Je nach Einsatzzweck gibt es verschiedene Möglichkeiten der Generierung synthetischer Daten: Im einfachsten Fall entstehen sie durch das Ableiten und »Aufziehen« statistischer Erkenntnisse. »Mixer-methods« kommen zum Einsatz, bei denen die Daten eines bestimmten Datenpools neu gemischt werden, die Population aber in Bezug auf wesentliche statistische Aussagen unverändert bleibt. Auch kreative KI-Verfahren wie Generative Adversarial Networks[55], eine spezielle Form zweier gegeneinander »kämpfender« Neuronaler Netze, werden immer beliebter zur Generierung synthetischer Daten. Schließlich können auch die subsymbolischen Trial-and-Error-Verfahren verwendet werden, um synthetische Daten zu erzeugen: Sie kommen zwar selber ohne Anfangsdaten aus, generieren aber Datenpunkte entlang ihrer explorativen Lösungswege.

Mit synthetischen Daten kann es gelingen, die umfangreichen Erkenntnisse aus dem Einsatz datengetriebener KI-Verfahren für den Wirtschaftsraum Deutschland und Europa zu erschließen, ohne das hierzulande starke Bedürfnis nach privacy in Frage zu stellen.

These 7: Und die symbolische KI ist auch nicht tot, sondern der Steigbügelhalter für einen KLUGEN ChatGPT!

Wir unterscheiden zwei große Strömungen in der KI: die symbolische KI (Good Old-Fashioned AI / GOFAI) und die subsymbolische KI, letztere oft auch vereinfacht als »machine learning« bezeichnet. Während symbolische KI in den 70er und 80er Jahren dominierte, sind die vergangenen rund 20

Jahren und der jetzige Durchbruch der KI sehr stark durch den subsymbolischen Ansatz/Machine Learning geprägt.

In der symbolischen KI standen und stehen Regelwerke und Wissensbasen im Hintergrund, auf deren Basis das System[56] eine vorgegebene Aufgabe[57] mit Hilfe logischer Schlussfolgerungen erfüllen muss. Die regelbasierten Systeme erlauben damit die explizite Einbettung menschlicher Wissens- und Verhaltensregeln in Computerprogrammen. Für Gebiete wie etwa »Legal AI« (Einbettung von KI in juristische Prozesse) stellt die symbolische KI eine wichtige Basis dar, ebenso wie Chatbots und allgemein auf Kommunikationsprozesse (NLP – natural language processing) spezialisierte KI. ChatGPT ist auch deshalb (noch) dumm, weil es seine symbolische Kinderstube verlernt hat!

In den kommenden Monaten ist damit zu rechnen, dass ChatGPT und Konkurrenten ihre Sprachmodelle mit repräsentativen Wissensbasen und regelbasierten Systemen kombinieren und damit die inhaltliche Belastbarkeit der Ergebnisse signifikant erhöhen werden. Entsprechend erweitert sich dann damit die Einsetzbarkeit in den Unternehmen immer weiter und wird massive wirtschaftliche Auswirkungen auf Unternehmen haben.

Ausblick auf die nächsten Anwendungen von KI

These 8: Suchmaschinen werden zu intelligenten, individuellen Assistenten!

Das Internet hat unseren Zugang zu Wissen und Informationen erheblich verändert – und wird daher auch oft mit einem »Buchdruck-2.0« verglichen: Während etwa in den 80er und 90er Jahren Kinder aus finanziell stärkeren Schichten davon ausgehen durften, für das nächste Referat den 24-bändigen Brockhaus aus dem elterlichen Bücherregal verwenden zu können, traf das auf Kinder aus sozial schwächeren Schichten eben nicht zu – eine der vielen Ursachen der »Bildungsschere« zwischen Arbeiter- und Akademikerhaushalten.

Heute stehen Wikipedia und andere Informationsquellen allen offen, die Zugang zum Internet haben – und das werden täglich mehr, insbesondere auch in Schwellen- und Entwicklungsländern. Als ab 2010 MOOC-Plattformen wie Udacity, Coursera und EdX ihren Siegeszug antraten, zeigten Studien, dass ein nicht geringer Anteil der Zugriffe auf die Inhalte durch Lehrer und Schüler aus Schwellenländern erfolgte. Der Zugang zu Wissen und Informationen ist nicht nur einfacher geworden, er ist partizipativer und demokratischer – und gleichzeitig deutlich umfassender, kostengünstiger und tagesaktueller. Gleichzeitig sind die Informations-, Wissens- und Lernsysteme bis heute weitgehend »statisch« in Bezug auf den eigentlichen Content. Mit ChatGPT und seinen Konkurrenten entsteht eine völlig neue Qualität der Informationsversorgung: Hier werden Inhalte mit generativen KI-Verfahren dynamisch und individualisiert generiert. Wenn also die frühere Phase des Internets mehr an einen Frontalunterricht angelehnt ist, bei dem die Flexibilität darin bestand, den Kurs aussuchen zu dürfen – entwickelt sich das Internet nun zu einer »knowledge engine«, die dem Individuum eine Schar erstklassiger Privatlehrer (»Intelligente Agenten«) zur Verfügung stellt, mit individuell generierten Inhalten, Medientypen, Geschwindigkeiten und vielen flexiblen Parametern.

These 9: Erst durch Generative KI – wird Metaverse zum Place to be!

Das alte Vorurteil, dass KI lediglich in der Lage sei, hoch standardisierte Aufgaben zu übernehmen, ist lange widerlegt. Schon vor vielen Jahren hat KI die Schwelle der Kreativität durchbrochen – Künstliche Intelligenzen malen seitdem Bilder, komponieren Musikstücke, träumen (Google DeepDream), formulieren Kurzgeschichten oder Drehbücher – oder gewinnen Brettspiele wie GO (Alpha Go) durch Strategien, die selbst den Großmeistern der Disziplin bis dato völlig fremd waren. Spätestens seit dem breiten Durchbruch sogenannter Generative Adversarial Networks etwa 2017 (kurz GAN, zwei gegnerische Netzwerke, die sich gegenseitig herausfordern und darüber immer intelligenter werden) sind generative KI's kein Science Fiction-Märchen mehr.

»Generative KI meets metaverse«: Die Akzeptanz virtueller Welten hängt maßgeblich mit der Intensität der »Immersion« – dem Grad der wahrgenommenen Realität einer virtuellen Umgebung – zusammen. Systeme der generativen KI, zu denen auch ChatGPT zählt, können virtuelle, authentische, hoch-immersive Welten auf Basis einer Sprachbeschreibung eines beliebigen Autors konstruieren. Wo bisher ein erheblicher Entwicklungsaufwand das zügige Wachstum virtueller, immersiver Räume behindert, sind Unternehmen und Organisationen durch generative KI in der Lage, virtuelle Präsenzen schnell und authentisch zu schaffen.

Generative KIs entwickeln »assoziativ« auf der Basis textueller Quellen ganze Welten ohne Informatikfachwissen oder große Zeitaufwände. Perspektivisch entstehen neue Dialogräume und Interaktionsformate zwischen Mensch und Maschine: Die Maschine wird zum intelligenten Assistenten, der nicht nur einen Starttext in eine virtuelle Umgebung umsetzen kann, sondern durch eine Vielzahl von Interaktionen und Feedbackschleifen mit dem User das Ergebnis immer weiter an dessen Vorstellungen anpassen kann. Es ist davon auszugehen, dass diese neuen Modelle des Storytellings – künstliche und menschliche Intelligenz – vereint massive Auswirkungen auf die Wirtschaft haben werden – nach innen und nach außen!

These 10: KI ist ein zentraler Baustein zur Bewältigung des Facharbeitermangels!

Der Arbeitskräftebedarf wächst immer weiter: Trotz schwieriger Umfeldfaktoren stieg die Zahl der Erwerbstätigen laut Statistischem Bundesamt in Deutschland im Jahr 2022 auf das Rekordniveau von 45,6 Mio., und damit 1,3% über Vorjahr – und nie wurden statistisch mehr Stunden gearbeitet. Gleichzeitig ist eine erhebliche Anzahl von Arbeits- und Ausbildungsplätzen unbesetzt, hinzu kommen nicht erfasste, aber dennoch klar sichtbare Defizite, besonders offensichtlich in Pflege, Schulen, Kitas etc. Damit steht Deutschland vor einem erheblichen Problem, wenn es die Produktivität seines Standorts erhalten will.

Die vierte industrielle Revolution – eine Automatisierungsrevolution – kommt genau zum richtigen Zeitpunkt: Ohne die massive Beschleunigung der Automatisierung in Unternehmen und Behörden hat die deutsche ebenso wie die europäische Wirtschaft aufgrund des demografischen Wandels und des damit verbundenen Arbeitskräftemangels keine Chance, auch nur annähernd die heutige Produktivität zu erhalten.

KI wird hier eine zentrale Bedeutung zukommen: Die Fortsetzung der Produktionsautomatisierung durch leichte, intelligentere und flexiblere Robotik- und Co-Robotiksysteme ist bereits in vollem Gange. Die Automatisierung von Fahrzeugführungsprozessen reduziert den Bedarf an Taxi-, Bus-, und Zug-Chauffeuren. Durch den weiter wachsenden Anteil der älteren Bevölkerung wird der Einsatz von Robotik in der Pflege zur Notwendigkeit. Durch ChatGPT und seine Kollegen werden zunehmend auch Arbeitsplätze und Büropersonal sowie »Wissensarbeiten« automatisiert. Schließlich erzeugen KI-basierte Systeme vielfach einfach auch deutlich bessere Ergebnisse, wie z.B. in der medizinischen Diagnostik längst sichtbar.

These 11: KI ist ein lebenswichtiger Baustein zur Überwindung des Klimawandels!

Der Klimawandel kommt nicht erst – er ist schon da. Umso mehr müssen Innovationsprozesse beschleunigt werden, der Einsatz von KI als Klima-Retter kann in drei maßgeblichen Dimensionen beschrieben werden:
Optimierung des Ressourceneinsatzes für »as green as possible« Prozesse: Ressourceneinsätze sind nach wie vor vielfach händisch und erfahrungsbasiert, wobei absolut nicht garantiert ist, dass die Erfahrungen tatsächlich nahe am Optimum sind. Selbst dort, wo bereits Optimierungssoftware eingesetzt wird, umfassen die Modelle nur wenige Parameter oder aber die Rechenleistung ist so bemessen, dass nicht zwangsweise die optimalen Lösungen gefunden werden, sondern nur »good enough« Lösungen.
Schnellere Entwicklung neuer grüner Technologien: Mithilfe generativer KI können Innovationsprozesse beschleunigt werden, das gilt insbesondere in der Kombination mit Quantum Computing.
Großsimulationen/Weltmodelle: Die Mehrheit bestehender Simulationsumgebungen betrachtet einzelne Aspekte unserer Umgebung weitgehend isoliert. Zudem sind sie i.d.R. »statisch« insofern, als sie auf der Basis der bestehenden Situation kalkulieren, die Weiterentwicklung und/oder Alternativen jedoch nicht berücksichtigen. Auch hier können KI-basierte Großsimulationen in experimentellen, objektiven Verfahren optimale Pfade der Umstellung ermitteln.

These 12: Vertrauenswürdige KI entsteht (erst) durch ihren Einsatz!

Immer wieder wird beim Einsatz von KI die Frage nach ihrer gesellschaftlichen Akzeptanz aufgeworfen. Umfassende Regulierungsanforderungen werden gestellt, proaktive Maßnahmen wie etwa der Europäische AI-Act werden gefordert.
Dabei wird vielfach übersehen, dass neue Technologien historisch gesehen zunächst stets kritisch betrachtet wurden und erst im Laufe ihres Einsatzes und ihrer Erprobung mehr und mehr akzeptiert wurden. Der Wunsch der »Regulation von KI« ist nachvollziehbar, geht aber vielfach zu weit: Erst mit der Verbreitung des Automobils wurden Verkehrsschilder, neue Straßenverkehrsregeln, Führerscheinmodelle, Sicherheitsgurte, Airbags, verpflichtende Fahrerassistenzsysteme und viele weitere Maßnahmen entwickelt, die Autos und Straßenverkehre schrittweise sicherer machten. Der wirkliche Regelungsbedarf einer Technologie wird durch den Einsatz erst sichtbar und

muss parallel zum Ausbau erfolgen, um Industrie und Gesellschaft nicht im sinnvollen Einsatz von KI zu beschränken.

Vor diesem Hintergrund werden Debatten nicht sehr rational geführt. KI-Systeme stehen unter einem ständigen »Bewährungsdruck« und müssen ihre Ergebnisse permanent verifizieren, wo eine vergleichbare durch einen Menschen erbrachte Leistung einfach akzeptiert worden wäre. Dazu kommt, dass die Bewertung der Vertrauenswürdigkeit von KI nicht »absolut« vorgenommen werden darf, sondern immer die Vertrauenswürdigkeit einer menschlichen Entscheidung als Vergleich heranziehen muss. Eine völlige Fehlerfreiheit einer Technologie zu erwarten, ist weder erreichbar noch sinnvoll – es ist vielmehr zu fordern, dass sie deutlich bessere Ergebnisse liefern muss als eine vergleichbare menschliche Aktion!

Nancy Faeser

Die moderne Verwaltung ist digital und bürgernah

Über Bürokratie beklagt man sich in Deutschland gerne. Trotzdem genießt die Verwaltung in unserem Land traditionell den Ruf großer Zuverlässigkeit, auch im internationalen Vergleich. Zahlen der OECD[58] verorten Deutschland, was das Vertrauen in den öffentlichen Dienst angeht, solide im vorderen Feld der Vergleichsstaaten – zehn Prozentpunkte über dem Durchschnitt. Diese Ergebnisse sprechen vor allem für die gute Arbeit der Mitarbeiterinnen und Mitarbeiter.

Die Menschen in unserem Land haben zurecht hohe Erwartungen an ihre Verwaltung und meist wird sie ihnen gerecht. Dennoch müssen wir sie stetig weiterentwickeln, um auf der Höhe der Zeit zu bleiben. Gerade die Corona-Pandemie hat gezeigt, dass es Situationen gibt, in denen die Leistungsfähigkeit unserer Verwaltung an ihre Grenzen stößt – trotz des unermüdlichen Einsatzes ihrer Mitarbeitenden.

Wir blicken weiteren Belastungsproben entgegen, nicht zuletzt in Folge des Klimawandels. Darauf müssen wir uns in Staat und Verwaltung einstellen. Eine wichtige Lehre aus den »Stresstests« der jüngeren Vergangenheit ist: Nur zu reagieren reicht nicht. Wir müssen den Wandel aktiv selbst gestalten. Denn eine funktionierende und effiziente Verwaltung ist nicht nur ein Ausdruck von Bürgernähe, sondern zugleich ein Standortfaktor im internationalen Wettbewerb um Arbeitsplätze und Arbeitskräfte.

Wirtschaft und Gesellschaft erwarten einen starken, kooperativen Partner an ihrer Seite, der Rechtsstaatlichkeit garantiert, Verlässlichkeit ausstrahlt und mit Sachkompetenz glänzt. Dazu brauchen wir einen Staat, »der die Kooperation mit Wirtschaft und Zivilgesellschaft sucht, mehr Transparenz und Teilhabe in seinen Entscheidungen bietet und mit einer unkomplizierten, schnellen und digitalen Verwaltung das Leben der Menschen einfacher macht.« Das hat sich die sozialdemokratisch geführte Regierungskoalition in ihrem Koalitionsvertrag vorgenommen.

Um auf diesem Weg weiter voran zu kommen, muss die staatliche Verwaltung moderner werden. Auch – aber nicht nur – wenn es um den Stand der Digitalisierung geht. Es reicht nicht, allein darauf zu schauen, wie wir bestehende Verwaltungsleistungen schneller digitalisieren können. Vielmehr muss sich unsere Verwaltung kontinuierlich weiterentwickeln: Auf allen Ebenen, gemeinsam mit allen Beteiligten – von der jeweiligen Behördenkultur, über Regeln und Rahmenbedingungen ihrer Arbeit bis hin zu individuellen Arbeitsprozessen und der Frage, wie man sie optimieren kann.

Die Vision, die uns dabei leiten muss, ist eine Verwaltung, die als ständig lernendes, effektives Dienstleistungsnetzwerk funktioniert. Sie orientiert sich an den Bedürfnissen aller, mit denen sie im Austausch steht. Sie denkt voraus, wie sich diese Bedürfnisse in Zukunft entwickeln und antizipiert, welche Konflikte sich dabei ergeben können. Sie handelt als Partnerin, transparent, vorausschauend, wertschätzend – ohne die rechtlichen und wirtschaftlichen Notwendigkeiten aus dem Blick zu verlieren. Sie fördert die Fähigkeiten ihrer Mitarbeitenden und bleibt auch in Krisensituationen handlungsfähig, zuverlässig und ansprechbar.

Damit wir dieses Ziel erreichen, braucht es Folgendes:

Einen einfachen, digitalen Zugang zu Verwaltungsleistungen

Ob ein Führerschein oder Wohngeld beantragt wird, ob ein Unternehmen gegründet oder ein Bauantrag genehmigt werden soll: Digitale Verwaltungsleistungen müssen schnell und ortsunabhängig zugänglich sein – für alle, die sie brauchen. Ohne dass einmal erbrachte Nachweise erneut eingereicht werden müssen. Im Mittelpunkt muss die Perspektive der Nutzenden stehen. Das bedeutet, dass digitale Angebote auch barrierefrei nutzbar sein müssen. Wo immer es möglich ist, soll im Umgang mit der Verwaltung keine Schriftform mehr erforderlich sein. Viele dieser Ansätze greift die Bundesregierung mit der Änderung des Online-Zugangsgesetzes auf. Sie ist ein wichtiger Meilenstein auf dem Weg zu nutzerfreundlichen und vollständig digitalen Verwaltungsverfahren.

Eine neue Verwaltungskultur für eine vielfältige Gesellschaft

Gesellschaft und Wirtschaft brauchen eine Verwaltung, die ihnen als Partnerin gegenübertritt und auf Augenhöhe kommuniziert. Die Menschen wollen, dass ihre Anliegen – online wie offline – ernst genommen, transparent und lösungsorientiert bearbeitet werden. Gerade dann, wenn sie unsicher sind oder besondere Hilfestellungen benötigen. Auch im digitalen Zeitalter muss die Verwaltung persönlich und nahbar bleiben – und zwar für alle, diskriminierungsfrei und niedrigschwellig. Die Digitalisierung macht es dabei leichter, eventuelle Mängel in der Qualität der angebotenen Dienstleistungen zu identifizieren und zu beheben.

Verwaltungen, die mit einer Stimme sprechen und voneinander lernen

Viele Menschen sind unsicher im Umgang mit staatlichen Stellen und ihrem Netz von Kompetenzen, Zuständigkeiten, Aufgaben und Leistungsangeboten. Umso mehr braucht es eine Verwaltung, die über alle Verwaltungsebenen hinweg als Einheit wahrgenommen wird. Die moderne Verwaltung setzt auf interdisziplinäre und kreative Problemlösungen. Wir müssen die Zusammenarbeit zwischen EU, Bund, Ländern und Kommunen ausbauen, und im föderalen System noch klarere Zuständigkeiten schaffen. Innerhalb von Behörden braucht es den Mut, über den Tellerrand zu blicken, Wagenburgmentalitäten und Parallelstrukturen aufzubrechen.

Das geht am besten, indem wir Angebote schaffen, die die Mitarbeitenden für die ressort- und organisationsübergreifende interdisziplinäre Zusammenarbeit begeistern. Innerhalb und zwischen Behörden braucht es mehr Austausch: über gelernte Lektionen, über die optimal vernetzte Nutzung der – datenschutzrechtlich einwandfrei – verfügbaren Daten. Denn davon profitiert nicht nur die Verwaltung selbst, sondern unser Land als Ganzes und alle Menschen, die in ihm leben.

Maximale Ressourceneffizienz

Wir müssen alle Verwaltungsprozesse auf den Prüfstand stellen und sie, wo es möglich ist, automatisieren oder vereinfachen. Das Ziel sind schlanke und digitale Prozesse – gerade da, wo neue Arbeitsabläufe in Gang gebracht werden. Mit klaren Standards im Prozess- und Projektmanagement, mit moderner technischer Infrastruktur und Arbeitsmethoden kann die Verwaltung noch effizienter werden.

Zwar gibt es Leuchtturmprojekte, z.B. die ressortübergreifende Ausbildung von Coaches für Agiles Arbeiten. Doch klar ist, dass auch im öffentlichen Dienst die Möglichkeiten moderner Team-Konzepte noch nicht überall ausgeschöpft sind. Wo es von Vorteil ist, müssen wir sie noch stärker nutzen. Zugleich braucht auch die Verwaltung eine positive Fehlerkultur. Wir müssen ihre Mitarbeiterinnen und Mitarbeiter darin unterstützen, sich beruflich weiterzubilden und sich zielgenau für neue Aufgaben und Arbeitsfelder zu qualifizieren. Mehr Rotation und auch Personalaustausch zwischen verschiedenen Behörden, zwischen Bund und Ländern sowie zwischen Verwaltung und Privatwirtschaft machen den öffentlichen Dienst als Arbeitsstelle insgesamt attraktiver.

In herausfordernden Zeiten aktiv handeln

Wo es gelingt, Verwaltung effizienter zu machen, entstehen Freiräume. Wir brauchen sie, denn in ihnen wachsen Innovation und Kreativität. Der öffentliche Dienst braucht auch weiterhin einsatzfreudige und couragierte Mitarbeitende. Wir müssen sie auf allen Ebenen würdigen und fördern. Als Bundesministerin des Innern und für Heimat, einem Ressort, dessen Geschäftsbereich mehr als 85.000 Menschen umfasst, ist es mein Ziel, auch dabei neue Standards zu setzen.

Unsere Welt, gerade unsere Arbeitswelt, befindet sich in einer Phase grundlegender Transformation. Auch die Verwaltung spürt den Veränderungsdruck. Um den vielfältigen Erwartungen unserer Gesellschaft auch in Zukunft gerecht zu werden, brauchen wir im administrativen Raum Innovationsfreude und Reformbereitschaft. Mehr als alle anderen Faktoren sind die motivierten Mitarbeitenden der öffentlichen Verwaltung selbst der Schlüssel, diese Herausforderung zu meistern. Stoßen wir gemeinsam die Türen zum Wandel auf.

Alexander Schweitzer

Mit digitaler Verwaltung zur Staatsmodernisierung

Feierabend im Homeoffice. Der Blick schweift durch den geöffneten Kühlschrank: Die Milch ist fast leer. Ein kurzer Hinweis an den digitalen Sprachassistenten und eine Packung Milch landet auf dem digitalen Einkaufszettel. Während der Einkauf digital mit dem Smartphone abgerechnet wird, saugt der Staubsaugerroboter noch kurz durch.

Das ist bereits heute der digitale Alltag vieler Menschen. Lästige Aufgaben werden zunehmend von digitalen Helfern übernommen und sämtliche Dienstleistungen sind fast rund um die Uhr schnell und unkompliziert nutzbar. Als Bürgerinnen und Bürger erwarten sie das auch von der öffentlichen Verwaltung. Das gleiche gilt auch für Unternehmerinnen und Unternehmer. Hier muss die öffentliche Verwaltung Schritt halten, um den Erwartungen gerecht zu werden.

Unternehmen stehen durch die Digitalisierung unter einem enormen Druck. Der damit einhergehende Strukturwandel führt auch dazu, dass bisher erfolgreiche Geschäftsmodelle zum Teil obsolet werden. Unternehmen müssen sich anpassen. Die Verwaltung darf dabei kein Hindernis darstellen. Eine digitale Verwaltung stellt einen Standortvorteil für Unternehmen dar.

Digitalisierung des Staates ist mehr als das OZG

Das Gesetz zur Verbesserung des Onlinezugangs zu Verwaltungsleistungen (OZG) hat es versäumt, die grundlegenden Voraussetzungen für ein deutlich verbessertes Serviceangebot zu schaffen.

Aus Rheinland-Pfalz haben wir daher früh geraten, einen anderen Weg zu gehen: Wir brauchen eine starke Fokussierung auf wichtige Verfahren. Dann zeigen wir, dass der Staat Digitalisierung kann.

Den Weg der Priorisierung von digitalen Leistungen müssen wir weitergehen. Im Mittelpunkt muss dabei die Frage stehen, welches Problem wir durch Digitalisierung für Bürgerinnen und Bürger, Unternehmen und auch die Verwaltung selbst lösen wollen. Herausforderungen bei der Umsetzung des neuen Bürgergelds oder des Wohngelds zeigen, dass eine Fokussierung auf zentrale Leistungen wichtig ist. Vor dem Hintergrund der aktuellen Diskussion über die Kindergrundsicherung zeigt sich: Kein zentrales Politikvorhaben darf mehr ohne eine digitale Verwaltungslösung gedacht werden. In einer international vernetzten Welt müssen wir auch die Verwaltung international vernetzen: Die Umsetzung der Single Digital Gateway Verordnung der EU (SGD-VO) sorgt dafür, dass Leistungen europaweit grenzüberschreitend bereitgestellt werden. Nicht nur für die Einbindung in das europaweite Once-Only-Technical-System muss die Registermodernisierung vorangetrieben werden. Grundsätzlich dürfen wir nicht mit dem OZG stehen bleiben. Die Entwicklungszyklen werden immer kürzer. Die Digitalisierung schreitet permanent voran. Entsprechend müssen wir auch innerhalb der Verwaltung Digitalisierung als Daueraufgabe begreifen, an der wir permanent arbeiten. Dafür muss auch die langfristige Finanzierung gesichert sein.

Erwartungen der Unternehmen sowie Bürgerinnen und Bürger

Ein solcher Weg führt staatliche Realität und Erwartungen, die durch Unternehmen sowie Bürgerinnen und Bürger an ihn gestellt werden, wieder zusammen. Sie alle erwarten vom Staat, dass sie Verwaltungsleistungen unkompliziert und unabhängig von Zeit und Ort wahrnehmen können. Allerdings ist die Zufriedenheit der Bürgerinnen und Bürger mit den Online-Angeboten der öffentlichen Verwaltung im Vergleich zur Bewertung der Verwaltungsdienstleistungen insgesamt bisher eher unterdurchschnittlich.[59] Niemand möchte irgendwo im Wartebereich sitzen, um z.B. für die Gründung eines eigenen Gewerbes Informationen zu erhalten und notwenige Anträge zu stellen. Das Prinzip »Digital First« muss zum Maßstab werden – und zwar vom Antrag bis zum Bescheid. Verwaltungsverfahren müssen da, wo es möglich ist, durch intelligenten Datenaustausch vollständig automatisiert ablaufen. Eine Ende-zu-Ende-Digitalisierung ist hierfür notwendig. Ziel der Verwaltungsdigitalisierung sollte es sein, eine nachhaltige und möglichst technologieunabhängige Infrastruktur zu schaffen, um behördeninterne Prozesse, behördenübergreifende Prozesse und Verwaltungsverfahren mit Bürgerinnen, Bürgern und Unternehmen digital bereitstellen zu können. Dies erfordert auch eine enge Zusammenarbeit mit den Kommunen. Denn ein Großteil der Verwaltungsleistungen wird auf kommunaler Ebene erbracht. Grundlegend ist zudem, dass die IT-Sicherheit gewährleistet sein muss – auch wenn es keine absolute Sicherheit geben wird. Damit der digitale Wandel in Deutschland gelingt, müssen wir auch unsere Informationssicherheitsarchitektur resilient aufstellen. Durch die zunehmende Digitalisierung der Verwaltung werden auch die Sicherheitsanforderungen steigen. Die IT-Sicherheit müssen wir bei sämtlichen Fragen mitdenken, beispielsweise bei der Registermodernisierung, der Ende-zu-Ende-Digitalisierung oder der Etablierung einer staatlichen Cloud-Infrastruktur.

Vorteile für die Verwaltung

Auch die Verwaltung selbst profitiert von einer zunehmenden Digitalisierung. Das Ausscheiden der geburtenstarken Jahrgänge aus dem Erwerbsleben wird auch in der öffentlichen Verwaltung Personallücken hinterlassen. Bis 2030 wird ein zusätzlicher Bedarf von 840.000 Vollzeitkräften prognostiziert.[60] Digitale Abläufe innerhalb der Verwaltung können Mitarbeiterinnen und Mitarbeiter unterstützen: Durch eine medienbruchfreie Übermittlung der Antragsdaten in die jeweiligen Fachverfahren kann die Sachbearbeitung das Anliegen fachlich prüfen und die Entscheidung der Behörde dann digital an die antragstellende Person übermitteln.

Das spart letztlich Zeit – auf beiden Seiten. Ein KI-basierter Chatbot könnte – um das Beispiel der Gewerbegründung wieder aufzugreifen – über notwendige Anträge für eine Gewerbeanmeldung informieren und beim Ausfüllen unterstützen.

Im Rahmen des Transformationsprozesses muss die öffentliche Verwaltung einen organisatorischen Wandel vollziehen. Die digitalisierte Zusammenarbeit erfolgt ebenenübergreifend. Damit sind Zuständigkeiten und Hierarchien neu auszurichten und entsprechend in der Organisationskultur zu verankern. Dies erfordert nicht zuletzt auch digitale Kompetenzen der Beschäftigten, die permanent Bestandteil betrieblicher Fortbildung sein müssen.

Hinzu kommt, dass die öffentliche Verwaltung auch als Arbeitgeber attraktiv sein muss. Digitale Prozesse, die das Arbeiten von zu Hause aus ermöglichen, sind dafür eine Voraussetzung. Zukünftige Arbeitnehmerinnen und Arbeitnehmer werden nicht bereit sein, für einen Arbeitgeber tätig zu sein, der allenfalls in Ansätzen digitalisiert ist.

Digitale Verwaltung als Standortvorteil

Im EU-weiten Vergleich mit anderen Mitgliedstaaten hat die deutsche Verwaltung bei der Digitalisierung Nachholbedarf.[61] Diesen aufzuholen ist für Unternehmen wichtig, um im internationalen Wettbewerb bestehen zu können. Für Unternehmen ist eine digitale Verwaltung ein Standortvorteil: Anträge können jederzeit und von überall digital gestellt werden. Schnellere Genehmigungsverfahren können Unternehmen erheblich unterstützen. Aus Perspektive der EU ist Deutschland die größte Volkswirtschaft innerhalb der Union. So ist es auch für die EU als Ganzes entscheidend, dass Deutschland in der digitalen Transformation voranschreitet. Nur so können die Ziele, die sich die EU innerhalb der digitalen Dekade bis 2030 gesetzt hat, erreicht werden.

Tiemo Wölken

Europas digitale Souveränität: Die neue Industriepolitik und die Rolle der Sozialdemokratie

»Digitale Souveränität« ist oft wenig mehr als ein inhaltsleerer Marketing-Slogan. Der Begriff klingt gut, tut niemandem weh und lässt das Publikum instinktiv zustimmend mit dem Kopf nicken. »Mehr digitale Souveränität für Europa!«, das wollen wir alle. Nur wenn es dann daran geht, diese Souveränität praktisch und politisch zu definieren, wird es schnell schwammig. Fest steht: Wir stecken mittendrin in der größten Transformation unserer Wirtschaft und Gesellschaft seit der Industrialisierung. Nicht nur die Digitalisierung, auch die Klimakrise, der demografische Wandel und die neue geopolitische Realität stellen Deutschland und Europa vor enorme Herausforderungen. Für die Sozialdemokratie, die nicht zufällig in den Wirren der Industrialisierung entstanden ist, muss die erfolgreiche Bewältigung dieser Transformation und die gleichzeitige Wahrung des sozialen Zusammenhalts die neue Hauptaufgabe sein.

Jede Diskussion über die digitale Souveränität, wie auch immer wir sie definieren wollen, muss in diesen Kontext eingebettet werden. Dabei ist die Ausgangslage denkbar schlecht: Während in den USA und Asien Tech-Giganten ganz neue Wirtschafts- und Gesellschaftsformen gestalten, haben Europa und Deutschland den Anschluss verloren. Wir sind digitalwirtschaftliches Entwicklungsland.

Wenn wir uns in Zukunft nicht fremden Wirtschaftsmodellen und Wertevorstellungen beugen wollen, müssen wir handeln – und zwar jetzt. Klar ist dabei, dass der Neoliberalismus und der Laissez-Faire-Kapitalismus der letzten Jahrzehnte krachend gescheitert sind. Wo wir Technologieführerschaft hatten, haben wir diese verspielt, verkauft oder sind schlicht »wettbewerbsfähigeren« Konkurrenten aus anderen Teilen der Welt zum Opfer gefallen – wobei Wettbewerbsfähigkeit oft wenig mehr ist als Code für Ausbeutung von Mensch und Natur.

Die gute Nachricht inmitten dieser zugegebenermaßen pechschwarzen Einordnung der Lage: Das Umdenken hat begonnen. Die durchaus sozialdemokratisch geprägte Erkenntnis, dass eine erfolgreiche Transformation unserer Wirtschaft eine Konzertierung staatlicher Initiative und privatwirtschaftlichen Engagements benötigt, setzt sich auf europäischer Ebene durch. Dieser Paradigmenwechsel wirkt sich nicht nur auf die Digitalisierung aus – wir sehen ihn zum Beispiel auch in der europäischen Antwort auf den US Inflation Reduction Act (IRA) – aber die erste Gesetzgebung, die zumindest versucht, diese neue Stoßrichtung aufzugreifen, ist nicht ganz zufälligerweise der EU Chips Act zur Halbleiterförderung.

Denn Halbleiter sind das Fundament, auf dem die neue, digitalisierte Wirtschaft aufgebaut wird. Umso schmerzlicher haben die Lieferengpässe der letzten Jahre schon jetzt gezeigt, wie sehr wir sie brauchen. Hunderte Branchen waren betroffen, von der Gesundheitstechnik über die Automobilbranche bis zu Spielekonsolen. Kaum ein Produkt kommt heute ohne Halbleiter aus. Und wenn die nicht verfügbar sind, stehen die Fließbänder still. Gleichzeitig hat Europa über Jahre hinweg die Trends verpasst und ist in eine globale Abhängigkeit gerutscht. Europa hat nur noch einen Marktanteil von etwa 10% am globalen Halbleitermarkt. Das ist ein tiefes Loch, aus dem wir uns jetzt herausbuddeln müssen.

Damit steht der Halbleitersektor stellvertretend für den Stand der Modernisierung und Digitalisierung der Industrie in Europa: es wurde viel verpasst und wir müssen aufholen. Gleichzeitig zeigt das Beispiel auch auf, dass digitale Souveränität keinesfalls eine Frage ist, die einen einzigen Wirtschaftszweig betrifft, sondern unsere wirtschaftliche Unabhängigkeit insgesamt im Kern berührt. Es gibt keine wirtschaftliche Souveränität ohne digitale Souveränität. Der Chips Act kann dabei zum Wegweiser für die europäische Aufholjagd nach der Zukunft der Industrie werden – oder zum gescheiterten, sündhaft teuren Experiment. Fest steht: Wir brauchen Investitionen, wir brauchen neue Produktionsstandorte und wir brauchen wieder mehr Innovation aus Europa.

Wir dürfen dabei aber nicht in die Falle tappen, dass sich das Problem mit viel Geld alleine lösen lässt. Gerade als Sozialdemokratie müssen wir auf eine smarte, ganzheitliche industriepolitische Agenda pochen. Denn wenig überraschend sind wir nicht die Einzigen, denen die globale Abhängigkeit von Chips (und anderen kritischen Technologien) aus Asien aufgefallen ist. Auch die USA haben ihren Chips Act beschlossen und legen sehr viel Geld auf den Tisch. Mit dem IRA legt man dort nun ein noch ambitionierteres, üppig mit Subventionen bestücktes Paket zur Förderung grüner Technologie vor. Einen Bieterwettbewerb um die Ansiedelung von Produktion mit den USA wird Europa aber nicht gewinnen können.

Deshalb darf es uns nicht nur darum gehen, internationale Großunternehmen mit Subventionen nach Europa zu locken. Stattdessen müssen wir den Fokus darauf legen, ein langfristig erfolgreiches Technologieökosystem in Europa aufzubauen. Dazu bedarf es Maßnahmen wie Planungserleichterungen beim Bau neuer Produktionsstätten, aber auch gezielte Förderung von bestimmten Technologien. Nicht alles Wachstum ist gut und nicht jede Technologie, die heute noch profitabel ist, ist morgen auch noch zukunftsfähig. Deshalb ist es richtig, dass wir politisch wieder stärker Weichen stellen. Dabei dürfen wir uns nicht in scheinheiligen und letztlich populistischen Aufregerdebatten über Verbote verheddern, wie beim Verbrenner-Aus geschehen, sondern müssen uns auf richtungsweisende Entscheidungen und die Herstellung von Planungssicherheit für Unternehmen konzentrieren. Das bedeutet beim Chips Act, dass wir eben nicht nur die Produktion von solchen Chips fördern, die heute kurzfristig gebraucht werden, sondern auch vorausschauend die Entwicklung von Chips der nächsten Generation anregen, genau wie es beim Verbrenner-Aus eben die Richtungsentscheidung für die Elektromobilität bedeutete.

Solche Entscheidungen dürfen dabei, weder beim Chips Act noch anderswo, im luftleeren Raum gefällt werden. Wir müssen Wirtschaft, Gesellschaft und, gerade aus sozialdemokratischer Sicht, die Arbeitnehmenden mitnehmen. Mit Blick auf die beschäftigungspolitische Komponente dürfen wir uns hier durchaus vom IRA inspirieren lassen: Dort wird Förderung nur im Gegenzug für feste Aus- und Weiterbildungsquoten und angemessene Bezahlung gewährt. Ich würde dem hinzufügen, dass Arbeitnehmende und ihre Gewerkschaften auch stets durch Mitspracherecht beim Umstieg auf neue Technologien eingebunden werden sollten. Eine zukunftsweisende Industriepolitik kann so zugleich auch ein Instrument werden, um gute, tarifgebundene Arbeitsplätze zu schaffen und so die immer größer werdende Kluft zwischen arm und reich anzugehen. Die (digitalisierte) Industrie der Zukunft und gute Arbeit dürfen kein Widerspruch sein.

Gerade dieser letzte Aspekt fehlt dabei in den Vorschlägen der Europäischen Kommission, sei es zum Chips Act oder zum Net Zero Industry Act (dem IRA-Pendant der EU) fast völlig. Im Rahmen der eingangs erwähnten, allumfassenden Transformation unserer Wirtschaft und Gesellschaft wird der soziale Zusammenhalt aber nur erfolgreich zu bewahren sein, wenn wir ihre

Auswirkungen auf unsere Arbeitswelt nicht länger ignorieren. Großangelegte industriepolitische Initiativen wie der Chips Act können nicht nur helfen, Europas wirtschaftliche Unabhängigkeit wiederherzustellen, sondern auch ein Hebel sein, um die Lebenssituation vieler Menschen in der Union zu verbessern. Es sollte Kernaufgabe der Sozialdemokratie sein, dieses Potenzial zu nutzen.

5. Zeitenwende – Herausforderungen und Aufgaben einer neuen Handels- und Außenwirtschaftspolitik

Joe Kaeser

Resilienz stärken, Souveränität gestalten, Anpassungsfähigkeit neu denken: Europäische Industrie- und Energiepolitik als Kern einer gemeinsamen Außenwirtschaftspolitik

Zeitenwende ist eine große Aufgabe auf allen Ebenen – auch in der Außenwirtschaftspolitik. Für Deutschland gilt es, noch stärker als bisher global zu denken und europäisch zu handeln. Wir brauchen eine koordinierte, gemeinsame europäische Außenwirtschaftspolitik, um im Konzert mit den Großmächten USA und China mitzuspielen. Kein Land in Europa, auch nicht Deutschland, hat die Bedeutung, die es ermöglichen würde, auf Augenhöhe mit den USA und China am Tisch zu sitzen. Doch dort werden die großen Fragen verhandelt – dort findet Zeitenwende auf globaler Ebene statt. Die EU hätte diese Bedeutung (BIP, basierend auf Kaufkraftparität, Weltanteil EU: 14,6 Prozent; USA: 15,2 Prozent; China: 18,9 Prozent.)[62]. Sie muss sich nur der Aufgabe stellen und sie ausfüllen.

»Decoupling«, also das Entkoppeln der wirtschaftlichen, politischen und Wertesysteme der USA und Chinas, findet faktisch heute schon statt und wird an Intensität zunehmen. Wir Europäer, auch europäische Unternehmen, brauchen dafür eine Strategie. Der Krieg in der Ukraine hat das transatlantische Lager enger zusammengebracht. Aber es wird so nicht für immer halten. Politik ist vornehmlich interessengeleitet – das gilt für Verteidigungs- wie Wirtschaftspolitik gleichermaßen. Der Inflation Reduction Act (IRA) ist ein Weckruf für Europa. Sein Design integriert wesentliche Elemente geostrategischer und geo-ökonomischer Prioritäten. Der Erhalt des Wohlstands Amerikas wird durch ein kluges und integriertes System unterstützt. Der IRA kann zu Kostensenkungen bei neuen Technologien führen und damit dazu beitragen, diesen für den Kampf gegen den Klimawandel extrem wichtigen Technologien auch international zum Durchbruch zu verhelfen. Europa braucht hier eine Antwort. Wenn die Förderattraktivität bei Umwelttechnologien wie Batterien, Wind und Solar durch den IRA um ein Vielfaches höher ist als in der EU, wird es schwer bis unmöglich sein,

diese Technologien und ihre Wertschöpfungsketten hier zu halten oder auszubauen.
Amerika wird auf Europa schauen, aber nicht auf Europa warten. Es ist höchste Zeit zu handeln. Europa braucht einen Plan und eine schnelle Umsetzung. Der jüngst vorgelegte »Net Zero Industry Act« der EU geht in die richtige Richtung. Entscheidende Kriterien für eine gemeinsame europäische Außenwirtschaftspolitik sind: Wir müssen die Resilienz stärken, die Souveränität gestalten und unsere Anpassungsfähigkeit und -bereitschaft dazu neu denken. Kernbestandteil ist und bleibt eine starke und koordinierte europäische Industrie- und Energiepolitik. Sie setzt den Rahmen für die zukünftige Wettbewerbsfähigkeit der europäischen Wirtschaft und damit für den Wohlstand von fast einer halbe Milliarde Menschen. Eine koordinierte Sicherheitspolitik könnte dazu notwendige Interessensausgleiche schaffen.

Für das Gelingen einer europäischen Außenwirtschaftspolitik, die nachhaltig Wohlstand sichert, braucht die EU...

1. ...**eine Industriepolitik, die es Schlüsselindustrien und Zukunftstechnologien ermöglicht, sich hier zu etablieren – um sich dann auf den Weltmärkten durchzusetzen.** Industrielle Digitalisierung, Biotechnologie, nachhaltige Mobilität, Medizintechnik, nachhaltige Energie und Kreislaufwirtschaft sind solche Zukunftsbranchen. In Verbindung mit dem Ausbau von Fähigkeiten bei der Industriellen Digitalisierung haben wir bedeutende Geschäftsopportunitäten, die wir nutzen sollten. Dabei geht es nicht um Dauersubventionen und Verbotspolitik, sondern um die richtigen Rahmenbedingungen, unter denen Zukunftstechnologien zum Durchbruch verholfen werden kann. Um zwei Beispiele aus der Energiewirtschaft heranzuziehen: Bei Wasserstoff und Wind kann die EU Perspektiven schaffen: durch richtige Rahmenbedingungen und zielgerichtete Förderung; durch Pragmatismus statt Bürokratie. Auf anderen Feldern wie etwa der Luft- und Raumfahrt hat Europa es vorgemacht, dass man eine Industrie auf Weltniveau gezielt aufbauen kann. Warum soll das im Bereich Energie- und Mobilitäts-Technologien nicht gelingen?
Nehmen wir allein die Windindustrie: In der Windkraftbranche der EU sind mehr als 300.000 Menschen direkt und indirekt beschäftigt. Sie trägt 37 Milliarden Euro zum BIP der EU bei und generiert jedes Jahr fünf Milliarden Euro an lokalen Steuern. Fünf der zehn weltweit führenden Windturbinenhersteller sind europäische Unternehmen, die zusammen einen

Weltmarktanteil von 42 Prozent haben. Und jede neue Windturbine, die in Europa installiert wird, führt zu einer zusätzlichen Wirtschaftstätigkeit von zehn Millionen Euro. Es muss uns gelingen, dass diese für den Erfolg der globalen Energiewenden und der Energie-Souveränität so kritische Branche in Europa bleibt und wirtschaftlich erfolgreich sein kann.[63]
Auch die Wasserstoffwirtschaft kann ein bedeutender Wirtschaftszweig werden. Hier haben wir gute Voraussetzungen geschaffen durch die Entwicklung vielversprechender Technologien wie von Elektrolyseuren oder durch den Einsatz von grünem Wasserstoff und nachhaltigen, synthetischen Treibstoffen.

2. **...eine koordinierte Beschaffungspolitik für Rohstoffe (auch für Energierohstoffe), zu der auch Rohstoffallianzen und Rohstoffpartnerschaften zählen.** Sie ist auch eine Antwort, wie wir einseitige und riskante Abhängigkeiten verringern. Kernkriterien dafür sind ein enges Monitoring und ständige Analyse der strategisch wichtigen Rohstoffe; die Diversifizierung entlang der gesamten Lieferketten; der Aufbau einer Kreislaufwirtschaft, denn Recycling ist nicht nur eine Frage der Nachhaltigkeit, sondern auch der ökonomischen und politischen Souveränität, weil dadurch die zu importierenden Mengen verringert werden. Und eine Portion Pragmatismus, denn wir sollten uns eingestehen, dass Partnerschaften nicht nur mit Ländern möglich sind, die zu 100 Prozent unsere Wertvorstellungen teilen. Einige dieser Aspekte sind im Critical Raw Materials Act der EU bereits adressiert – hoffen wir, dass dieses Gesetz im Sinne der Rohstoffsicherung Europas wirkt.

3. **...koordiniertes, phobiefreies Vorgehen bei der Energieversorgung, dazu zählt auch Technologieoffenheit.** Auch hier ist Diversifizierung entscheidend. Wichtig sind Vorstöße wie zum Beispiel die in Richtung Katar und Norwegen, der schnelle Bau von LNG-Terminals im Norden Deutschlands, die Nordsee-Partnerschaft »The North Seas Energy Cooperation« (NSEC) zum Ausbau der Windenergie auf hoher See. Einige davon waren gute Notfallhilfen – ein Langfristkonzept sieht aber anders aus und muss dringend gemacht werden. Dazu gehören technologische Kompetenz und barrierefreies politisches Denken und Handeln. Ersteres haben wir bereits. Die Industrie durchläuft durch Elektrifizierung, Digitalisierung und Dekarbonisierung einen tiefgreifenden Wandel. Verlässliche, bezahlbare und weitgehend nachhaltige Energie ist dafür eine Grundvoraussetzung. Ohne diese Voraussetzungen findet die Industrie

der Moderne woanders statt – zum Beispiel in den USA oder China. Wir müssen also achtsam und konsequent vorgehen, denn Energie ist damit auch die Basis für unseren Wohlstand.
4. **...schnellere Entscheidungswege und einfachere Strukturen.** Wir brauchen für Europa einen »Bureaucracy Reduction Act«, wie ich ihn nenne, also ein gemeinsames Verständnis darüber, wie wir Entscheidungswege verkürzen und Bürokratie verringern. Dazu zählt auch mit Blick auf den IRA eine Vereinfachung des Beihilferechts, das heute Investitionen einschränkt. Und eine bessere Koordination der bereits verkündeten Finanzmittel, die im Übrigen in deren Summe das Volumen des IRA um ein Vielfaches übersteigen. Es darf nicht weiter sein, dass wir Jahrzehnte brauchen, um einen Windpark zu genehmigen oder Stromübertragungsleitungen zu bauen. Dabei müsste das bisherige Tempo in der Genehmigung in etwa vervierfacht werden gegenüber der heutigen »Geschwindigkeit«. »Einstimmigkeitskriterien« und noch mehr Beratungsgremien werden dabei nicht helfen.
5. **...eine Industriepolitik, die in der Lage ist, globale Champions zu bauen.** Airbus ist ein gutes Beispiel für globale Industriearchitektur. Die (gescheiterte) Zusammenführung von Alstom und Siemens Mobility ist eines für Kleingeistigkeit und Kurzsichtigkeit: formal richtig und europäisch, doch alles falsch gemacht.

Es ist noch nicht zu spät, auch wenn die Uhr tickt. Einige Aspekte:
Wir müssen die transatlantische Zusammenarbeit auch im Bereich Klimaschutz stärken. Ein EU-US-Klimaklub wäre ein solcher Motor, wenn nämlich beide Wirtschaftsräume gemeinsame Energiestandards setzen, die dann Leitwirkung für den Rest der Welt entfalten. Der U.S.-E.U. Trade and Technology Council (TTC) kann dafür eine wichtige Plattform sein, um gemeinsame Standards festzulegen. Amerika ist hier erheblich pragmatischer, was die Transformation der Energie angeht.
Wir sollten auch Klimaklubs mit anderen Ländern gründen. Für die globale Energiewende sind Klimaabkommen und Klimaklubs mit gemeinsamen CO_2-Reduzierungsstandards notwendig. Die EU liefert durch den Carbon Border Adjustment Mechanism (CBAM) notwendige Anreize, damit andere Länder nachziehen, beziehungsweise schafft »grüne Leitmärkte« in der EU, unter anderem durch grüne Standards für das öffentliche Auftragswesen.

Gleichzeitig sind in (weniger finanzstarken) Drittländern, insbesondere Entwicklungsländern, koordinierte Aktionen notwendig. Wichtige Ansätze hierfür sind die Just Energy Transition Partnerships (JETP) der G7 wie etwa mit Südafrika, Nigeria, Indonesien und Vietnam. **Es muss stärker darum gehen, grüne Standards (am besten aus der EU) in Drittländern zu etablieren.** Das dient auch der Sicherung von Auslandsmärkten. Dabei helfen weder Verbote im eigenen Land noch Bevormundung Anderer. Deutschland hat weniger als zwei Prozent der globalen CO_2 Emissionen. Die Priorität darf nicht die eigene Halbierung mit großen industriepolitischen Risiken sein, sondern die Hilfe für diejenigen, die Hauptverbraucher sind. Das geht NUR durch technische Innovation, gesellschaftliche Innovation, politische Innovation. Länder wie China und die USA, die fast 50 Prozent der globalen CO_2 Emissionen haben, werden sich weder durch inländische Verbote noch sonstige Reglementierungen bei uns überzeugen lassen. Mit ökonomisch darstellbaren nachhaltigen Innovationen und Anwendungen schon. Dazu gehört auch ein zwar konsequenter, aber respektvoller Umgang mit anderen Wirtschaftssystemen, wie zum Beispiel mit China.

Die EU nimmt auch im internationalen Vergleich viel Geld in die Hand. Der BDI hat das in seinem Positionspapier »Europa im Wettbewerb um die Grüne Transformation«[64] im Februar 2023 aufgezählt. Demzufolge stellt die EU – nationale Maßnahmen nicht eingerechnet – über den jetzigen Rechtsrahmen rund 645 Milliarden Euro für die Jahre 2021 bis 2027 für klimabezogene Transformationsaufgaben zur Verfügung. Etwas weniger als 100 Milliarden Euro (über sieben Jahre) fließen demnach in die direkte Förderung privater Investitionen oder Innovation in diesem Bereich. Die Kommission schätzt, dass der IRA umgerechnet rund 330 Milliarden Euro für die Förderung privater Investitionen bereitstellt (bis 2032), während China rund 260 Milliarden Euro und Japan etwa 140 Milliarden Euro an Fördermaßnahmen beschlossen haben.

Es fehlt also nicht an finanziellen Mitteln. Die Lücke ist ein fehlender, integrierter, global ausgerichteter langfristiger Plan. Niemand sagt, dass es für politische Mandatsträger, deren Mandate immer kürzere Halbwertszeiten als die meisten Innovationszyklen der Wirtschaft haben, einfach ist, selbstlos das Richtige zu tun. Es ist jedoch für die Zukunft unserer Gesellschaft, unserer Kinder und Enkel. Deutschland profitierte das vergangene Jahrzehnt – und profitiert immer noch – von der Agenda 2010. Auch wenn der dafür Verantwortliche durch seine Haltung zum russischen Angriffskrieg viel Ansehen verloren hat: Den Segen der Agenda 2010 für Deutschland kann ihm keiner nehmen. Vom »sick man« Europas zur wieder führenden Wirtschaftsnation. Wir brauchen wieder eine »Agenda«, jetzt für 2030 – am besten eine europäische. Wer wird sich trauen? Kanzler Olaf Scholz sagt richtig: Für eine erfolgreiche europäische Industrie- und Energiepolitik brauchen wir eine Europa-Geschwindigkeit. Und die muss deutlich höher sein als das Tempo, das wir bislang an den Tag legen. Ein Anfang – immerhin.

Karl Haeusgen

Neue Geopolitik – Wie reagiert der Maschinen- und Anlagenbau?

Seit Jahren ist die Globalisierung unter Druck. Viele alte Selbstverständlichkeiten in der Handels- und Außenwirtschaftspolitik gelten immer seltener, einige gar nicht mehr. So nehmen auch im Maschinen- und Anlagenbau die weltweiten Handelshemmnisse zu. Eine im Auftrag des VDMA von Prof. Simon Evenett (Universität St. Gallen) mit Zahlen für das Jahr 2022 erstellte Studie zu den Handelshemmnissen im Maschinenbau weltweit belegt, dass rund 80 Prozent aller europäischen Maschinenbauexporte durch Protektionismus behindert werden. Auch in Europa schafft der Brexit neue Handelshürden. Die britische Bevölkerung erfährt gerade schmerzhaft, dass der Austritt eines mittelgroßen europäischen Landes aus dem EU-Binnenmarkt Nachteile für den Wohlstand bringt. Die Welthandelsorganisation WTO befindet sich in einer Dauerkrise. Die 2001 mit großen Erwartungen gestartete Welthandelsrunde ist praktisch tot. Außerdem ist die WTO bei ihrem wichtigsten Instrument handlungsunfähig – dabei hat gerade das Streitschlichtungsverfahren für eine Machtbalance im Welthandelssystem gesorgt, denn auch kleinere Länder konnten über den Streitschlichtungsmechanismus gegenüber den Großmächten ihr Recht durchsetzen.

Konflikt USA versus China und De-Coupling

Auch der geopolitische Konflikt zwischen den USA und China setzt sich weiter fort, fast täglich gibt es neue Eskalationsstufen wie im Januar 2023 das stillschweigende Übereinkommen der USA, der Niederlande und Japans, keine Maschinen zur Herstellung von Halbleitern modernster Bauart mehr nach China zu liefern, wovon auch wichtige deutsche Zulieferer direkt und weitere andere Maschinenbauunternehmen indirekt betroffen sind. Und über allem schwebt die Frage, wer nach den nächsten Wahlen in den USA Präsident sein wird. Ist es etwa wieder Trump oder ein »modernerer Trump«, der die Verbündeten in Europa handelspolitisch unter Druck setzen wird?

Die These im VDMA dazu lautet: Die Welt steuert auf neue bipolare Weltordnung zu. Die EU wird absehbar keine militärische und politische »dritte Kraft« im Sinne Macrons werden und der geopolitische Konflikt USA gegen China verschärft sich. Durch die Abkehr vom Multilateralismus ist das Ende der Freihandelsära eingeläutet, es droht in Zukunft das Recht des Stärkeren auch im Welthandel. Dies wäre kein gutes Szenario für eine offene und exportstarke Industrie wie den Maschinen- und Anlagenbau, aber auch generell für das deutsche Wirtschaftssystem und unseren Wohlstand.

Die schon angesprochene Evenett-Studie zu den Handelshemmnissen im Maschinenbau weltweit hat gezeigt, dass es auch unterhalb der öffentlichen Wahrnehmungsschwelle viele Einschnitte in die Handelsmöglichkeiten gibt. Herausragende Probleme für den Maschinenbau sind dabei, dass Local Content-Vorschriften in vielen Ländern zunehmen, die Förderung von Wettbewerbern – sei es durch Exportförderungsmaßnahmen von anderen Staaten oder Subventionen für lokale Unternehmen – und dass technische Zugangsvoraussetzungen komplizierter werden – alles insbesondere im Hinblick auf China, aber auch weit darüber hinaus.

Besondere Herausforderung für den Mittelstand

Daraus müssen die europäischen Maschinenbauer ihre Konsequenzen ziehen. Wie diese aussehen könnten, wird gerade intensiv in unserer Branche diskutiert. Der Verzicht auf oder der Verlust von einzelnen Märkten ist dabei sehr unwillkommen und eigentlich keine Lösung. Ein möglicher Schlüssel ist der Aufbau von eigenen Produktionsstätten in den großen Zielmärkten zur Umgehung von Handelshemmnissen. Dies wird bereits gemacht, wo es sinnvoll ist (wichtige Kriterien sind dabei Marktgröße, Kundennähe, lokale Kosten, Verfügbarkeit und Versorgungssicherheit mit Personal, Materialien und Vorprodukten). Dies wird allerdings – gerade für mittelständisch geprägte Maschinenbauer – nur in wenigen großen Märkten sinnvoll und machbar sein. Und natürlich birgt dieses Vorgehen immer die Gefahr des Abflusses von Know-how, die Stärkung lokaler Wettbewerber durch Plagiate und eine niedrige Mitarbeiterloyalität. Kurzum: Wir bauen dadurch unsere zukünftigen Wettbewerber selbst auf. Ein weiterer Schlüssel ist, marktspezifische, gegebenenfalls frugale, Produkte herzustellen (z. B. wegen Kundenbedürfnissen und technischen Zugangsvoraussetzungen). Allerdings entsteht hier zusätzlicher Aufwand, um technische Voraussetzungen zu erfüllen.

Maschinenbauer sind in der Regel KMU – das durchschnittliche Mitgliedsunternehmen im VDMA hat unter 200 Mitarbeitende – und damit kaum in der Lage, die vielen verschiedenen Herausforderungen finanziell und personell zu stemmen (z. B. Fachkräftemangel auf allen Ebenen). Große Herausforderungen sind für KMU insbesondere, dass technische Regeln laufend nachgehalten werden und Produkte ggf. für Kundenmärkte angepasst werden müssen. So haben laut Evenett-Studie die Schweiz, Australien, Neuseeland, Großbritannien und vor allem China in den letzten zwei Jahren für über 10 Prozent der aus der EU exportierten Maschinen neue Regeln eingeführt. Außerdem hat sich in einer Reihe von Ländern das Wettbewerbsumfeld durch neue Zölle oder Subventionen für Wettbewerber ständig geändert. Die Evenett-Studie hat gezeigt, dass sich bei den ständig wechselnden Zöllen vor allem Brasilien hervorgetan hat, und dass die USA in den letzten beiden Jahren, also bereits vor dem IRA, bei Subventionen aktiv waren. Und schließlich ist der Aufbau und das Management von weltweiten Produktionsstandorten eine organisatorische und personelle Herausforderung, die die meisten mittelständischen Unternehmen kaum stemmen können.

Zunehmende weltweite Handelshemmnisse sind eine grundsätzliche Gefahr für den Standort Europa und Deutschland, wenn es um die Entscheidung geht, wo die nächsten Investitionen getätigt werden, ob in der EU und damit auf Export setzend, oder direkt in einem Drittmarkt. Eine mögliche Abwanderung führt langfristig zu Verlust von Know-how, Arbeitsplätzen und Steuereinnahmen in der EU und Deutschland. Gerade diese Einnahmen sind aber nötig, um die aktuell großen Herausforderungen wie die Energiewende zu finanzieren.

Politische Stellschrauben

Grundsätzlich müssen natürlich die Unternehmen selbst mit den Herausforderungen durch die neue Geopolitik umgehen. Die Politik kann und sollte hier aber flankieren. Es muss vor allem darum gehen, die Wettbewerbsfähigkeit der deutschen und europäischen Industrie zu stärken. Deutschland und die EU müssen eigene Stärken fördern und bestehende Herausforderungen angehen. Die Bestandsaufnahme zeigt hier für Deutschland, dass wir bei der Digital-Infrastruktur nur im Mittelfeld sind. Gleiches gilt auch für die Höhe der Steuersätze und auch die Flexibilität am Arbeitsmarkt ist ausbaufähig. Wir brauchen innovationsfreundliche Rahmenbedingungen, d.h. den Ausbau steuerlicher Forschungsförderung und den Ausbau der Forschung allgemein. Und das gilt natürlich auch alles für die EU.

Bestehende Exportförderinstrumente dürfen nicht abgebaut werden, eine »Entmutigungsstrategie« und »robuste Handelspolitik«, wie sie die Bundesregierung gegenüber China angekündigt hat, ist der falsche Weg. Es darf keine politischen Eingriffe ins Exportgeschäft oder gar politisch vorgeschriebenes De-Coupling geben. Wir brauchen auch in Zukunft Exportkreditversicherungen ohne politische Einschränkung, inklusive Zulieferungen aus China. Ebenso braucht es keine staatlichen Maßnahmen zur Beschränkung von Investitionen in Drittstaaten (Outbound Investment Screening), denn für die Verhinderung von unerwünschtem Technologietransfer haben wir die Exportkontrolle. Außerdem können die Unternehmen ihre Risiken selbst einschätzen.

Wir brauchen Strategien zur Diversifizierung von Märkten, also eine »Ermutigungsstrategie«. Die Politik kann dabei helfen, weltweit neue Absatzmärkte zu erschließen – insbesondere durch Freihandelsabkommen. Dadurch werden Unternehmensrisiken gestreut und die Resilienz verbessert. Aber das Beispiel China zeigt, dass Diversifizierung leichter gesagt als gemacht ist: Das Export-Marktvolumen von China liegt für den deutschen Maschinenbau 2022 bei rund 10%. Das ist kurz- und mittelfristig nicht zu kompensieren. Den einen Ersatzmarkt gibt es nicht. ASEAN (2%), Indien (2%), Lateinamerika (4%) und Afrika (2%) haben zusammen den Exportanteil wie China. Handelspolitik liegt im Zuständigkeits- und Verantwortungsbereich der EU. Die EU ist hier gefordert, eine offene Handelspolitik ist notwendig. Wir – insbesondere der Mittelstand – brauchen mehr Freihandelsabkommen, denn nur dann ist ein reibungsloser Zugang für Produkte und Investitionen sichergestellt. Bereits abgeschlossene Freihandelsabkommen müssen endlich umgesetzt werden (Beispiele MERCOSUR und Mexiko). Das ist auch als Signal wichtig, denn wer will denn in Zukunft noch mit der EU ein Freihandelsabkommen verhandeln, wenn die Umsetzung dann nicht sichergestellt ist bzw. sich unplanbar lange hinzieht? Die aktuell verhandelten Abkommen müssen also möglichst schnell abgeschlossen werden (Beispiele Australien, Thailand, Malaysia, Indonesien) und die im vergangenen Jahr wieder neu gestarteten Verhandlungen mit Indien müssen schnell zu einem erfolgreichen Ergebnis gebracht werden. Freihandelsabkommen dürfen dabei nicht mit handelsfremden Themen überladen werden. Die Anforderungen müssen an die jeweiligen Verhandlungspartner angepasst werden, es ist ein Unterschied, ob wir mit z. B. Australien oder Indonesien verhandeln. Und schließlich: Die EU muss die Umsetzung der Freihandelsabkommen auch überwachen und durchsetzen. Hier gibt es noch einiges zu tun!

Bernd Lange

Nachhaltige Partnerschaften in der fragmentierten Globalisierung

Die globale Landschaft im Wandel

Heute sind die Bedeutung und Notwendigkeit einer progressiven Handelspolitik deutlicher denn je. Angesichts der geopolitischen Lage und der Nachhaltigkeitsanforderungen ist für die EU eine engagierte und proaktive Handelspolitik zwingend. Denn unsere wirtschaftliche Entwicklung mit guten Arbeitsplätzen in Europa basiert in einem hohen Maß auf Handel, auf Im- und Export. Aus dem schönen Traum, vielleicht der marktliberalen Illusion, dass offener und freier Handel, mit welchem Partner auch immer, zu fairem und nachhaltigem Handel und damit automatisch zu Wohlstandsgewinnen, politischem Wandel und einer sichereren Welt führen würde, sind viele unsanft geweckt worden. Der neoliberale Konsens der Freihandelsära ist dahin. Zweifelsohne ist dabei der Weckruf mit dem Beginn der russischen Aggression gegen die Ukraine lauter geworden, aber die Warnzeichen gab es bereits lange Zeit zuvor.

Handel hat das Potenzial, nachhaltiges Wachstum zu stimulieren, die Lebens- und Arbeitsbedingungen zu verbessern, einen positiven Strukturwandel herbeizuführen und Länder stärker aneinander zu binden – aber doch nur, wenn die Bedingungen richtig gesetzt sind. Und nur, wenn beide Seiten den nötigen Willen dazu zeigen. Diese klare Maxime hat in der Handelspolitik in den letzten Jahrzehnten zu häufig gefehlt. Nur Zölle abzubauen, nichttarifäre Handelshemmnisse zu reduzieren und auf reine Kostenreduzierung zu achten reicht nicht. Wir brauchen in einer globalen Welt klare Bedingungen und Regeln für nachhaltige Partnerschaften mit verlässlichen Partnern, Diversifizierung und Widerstandsfähigkeit, bessere Arbeitnehmerrechte und Nachhaltigkeit. Denn die Globalisierung ist nach wie vor die Realität unserer wirtschaftlichen Entwicklung. Zwar gibt es nicht mehr die sehr starken Wachstumsraten, aber der globale Handel wächst in etwa mit derselben Rate, wie die Weltproduktion. Wir sehen keine Tendenz der

Deglobalisierung, aber durch verschiedene Faktoren, wie die Folgen des russischen Angriffskrieges gegen die Ukraine, die wachsende Ungleichheit, den Mangel an Klimaschutzanstrengungen, die Folgen der Umweltzerstörung, einen verstärkten Protektionismus, mehr verwalteten Handel, geopolitische Interessenpolitik und eine stärkere Systemkonkurrenz zwischen liberalen Demokratien und autokratischen Staaten, gibt es starke Fragmentierungen in der Globalisierung.

Aufbau nachhaltiger Partnerschaften

Die EU ist auf einem guten Weg, ein selbstbewussterer Akteur auf der Weltbühne zu werden. Aber unsere Zukunft kann nicht darin liegen, unsere angestrebte, offene, strategische Autonomie im Sinne von Selbstgenügsamkeit zu interpretieren. Wir brauchen die Welt und die Welt braucht die EU. Eine bipolare Welt ist keine Perspektive. Für mich führt letztlich kein Weg daran vorbei, dass sich die EU weiterhin stark in globale Lieferketten und nachhaltige Partnerschaften einbringen muss – aber dieses Engagement muss einen deutlich anderen Fokus haben als in der Vergangenheit.

Eine erste Frage, die wir uns stellen müssen, ist, ob es für unsere wirtschaftliche Entwicklung gut sein kann, in Europa eine groß angelegte Produktion von Gütern aufzubauen, die bisher importiert wurden. Weniger Effizienz und Kostensteigerung wären die Konsequenz. Schließlich besteht die große Gefahr, dass sich sowohl die EU als auch unsere Handelspartner auf einen Subventionswettlauf einlassen, ohne sich ausreichend abzustimmen und mögliche Synergien zu nutzen und dabei die Zielsetzung einer klimaneutralen Transformation aus den Augen geraten würde. Auch ein Decoupling von einzelnen Märkten wäre der falsche Weg. Also kann es nicht um »Reshoring« oder »Friendshoring« gehen. Die Zukunft sollte vielmehr nach dem Leitgedanken der resilienten Diversifizierung gestaltet werden. In Bereichen, in denen wir von einzelnen Partnern in einzelnen, strategischen Produkten oder Sektoren abhängig sind, müssen Alternativen geschaffen und Lieferketten belastbarer und intelligenter gestaltet werden und eine Verständigung mit verlässlichen Partnern erzielt werden, um unvorhergesehene Lieferengpässe und einseitige Abhängigkeiten zu vermeiden. Wir sollten dies anpacken, anstatt Energie darauf zu verwenden, unabhängiger vom Rest der Welt zu werden.

Nachhaltigkeit in unserer Handelspolitik orientiert auf die Verbesserung der Arbeitsbedingungen in Ländern außerhalb der EU. Dazu gehören u. a. die

Anerkennung und Umsetzung der acht (inzwischen zehn) Kernarbeitsnormen der Internationalen Arbeitsorganisation, die Einhaltung grundlegender Umweltschutzstandards und die Umsetzung des Pariser Klimaabkommens. Dabei müssen nicht nur die zentralen Prinzipien verankert, sondern tatsächlich durchgesetzt werden. Die EU-Kommission hat dazu eine neue Strategie unter deutlicher Beteiligung des EU-Parlaments am 22. Juni 2022 vorgelegt. Hier ist ein grundlegend neuer Ansatz formuliert, der Sanktionen bei Verstößen gegen die Nachhaltigkeitsbestimmungen vorsieht und deutliche Fortschritte bei der Umsetzung, Überwachung und Durchsetzung beinhaltet. Heute muss Handelspolitik dafür sorgen, dass die fundamentalen Arbeitnehmerrechte eingehalten werden und der Lebensstandard in unseren Partnerländern steigt. Auch in den USA gibt es entsprechende Diskussionen, wie die USA zu einer Anhebung der Arbeitsstandards im Ausland beitragen kann, dabei ist das Abkommen zwischen den USA, Mexiko und Kanada (USMCA) sicherlich eine Orientierung. Übrigens positiv am Inflation Reduction Act ist, dass hier vielfach die Subventionen an gute Löhne und an Quoten zur Ausbildung und Qualifizierung geknüpft wurden, hier kann die EU sich durchaus eine Anregung für die eigene Politik finden.

In der gemeinsamen Europäischen Erklärung von Europäischem Parlament, EU-Kommission und EU-Rat zu den digitalen Rechten und Grundsätzen für die digitale Dekade (2023/C 23/01) wird klar auch die globale Dimension betont: »Die EU sollte die Erklärung in ihren Beziehungen zu anderen internationalen Organisationen und zu Drittländern zur Geltung bringen, auch indem diese Rechte und Grundsätze in ihren Handelsbeziehungen zum Ausdruck gebracht werden, damit diese Grundsätze die internationalen Partner zu einem digitalen Wandel führen, bei dem weltweit die Menschen und die universellen Menschenrechte in den Mittelpunkt gestellt werden.« Damit ist klar, dass viele Prinzipien aus der analogen Welt auch in der digitalen zu vereinbaren und durchzusetzen sind. Da ist natürlich zunächst der Schutz der personenbezogenen Daten entsprechend der Datenschutzgrundverordnung. Damit verbunden ist die klare Perspektive der Datenownership, auch für maschinelle erzeugte Daten. Die EU-Regeln des Datenmanagements, wie Data Governance, Data Act, DSA, DMA, KI Act haben hier globale Standards gesetzt, die im globalen Kontext auch zu globalen Vereinbarungen führen sollten. So können ungerechtfertigte Lokalisierungsanforderungen vermieden und ein offener Dataflow im industriellen und Dienstleistungsbereich möglich werden. Denn es steht außer Frage, dass die Digitalisierung der Wirtschaft einen gemeinsamen, sicheren Datenraum benötigt. Die Teilnahme an Datenräumen ist die Grundlage für die Geschäftsprozesse und die Produktion von morgen. Die von Japan, Australien und Singapur geleiteten Verhandlungen zum digitalen Handel im Rahmen der WTO gehen hier in die richtige Richtung und sollten möglichst bald abgeschlossen werden.

Handelspolitik berührt viele Bereiche, die öffentlich stark diskutiert werden. Transparenz ist deshalb absolut geboten, genauso wie die intensive Diskussion mit der Zivilgesellschaft. EU-Verhandlungsvorschläge stehen nun auf der Website, Protokolle von Verhandlungen sind öffentlich, es ist eine ständige zivilgesellschaftliche Beratungsgruppe eingesetzt worden u.v.m.

Mit dem Blick auf diese fragmentierte Globalisierung ist klar, dass es keine Handelspolitik mit der Maßgabe »one fits all« mehr geben kann. Eine moderne Handelspolitik, die die Herausforderungen anpacken kann, politisch wie gesellschaftlich unterstützt wird und unseren Prinzipien auf drei verschiedenen Ebenen entspricht – unilateral, bilateral und multilateral – muss aktiv und eng mit anderen Politikbereichen abgestimmt werden.

Unilateral arbeiten wir auf zwei Wegen: Auf dem Ersten entwickeln wir Instrumente, die die Interessen der EU verteidigen und auf Regelverletzungen reagieren. Zum anderen ergreifen wir Initiativen, um die Lieferketten umzustrukturieren und sie transparenter, nachhaltiger und widerstandsfähiger zu machen. Unsere Erfahrungen in den letzten Jahren zeigen deutlich, dass die bisherigen Maßnahmen nicht ausreichen, um die europäischen Interessen angesichts des Wandels in der Globalisierung zu schützen. In diesem Zusammenhang wurden im Jahr 2022 zwei wichtige, neue Rechtsvorschriften vereinbart. Das internationale Beschaffungsinstrument garantiert nun einen fairen und gegenseitigen Zugang zu den öffentlichen Beschaffungsmärkten in der EU. Das Instrument für ausländische Subventionen sorgt für gleiche Wettbewerbsbedingungen auf dem Binnenmarkt, indem es gegen wettbewerbsverzerrende Subventionen durch ausländische Unternehmen vorgeht. Ein dritter Rechtsakt, das Anti-Coercion Instrument, steht kurz vor der Fertigstellung. Rat und EP haben sich, nach intensiven Verhandlungen, bereits dem Grundsatz nach geeinigt. Das Anti-Coercion Instrument wird die EU in die Lage versetzen, sich gegen Maßnahmen im Bereich Handel und Investitionen zu wehren, mit denen Drittländer eine Änderung der souveränen politischen Entscheidungen in der EU erzwingen wollen. Was diese europäischen Instrumente unterscheidet von Instrumenten anderer Staaten ist, dass unsere Gesetzgebung fest im Rahmen der WTO-Regeln verankert ist und rein defensiven Charakter hat. Dies steht in krassem Gegensatz z. B. zu Abschnitt 301 des US-Handelsgesetzes, der offensive Maßnahmen jenseits der WTO-Regeln zulässt.

Neben den eher defensiveren Instrumenten arbeiten wir intensiv an drei Rechtsvorschriften, um die Lieferketten nachhaltiger und transparenter zu gestalten. Die europäische Richtlinie über die Sorgfaltspflicht von Unternehmen im Bereich der Nachhaltigkeit, die Sorgfaltspflichten für Unternehmen festlegt, ein Verbot der Einfuhr, Ausfuhr und Vermarktung von Produkten, die auf Zwangsarbeit beruhen, und ein Verbot der Einfuhr von Produkten, die zur Abholzung von Wäldern beitragen. Wenn wir unsere Handelspolitik widerstandsfähiger machen und die Achtung der Menschenrechte und der Umwelt in der gesamten Lieferkette stärken, ist dies ein Weg, um die Legitimität unserer Handelspolitik weiter zu stärken und substanzielle Verbesserungen für die Lebenssituation von vielen Menschen, die für den Handel arbeiten, zu erzielen. Zentral bei der Umsetzung dieser Maßnahmen ist, den Dialog und die Zusammenarbeit mit unseren Partnern zu suchen. Es sollen ja nachhaltige Partnerschaften entstehen und nicht der Eindruck eines »regulatorischen Imperialismus«. Es geht um die Verbesserung der Situation vor Ort und hier sollte die EU Unterstützung leisten, damit die Marktzugangsanforderungen auch erfüllt werden können. Dazu bedarf es einer Koordinierung der Maßnahmen mit allen Stakeholdern. Die Kakao-Initiative, zusammen mit Ghana und Côte d'Ivoire, weist in die richtige Richtung. Im Bereich der Gesetzgebung zur Begrenzung der Abholzung der Wälder gibt es Synergien mit dem Mercosur-Handelsabkommen. Generell gilt es, den Zusammenhang mit den bilateralen Handelsverträgen herzustellen. Den EU-Delegationen kommt hier eine neue Rolle des Dialoges und der Koordinierung zu.

In einer Welt, die zunehmend von Unsicherheit geprägt ist, ist es wichtiger denn je, dass die EU überlegt handelt und nachhaltigen Partnerschaften mit verlässlichen Partnern oberste Priorität einräumt. Bilaterale Handelsabkommen können in unsicheren Zeiten für Stabilität sorgen und werden heute zunehmend als Instrument der Annäherung wahrgenommen, das weit über reine Handelsbeziehungen hinausgeht.

Vor einigen Monaten wurden die Verhandlungen über ein modernes, ehrgeiziges Abkommen mit Neuseeland abgeschlossen, das als neuer »Goldstandard« für alle künftigen Abkommen gelten wird. Dieses Abkommen beinhaltet die neuen Nachhaltigkeitsgrundsätze der EU-Handelspolitik. Das

neue Abkommen mit Neuseeland liegt jetzt im Rat und dürfte bald dem Europäischen Parlament vorgelegt werden. Meiner Meinung nach ist dieses Abkommen, nicht nur wegen seines Inhalts, sondern auch wegen der Schnelligkeit, mit der es behandelt wurde, um zur Ratifizierung zu gelangen, ein »Goldstandard«. Das gleiche Tempo brauchen wir auch bei den anderen Abkommen. Das gut fortgeschrittene Abkommen mit Chile sollte ebenfalls schnell zum Abschluss gebracht werden. Chile kann ein wichtiger Partner werden, insbesondere als Handelspartner von Rohstoffen für die Transformation, wie Lithium, und auch für grünen Wasserstoff. Beides ist für die Verwirklichung unserer Green-Deal-Ziele unverzichtbar. Allerdings ist hier völlig klar, dass unserer Zusammenarbeit in nachhaltigen Partnerschaften mit verlässlichen Partnern auch für deren wirtschaftliche Entwicklung Priorität einzuräumen ist. Es muss um die Wertschöpfung in unseren Partnerländern gehen. So ist in dem Abkommen mit Chile vereinbart, dass Investitionen an lokale Beschäftigung geknüpft werden. Zudem ist ein »dual pricing« für Lithium vereinbart, so dass die inländische Verarbeitung günstiger ist. Allerdings ist auch zu sehen, dass heute ein Großteil der Verarbeitung von Lithium nicht in den Ländern der Gewinnung liegt, sondern in einigen wenigen verarbeitenden Ländern. Wenn es gelingt, mehr Verarbeitungsstufen dort zu entwickeln, wo die Rohstoffe gewonnen werden, dann wird damit nicht nur dort Beschäftigung und Entwicklung geschaffen, sondern zugleich dafür gesorgt, dass es künftig mehr als nur einen oder zwei Lieferanten gibt. Ähnlich verhält es sich bei den Verhandlungen mit Australien: Hier geht es neben der Verständigung über die Intensivierung der klassischen Handelsbeziehungen auch um grünen Wasserstoff und wichtige Rohstoffe für die Transformation. Es besteht weiterhin die Hoffnung, dass die Verhandlungen bis Mitte 2023 abgeschlossen werden können.
Angesichts der globalen Situation und des Wettbewerbs mit China ist es auch für die EU von entscheidender Bedeutung, die Beziehungen zu den weniger entwickelten Ländern auf eine neue Grundlage zu stellen. Derzeit mangelt es an konkreter Unterstützung, an europäischen Investitionen und an fairen und ausgewogenen Beziehungen zu den Ländern des afrikanischen Kontinents. Intensiv sprechen wir über ein Abkommen mit Kenia, das zum einen die Handels- und Investitionsbedingungen stärkt und zum anderen eine starke Nachhaltigkeitsdimension beinhaltet. Die neu konzipierte Global-Gateway-Initiative hat das Potenzial, eine Neuorientierung einzuleiten. Gemeinsame, partnerschaftliche Projekte, Investitionsförderung, Diversi-

fizierung, zusätzliche Wertschöpfung und die Verbesserung der Einnahmemöglichkeiten stehen dabei im Mittelpunkt. Die EU muss sich stärker engagieren und sollte die afrikanische kontinentale Freihandelszone (AfCFTA) mit ihren Bemühungen unterstützen.

Die Beibehaltung der WTO als Fundament des globalen Handelssystems hat weiterhin oberste Priorität. Angesichts des instabilen Umfeldes ist es wichtiger denn je, dass die EU ihr Engagement innerhalb der WTO fortsetzt und auf multilaterale Lösungen für drängende Probleme hinarbeitet. Wir haben ein gemeinsames Interesse mit vielen Ländern in Afrika, Asien und Lateinamerika an der Aufrechterhaltung einer regelbasierten, multilateralen Ordnung und der globalen Zusammenarbeit. Wir müssen unseren Handelspartnern zeigen, dass die Arbeit im Rahmen der WTO immer noch unsere bevorzugte Option ist, da sie Stabilität und Vorhersehbarkeit für das globale System schafft. Das Engagement der EU und gleichgesinnter Partner machte die letzte WTO-Ministerkonferenz zu einem Erfolg. Glücklicherweise ist die Debatte über die Reform der WTO jetzt wieder etwas in Bewegung gekommen. Auf der Seite der Regelsetzung brauchen wir mehr Vereinbarungen, um nachhaltige Entwicklung und die Umsetzung des Pariser Klimaabkommens zu unterstützen. Ebenso muss die Reform des Streitbeilegungsmechanismus in Angriff genommen werden. Hier sind vor allem die USA gefragt, die das Berufungsgremium durch die Blockade der Ernennung neuer Mitglieder lähmen. Dabei sollten Vorbedingungen die Diskussion nicht verhindern. Wenn die USA beispielsweise der Ansicht sind, dass die Reform den Herausforderungen, die sich aus der Mitgliedschaft Chinas und seiner wirtschaftlichen Entwicklung ergeben, besonders Rechnung tragen muss, sollte dies auf dem Verhandlungstisch liegen und nicht den Beginn der Verhandlungen blockieren. Es ist auch wichtig, die Entwicklungsperspektive nicht aus den Augen zu verlieren. Der Kampf gegen die Armut muss weitergehen und die Stabilisierung der Rohstoffpreise muss vorangetrieben werden. Für die EU ist es besonders wichtig, nicht den Eindruck zu erwecken, dass die Interessen der weniger entwickelten Länder, insbesondere in Afrika, hier nicht berücksichtigt werden. Vielmehr müssen in der mittlerweile fast 28 Jahre alten Institution jetzt erhebliche Reformen durchgeführt werden, um die WTO fit zu machen für die wichtigen Probleme dieser Welt. Die Erwartungen an die kommende Ministerkonferenz sind enorm. Alle Akteure müssen politisches Kapital aufwenden, um die Reform zu verwirklichen. MC13 rückt immer näher und ich habe das Gefühl, dass wir noch viel Arbeit vor uns haben.

Wir müssen erkennen, dass nicht jeder die Welt durch eine europäische Linse sieht und dafür müssen wir offen sein. Die EU verliert in den Augen unserer Handelspartner in Lateinamerika und Afrika an Bedeutung. In dieser Hinsicht sollten wir nicht mit dem Finger auf andere Länder zeigen, vor allem nicht auf Afrika, und denken, dass wir immer die moralische Oberhand haben. Wir brauchen einen echten Dialog mit unseren Handelspartnern, auch über unsere unilateralen Instrumente, wie zum Beispiel CBAM. Wir müssen uns die Bedenken wirklich anhören, nicht nur, weil wir viele dieser Länder für den Handel brauchen, sondern auch, weil wir in vielen dieser Fragen eine multilaterale Koalition anstreben. Gerade in der Frage der CO_2-Reduktion sollten wir eine globale Verständigung über Ziele und Instrumente erzielen, um ein nutzloses und unfaires Subventionswettrennen zu vermeiden. Insofern sollte über ein Konsultationsgremium für diese Fragen nachgedacht werden.

Schlussbemerkung

Der Handel muss zu einer gerechteren und nachhaltigeren Wirtschaft beitragen, in deren Mittelpunkt die Menschen und ein nachhaltiger Wohlstand stehen. Handel muss sich in wirtschaftlichen Chancen für Männer und Frauen, in der Stärkung der Arbeitnehmerrechte und in der Verringerung von Armut und Ungleichheit niederschlagen. Eine Handelspolitik der nachhaltigen Partnerschaft, basierend auf der Identifizierung gemeinsamer Interessen und Möglichkeiten sowie Nutzung der jeweils angemessenen Instrumente, ist von zentraler Bedeutung für unsere wirtschaftliche Entwicklung, aber auch für die Stabilisierung globaler Beziehungen. Handelspolitik ist die eine Seite der Medaille der »Transformation in eine klimaneutrale Wirtschaft«. Die andere Seite sind unsere eigenen Anstrengungen in der EU, die Transformation sozial gerecht zu gestalten. Indem wir die Verknüpfung der EU, des Binnenmarktes mit Partnern außerhalb der EU schaffen, legen wir die Fahrbahn für Möglichkeiten auch hier bei uns. Güteraustausch, Dienstleitungen, Rohstoffproduktion im größeren Rahmen bringen Skaleneffekte für notwendige Elemente der Transformation, senken Kosten hierfür und stärken die Verbreitung. Wenn in der fragmentierten Globalisierung wettbewerbsverzerrend und nicht fair agiert wird, müssen wir die Transformation zielgerichtet fördern. Der von der EU-Kommission vorlegte Industrieplan geht in die richtige Richtung. Denn es ist klar, dass wir uns nicht einlassen auf einen Wettlauf der Subventionen unter protektionistischen und unfairen Praktiken. Wir sollten nicht versuchen, den Herausforderungen rein defensiv zu begegnen, mit Decoupling, Reshoring, gar Friendshoring, mit Investitionskontrolle nach innen und außen und einer protektionistischen Industriepolitik. Nein, offensiv sollten wir unsere Infrastruktur erneuern, gezielt Technologien fördern, unsere Außenbeziehungen diversifizieren und bilaterale faire Handelsabkommen mit verlässlichen Partnern schließen, nachhaltige Partnerschaften, auch gerade im Bereich der Rohstoffe, gründen und globale Regeln vereinbaren. Alles das kann gelingen, wenn wir deutlich schneller in unseren Entscheidungen und in unserem Handeln werden.

Dr. Stormy-Annika Mildner und Dr. Claudia Schmucker

Mit Sicherheit Handel: Aspekte einer modernen Handelsagenda

1. Einleitung: Russlands Krieg und seine Auswirkungen

Am 27. Februar 2022, kurz nach dem Beginn des russischen Angriffskriegs auf die Ukraine, verkündete Bundeskanzler Olaf Scholz eine Zeitenwende in der deutschen Außen-, Wirtschafts-, Energie- und Verteidigungspolitik. Die Zeitenwende ist seitdem zum bestimmenden Paradigma der deutschen Politik geworden. Durch die Diversifizierung der Wirtschaftsbeziehungen, die Sicherung der Energieressourcen und die Stärkung der Verteidigungskapazitäten will Scholz Deutschland stärken.

Die Bundesregierung reagiert damit auf ein sich wandelndes geopolitisches Umfeld. Auf dem europäischen Kontinent tobt nicht nur der schwerste Krieg seit dem Ende des Zweiten Weltkriegs, auch die Rivalität zwischen westlichen Demokratien und autokratischen Regimen, allen voran China, verschärft sich. Engpässe für wichtige Rohstoffe, Inputs für die Industrieproduktion Deutschlands sowie die medizinische Versorgung während der Covid-19-Pandemie machten erstmals Schwachstellen in den Lieferkettenbeziehungen und Produktionsnetzwerken Deutschlands deutlich. Es sind jedoch gerade die Lieferkettenunterbrechungen in Folge von Russlands Krieg gegen die Ukraine und die hohe Energieabhängigkeit Deutschlands von Russland, die zu einem neuen Bewusstsein für Abhängigkeiten und Verwundbarkeiten geführt haben. Der sich verschärfende geopolitische Wettstreit zwischen China und den USA, Chinas Machtbestrebungen nach außen sowie die autoritären Trends, wachsende politische Repressalien und Menschenrechtsverletzungen im Inneren stellen das in der deutschen Außenwirtschaftspolitik tiefverankerte Mantra »Wandel durch Handel« immer mehr in Frage.

Sowohl die Bundesregierung als auch die deutsche Wirtschaft stehen vor schwierigen Fragen: Wie können Verwundbarkeiten abgebaut werden, ohne auf die immensen Vorteile internationaler Handelsverflechtungen zu verzichten. Wo liegt die richtige Balance zwischen Integration in die Weltmärkte und Förderung heimischer Produktion – Stichwort »Reshoring«? Wie stark sollte der Staat in die Märkte eingreifen? Mit wem und wie sollten engere Handelsbeziehungen aufgebaut werden – Stichwort »Friendshoring«? Für Deutschland sind diese Fragen zukunftsweisend – denn das Land ist eine Handelsnation. Im Jahr 2021 lag die Außenhandelsquote für Waren und Dienstleistungen bei 88,7 Prozent.[65] Deutschland ist eine der größten Volkswirtschaften der Welt und ein wichtiger Akteur im internationalen Handel. Nach vorläufigen Zahlen des Statistischen Bundesamtes für 2022 exportierte Deutschland Waren im Wert von rund 1,6 Billionen Euro und importierte Waren im Wert von ca. 1,5 Billionen Euro und verzeichnete damit einen deutlichen Anstieg gegenüber 2020 und 2021.[66] Im Jahr 2021 (für 2022 liegen noch keine Zahlen vor) war Deutschland der weltweit drittgrößte Warenexporteur (hinter China, USA) und -importeur (hinter USA, China). Der Anteil Deutschlands am Welthandel (Warenexporte und -importe) betrug 6,8 Prozent (2020: 7,2 Prozent). Die wichtigsten Handelspartner Deutschlands im Warenhandel sind die Mitglieder der Europäischen Union (EU) (2021, Exporte: 53,1 %; Importe: 51,9 %). Der wichtigste Absatzmarkt im Warenhandel waren mit 8,9 Prozent die USA (gefolgt von China); mit 11,8 Prozent war China das wichtigste Herkunftsland für deutsche Importe.[67] Deutschland ist wie kaum ein anderes Land in die Weltwirtschaft integriert. So lag der Importanteil der Exporte (Waren und Dienstleistungen) 2019 bei rund 41 Prozent. Handel spielt auch eine wichtige Rolle für das Wirtschaftswachstum und die Schaffung von Arbeitsplätzen in Deutschland. Die Exportabhängigkeitsquote lag 2019 laut statistischem Bundesamt (Anteil der Erwerbstätigen, die im Inland für den Export tätig sind, an der Gesamtzahl aller Erwerbstätigen im gesamtwirtschaftlichen Durchschnitt) bei rund 25 Prozent.[68]

2. Herausforderungen im internationalen Handel

Auf welche Trends im internationalen Handel müssen Deutschland und die EU reagieren?

1. *Unsicherheiten im Handel und Lieferkettenunterbrechungen*: Nach einem starken Rückgang des Welthandels im Verlauf der Covid-19 Pandemie erholte sich der Handel 2021 deutlich. Laut Welthandelsorganisation (WTO) legte das Volumen des Warenhandels 2021 um 9,7 Prozent zu. Infolge zahlreicher Schocks, insbesondere Russlands Angriffskrieg auf die Ukraine, verlor der Welthandel 2022 erneut an Schwung. Für 2022 wird mit einem Wachstum von 3,5 Prozent, für 2023 mit 1 Prozent gerechnet.[69] Nicht nur Russlands

Krieg gegen die Ukraine schafft erhebliche Unsicherheiten im Handel. Hinzu kommen hohe Energiepreise in Europa, die private Haushalte belasten und die Produktionskosten erhöhen. Auch Zinserhöhungen in den USA und der EU werden Investitionen und Konsum beeinträchtigen. Steigende Importkosten für Brennstoffe, Lebensmittel und Düngemittel führen zu Ernährungsunsicherheit und Schuldenproblemen in den Entwicklungsländern. Auch dies dämpft den globalen Handel.

Nach den erheblichen Lieferkettenunterbrechungen 2020 bis 2022 dürften sich die Lieferketten und Produktionsnetzwerke 2023 stabilisieren – hohe Risiken bleiben allerdings bestehen.[70] Russlands Angriffskrieg auf die Ukraine und steigende geopolitische Spannungen – allen voran zwischen den USA und China – stellen weiterhin das größte Risiko dar. China hat nach wie vor mit COVID-19 und Produktionsstörungen sowie der Wiederöffnung seiner Wirtschaft zu kämpfen, gepaart mit einer schwachen Auslandsnachfrage. Das Bestreben von Regierungen und Unternehmen weltweit, Verwundbarkeiten im Handel abzubauen, wird zu Restrukturierungen von Produktions- und Lieferbeziehungen führen. Hinzu kommt das Risiko von Lieferunterbrechungen in Folge von Naturkatastrophen und extremen Wetterphänomenen, die an Frequenz und Intensität gewinnen. Schließlich stellen auch Cyberattacken ein Risiko für den Handel dar.

2. *Versicherheitlichung von Handelsbeziehungen*: Handelsbeziehungen werden immer mehr mit einer sicherheitspolitischen Brille bewertet. Abhängigkeiten im Handel werden zudem zunehmend als Druckmittel für politische Ziele instrumentalisiert werden. Russlands Krieg gegen die Ukraine hat zudem in der EU und den USA und vielen ihrer Partnerländer zu einem neuen Bewusstsein über das Zusammenspiel von Handel und Technologie sowie über das Risiko geführt, das entsteht, wenn Technologie in die Hände von Autokratien mit aggressiven Ambitionen gerät. Entsprechend werden Exportkontrollen und die Prüfungen ausländischer Investitionen verschärft werden. Gleichzeitig werden multilaterale Exportkontrollregime (u.a. Wassenaar-Abkommen) aufgrund geopolitischer Konflikte zwischen ihren Mitgliedern geschwächt werden. Tendenzen zu »Nearshoring« und »Friendshoring« werden weiter zunehmen, um die Produktion aus risikoreicheren Umgebungen in »freundlichere« Regionen zu verlagern und so die Risiken durch geopolitische Instabilität zu verringern.

3. *Staatliche Interventionen*: Überall auf der Welt erlassen Regierungen neue Vorschriften und legen neue Finanzierungsprogramme (Subventionen) auf,

um die heimische Produktion strategischer Produkte zu stärken, die wichtig für den grünen und digitalen Wandel sind. Die Rolle des Staates in der Wirtschaft nimmt zu, und die Industriepolitik gewinnt eine neue geopolitische und geoökonomische Bedeutung. Sowohl in den USA als auch der EU werden massive nationale Förderprogramme aufgelegt, teils mit diskriminierenden Elementen. Ohne eine engere Abstimmung zwischen den Handelspartnern droht ein Subventionswettbewerb, der erhebliche Handelsverzerrungen nach sich ziehen könnte. Erste Schritte wurden mit dem »Clean Energy Incentives Dialogue« getan, aber die Gefahr bleibt weiter bestehen.

4. *Gesellschaftliche Anpassungsprozesse und wachsende Konsumentenerwartungen*: Viele Gesellschaften stehen vor enormen Anpassungsprozessen. Die Digitalisierung und der technologische Fortschritt ziehen enorme Transformationsprozesse in Wirtschaft und Gesellschaft nach sich. Der rasante digitale Wandel bietet viele Chancen, aber auch das Risiko sozialer und gesellschaftlicher Verwerfungen. Arbeitsplätze werden verloren gehen, neue Jobprofile werden entstehen; Bildungs- und Ausbildungsprogramme müssen angepasst werden; es sind enorme Investitionen in die harte und so genannte »weiche« (immaterielle) Infrastruktur notwendig. Zusammen mit den geopolitischen Spannungen wird dies zu einer größeren Unsicherheit in vielen Gesellschaften führen. Der Blick dürfte stärker nach innen gerichtet werden, gekoppelt mit stärkeren protektionistischen Impulsen.

Gleichzeitig steigt in vielen Gesellschaften das Bewusstsein für den Klimawandel, den fortschreitenden Verlust an Biodiversität sowie die Verbindung von Nachhaltigkeit und Handel. Konsumenten fordern immer mehr Sorgfaltspflicht von Unternehmen in ihren Wertschöpfungsketten ein. Die Politik und Unternehmen werden darauf reagieren müssen. In Deutschland trat das Lieferkettensorgfaltspflichtengesetz, kurz Lieferkettengesetz, am 1. Januar 2023 in Kraft. Zurzeit wird über ein EU-weites Lieferkettengesetz diskutiert.

5. *Zunahme bilateraler Abkommen und WTO unter Beschuss*: Über Jahrzehnte unterstützte die WTO einen offenen und regelbasierten Handel. Heute steht die multilaterale Handelsorganisation jedoch unter starkem Druck. Seit Jahrzehnten haben sich die WTO-Mitglieder – mit Ausnahme des Übereinkommens über Handelserleichterungen und einiger anderer Abkommen – nicht auf ehrgeizige multilaterale Handelsabkommen einigen können. Infolgedessen spiegeln die Regeln der multilateralen Handelsorganisation nicht mehr die Realitäten des Handels im 21. Jahrhundert wider. Auf der letzten

Ministerkonferenz (MC12) wurden in wichtigen Bereichen Erfolge erzielt. Beim Streitbeilegungsverfahren gab es hingegen bislang keine Fortschritte. Seit 2019 ist die zweite Instanz der Streitbeilegung, das Berufungsgremium, blockiert. Ein Durchbruch und ernsthafte Reformen sind nicht in Sicht. Gleichzeitig wird die Zahl bilateraler Abkommen weiter zunehmen. Viele davon werden nicht den klassischen Freihandelsabkommen entsprechen, sondern lockerere Vereinbarungen ohne völkerrechtlich bindenden Charakter in ausgewählten Themenbereichen sein, wie beispielsweise der Trade und Technology Council zwischen den USA und der EU. Auch dies wird sich auf Handelsbeziehungen und -ströme auswirken.

3. Elemente einer modernen deutschen und europäischen Handelspolitik

Was sind die Elemente einer modernen Handelspolitik?

3.1 Förderung des Exports und Risikominderung

Die Exportorientierung der deutschen Wirtschaft wird von der Bundesregierung aktiv unterstützt. So gibt es zahlreiche Maßnahmen, um den Export zu fördern, wie zum Beispiel die Finanzierung von Exportkrediten, Exportkreditversicherungen oder auch die Unterstützung von deutschen Unternehmen bei der Erschließung neuer Auslandsmärkte. Exportkreditgarantien des Bundes (sogenannte Hermes-Deckungen) helfen Unternehmen, wirtschaftliche und politische Exportrisiken in Ländern mit einem erhöhten politischen Risiko außerhalb der Organisation für wirtschaftliche Zusammenarbeit und Entwicklung (OECD) abzudecken, wenn keine Deckungsmöglichkeiten auf den privaten Versicherungsmärkten zur Verfügung stehen. 2021 sicherte die Bundesregierung Ausfuhren in Höhe von 20,2 Mrd. Euro mit Exportkreditgarantien ab (1,5 Prozent des deutschen Gesamtexports).[71] Gerade während der Covid-19-Pandemie spielten die Deckungen des Bundes und die Ausnahmeregelungen eine wichtige Rolle, um den Handel zu stabilisieren. Angesichts der steigenden wirtschaftlichen und politischen Risiken weltweit wird dieses Außenwirtschaftsförderinstrument auch in Zukunft eine wichtige Rolle spielen. Gleichwohl muss kritisch diskutiert werden, welche wirtschaftlichen und politischen Risiken gesellschaftlich vertretbar sind, gerade wenn es sich um Handel mit autokratischen Regimen wie China handelt. So geht es nicht nur um Steuergelder; Hermes-Deckungen sind auch ein wichtiges Steuerungsinstrument für wirtschaftliche Aktivitäten.

Dies gilt noch mehr für Investitionsgarantien des Bundes. Diese schützen Investitionen deutscher Unternehmen in Entwicklungs- und Schwellenländern gegen politische Risiken wie beispielsweise Enteignung, Krieg oder auch Zahlungsmoratorien. Voraussetzung für die Übernahme einer Garantie ist es, dass die Investition Arbeitsplätze auch in Deutschland sichert oder schafft und die Entwicklung des Anlagelands fördert. Mittlerweile wird auch in der Bundesregierung kritischer darüber diskutiert, welche privaten Investitionen der Bund in autokratischen Regimen wie China in Zukunft decken sollte. Dies ist richtig so, da dies ein wichtiges außenwirtschaftspolitisches Steuerungsinstrument ist.

3.2 Smart Industrial Policy

Die Europäische Kommission hat einen »Green Deal Industrial Plan« ausgearbeitet. Dieser beinhaltet Vorschläge zur Vereinfachung der staatlichen Beihilfepolitik, zur Unterstützung von Bildung, Ausbildung und Umschulung für den grünen und digitalen Wandel sowie zur Einrichtung eines möglichen Europäischen Souveränitätsfonds vor dem Sommer 2023. Der Europäische Rat hat auf seiner Sondertagung am 9. Februar 2023 erneut die Notwendigkeit eines neuen industriepolitischen Ansatzes bekräftigt. Die EU reagiert damit auch auf den Inflation Reduction Act der Vereinigten Staaten, der zu erheblichen Verstimmungen im transatlantischen Verhältnis geführt hat. Zweifellos muss die EU auf das sich verändernde geopolitische Umfeld reagieren. Allerdings birgt der »Green Deal Industrial Plan«, wenn er nicht sorgfältig angepasst und umgesetzt wird, die Gefahr eines Subventionswettlaufs, bei dem sowohl die EU als auch die Vereinigten Staaten große Summen in parallele Strukturen investieren, die auf lange Sicht nicht notwendigerweise die Wettbewerbsfähigkeit erhöhen dürften. Vielmehr müssen sich die EU-Mitglieder auf eine intelligente Industriepolitik verständigen, die der Stellung der EU in der Weltwirtschaft Rechnung trägt und die die staatlichen Beihilfen mit einer offenen und regelbasierten Handelsordnung in Einklang bringt.

Was bedeutet »intelligente Industriepolitik«? Eine solche Politik stützt die Produktion strategischer Produkte im eigenen Land und vermeidet gleichzeitig einen Subventionswettlauf mit wichtigen Partnern wie den Vereinigten Staaten. Der OECD zufolge schafft sie die Rahmenbedingungen für die wirtschaftliche Entwicklung, fördert ein integratives Wachstum und trägt zu einer nachhaltigen Entwicklung bei. Staatliche Beihilfen müssen daher zielgerichtet (»targeted«), zeitnah (»timely«), befristet (»temporary«) und transformativ (»transformative«) sein. Diese »vier T« sollten noch stärker die Richtschnur für die Fördermaßnahmen der EU sein. Die Entschließung des Rates bezog sich zumindest auf die ersten drei von ihnen; nun müssen sie aber auch in die Praxis umgesetzt werden. Darüber hinaus muss die Handelspolitik Teil einer intelligenten Industriepolitik sein.

3.3 Unilaterale Instrumente: Schutz der Interessen der EU und Deutschlands

Die EU muss sich gegen unfaire Handelspraktiken zur Wehr setzen können. Dafür verfügt sie bereits über ein schlagkräftiges Arsenal, zu dem Antidumping- und Antisubventionsmaßnahmen gehören sowie der neu geschaffene »Trade Enforcement Officer«. Darauf aufbauend hat die EU bereits zahlreiche Handelsschutzverfahren und WTO-Klagen initiiert, um Unternehmen im Binnenmarkt vor unfairen Wettbewerbern aus Drittstaaten zu schützen. Gleichzeitig hat die EU ihren defensiven Instrumentenkasten in der Handels- und Investitionspolitik deutlich geschärft. Dabei geht es mit Blick auf den »strategischen Rivalen« China vor allem um einen stärkeren Schutz von strategisch wichtigen Sektoren sowie um die Herstellung eines so genannten »level playing field« in Bezug auf Industriesubventionen.

Die EU führte zunächst im Frühjahr 2019 eine europäische Verordnung zur Prüfung ausländischer Investitionen ein. Dieser EU-Rahmen ermöglicht den systematischen Informationsaustausch zwischen Mitgliedstaaten und EU-Kommission und erleichtert ein gemeinsames Auftreten nach außen. Auch in Deutschland führte der Verkauf des Roboterherstellers Kuka an chinesische Investoren zu einer kritischen Diskussion, die zur Verschärfung des deutschen Außenwirtschaftsrechts führte.

Zusätzlich führte die EU 2022 ein internationales Beschaffungsinstrument ein. Dieses kann den Zugang von Unternehmen aus Drittstaaten zu den öffentlichen Beschaffungsmärkten der EU beschränken, wenn europäische Unternehmen in den jeweiligen Drittländern keinen vergleichbaren Zugang erhalten. Hierdurch sollen fairere Wettbewerbsbedingungen auf dem globalen Beschaffungsmarkt hergestellt werden. Grund für die Verschärfung war die Sorge vor einem Verlust an Wettbewerbsfähigkeit der europäischen Industrie gegenüber Wirtschaftsmächten wie USA und vor allem China, die ihre Märkte vergleichsweise geschlossen halten.

Dazu tritt in der EU ab Juli 2023 eine neue Verordnung über Subventionen aus Drittstaaten in Kraft. Diese hat das Ziel, Wettbewerbsverzerrungen durch ausländische Subventionen zu beseitigen, und einen fairen Wettbewerb zwischen allen im Binnenmarkt tätigen Unternehmen herzustellen. Ziel sind auch hier insbesondere Staatsunternehmen aus China.

Auch das geplante »Anti-Coercion Instrument« gehört zu dem neuen unilateralen Schutzinstrumenten der EU. Das im Dezember 2021 gestartete Gesetzgebungsvorhaben hat im Rahmen des russischen Angriffskriegs eine neue Brisanz bekommen; das Gesetz soll noch dieses Jahr verabschiedet werden. Ziel ist es, gegen wirtschaftliche Zwangsmaßnahmen von Drittländern vorzugehen, die darauf abzielen, die offene strategische Autonomie der EU und ihrer Mitgliedstaaten zu beeinträchtigen.

Dies ist der richtige Weg. Allerdings gilt: nur so lange und so intensiv wie nötig. Denn ein offener Welthandel bietet weiterhin die meisten Vorteile, auch im neuen geoökonomischen Umfeld.

3.4 Bilaterale Handelsabkommen

Seit Jahrzehnten verhandelt die EU ehrgeizige Freihandelsabkommen mit Partnern, die neben traditionellem Marktzugang auch moderne Handelsthemen wie technische Handelshemmnisse TBT), gesundheitspolizeiliche und pflanzenschutzrechtliche Maßnahmen (SPS), Zoll und Handelserleichterungen, Subventionen, Investitionen, digitalen Handel, Nachhaltigkeit, Wettbewerbspolitik, den Umgang mit Staatsunternehmen, das öffentliche Beschaffungswesen und den Schutz geistigen Eigentums umfassen. Dazu beinhalten Freihandelsabkommen auch ein bilaterales beziehungsweise regionales Streitbeilegungssystem. Im Jahr 2022 beschloss die Kommission zusätzlich, dass die Nachhaltigkeitskapitel zukünftig auch unter die Streitschlichtung fallen sollen, um verstärkt den grünen Wandel zu fördern. Da diese umfassenden europäischen Abkommen im Wesentlichen den gesamten Handel abdecken, stehen sie laut Art. XXIV GATT und Art. V GATS im Einklang mit den WTO-Regeln.

Die europäischen Freihandelsabkommen werden nicht nur mit Industrieländern (wie beispielsweise Kanada oder Japan) geschlossen, sondern auch mit Schwellenländern (Singapur) und Entwicklungsländern (Vietnam). Im Zuge des russischen Angriffskrieges auf die Ukraine haben diese Freihandelsabkommen auch eine geopolitische Dimension erhalten: Sie dienen dazu, Partnerschaften und Allianzen mit verlässlichen Staaten und Regionen in einem neuen geoökonomischen Umfeld aufzubauen.

Gleichzeitig können die Abkommen europäische Unternehmen bei der Diversifizierung von Handel und Produktion unterstützen, um so ihre Abhängigkeiten und Verwundbarkeiten in den Lieferketten abzubauen. Dies betrifft auch den erweiterten Zugang zu kritischen Rohstoffen und Seltenen Erden. Deshalb verhandelt die EU – mit großer Unterstützung der Bundesregierung – auch mit neuem Eifer Freihandelsabkommen mit großen Schwellen- und Industrieländern: Dazu gehören unter anderem die Modernisierungsabkommen mit Chile und Mexiko, das Abkommen mit der Mercosur-Region (inklusive Brasilien) sowie die Verhandlungen mit Australien, Indonesien und Indien. Auch neue Rohstoffabkommen will die EU verhandeln. Seit 2021 verhandelt die EU zudem verstärkt neue Arten von Partnerschaftsabkommen mit ausgewählten Ländern zu ausgewählten Themen. Dazu gehört beispielsweise der »Trade and Technology Council« mit den USA oder auch mit Indien.

Solche Handelsabkommen sind ein wichtiges Instrument, nicht nur um Wirtschaftswachstum zu fördern, sondern auch um wichtige politische Allianzen zu schließen. Sollen die laufenden Verhandlungen Erfolg haben, müssen die EU und ihre Mitglieder noch stärker als in der Vergangenheit auch die Interessen der Entwicklungsländer in den Blick nehmen, dazu gehören Wertschöpfung vor Ort, Technologietransfer und wirtschaftliche Entwicklung.

3.5 Multilateralismus und WTO

Die Welthandelsorganisation (WTO) ist die Hüterin des transparenten und regelbasierten Welthandels. Sie legt globale Regeln im Handel fest, die für alle 164 Mitgliedstaaten gelten und trägt so zu Wirtschaftswachstum und Wohlstand auf der Welt bei. Gleichzeitig hat sie einen bindenden Streitschlichtungsmechanismus, der die Anwendung der Handelsregeln durchsetzt.

Zurzeit befindet sich die WTO jedoch in einer tiefen Krise. Ihr Regelwerk stammt aus dem Gründungsjahr 1995 und schafft es nicht, ausreichend Antworten auf die globalen Herausforderungen zu geben. Daher muss die Organisation dringend modernisiert werden. Zusätzlich werden WTO-Bestimmungen von den großen Handelspartnern zunehmend umgangen oder ignoriert. Die Organisation kämpft im neuen geoökonomischen Umfeld mit konkurrierenden Wirtschaftsmodellen und Werten. Umso mehr sich Staaten wie China oder USA auf ihre wirtschaftliche (wie auch technologische und militärische) Stärke verlassen, um ihre Interessen zu verfolgen, desto weniger relevant wird die WTO. Darüber hinaus ist das Streitbeilegungsverfahren der Organisation seit Dezember 2019 blockiert, da sich die USA weigern, neue Mitglieder für das Berufungsgremium zu ernennen. Somit befinden sich alle Säulen der WTO (moderne Handelsregeln, Überwachung der Handelspolitik und Streitbeilegung) in der Krise.

Ein positiver Impuls für die WTO war der erfolgreiche Abschluss der zwölften Ministerkonferenz (MC12) vom Juni 2022, der der Organisation neuen Schwung brachte. Der wichtigste Punkt dabei war sicherlich, dass überhaupt eine Einigung unter den 164 WTO-Mitgliedstaaten zustande kam. MC12 brachte ein Abkommen über Fischereisubventionen, das erste multilaterale Abkommen, das die Nachhaltigen Entwicklungsziele (SDGs) der Vereinten Nationen im Zentrum hat. Zudem kam es zu einer Verlängerung des E-commerce-Moratoriums (keine Zölle auf elektronischen Handel) sowie einer vorläufigen Einigung beim Export von Nahrungsmitteln und beim »Waiver« von Patentrechten für Impfstoffe.

Diese Abkommen sind nur ein Anfang und Konflikte sind vorprogrammiert. So fehlt ein Arbeitsprogramm für den Agrarhandel, das besonders den Entwicklungs- und Schwellenländern am Herzen liegt. Gleichzeitig fehlen umfassende Antworten auf die aktuellen globalen Probleme: Wie erleichtert man grundsätzlich den Handel mit Gesundheitsprodukten? Wie kann man den digitalen Handel durch globale Regeln fördern? Und wie kann Handel helfen, den Klimawandel zu bekämpfen? Multilaterale Einigungen sind hier nicht in Sicht. Die Zukunft liegt daher vor allem in plurilateralen Abkommen (so genannte Koalitionen der Willigen). Hier müssen die EU und Deutschland eine Führungsrolle einnehmen. Denn ohne die WTO droht die regelbasierte und kooperative Ordnung von einer konfliktreichen und systemwettbewerbsorientierten Ordnung ersetzt zu werden.

Außenpolitische Zeitenwende: Ein Fazit

Neue geoökonomische Zeiten erfordern neue Maßnahmen. Es gilt, bestehende defensive Handelsinstrumente rigoroser einzusetzen oder auch neue Instrumente zu schaffen, um unfairen Handelspraktiken effektiver begegnen zu können. Einseitige Abhängigkeiten von einzelnen Produzenten, Lieferländern, aber auch Absatzmärkten, die mit hohen wirtschaftlichen und politischen Unsicherheiten verbunden sind, müssen abgebaut werden. Dies gilt gerade für Schlüsseltechnologien und -sektoren, die von besonderer sicherheitspolitscher Relevanz für Deutschland und die EU sind.

Trotz des spannungsgeladenen Umfelds gilt es, nicht alle bewährten Handelsmaßnahmen und -politiken vorschnell über den Haufen zu werfen. So darf nicht vergessen werden, wie wichtig Handel und ausländische Investitionen (»inbound« und »outbound«) für Wirtschaftswachstum, Arbeitsplätze und Wohlstand in Deutschland und der EU sind. Ein zunehmend fragmentierter Handel bedeutet mehr Unsicherheit, eine geringere Fähigkeit, Schocks aufzufangen, und weniger Wirtschaftswachstum. Der Internationale Währungsfonds (IWF) hat die langfristigen Kosten der Fragmentierung berechnet: Während in einem Szenario mit begrenzter Fragmentierung und geringen Anpassungskosten die Kosten für die globale Produktion aufgrund der Handelsfragmentierung nur 0,2 Prozent des BIP betragen würden, könnten die Kosten in einem Szenario mit starker Fragmentierung und hohen Anpassungskosten bis zu 7 Prozent betragen. Wenn zusätzlich eine technologische Entkopplung ins Spiel kommt, könnten die Kosten in einigen Ländern sogar 8 bis 12 Prozent des BIP betragen.[72] Eine wirtschaftliche Entkoppelung würde für die EU zudem weniger politische Einflussmöglichkeiten global bedeuten.

Die Politik hat daher die wichtige Aufgabe, sich trotz des schwierigen Umfelds weiterhin für ein offenes, regelbasiertes Welthandelssystem einzusetzen und gleichzeitig die wirtschaftlichen und politischen Risiken für die EU und Deutschland zu reduzieren – eine Aufgabe, die sie sich mit der Wirtschaft teilt.

Dr. Volker Treier

Exportmodell Deutschland – quo vadis?
Orientierung für eine erfolgreiche Außenhandelsstrategie

Auch für die Außenwirtschaft bedeutet der russische Krieg in der Ukraine eine Zeitenwende. Entlang des Leitmotivs »offene strategische Autonomie« geht es für die Unternehmen um nichts Geringeres, als das erfolgreiche deutsche Außenwirtschaftsmodell zu sichern in einer Welt mit wachsendem Protektionismus: Stichworte wie Managed Trade (USA) und Self-Reliance (China) sind Ausdruck für die Erosion von Multilateralismus sowie eine Entkoppelung der globalen Wertschöpfungsketten in rivalisierende Wirtschaftsblöcke oder vielleicht sogar in eine Patchwork-Globalisierung. Eines ist aber in jedem Fall klar: Nur mit einer souveränen und gleichzeitig offenen EU, die entschlossen und geschlossen auftritt, haben unsere Unternehmen im internationalen Wettbewerb eine hörbare Stimme.

Eckpunkte für eine Resilienzstrategie in und für Europa

Um im globalen Wettbewerb als Wirtschaftsstandort auch zukünftig bestehen zu können, muss Europa zuerst seine Hausaufgaben machen, um für Produktion und Investitionen attraktiver zu werden. Der US Inflation Reduction Act ist hierfür ein mehr als deutlicher Weckruf. Denn Bestandteile des IRA benachteiligen deutsche Unternehmen und schwächen gerade inmitten der Energiekrise sowie der ökologisch bedingten wirtschaftlichen Transformation den Industriestandort Deutschland. In einer aktuellen Umfrage der Deutsch-Amerikanischen Handelskammern (AHK USA) geben 17 Prozent der deutschen Unternehmen in den USA den IRA als einen Grund an, ihre Investitionen dort auszuweiten.[73]

Wichtig sind am Ende pragmatische Ansätze, um die politischen Ziele bei der De-fossilisierung zusammen mit den Unternehmen praktisch umsetzbar zu gestalten. Der international eng vernetzten deutschen Wirtschaft würde ein neuer zusätzlicher Protektionismus, wie etwa Lokalisierungspflichten für EU-Subventionen und die Abschottung des EU-Beschaffungsmarkts nach US-Vorbild, unter dem Strich schaden – erst recht angesichts der aktuellen geopolitischen Lage, die eine Diversifizierung und Absicherung von Lieferketten nötig macht.

Es ist höchste Zeit für eine neue Strategie, wie Europa im weltweiten Vergleich zu einem innovativen Industriestandort werden kann. Wichtig dabei ist, die horizontalen Standortfaktoren in den Fokus zu stellen. Wir brauchen auch eine Zeitenwende in der Standortpolitik: Statt einer detaillierten Regulierungsagenda mit sich ständig ändernden Zielkoordinaten, die fortlaufend neue Bürokratie und Berichtspflichten sowie Unsicherheiten für Investoren schafft, sollten der Bürokratieabbau vorangehen und Innovationen in allen Bereichen ermöglicht werden. Generell sollte für jede neu eingeführte Regulatorik eine alte ersetzt werden (one in one out-Prinzip) und ein ganzheitlicher regulatorischer Ansatz voneinander abweichende und widersprüchliche Einzelregulierungen verhindern. Der Zugang zu gut ausgebildeten Fachkräften, leistungsfähiger Infrastruktur, erschwinglichem Kapital für private Investoren und bezahlbarer Energie muss ebenso gewährleistet werden wie die Möglichkeit zu zukunftsträchtiger Forschung und Entwicklung. Der freie Dienstleistungsverkehr muss EU-weit vorangebracht werden. Insbesondere die Entsendung von Arbeitnehmern in der EU sollte vereinfacht und vereinheitlicht werden. Statt über neue EU-Schulden in den globalen Überbietungswettbewerb für Subventionen einzusteigen, sind darüber hinaus zielgenaue Investitionsanreize insbesondere im Energie- und Technologiebereich nötig. Ziel muss es sein, Betriebe und Arbeitsplätze in Europa zu halten bzw. aufzubauen und die Technologieführerschaft gerade im Zuge der Klimawende bei Transformations- und Zukunftstechnologien zu gewinnen und auszubauen.

Der »Green Deal Industrial Plan for the Net-Zero Age« der EU-Kommission enthält jedoch in den meisten Säulen in erster Linie eine Auflistung vieler bereits vorher angekündigter Maßnahmen und in geringerem Maße neue Ansätze oder Ideen zu deren effektiver Durchsetzung. Deshalb sollte dieser Plan konkreter und verbindlicher ausgearbeitet werden, um bestehende Standortnachteile wettmachen zu können.

Wichtig ist zudem, dass die EU nicht mit ihren wirtschaftspolitischen Erfolgsprinzipien (Offenheit und Integration der Märkte, freie Preisbildung, Vertragsfreiheit, Konstanz der Wirtschaftspolitik etc.) bricht. Denn Wettbewerbsfähigkeit der Wirtschaft und Wohlstand in Deutschland und Europa gehen Hand in Hand. Net Zero Industry Act und Raw Materials Act lassen aber eine Zeitenwende an der falschen Stelle erahnen: Was als neue grüne

Industriepolitik dargestellt wird, beinhaltet gleichzeitig auch protektionistische und dirigistische Elemente. Statt wirtschaftlichem Nationalismus sollte aber die internationale Arbeitsteilung weiter das Gebot der Stunde sein. So wichtig es ist, strategische Abhängigkeiten Deutschlands und der EU zu analysieren und durch eine Ermutigungsstrategie Diversifizierung der Lieferketten zu fördern, so kontraproduktiv sind weitergehende Pläne: Insbesondere sind Maßnahmen der EU-Kommission kritisch zu betrachten, die in Richtung »Managed Trade« und staatliche gelenkte Wirtschaft gehen. Anstelle von staatlichen Diversifizierungspflichten, Produktionsvorgaben und mehr Bürokratie durch Dokumentations- und Meldepflichten, komplexe Tatbestandsvoraussetzungen sowie zusätzliche Prüfungen durch Behörden sollten Anreize und Ermutigungen für die Unternehmen im Fokus stehen. Und der Trend, politische Nachhaltigkeits-Risiken in besonderer Fülle und Ausmaß auf einzelwirtschaftliche Einheiten zu übertragen, führt womöglich zum Gegenteil dessen, was jetzt gefordert ist – nämlich zur Diversifizierung von Bezugs- und Absatzmärkten. Ein realistisches, auch von mittelständischen Unternehmen umsetzbares Maß an Sorgfaltspflichten in der Lieferkette ist indes notwendig.

Die hoch internationalisierte deutsche Wirtschaft ist angewiesen auf ein wirtschaftlich souveränes Europa, das international für offene Märkte sowie gute Regeln für Handel und Investitionen eintritt und dabei den eigenen Markt offenhält. Für die deutsche Wirtschaft ist es zudem entscheidend, dass die EU sich für den Erhalt und die Fortentwicklung des multilateralen regelbasierten Handelssystems einsetzt.

Herausforderungen an eine deutsche Außenwirtschaftspolitik und europäische Handelspolitik im Zeichen der geopolitischen Zeitenwende

In DIHK-Umfragen berichtet schon seit der Zeit nach der Finanzmarktkrise ein wachsender Teil der weltweit aktiven deutschen Unternehmen von zunehmenden Hürden im Handel. 2023 erreicht der Anteil der deutschen auslandsaktiven Unternehmen, die von neuen zusätzlichen Handelshemmnissen berichten, mit 56 Prozent in der DIHK-Umfrage »Going International« einen Rekordwert. Dabei hängt in der deutschen Industrie jeder zweite Job vom Außenhandel ab, 90% des weltweiten Wirtschaftswachstums entsteht außerhalb Europas.

Zwei Drittel der außereuropäischen Exporte deutscher Unternehmen beruhen einzig auf WTO-Regeln. Die Regeleinhaltung ist jedoch durch die

Erosion des WTO-Streitschlichtungsmechanismus stark gefährdet. Zudem haben die noch mit Schreibmaschinen geschriebenen Welthandelsregeln mit den großen wirtschaftlichen und technologischen Veränderungen seit 1995 – dem Jahr der Gründung der WTO – bei Weitem nicht Schritt gehalten. Gegenseitige Blockaden – für die 164 WTO-Mitglieder gilt das Einstimmigkeitsprinzip – haben einheitliche globale Handelsregeln und ein Level Playing Field für wichtige Bereiche wie Subventionen, E-Commerce, Klimaschutz und Nachhaltigkeitsfragen verhindert. Stattdessen hat die Bilateralisierung der Handelsbeziehungen und damit die Fragmentierung des multilateralen Handelssystems zugenommen. Zusätzlich nimmt eine Entkopplung und gar Blockbildung der Weltwirtschaft Form an – zulasten der deutschen Wirtschaft. Die Bundesregierung und die EU sollten diese Entwicklung nicht vorantreiben, sondern eine weiterhin souveräne europäische Positionierung in der Weltwirtschaft sicherstellen.

Handelspartner, systemischer Rivale, Systemkonkurrenz – Wie weiter in der China-Politik?

Entgegen der aktuellen wirtschaftspolitischen Veränderungen im Umgang mit China ist das größte Risiko, nicht an der Entwicklung Chinas teilzuhaben. Im Zuge der China-Strategie der Bundesregierung wird viel über Diversifizierung von Lieferketten und Absatzmärkten und der Reduzierung von Abgängigkeiten gesprochen. Das ist generell wichtig und richtig – ist aber für die international breit aufgestellte deutsche Wirtschaft nicht neu. Die Erfolge im internationalen Geschäft sind Ergebnis dieser weltweiten Aufstellung. Unsere Unternehmen und die mit ihnen verbundene Wirtschaft in Deutschland profitieren davon, wenn sich der Austausch mit China qualitativ wie quantitativ weiter- statt zurückentwickelt.

Von den mehr als 5.000 deutschen Unternehmen in China produzieren etwa 90 % für den chinesischen Markt. Ein Rückzug dieser Betriebe ist undenkbar, zumal China mittlerweile auch als Innovationstreiber an Bedeutung gewonnen hat. Dabei können wir natürlich die Herausforderungen nicht außer Acht lassen. Unsere Unternehmen vor Ort regen eine Neujustierung der Zusammenarbeit an mit einer Fokussierung auf Felder, die unsere Länder voranbringen.

Wichtig ist und bleibt aber Reziprozität bei den bestehenden Asymmetrien im Umgang mit China – dennoch: Die Unternehmen kennen die Herausforderungen des chinesischen Markts; Schutz geistigen Eigentum und gezwungener Technologietransfer sind z.B. laut Umfragen unserer AHKs vor Ort weiterhin eine Herausforderung, aber für Einzelunternehmen ein kalkulierbares Risiko und kein Kriterium für das Negieren von Marktchancen in China.

Was wir aktuell über den geplanten Umgang mit China durch die China-Strategie wissen, adressiert viele dieser Herausforderungen nicht und sichert somit keine zukunftsfähigen Wirtschaftsbeziehungen mit einem unserer wichtigsten Handelspartner. Anstelle einer ENTmutigungsstrategie wünschen wir uns eine ERmutigungsstrategie, die die Unternehmen dabei unterstützt, sich nach dem Prinzip China +1, +2 usw. aufzustellen.

Was jetzt nötig ist: Diversifizierung ist Trumpf

Bereits seit der Corona-Pandemie treibt das Thema der Lieferkettendiversifizierung die Unternehmen vermehrt um: Laut dem AHK World Business Outlook, einer globalen Umfrage unter den Mitgliedsunternehmen der AHKs, haben bereits im Herbst 2021 mit 54 Prozent mehr als die Hälfte der Betriebe an der Diversifizierung ihrer Lieferketten gearbeitet. Dabei stand die Suche nach neuen oder zusätzlichen Lieferanten mit 72 Prozent im Vordergrund. Um den aktuellen geopolitischen Herausforderungen zu begegnen, passen die international aktiven deutschen Unternehmen ihr Geschäft weiter an, indem sie neue Märkte für den Absatz und die Beschaffung aber auch zur Produktion erschließen.

Die DIHK, das Netzwerk der Auslandshandelskammern mit 150 Standorten in 93 Ländern weltweit sowie die regional verankerten 79 Industrie- und Handelskammern in Deutschland tragen zur Diversifizierung von Bezugs- und Absatzmärkten bei, indem sie internationale Verbindungen für die Unternehmen schaffen und als kompetente Anknüpfungspunkte für die Wirtschaft vor Ort agieren.

6. Demographischer Wandel und Fachkräftesicherung – Welche Maßnahmen und Instrumente sind erforderlich?

Christiane Benner

Jetzt die Weichen stellen – Die Beschäftigten sind entscheidend für eine erfolgreiche Transformation der Industrie

Wir stehen vor einer großen Transformation unserer Wirtschaft. Die drei großen Ds – Dekarbonisierung, Digitalisierung und Demografie – sind die drei entscheidenden Treiber des Umbaus. Neu entstehende und wegfallende Arbeitsplätze halten sich in Deutschland mit jeweils rund 3,6 Millionen gemäß dem Fachkräftemonitoring der Bundesregierung bis zum Jahr 2040 rein summarisch die Waage. Doch die Zahlen zeigen auch: Mehr als ein Zehntel der Beschäftigten ist in den kommenden Jahren vom Umbau betroffen. Und selbst wenn die Gesamtzahl der Beschäftigten gleichbleibt, ist damit noch nichts über die einzelnen Branchen oder die regionale Verteilung der Arbeitsplätze von morgen gesagt.

Besonders betroffen sind die Beschäftigten in der Automobilindustrie. Der Verbrennungsmotor wird zum Auslaufmodell. Nicht alle Zulieferer sind vom Antriebswandel betroffen, aber immer noch ist ein Großteil der Beschäftigten in der Wertschöpfungskette von Fahrzeugen mit Verbrennungsmotor abhängig und über 200.000 Beschäftigte sind unmittelbar im Antriebstrang beschäftigt. Sie müssen begleitet werden, insbesondere durch geeignete Aus- und Weiterbildung.

Damit die Transformation gelingt, sind die folgenden vier Punkte für die IG Metall zentral:
1. Schafft gute Voraussetzungen für Arbeitsplätze!
2. Weiterbildung kraftvoll vorantreiben!
3. Rettet die duale Ausbildung!
4. Mehr Mitbestimmung für die neue Arbeitswelt!

1. Schafft gute Voraussetzungen für Arbeitsplätze!

Deutschland und Europa sind in den letzten Jahren hinter die USA und China zurückgefallen: Schlüssel-Technologien werden zunehmend dort entwickelt. Warum? Beide Staaten betreiben eine aktiv staatlich gesteuerte Industriepolitik. Wir brauchen deshalb auch in Europa eine entschlossene

Industrie- und Dienstleistungspolitik! Ein entscheidender Schlüssel dabei ist der Umbau unseres Energiesystems. Die Umstellung auf den Elektroantrieb bei Fahrzeugen oder Wasserstoff in der Stahlindustrie ist nur dann sinnvoll, wenn der Strom oder Wasserstoff »grün« erzeugt werden. Es geht deshalb jetzt darum, den zwischenzeitlich abgerissenen Wandel zu einer ökologischen Stromversorgung wieder anzukurbeln, ohne gleichzeitig die Energiepreise für Privathaushalte und Industrie unvertretbar in die Höhe zu treiben. Die Finanzierungsfrage der Energiewende hat drei wesentliche Aspekte:

- der schnelle Ausbau der Erneuerbaren Energien (politisches Ziel: 80% Erneuerbare Energie im Strommix 2030)
- die Versorgungssicherheit angesichts eines steigenden Strombedarfs (Anstieg von derzeit ca. 500 TWh auf 750T Wh in 2030)
- wettbewerbsfähige Strompreise für die Industrie (im Kontext Industriestrompreis und klimaneutrales Strommarktdesign)

Nur unter diesen Voraussetzungen kann Deutschland Leitmarkt für erneuerbare Energien und intermodale Verkehrssysteme werden. Die gesamte Europäische Union muss mutiger werden! Zwar fördert Brüssel inzwischen strategisch wichtige Projekte einzelner Mitgliedstaaten durch das Programm Important Projects of Common European Interest (IPCEI) und lässt insgesamt für den Klimaschutz bis 2027 rund 645 Mrd. Euro (aus den Programmen NextGenerationEU und REPowerEU) für Investitionen in den Mitgliedstaaten mittels zinsgünstiger Kredite springen. Das reicht aber nicht aus. Die europäische Infrastruktur muss modernisiert, das öffentliche Beschaffungswesen sozial und ökologisch ausgerichtet, strategisch wichtige Unternehmen müssen vor Übernahmen geschützt und Schlüsselinvestitionen durch Staatsbeteiligungen gefördert werden.

2. Weiterbildung kraftvoll vorantreiben!

Die neue Bundesregierung aus SPD, Grünen und FDP hatte im Dezember 2020 mit ihrem Koalitionsvertrag einen guten Start hingelegt. Sie hat angekündigt, die sozial-ökologische Transformation beherzt anzupacken. Doch der Schwung der ersten Tage ist inzwischen erlahmt. Wir brauchen beispielsweise massive Investitionen bei Aus- und Weiterbildung, um Fachkräftemangel zu verhindern und dem Bedarf an Qualifizierung gerecht zu werden! Dazu passt aber nicht, dass der Finanzminister auf alles einen Deckel draufsetzt, was Geld kostet.

Deshalb ist auch der Entwurf des Weiterbildungspakets, den der engagierte Bundesarbeitsminister Hubertus Heil im März 2023 vorgelegt hatte, nach koalitionsinternen Bremsmanövern schwächer ausgefallen als notwendig. Nachgebessert werden muss vor allem beim Qualifizierungsgeld. Weiterbildungskosten werden überhaupt nicht übernommen. Die Beantragung ist aufwendiger als bei anderen Förderungsinstrumenten. Deshalb sollten im Gegenzug die Zuschüsse beim Entgelt der Beschäftigten in Weiterbildung höher ausfallen als üblich. Unter den aktuellen Bedingungen ist das Qualifizierungsgeld vor allem für kleinere Betriebe uninteressant. Problematisch ist auch, dass das Qualifizierungsgeld aus den Mitteln der Bundesagentur für Arbeit bestritten wird. Geht dort das Geld aus, entfällt die Förderung komplett. So wird ein eigentlich gutes Instrument zum zahnlosen Tiger. Wir brauchen einen echten Wumms, was die Förderung solcher Maßnahmen wie das Qualifizierungsgeld angeht und kein zögerliches Handeln nach Kassenlage!

3. Rettet die duale Ausbildung!

Die Auswirkungen von Corona auf Bildung und Ausbildung waren drastisch. Seit Jahren erleben wir, dass die Zahl der angebotenen Ausbildungsstellen zurückgeht. So war es auch 2022: Es wurden nur etwas mehr als 475.000 Ausbildungsverträge abgeschlossen. Fast 10 Prozent weniger als 2019. Da wird nicht nur einer ganzen Generation die Zukunft geklaut! Es trifft vor allem diejenigen mit einem niedrigeren Bildungsabschluss. Auf 100 Bewerber*innen mit Hauptschulabschluss kommen nur 71 Stellen. Und das ist der bundesweite Durchschnitt. Regional, vor Ort, sieht es oft noch viel schlechter aus. Wir müssen den Trend umdrehen, die Abwärtsspirale bei den Ausbildungsstellen stoppen. Schon heute gibt es in Deutschland 2,3 Millionen Menschen im Alter zwischen 20 und 34 Jahren ohne Berufsabschluss. Und gleichzeitig wird über Fachkräftemangel geklagt. Das ist Irrsinn! Klar ist schon jetzt, dass uns hier wertvolle Fachkräfte entgehen. Gleichzeitig entsteht Perspektivlosigkeit unter jungen Menschen, die sich verfestigt, wenn wir nicht dagegen anarbeiten. Deshalb fordert die IG Metall, die Vermittlung am Ende der Schulzeit stärker zu begleiten. Wir schlagen vor, dass dies flächendeckend von der Agentur für Arbeit übernommen wird. Vor Ort kennt man den lokalen Arbeitsmarkt und seine Chancen am besten. Außerdem muss endlich Schluss sein mit der strukturellen Benachteiligung von Hauptschüler*innen! Betriebe müssen sich bei ihrer Einstellungspolitik bewegen. An diesen konkreten Fragen wird sich zeigen, ob das im Kabinettsentwurf vom März 2023 für ein Weiterbildungsgesetz festgelegte »Recht auf Ausbildung« wirklich wirksam wird.

4. Mehr Mitbestimmung für die neue Arbeitswelt!

1972 gab es die letzte große Reform des Betriebsverfassungsgesetzes. Während die technischen, ökologischen und auch arbeitsorganisatorischen Veränderungen rasant voranschreiten, passiert bei den dazugehörigen gesetzlichen Grundlagen zu wenig. Seit 1972, als leistungsstarke Computer so groß wie ein Einfamilienhaus waren, hat sich die Welt fundamental geändert. Heute sind Betriebsrät*innen bei der Gestaltung des umfassenden ökologischen Umbaus ihrer global agierenden Unternehmen, agiler Arbeit, Künstlicher Intelligenz, Industrie 4.0 oder Home-Office gefragt, haben dafür aber nur unzureichende Mitbestimmungsrechte.

Der Deutsche Gewerkschaftsbund und die in ihm zusammengeschlossenen Einzelgewerkschaften haben deshalb gemeinsam mit renommierten Arbeitsrechtler*innen im April 2022 einen eigenen, vollständig ausformulierten Gesetzentwurf für ein zeitgemäßes Betriebsverfassungsgesetz vorgelegt. Der wesentliche Kernpunkt ist: Die Belegschaften müssen mitentscheiden können, wenn es um die strategische Ausrichtung der Unternehmen, um Qualifizierung und Beschäftigungssicherung geht. Die IG Metall hat in den Betrieben nachgefragt: Rund die Hälfte der Befragten sagen, ihr Betrieb hat keine Strategie für die Transformation. Das ist fahrlässig. So werden durch Nichtstun zehntausende Arbeitsplätze verspielt! Wir dürfen nicht zuschauen und erst dann reagieren, wenn der Arbeitgeber die Zukunft verpennt hat und mit Stellenabbau um die Ecke kommt. Wir müssen immer vor die Welle kommen. Stellenabbau, Verlagerung und Outsourcing sind keine Antwort. Auf die hohe Kompetenz der Belegschaften darf nicht verzichtet werden. Deshalb brauchen wir die Runderneuerung des Betriebsverfassungsgesetzes. Willy Brandt hat treffend gesagt, »dass jede Zeit eigene Antworten will und man auf ihrer Höhe zu sein hat, wenn Gutes bewirkt werden soll.« Nach Einschätzung der IG Metall ist in dieser historischen Umbruchphase ein aktiver und investierender Staat ebenso notwendig wie vorausschauende Planung in den Unternehmen, massive Aus- und Weiterbildung sowie weitreichendere Mitbestimmung der Beschäftigten und ihrer Interessenvertretungen. Wir müssen jetzt unsere europäischen Stärken offensiv einsetzen – ansonsten ziehen die USA oder China uneinholbar davon.

Hubertus Heil

Die stille Revolution auf dem Arbeitsmarkt

Auf dem deutschen Arbeitsmarkt hat in den vergangenen zwei Jahrzehnten eine stille Revolution stattgefunden. Galt Deutschland zu Beginn der Nullerjahre noch als »kranker Mann Europas« angesichts einer historisch hohen Arbeitslosigkeit, so ist seitdem eine Schubumkehr gelungen: Die sozialversicherungspflichtige Beschäftigung ist auf einem Rekordhoch und selbst in den dramatischen Krisen der letzten Jahre hat der Arbeitsmarkt seine Resilienz immer wieder bewiesen. Damit hat er wesentlich zur ökonomischen und gesellschaftlichen Stabilität in Deutschland beigetragen.

In der Tendenz hat sich der Arbeitsmarkt vom Arbeitgebermarkt zum Arbeitnehmermarkt gewandelt. Heute bewerben sich oftmals die Unternehmen bei den Nachwuchskräften, die wiederum eine starke Verhandlungsposition haben mit Blick auf Löhne und Arbeitsbedingungen oder flexible Arbeitszeitmodelle. Umgekehrt können immer mehr Unternehmen in verschiedenen Branchen und Regionen offene Stellen über lange Zeiträume oder gar nicht mehr adäquat besetzen. Der Fachkräftemangel ist von einer statistischen Größe längst zum spürbaren Alltagsproblem geworden und damit zum Risikofaktor für den Wohlstand und die Wettbewerbsfähigkeit Deutschlands.

Drei Herausforderungen beschleunigen diese Entwicklung:

Erstens: die Dekarbonisierung. Vor uns liegt die vielleicht größte Transformation unserer Ökonomie seit 100 Jahren. Die Energiewende wird ohne ausreichend Fachkräfte nicht gelingen. Für das Erreichen der Klimaziele werden beispielsweise ganz konkret Heizungs- und Klimatechniker benötigt, die hocheffiziente Gebäude bauen, IT-Spezialistinnen und -Spezialisten, die die Digitalisierung vorantreiben oder Ingenieure und Technikerinnen für den Netzausbau. Der russische Angriffskrieg auf die Ukraine wird den Umbau des deutschen Energiemodells zudem beschleunigen und die Nachfrage nach Fachleuten weiter verstärken.

Allein für die geplanten Maßnahmen zum Klimaschutz und für den Wohnungsbau brauchen wir viele zusätzliche Fachkräfte. Doch schon heute kommt es in diesen Berufen zu Engpässen.

Zweitens, die Entwicklung, die wir lange schon haben kommen sehen: den demografischen Wandel. Hier stehen wir vor einer doppelten Herausforderung: Die Generation der Babyboomer geht in Rente. Ihre Leistungskraft und Erfahrung werden dem Arbeitsmarkt fehlen. Umso mehr, weil die nachfolgenden Generationen weit geringere Geburtenraten vorweisen. Darüber hinaus wächst in einer älter werdenden Gesellschaft der Bedarf an Pflegekräften. Bisher geht man bis 2040 von einem zusätzlichen Bedarf an Arbeitskräften im Gesundheits- und Sozialwesen von rund einer Million aus.
Und drittens, die Digitalisierung. Sie schafft neue Jobs und verändert radikal die Anforderungen an bestehende Berufsbilder – auch in traditionellen Schlüsselbranchen wie der Automobilindustrie. Neue Technologien, neue Geschäftsmodelle sowie immer mehr softwarebasierte Funktionen für Fahrzeuge führen dazu, dass die Anforderungen an die Digitalkompetenz der Beschäftigten immer weiter steigen.

Hinzu kommt die rasante Entwicklung Künstlicher Intelligenz, die ganze Branchen und Berufsbilder tiefgreifend wandeln wird – am Band und im Büro, auch in akademischen und in kreativen Berufen. Szenarien gehen davon aus, dass am Ende dieses Jahrzehnts die Mehrzahl der Arbeitnehmerinnen und Arbeitnehmer in Berufen arbeiten werden, die es heute noch gar nicht gibt.

Der Arbeitsmarkt wird damit zur Schnittstelle für technischen und ökonomischen, ökologischen und sozialen Fortschritt. Gut ausgebildete Arbeitskräfte sind die Grundlage, damit unser Land auch in Zukunft wirtschaftlich erfolgreich und sozial stabil sein kann. Klar ist: Fachkräftesicherung ist und bleibt in erster Linie Aufgabe der Unternehmen. Die Politik kann und muss dafür die richtigen Rahmenbedingungen schaffen.

Deswegen ist Fachkräftesicherung ein zentrales Fortschrittsprojekt dieser Bundesregierung.
Folgende Haupthandlungsfelder haben wir definiert:

Zeitgemäße Ausbildung stärken

Eine gute Ausbildung ist das Ticket für einen soliden Job und anständige Löhne. Allerdings gibt es in Deutschland rund 1,6 Millionen Menschen zwischen 20 und 30 Jahren ohne eine abgeschlossene Berufsausbildung – obwohl wir einen Überhang an Ausbildungsstellen haben. Die neue Ausbildungsgarantie ist deshalb ein klares Signal für die duale Ausbildung. Für uns ist klar: Alle jungen Menschen, die einen Ausbildungsplatz suchen, müssen auch einen bekommen!

Gezielte Weiterbildung vorantreiben

Eine Erstausbildung reicht heute häufig nicht mehr aus. Der Satz »Ich habe ausgelernt« hat im Zeitalter der Transformation längst ausgedient. Hier wollen wir mit dem Weiterbildungsgesetz vorangehen: Wir schaffen deshalb ein Qualifizierungsgeld für Unternehmen im Strukturwandel, damit Beschäftigte durch Weiterbildung im Betrieb gehalten werden können. Wir verbessern die Weiterbildungsförderung Beschäftigter zum Beispiel durch feste Fördersätze auch für kleine und mittelständische Unternehmen.

Arbeitspotenziale ausschöpfen

Wir müssen alle Erwerbspotenziale in Zukunft besser ausschöpfen. Dazu gehören Mütter und auch Väter, die unfreiwillig in Teilzeit arbeiten, weil es an Betreuungsplätzen fehlt. Eine gute Vereinbarkeit von Beruf und Privatleben ist das Fundament für eine stärkere Erwerbsbeteiligung. Wir brauchen deutschlandweit die Möglichkeit der Ganztagsbetreuung, wenn wir die Erwerbsquoten junger Eltern steigern wollen.

Gleichzeitig ergeben sich aus der Digitalisierung Möglichkeiten zum zeit- und ortsflexiblen Arbeiten. Auch das Homeoffice kann bei der Vereinbarkeit von Familie und Beruf helfen. Insbesondere Frauen können durch die gewonnene Zeit ihre Arbeitszeit erhöhen.

Zu den inländischen Potenzialen gehören auch Arbeitnehmerinnen und Arbeitnehmer mit Behinderungen. Beschäftigte mit Schwerbehinderung haben es oftmals besonders schwer auf dem Arbeitsmarkt, obwohl sie im Durchschnitt deutlich besser qualifiziert sind. Hier werden wir die Rahmenbedingungen deutlich verbessern, für mehr Inklusion im Arbeitsmarkt.

Auch die älteren Beschäftigten dürfen wir nicht abschreiben. Wer technologisch den Anschluss verpasst hat, gehört noch längst nicht in den Ruhestand. Deshalb ist es umso wichtiger, diesen Menschen betriebliche Weiterbildung zu ermöglichen und an ihren Erfahrungsschatz anzuknüpfen.

Einwanderung modernisieren

Last but not least: Deutschland muss ein besseres Einwanderungsland werden, das auch im internationalen Wettbewerb um Fachkräfte attraktiv ist. Der Modernisierungsbedarf ist groß: Denn bisher wirken hohe Sprachhürden, eine vergleichsweise geringe Digitalisierung bei gleichzeitig umfangreicher Bürokratie abschreckend auf viele Interessierte. Andere Staaten, wie zum Beispiel Kanada, sind uns hier im Vergleich nach wie vor in vieler Hinsicht voraus. Deshalb senken wir die Hürden für diejenigen, die schon einen Arbeitsvertrag haben und eine anerkannte Qualifikation. Wir schaffen zudem einen zweiten Weg nach Deutschland für Berufserfahrene. Sie können hier einreisen, ohne zuvor ihre Anerkennung zu beantragen. Der dritte Weg führt über ein Punktesystem – mit der neuen Chancenkarte. Dazu zählt, wie viel Potenzial jemand mitbringt: Berufserfahrung, Sprachkenntnisse, Deutschlandbezug. Wir schaffen damit das modernste Einwanderungsrecht in Europa. Gleichzeitig schützen wir Menschen vor Lohndumping und Ausbeutung. Für die Soziale Marktwirtschaft, für die Sozialpartner und die Politik wird das Thema Fachkräfte die vielleicht größte Aufgabe in diesem Jahrzehnt. Wenn die Transformation unseres Landes gelingen soll, dann brauchen wir beides – Chancen und Schutz. Schutz für die Beschäftigten, indem wir die von Umbrüchen und Strukturwandel veränderte Arbeitswelt sozial und gerecht gestalten. Und wir brauchen Chancen für unser Land, um Wohlstand und soziale Sicherheit auch in Zukunft gewährleisten zu können.

Oliver Burkhard und Martin Hilbig

Fachkräftesicherung in der Zeitenwende

Im Zuge von Lockdowns und Kurzarbeit haben in Deutschland häufiger als in vorherigen Krisenzeiten Beschäftigte ihren Arbeitgebern den Rücken gekehrt, ein großer Teil von ihnen auch freiwillig. Neben den Kriseneffekten verstärkte dies auch die Folgen je nach Branche oder Betrieb: lange Wartezeiten, gestörte Lieferketten, Zwangsruhetage oder reduzierte Angebote bei höheren Preisen.
Diese Entwicklung ist beispielhaft für viele Unternehmen. Große Konzerne sind genauso betroffen wie Start-ups und der Mittelstand, es gibt keine Ausnahmen. Das Personal fehlt, kommt nicht mehr zurück oder fordert deutlich bessere oder ganz andere Arbeitsbedingungen. Entsprechend wird es für Arbeitgeber jeden Tag schwieriger, gute Mitarbeitende zu gewinnen und zu halten. Der Arbeitsmarkt ist inmitten einer Zeitenwende, und wir sprechen nicht mehr vom vieldiskutierten »war for talents«, sondern vielmehr um einen »war for everybody«.
Deutschland bekommt das mit voller Wucht zu spüren: offene Stellen, keine Besetzungen – und das nicht nur auf bestimmten Ebenen oder bei bestimmten Fachqualifikationen. Es zieht sich durch wie ein roter Faden: auf den Führungsebenen genauso wie bei Mitarbeitenden und Auszubildenden. Und es trifft alle Bereiche und Geschäfte. Die meisten mehr, andere noch etwas verhaltener, aber bei allen geht es in dieselbe Richtung. Und gerade da, wo es um Innovation, Digitalisierung und neue Technologien geht, ist der Schmerz schon heute besonders groß.
Wegducken, aussitzen und darauf warten, dass sich der Arbeitsmarkt automatisch entspannt, ist keine Option. Im Gegenteil. Die Auswirkungen der Demographie werden zunehmend immer stärker spürbar.
Diese Entwicklung spiegelt sich ganz klar in den Zahlen wider:
- Ende 2022 ist die Zahl der bei der BfA gemeldeten offenen Stellen auf den neuen Rekordwert von 1,98 Mio gestiegen, 17,5 % mehr als im Vorjahresquartal[74].
- 46 % der Unternehmen meldeten im Oktober 2022 eine Behinderung ihrer Geschäftstätigkeit durch fehlende Fachkräfte[75]. Zwar habe sich der

Mangel gegenüber den Monaten zuvor abgeschwächt, aber gegenüber dem Vorjahr trotz des Ukrainekriegs weiter verschärft. Ende 2016 lag der Wert bei nur ca. 25%.
- Bis zur Besetzung einer Vakanz werden aktuell im Schnitt 154 Tage benötigt gegenüber 80 in 2016[76].
- 57% der offenen Stellen sind für Fachkräfte vorgesehen, als arbeitslos gemeldete Fachkräfte gelten jedoch nur 27%[77].
- Der Anteil der Mangelberufe nimmt mit der Höhe der erforderlichen Qualifikation ab[78]. Er ist am höchsten bei den Fachkräften, am geringsten bei den akademisch qualifizierten Experten, wo es tatsächlich bis 2018 einen Zuwachs der Absolventen/innen vor allem in den Ingenieurwissenschaften bis 2018 gegeben hat. Doch inzwischen gehen die Zahlen auch hier wieder zurück[79].
- Besonders gesucht: Experten in Luft-und Raumfahrt[80]. Mehr als 200 Vakanztage pro offene Stelle gibt es z. B. auch in den Bauberufen, der Softwareentwicklung und der Altenpflege. Der Fachverband Bitcom stellte Ende 2022 fest, dass aktuell 137.000 IT-Fachkräfte fehlen. 74% der Branchenunternehmen sprechen von einem Fachkräftemangel (2021 65%). 70% rechnen mit einer weiteren Verschärfung (2021: 66%). Der Fachkräftemangel werde zum Haupthindernis der Digitalisierung[81].

Alles das ist nicht »nur« auf Unternehmen und Wirtschaft begrenzt, sondern hat weitgehende gesellschaftliche Folgen.

Der demographische Wandel führt zu einer signifikanten Reduzierung der Erwerbsbevölkerung. Das gefährdet die hiesigen Geschäftsmodelle. Wirtschaftliche Wertschöpfung findet nicht in dem Maße statt, indem es möglich wäre. Der damit verbundene Wohlstandsverlust hat Konsequenzen für den sozialen Zusammenhalt der Gesellschaft: Mit dauerhaft stagnierenden Wachstumsraten schrumpfen Verteilungsspielräume (bei steigenden Lohnforderungen), es besteht sowie die Gefahr, dass notwendige Investitionen in die Transformation der Volkswirtschaft unterbleiben oder zurückgestellt werden müssen[82].

Weder stehen ausreichende Fachkräfte zur Verfügung, die in einer alternden Gesellschaft die notwendigen Pflegedienstleistungen erbringen würden, noch diejenigen, um Investitionen in erneuerbare Energien und die Dekarbonisierung der Industrie zu realisieren. Die Situation ist ernst, das kann man nicht einfach laufen lassen. Der »Markt« allein wird es jedenfalls nicht (mehr) richten.

Wahrscheinlich werden die Entgelte in bestimmten Berufen steigen, teilweise sogar deutlich. Gut für die Arbeitnehmer/innen, aber damit entstehen durchaus neue Probleme an anderer Stelle. Einige Unternehmen werden in eine Kostenposition kommen, die sie nicht auf Dauer durchhalten können. In der Folge werden Produktionsarbeitsplätze gefährdet und abwandern – mit den entsprechenden negativen Auswirkungen auf Wohlstand und Innovationsfähigkeit.

Es droht der Alptraum jeder verantwortlichen Beschäftigungspolitik – die Gleichzeitigkeit von dramatischem Fachkräftemangel und Personalabbau im großen Stil. Als plakatives Beispiel sei hier nur das Ende der Verbrenner-Technologie genannt.

Ein solches Szenario ist beunruhigend genug, von der Dynamik an anderer Stelle gar nicht zu sprechen: Die rasanten Entwicklungen, beispielsweise bei künstlicher Intelligenz und ihre beschäftigungspolitischen Implikationen auf kreative Berufe und Programmiertätigkeiten, sind heute noch gar nicht final quantifiziert.

Während vieles unsicher und schwierig vorherzusagen ist, bleiben die demographischen Trends stabil, was bisweilen sehr unbarmherzig ist. Daran lässt sich wenig machen, und die angesprochenen, oft langfristigen Entwicklungen sind nicht einfach durch kurzfristiges Eingreifen in den Griff zu bekommen.

Das Kieler Institut für Weltwirtschaft urteilt mit Blick auf die volkswirtschaftliche Dimension im Frühjahr 2023: »Maßgeblich für den stetigen Wachstumsrückgang ist der demographische Wandel, der den Wachstumsbeitrag des Faktors Arbeit weiter abnehmen lässt«[83]. Das Wachstum des Produktionspotenzials der deutschen Volkswirtschaft wird bis 2024 demographiebedingt auf 0,4% zurückgehen und damit fast einen Prozentpunkt unter dem langjährigen Durchschnitt liegen.

KfW-Research schreibt: »Ohne jegliche Zuwanderung ginge die Bevölkerung im heutigen Erwerbsalter von 15 bis 64 Jahren bis 2035 um 8,5 Mio. zurück. Für sich genommen würde dies dazu führen, dass das Bruttoinlandsprodukt pro Kopf bis zum Jahr 2035 um 11% sinkt«[84].

Das allein wäre nicht weniger als eine Katastrophe für die gesellschaftliche Entwicklung, den sozialen Zusammenhalt und Frieden sowie die Lebens- und Zukunftschancen junger Menschen in diesem Land.

Apropos junge Menschen: Auch hier wird es allgemein immer schwieriger, gute Auszubildende zu bekommen. Das zeigen die Zahlen:

- Rückgang der Ausbildungsverträge in den letzten 10 Jahren um ca. 10%
- Rückgang der Übergangsquoten von Hauptschüler/Innen in die Ausbildung. Die Zahl der Jugendlichen, die sich weder in Ausbildung noch in der Schule oder in Arbeit befinden, stieg von 492.000 in 2019 auf 630.000 in 2021 (25%)[85].

Bei thyssenkrupp Steel Europe zum Beispiel lagen im Januar 2023 gerade einmal 50 vollständig unterzeichnete Ausbildungsverträge für 2023 vor. In der Vergangenheit waren das zu diesem Zeitpunkt 150.

Und bei all dem haben wir noch kein Wort über die Multikrisenkonstellation verloren, die spätestens seit Februar 2022 präsent ist. Die beschriebene demographische Problematik spielt sich schließlich inmitten von Klimawandel und drohenden ökologischen und geopolitischen Pulverfässern ab – eine Konstellation, die für alle Entscheider/-innen mehr als herausfordernd ist und ganz neue Lösungsansätze braucht.

Vom Problem zur Lösung: Es gibt nicht den einen Weg!

Um die Fachkräftelücke zu schließen, gilt es zunächst, die Hebel zu bewegen, die tatsächlich von Unternehmen beinflussbar sind. Dies vor dem Hintergrund, dass sich der Markt bereits vom Arbeitgeber- hin zum Arbeitnehmermarkt gedreht hat. Das heißt, die Unternehmen sind jetzt auf der Bewerberseite und nicht umgekehrt – ein Rollenwechsel, wie er intensiver kaum sein könnte.

Insofern sind alle aufgerufen, Fachkräftepotenziale konsequent und auch kreativ zu heben. Nehmen wir allein nur das Beispiel Frauen: Frauen machen mehr als die Hälfte der Bevölkerung aus, sind derzeit zu 75% am Erwerbsleben beteiligt. In vielen deutschen Unternehmen stellen sie aktuell aber nur einen Bruchteil der Gesamtbelegschaft – insbesondere auf den Führungsetagen. Und: Ein großer Teil der erwerbstätigen Frauen arbeitet in Teilzeit bei steigender Tendenz (49% gegenüber 12% bei Männern)[86]. Die Verbesserung von Betreuungsmöglichkeiten, die Abschaffung des Ehegattensplittings sowie eine höhere Wertschätzung systemrelevanter Berufe haben also nicht nur unternehmerische oder gesellschaftspolitische Bedeutung, sondern auch direkte Auswirkungen auf unsere Volkswirtschaft.

Für die Unternehmen gilt es in diesem Zusammenhang sehr klar und mehr noch als in der Vergangenheit, Verantwortung zu übernehmen. Wettbewerbsdifferenzierung ist in einer solchen Lage erfolgskritisch: Es geht nicht nur um Bezahlung, Gender Pay Gap und mehr Frauen in Führung. Da geht es um Führungs- und Arbeitskultur. Es geht darum, wie miteinander umgegangen wird und wie es gelingt, eine innovative und zukunftsfähige Arbeitskultur zu schaffen – hier ist noch gewaltig Luft nach oben! Und auch die Erwerbsbeteiligung der Altersklasse 65+ sollte bitte nicht übersehen werden. Hier gibt es aktuell eine Erwerbsquote von nur 8%. Aus einer Umfrage der Personalberater/innen im Bundesverband Deutscher Unternehmensberatungen (BDU) spricht eine erhebliche Skepsis insbesondere von großen Unternehmen, ältere Führungs- oder Fachkräfte einzustellen. Bei Konzernen geht man derzeit davon aus, dass nur 7% ihrer Gesprächspartner eine hohe Bereitschaft hätten, Fachkräfte im Alter über 60 einzustellen, bei Führungskräften beträgt diese Zahl nur 11%[87].

Diese Wahrnehmung älterer Mitarbeitenden ist nicht mehr zeitgemäß. Warum nicht ältere Kollegen/innen so einsetzen, dass sie ihre Erfahrungen tatsächlich weiter gewinnbringend einsetzen können, z.B. in Experten- oder Ausbildungsfunktionen. Konzepte, wie das Reverse Mentoring können dazu beitragen, die spezifischen Stärken älterer und jüngerer Mitarbeitenden zusammenzuführen und ältere Menschen auch auf diese Weise zu einem längeren Verbleib im Unternehmen zu motivieren. So nutzt thyssenkrupp beispielsweise den temporären Einsatz von in Rente befindlichen Fachkräften als Baustein der Personalpolitik. Eine interne Personalagentur, die thyssenkrupp Senior Experts GmbH, setzte bisher ca. 500 Ehemalige mit einer Einsatzdauer von bis zu zwei Jahren im Konzern ein.

Die sogenannte »Stille Reserve«, zu der diese Menschen zählen, hat ein entsprechend großes Potenzial: Das sind immerhin 3,1 Mio. Menschen, die sich grundsätzlich Arbeit wünschen, aber dem Arbeitsmarkt nicht zur Verfügung stehen bzw. nicht als arbeitssuchend gemeldet sind! Über die Hälfte davon sind übrigens Frauen[88]!

Die Rolle der Politik: Zuwanderung einfacher gestalten

Ein wichtiger Beitrag zur Schließung der Lücke wird von einer kontinuierlichen Zuwanderung von Fachkräften erwartet. Um die demografische Lücke zu schließen, müssten über die nächsten 10 Jahre hinweg jährlich ca. 400.000 Fachkräfte netto zuwandern. Angesichts einer Fachkräftezuwanderung (inkl. Geringqualifizierte) aus Nicht-EU-Staaten im Jahr 2021 von nur ca. 40.000 brutto (vor Corona in 2019 ca. 64.000) ahnt man, dass auch dieser Hebel allein nicht ausreichen wird[89]. Die Bundesregierung sollte deshalb um so stärker dabei unterstützt werden, die Zuwanderung von Fachkräften einfacher zu gestalten, aber auch Ausbildung und Status von bereits zugewanderten Menschen weiter systematisch zu verbessern. Das muss schnell, unbürokratisch und »einladend« geschehen. Wir können es uns nicht erlauben, als Land mit zweifelhafter Willkommenskultur für Fachkräfte zu gelten. Die in jüngster Zeit erfolgten oder auf den Weg gebrachten Gesetzesinitiativen (Fachkräfteeinwanderungsgesetz 2020 u. a. mit der weitgehenden Gleichstellung von beruflicher Qualifizierung mit akademischer Qualifizierung und die laufenden Verhandlungen über seine Verbesserung mittels eines Punktesystems und eines leichteren Wechsels aus dem Asylverfahren in die Einwanderung) sind deshalb ermutigend.

Es bedarf aber auch unterhalb der gesetzlichen Regelungsebene wesentlicher Veränderungen. Wenn der Präsident des Zentralverbands des Deutschen Handwerks die Rolle der Ausländerbehörden als »Ausländerabwehrbehörden« charakterisiert[90], wird deutlich, dass die »Willkommenskultur« gerade in den Verwaltungen von der Notwendigkeit einer ganz und gar anderen Sicht auf Zuwanderung beeinflusst werden müsste.

Fachkräftestrategie des Bundes mit guter Weichenstellung

Die »Fachkräftestrategie« der Bundesregierung, vorgestellt im September 2022, nimmt den Faden der »Nationalen Weiterbildungsstrategie« aus September 2019 auf[91].

Ihre Handlungsfelder sind Ausbildung, Weiterbildung (geplant ist eine »Nationale Online Weiterbildungsplattform«), Erhöhung der Erwerbsbeteiligung von Frauen, Wandel der Arbeitskultur und eine moderne Einwanderungspolitik.

Diese Absichtserklärungen sind zweifelsohne zu begrüßen. Was auffällt ist, dass Digitalisierung aber vor allem als Teil des Problems behandelt wird, als Auslöser von Arbeitsplatzabbau bzw. neuen Fachkräftebedarfen. Wir würden uns wünschen, wenn die Bundesregierung zusammen mit den Unternehmen ihre Anstrengungen ausbaut, um z. B. mit Hilfe von Big-Data-Analysen bessere Orientierung über sich abzeichnende berufliche Veränderungen vermitteln zu können und so die Beratung etwa der Arbeitsagenturen treffsicherer zu machen.

Hierzu gibt es bereits viele gute Ansätze. So hat etwa das BMAS am Beispiel des Maschinenbaus branchenspezifische Veränderungen und ihre Auswirkungen auf zukünftige Kompetenzprofile in einem Kompetenzkompass dargestellt, gestützt auf Befragungen und Daten der BfA[92]. Big-Data-Analysen basierend auf künstlicher Intelligenz können einen Mehrwert leisten: In der Chemieindustrie wurden z. B. ca. 200.000 branchenspezifische Stellenanzeigen in über 900 Stellenportalen analysiert und 5.800 relevante Skills identifiziert. Auf Basis von Häufigkeit und Verschiebungen konnte eine Hitliste der an Bedeutung gewinnenden Skills erstellt werden. 59% der Berufe der Branche verändern sich bereits aktuell deutlich, weil sich über 50% ihrer Skills verändern. Die Ergebnisse finden Eingang in Ausbildungsplänen und Weiterbildungskonzepten[93].

Die Personalplanung kann bereits schon heute von solchen datenbasierten Ansätzen profitieren und präzisere Angaben zu mittelfristig notwendigen Skills und ihrer Verfügbarkeit liefern. Voraussetzung: Die Unternehmen investieren in die Digitalisierung ihrer HR-Abteilungen und in die Fähigkeiten ihrer Mitarbeitenden zu datenbasierten Analysen. Die Deckung des Fachkräftebedarfs könnte somit zukünftig noch besser gelingen, da Menschen ihre Ausbildungs- und Berufsplanung so früher an Veränderungen ausrichten, Berufsberater diese Entwicklungen berücksichtigen und Ausbildungseinrichtungen ihre Curricula entsprechend anpassen können.

Last but not least: Der Bund sollte auch den Aspekt einer unkomplizierteren Beratung integrieren. Die BfA fördert die Weiterbildung von Beschäftigten, unter anderem durch Übernahme von Lehrgangskosten und Lohnzuschüssen. Aber nur jeder zehnte Betrieb nutzt die Weiterbildungsförderung der BfA, weil nur ca. ein Drittel der Betriebe die Fördermöglichkeiten kennt. Die Hälfte der Betriebe nimmt die Förderung nicht in Anspruch, weil inhaltlich oder zeitlich passende Weiterbildungsangebote fehlen. Aber auch viele Beschäftigte selbst haben kein Interesse an einer BfA-geförderten Weiterbildung, möglicherweise, weil sie eine Stigmatisierung befürchten[94].

Führung ist mehr denn je Differenzierungsfaktor

Grundsätzlich gilt: Gute Unternehmenskultur, gute Führung und faire Arbeitsbedingungen helfen, Menschen davon zu überzeugen, sich umfangreicher am Erwerbsleben zu beteiligen, und dabei, innerliche oder tatsächliche Kündigungen zu vermeiden.

Bindung und Motivation von Mitarbeitenden zahlen direkt ein auf das Konto »Reduzierung der Fachkräftelücke«:
- Der Engagement-Index 2021 des Gallup-Instituts stellt fest, dass nur 17% der Mitarbeitenden eine hohe emotionale Bindung zu ihren Unternehmen haben[95].

- 2021 glauben nur noch 44%, auch in drei Jahren noch bei ihrer derzeitigen Firma zu sein (2018: 65%)! Wir müssen also mit erhöhter Fluktuation oder – schlimmer – mit erhöhter »innerer Kündigung« rechnen.
- 82% der Mitarbeitenden mit einer hohen Bindung bestätigen, dass sie auch in drei Jahren noch bei ihrer derzeitigen Firma sein wollen, aber nur 41% der Mitarbeiter mit geringer Bindung.
- Der Stellenwert von Arbeit sinkt: Nur noch 61% würden zum Beispiel auch nach einer großen Erbschaft noch weiterarbeiten, 2016 waren es noch 77%.

Heißt: Nur in einem Klima psychologischer Sicherheit, unter fairen, wertschätzenden Arbeitsbedingungen und mit der begründeten Aussicht der Mitarbeitenden auf Entwicklungschancen können Unternehmen angesichts der veränderten Vorzeichen auf dem Arbeitsmarkt Produktivitätseinbußen aufgrund innerer Kündigung und langer Vakanzen verhindern.

Heißt auch: Da kann man (wahrscheinlich) nicht alle Generationen über einen Kamm scheren. Die Generation X tickt da bestimmt (oder vielleicht auch dann doch nicht so ganz) anders als die Generation Z. In diese Differenzierungsdiskussion ist es – sieht man die aktuellen Diskussionen dazu in den sozialen Medien – müßig einzusteigen.

Fakt ist aber: Die Bindung guter Mitarbeitenden ist mehr denn je Führungsaufgabe: Gute Führungskräfte sind die besten Motivatoren für belastbare Mitarbeiterbindung – vor allem dann, wenn sie über ausreichend Empathie und die Fähigkeit verfügen, Menschen Sicherheit und Perspektive in unsicheren Zeiten zu vermitteln.

Feedback und messbare, regelmäßige Pulse Checks sind dabei unverzichtbar. Der so genannte Employee Net Promotor score, also die Weiterempfehlungsrate, ist sicher nicht der der einzige, aber ein starker Indikator, den es sich lohnt, regelmäßig zu messen (wie es sich insgesamt lohnt, die Qualität von HR-Arbeit viel stärker messbar zu machen, als es in der Vergangenheit der Fall war!).

Schließlich verlässt ein Mitarbeitender nicht nur das Unternehmen, sondern hauptsächlich die jeweilige Führungskraft. Letztere sind also viel mehr gefordert: Inspiration und Wertschätzung, die Frage, wie sich Mitarbeitende wohler und leistungsfähiger fühlen, bekommen eine (noch) herausragendere Bedeutung.

Wir sehen das sehr plakativ auf LinkedIn und in der Presse: New Work, New Leadership – das sind die Themen. Dafür müssen Führungskulturen verändert und Führungskräfte besonders wertgeschätzt werden, die sich von »command and control« weg und hin zu »coach, serve and support« bewegen wollen.

Auf die »People Experience« kommt es an
Es gilt also, viel mehr Kraft und Zeit in Mitarbeitenden-Bindung, Retention, zu investieren, Ideen für Engagement zu entwickeln sowie in Re- und Upskilling zu investieren: Denn jedes vermeidbare Recruiting ist ein gutes, weil es Kraft und Kosten spart oder anders formuliert: Upskilling ist an vielen Stellen das neue Recruiting. Ein Arbeitsklima, in dem kontinuierliches Lernen eine Selbstverständlichkeit ist, wird ein Erfolgsfaktor zukünftiger Organisationen sein.

Und dennoch wird es auch ganz stark um Recruiting von außen gehen. Allein die beschriebene Demographie und die zusätzlich gestiegene Fluktuationsbereitschaft sprechen Bände. Jeder zweite Mitarbeitende denkt nach aktuellen Studien über einen Wechsel nach. Das ist eine Nummer, die wir bislang nicht kannten. Sie wird nicht nur über bloße Retention-Maßnahmen zu lösen sein.

Flexibilität ist dabei angezeigt: Recruiting-Prozesse können von HR zwar beschleunigt werden, es kann aber nur eine ausreichend hohe Drehzahl erreicht werden, wenn im Recruiting-Prozess auf Führungsebene schnelle Entscheidungen getroffen werden. Warum trauen wir uns nicht viel mehr zu, Kandidat/innen auf die Stellen zu entwickeln, als zeitraubend auf den 100% Kandidaten, die 100% Kandidatin zu warten.

Aus der Vogelperspektive hat das nicht nur Vorteile allein für Unternehmen: Aus besseren Rekrutierungsprozessen lässt sich sogar ein direkter volkswirtschaftlicher Beitrag zur Linderung des Fachkräftemangels ableiten: Höhere Produktivität aufgrund einer schnelleren Schließung von Vakanzen reduziert künftigen Arbeitskräftebedarf!

Wenn die Gewinnung von Fachkräften also einen entscheidenden Engpassfaktor für den Geschäftserfolg darstellt, dann sollte sich dies bereits in der organisatorischen Aufstellung widerspiegeln. Recruiting- und Talent Management sollte unmittelbar mit an den Tischen der strategischen Diskussion sitzen – das sollte spätestens jetzt klar sein.

Und es ist ja nicht so, dass nichts passiert wäre: In der Industrie sind in den letzten Jahren große Budgets genutzt worden, um sich im Recruiting-Umfeld zu positionieren und Recruiting-Organisationen aufzubauen. Aber aufgepasst: Aktuell scheinen auf dem Markt doppelt so viele Recruiter/innen Stellen ausgeschrieben zu werden wie vor der Pandemie. Eine/n gute/n Recruiter/in zu finden, war noch nie so schwer wie jetzt[96].

Es ist insofern essenziell, dass Unternehmen dranbleiben und für effiziente Rekrutierungsprozesse sorgen: Sie müssen auf die Kandidaten/innen zugeschnitten sein: einfach, smart, transparent. Schnelligkeit wird zum Überlebensfaktor: Am Morgen noch das Bewerbergespräch geführt, in derselben Woche der Vertrag. Und das nicht nur in den klassischen Beratungsunternehmen. Und die Ideenfindung im Ringen um die Arbeitnehmer ist kreativ und zielgruppenorientiert: back to Werkswohnungen, Rekrutierung gezielt über Social-Media-Kanäle oder mit Angeboten, wie Working-Hubs in attraktiven Städten oder sogar Workstations all over the world. Der Fantasie sind keine Grenzen gesetzt.

Und ganz sicher nicht mehr das klassische post&pray: interne Sourcer – also interne Headhunter – gibt es in fast jedem Unternehmen, und wenn die nicht mehr ziehen, werden ganze Plattformen für Bewerber erworben. Die Unternehmen gehen auch dazu über, einzustellen, ohne spezifische Bewerbungsprozesse zu führen. Prinzip also einfach umgedreht. Dabei wird auf Bewerbungsschreiben immer häufiger verzichtet, die wahrscheinlich ohnehin vielfach mit Hilfe von von ChatGPT verfasst worden wären.

In Employer Branding, also die Arbeitgebermarke zu investieren, ist deshalb unerlässlich. Wie gesagt: Unternehmen bewerben sich bei den Kandidat/innen. 73% der Millennials wählen schätzungsweise ihren Job auf der Basis einer Social Media Experience[97]. Diese Stories müssen top sein – und konsistent. Wenn diese Stories auf der Homepage mit der konkreten Erfahrung in der Onboarding-Phase nicht in Übereinstimmung gebracht werden können, führt das zu Enttäuschung und womöglich zu schneller Fluktuation.

Allein dabei auf Effizienz von Chatbots zu setzen, ist aus unserer Sicht zur kurz gesprungen. Damit sinkt die Attraktivität von menschlichen Berührungspunkten im Unternehmen. Auf die People Experience kommt es schließlich an. Menschen wollen mit Menschen sprechen, wenn es um so etwas Wichtiges, wie den Wechsel des Arbeitgebers geht, und das kann dann Differenzierungsfaktor sein.

Fazit

Der Wandel vom Arbeitgebermarkt zum Arbeitnehmermarkt ist längst vollzogen. Und die Antworten von Unternehmen auf diesen Wandel sind nicht »mehr Geld, mehr Flexibilität, mehr Digitalisierung«. Weil die Gründe für den Fachkräftemangel eben mehrdimensional sind und auch in Zukunft dynamisch sein werden. Das bedeutet aber nicht, dass Unternehmen nichts tun können – im Gegenteil: Die Antworten differenzieren nur deutlich nach Herausforderung. Für manche können Digitalisierungsstrategien eine Antwort bringen, bei anderen ist die bessere Vereinbarkeit von Familie und Beruf der Schlüssel. Mehr Schüler für Ausbildungsberufe zu begeistern ist in der Theorie ein »No-Brainer«, heißt aber auch, dass Unternehmen viel stärker gefordert sein werden, in Schulen zu werben und in automatische Konkurrenz zum Studium geraten. Einfacher wird es insgesamt nicht! Heißt aber nicht, den Kopf in den Sand zu stecken. Das ganz sicher nicht. Es bedeutet viel mehr, schnell und anpassungsfähig zu sein und vielfältige Antworten auf mehr Herausforderungen zu finden. Um mit der thyssenkrupp Employer Branding-Kampagne zu sprechen: #challenge accepted! #mission not yet accomplished.

Steffen Kampeter

Fachkräftemangel und das Dilemma mit den Baby-Boomern

Die Arbeitswelt erlebt derzeit ein interessantes Paradoxon: Während auf der einen Seite Begrifflichkeiten wie Work-Life-Balance oder die Einführung einer Viertagewoche große Wellen in den Debatten über die Organisation von Arbeit in der Zukunft schlagen, klagen nahezu alle gewerblichen und industriellen Branchen über einen akuten Arbeits- und Fachkräftemangel. Ob im Handwerk, der Gastronomie oder im Gesundheitswesen. Überall wird der Mangel sichtbar. Wenn wir als Gesellschaft so weiter leben wollen wie bisher, können wir es uns in dieser Krisensituation nicht leisten, das Arbeitsvolumen zu verringern und ergo weniger zu arbeiten. Der Arbeits- und Fachkräftemangel ist zu einem der größten Bremsklötze der deutschen Wirtschaft herangewachsen – denken wir jetzt nicht um, riskieren wir unseren Wohlstand und gefährden den Erfolg der Transformation. Nicht nur die Politik, auch die Sozialpartner sind gefragt, entschlossen und gemeinsam nach Lösungen zu suchen.

Eine der größten Herausforderungen der kommenden Jahre ist der demografische Wandel und die Alterung unserer Gesellschaft. Die Auswirkungen werden die Unternehmen wie auch die sozialen Sicherungssysteme in den kommenden Jahren in ganzer Härte zu spüren bekommen. Die so genannten Baby-Boomer werden in den kommenden Jahren in den Ruhestand gehen und stehen damit dem Arbeitsmarkt nicht länger zur Verfügung. Das hat unmittelbare Auswirkungen auf den Wirtschaftsstandort Deutschland und unsere Wettbewerbsfähigkeit. Um den Verlust der Personen, die den Arbeitsmarkt verlassen, auszugleichen, werden nach jüngsten Prognosen 400.000 zusätzliche Erwerbstätige auf dem Arbeitsmarkt benötigt – jedes Jahr, und zwar netto, weil gleichzeitig viele Menschen unser Land verlassen. Hinzu kommt, dass Qualifikationen in der heutigen Arbeitswelt nicht mehr ein Leben lang tragen. Die Digitalisierung, die Automatisierung und auch die Dekarbonisierung verändern die Arbeitswelt, lassen neue Tätigkeitsprofile entstehen und bringen neue fachliche Anforderungen mit sich.

Um die Herausforderungen zu bestehen und den Strukturwandel auch auf dem Arbeitsmarkt zu meistern, brauchen wir eine ganzheitliche Fachkräftestrategie, die nachhaltig ist und mit der Realität übereinstimmt. Zur Wahrheit gehört, dass viele Potenziale am Arbeitsmarkt nicht ausgeschöpft werden. Um die Personengruppen zu erschließen und Brücken zu schlagen, die dem Fachkräftemangel entgegenwirken, bedarf es einer zielgruppengerechten Unterstützung. Wir müssen den Nachwuchs durch eine verbesserte Berufsorientierung und Stärkung der dualen Ausbildung besser auf den Arbeitsmarkt vorbereiten und auch dafür begeistern, sich mit einer Profession im Handwerk oder in der Pflege auch in den Dienst der Gesellschaft zu stellen. Menschen, die es schwer haben, nach dem Verlust ihres Arbeitsplatzes wieder in Arbeit zu finden, muss durch eine aktivierende Arbeitsmarktpolitik mit dem Ziel der Integration in den Arbeitsmarkt geholfen werden. Es sollte wieder mehr darum gehen, den grundsätzlichen Wert von Arbeit und die Leistung dahinter anzuerkennen und wertzuschätzen. Kurzum: Wir brauchen Rahmenbedingungen für »mehr Bock auf Arbeit«.

Das neue Bürgergeld hat durch den Kompromiss im Vermittlungsausschuss die Chance, das bewährte Prinzip des Förderns und Forderns in der Arbeitsmarktpolitik wieder stärker in den Blick zu nehmen. Zentral ist jetzt, die Hinzuverdienstregelungen zu reformieren, damit es sich stärker lohnt, sich aus dem Bezug von Sozialleistungen herauszuarbeiten. Da Kinder und Jugendliche auch immer Teil eines Haushalts sind, müssen auch bei der Kindergrundsicherung die Auswirkungen auf die Bedarfsgemeinschaft insgesamt und die Anreize für den Ausbau bzw. die Aufnahme einer Beschäftigung durch die Eltern berücksichtigt werden.

Um stärker ältere Beschäftigte, Menschen mit Behinderungen oder Menschen mit Migrationsgeschichte bessere Unterstützung zukommen zu lassen, bedarf es einer individuelleren und stärkeren Betreuung, Beratung und Förderung als bisher. Gerade im Hinblick auf die Älteren gilt: Alle müssen befähigt werden, so lange und so gesund wie möglich zu arbeiten. Nach wie vor verlassen zu viele Personen den Arbeitsmarkt wegen einer Erwerbsminderung vorzeitig. Hier kann durch Prävention und Rehabilitation gegengesteuert werden. Auch in diesem Jahr werden voraussichtlich wieder mehr als 250.000 Menschen vorzeitig in die abschlagsfreie Frührente gehen. Aus Arbeitgebersicht ist der Verlust eines erfahrenen Beschäftigten besonders schmerzhaft, da diese nicht nur bestens eingearbeitet sind, sondern auch meist eine Führungsrolle übernehmen und jüngeren Beschäftigten Orientierung geben. Der Wegfall der Hinzuverdienstgrenzen für Rentenbeziehende vor der Regelaltersgrenze zum 1. Januar 2023 war ein wichtiger Schritt in die richtige Richtung. Aber die gesetzgeberischen Bemühungen dürfen hier nicht enden: Wir müssen die Anreize für eine vorzeitige Verrentung verringern und die sogenannte abschlagsfreie »Rente ab 63«, also die abschlagsfreie Rente für besonders langjährig Versicherte (mindestens 45 Beitragsjahre), abschaffen.

Gleichwohl müssen wir anerkennen, dass Teilzeitmodelle bei vielen Menschen in Deutschland zur Lebensrealität gehören – insbesondere bei Frauen. Durch eine bessere Vereinbarkeit von Familie und Beruf kann dieser Gruppe geholfen werden, Stunden aufzustocken und so das Erwerbspersonenpotenzial erheblich zu erhöhen. Um diese bessere Vereinbarkeit herzustellen, ist es aber auch wichtig, über einen modernen Arbeitszeitrahmen nachzudenken, der die Attraktivität von Arbeit und in der Folge auch die Mitarbeiterzufriedenheit verbessern kann. Damit ist ausdrücklich nicht die Senkung des Arbeitszeitvolumens gemeint, sondern Maßnahmen und Vereinbarungen einer möglichst flexiblen Arbeitszeitgestaltung. Bedürfnisse und Lebensrealitäten sind unterschiedlich, genau wie die Menschen dahinter. Diese Menschen brauchen daher flexible Gestaltungsmöglichkeiten, um die Arbeit mit dem alltäglichen Leben in Einklang zu bringen. Ein Schritt in diese Richtung könnte in der Festlegung neuer Regelungen zugunsten einer flexiblen Gestaltung der Arbeitszeit und des Arbeitsortes liegen. Ein Übergang von der täglichen zur wöchentlichen Höchstarbeitszeit, wie sie die EU-Arbeitszeitrichtlinie zulässt, inklusive flexiblerer Ruhezeiten wäre ein richtiger Schritt. Aber auch denjenigen, die dem Arbeitsmarkt bereits zur Verfügung stehen, muss Unterstützung zugutekommen. In anderen Worten: Im Kontext der Fachkräftesicherung geht es nicht nur um Quantität, sondern auch um Qualität. Dabei geht es einerseits um die Grundkenntnisse, die jedem jungen Menschen in der Schule vermittelt werden sollten. Wir erleben eine teils dramatisch nachlassende Qualität der Schulergebnisse. Im ersten Schritt muss es dabei um die Umsetzung der bundesweiten Bildungsstandards gehen mit einer regelmäßigen Leistungserhebung und gezielter individueller Förderung bei festgestelltem Nachholbedarf. Ich definiere Qualitätssicherung so, dass die Vermittlung grundlegender Kompetenzen wie Lesen, Rechnen und Schreiben zur Regel wird und die Mindeststandards garantiert erreicht werden. Ebenso selbstverständlich muss in Schule und Hochschule eine digitale Grundkompetenz vermittelt werden. Hier sind insbesondere die Bundesländer – in deren Zuständigkeit die schulische und hochschulische Bildung liegt – gefragt. Der Ausbau der Ganztagsschulen schafft Chancen auf mehr Zeit und Raum für eine gezielte individuelle Förderung. Kinder, die von zuhause nicht so selbstverständlich auf Bildung und Unterstützung zurückgreifen können wie andere, brauchen mehr Begleitung und Zuwendung durch Personen inner- und außerhalb der Schule. Heute wissen wir, wie absolut wichtig die frühe Sprachförderung ist, nicht nur, aber vor allem für die zunehmende Zahl von Kindern aus nicht-deutschsprachigen Familien. Die frühkindliche Bildung muss in diesem Sinne deutlich ausgebaut und qualitativ aufgewertet werden. Wir dürfen keine Generation verlieren.

Andererseits geht es um Fachkompetenzen, die unabdingbar sein werden, um neue und sich immer schneller ändernde Qualifikationsanforderungen in Folge des Strukturwandels durch die voranschreitende Digitalisierung, Automatisierung und Dekarbonisierung zu erfüllen.

Die Unternehmen übernehmen hierbei bereits Verantwortung im Rahmen der betrieblichen Weiterbildung, für die sie zuletzt 41 Mrd. Euro im Jahr investierten. Denn Betriebe wissen am besten, welche Qualifizierung für ihre Beschäftigten sinnvoll und notwendig ist, um deren Beschäftigungsfähigkeit sicherzustellen.

Gerade für KMU stellt die Analyse von Kompetenzbedarfen und die Suche nach dazu passenden Weiterbildungsangeboten aber auch eine Herausforderung dar. Hier können regionale Weiterbildungsverbünde helfen, in denen sich relevante Akteure wie z.B. Verbände, Kammern, Agenturen für Arbeit, Bildungseinrichtungen und auch die Hochschulen vernetzen und gemeinsam bedarfsgerechte Angebote entwickeln. Hochschulen kommt dabei eine immer wichtigere Rolle zu, da sich gerade auch Anforderungen in Bereichen ändern, in denen bereits gut oder sogar hoch qualifizierte Beschäftigte tätig sind. Das Weiterbildungsangebot an Hochschulen stellt hierfür eine wichtige Ergänzung dar, die noch nicht überall selbstverständlich ist.

Losgelöst von den individuellen Unterstützungsangeboten und Anreizelementen für verschiedene Personengruppen spielt auch der Faktor der Arbeitsbedingungen eine wichtige Rolle und rückt immer stärker in den Mittelpunkt. Es ist ein ureigenes Interesse der Arbeitgeber, gute Arbeitsbedingungen zu bieten und die Mitarbeiterzufriedenheit zu fördern. Eine mitarbeiterzentrierte Personalpolitik, Diversität und Inklusion, aber auch gute Führungskräfte und eine offene Kommunikationskultur können dazu beitragen, die Arbeitszufriedenheit erheblich zu steigern. Ich möchte dabei hervorheben, dass »Made in Germany« nicht nur ein Gütesiegel für Produkte aus deutscher Herstellung ist, sondern auch für eine exzellente Arbeitsqualität steht. Dieses Niveau gilt es auch weiterhin hochzuhalten. Wir müssen aber auch anerkennen, dass sich Beschäftigte heutzutage andere Dinge wünschen als noch vor einigen Jahren. Mehr Eigenverantwortung und Flexibilität stehen dabei oftmals im Vordergrund. Diese Wünsche gilt es zu beachten und bestmöglich zu gewährleisten.

Uns muss aber auch klar sein: Selbst wenn wir alle der eben skizzierten Maßnahmen ergreifen und es uns gelingt, alle inländischen Potenziale zu heben, reicht es nicht aus. Um die Fachkräftelücke nachhaltig zu schließen, brauchen wir auch Zuwanderung – und zwar in den Arbeitsmarkt. Wir müssen wieder anfangen, für Deutschland als Arbeitsort zu werben und eine Willkommenskultur bieten. Nur so kann der globale Wettbewerb um die klügsten Köpfe gewonnen werden. Wir können gemeinsam dazu beitragen, dass Zuwanderungsgeschichten auch Erfolgsgeschichten werden. Dafür müssen wir die Rahmenbedingungen verbessern und dafür sorgen, dass Kompetenzen und Fähigkeiten möglichst qualifikationsadäquat eingebracht werden können. Zusammengefasst liegt die Bewältigung der Herausforderungen rund um den Fachkräftemangel in einem Mix aus Ausschöpfung des inländischen Erwerbspersonenpotenzials, dem Heben von Automatisierungsreserven und von Zuwanderung in den Arbeitsmarkt. Nur so schaffen wir es, die Stabilität und Zukunftsfähigkeit des Arbeitsmarktes in Deutschland auch weiterhin zu sichern.

Heiko Kretschmer

Der Fachkräftemangel erfordert sofortiges Handeln

Die Herausforderungen im Arbeitsmarkt werden seit vielen Jahren beschrieben. Nicht allein die demographische Entwicklung, sondern auch die enorme Geschwindigkeit der digitalen Transformation und die Notwendigkeit der klimaneutralen Transformation führen zu einem wachsenden Fachkräftemangel und einer massiven Fehlallokation von Knowhow und Fachkräften. Während in den vergangenen Jahren der Eindruck in Medien und Politik vorherrschte, dass dies ein Problem der Zukunft sei, klagten gerade Hightech Unternehmen schon vor Corona, dass der Fachkräftemangel ein wachstums- und innovationsbegrenzendes Ausmaß erreicht habe. Die Corona-Krise hat diese Situation nun grundlegend verändert. Viele Grey-Collar- und White-Collar-Fachkräfte haben sich in der Krise still und leise neu orientiert und sich zukunftsfeste Arbeitsplätze gesucht. Die Tourismusbranche und Gastronomie können ein leidvolles Lied davon singen. Aber auch der ausbleibende Zuzug ausländischer Fachkräfte in diesen beiden Jahren hat eine zusätzliche Lücke gerissen. Heute müssen wir konstatieren, in allen drei Bereichen (Blue, White and Grey Collar) fehlen Fachkräfte. Der Arbeitsmarkt hat sich gravierend verschoben: Aus dem einstigen Arbeitgebermarkt ist ein Arbeitnehmermarkt geworden. Dies führt dazu, dass es eine scheinbar widersprüchliche Gleichzeitigkeit der Debatten um Vier-Tage-Woche und verlängerte Arbeitszeiten für Fachkräfte gibt, dass außertarifliche Arbeitskräfte oft über hohe Belastung und Mehrarbeit klagen, während Gewerkschaften um Wochenarbeitszeitverkürzung kämpfen, dass Arbeitgeber freiwillig Homeoffice sowie neue Arbeitszeitmodelle zugestehen und zeitgleich die Wirkung dieser Modelle und den erhöhten Koordinationsaufwand beklagen. Am Ende werden diese Widersprüche sich nur auflösen lassen, indem es gelingt, wieder ein Gleichgewicht im Fachkräftemarkt herzustellen.

Die Diskussion um den Fachkräftemangel hat daher eine neue Ernsthaftigkeit und Dringlichkeit erhalten. Das Ausmaß führt inzwischen zu massiven Ausfällen möglicher Produktion und Wertschöpfung. Fachleute schätzen den volkswirtschaftlichen Schaden inzwischen auf 100 Mrd. Euro pro Jahr. Tendenz steigend. Steuerausfälle inklusive. Mancher Konflikt der aktuellen

Regierungskoalition ließe sich vermeiden, wenn diese zusätzlichen Steuern für den Bundeshaushalt verfügbar wären. Dennoch beschränken sich viele politische Strategien auf die Beschreibung langfristiger Perspektiven zur Lösung des Fachkräftemangels. Wer das Bildungsangebot verändern will, berufsorientierte Bildungsangebote schaffen will, die Zahl der Schulabbrecher drastisch reduzieren will, beschreibt dringend erforderliche Reformschritte. Aber dies sind Maßnahmen, deren Erfolge viele Jahre auf sich warten lassen, bis sie im Arbeitsmarkt ankommen. Das gilt auch für sinnvolle Strukturveränderungen wie den Umbau der Bundesagentur zur Bundesagentur für Arbeit und Qualifizierung. Obwohl die Bundesagentur bereits auf dem richtigen Weg ist und die Arbeitslosenversicherung schrittweise zu einer echten Arbeitsversicherung wird, wirken solche Strukturmaßnahmen meistens nur mittelfristig.

Der Standort Deutschland hat immer von der sehr guten Ausbildung seiner Fachkräfte gelebt. Die Innovationskraft, aber auch die hohe Qualität in Industrie und produzierendem Gewerbe oder in Dienstleistungsbereichen sind möglich, weil deutsche Fachkräfte im internationalen Vergleich Spitzenpositionen einnehmen. Wenn diese Fachkräfte fehlen, kommen die Schwächen des Standorts (wie hohe Energiepreise) umso mehr zur Geltung. Auch darum muss schnell gehandelt werden. So wichtig die strukturellen und langfristigen Reformen sind, es bedarf eines Ad-hoc-Programms für die Gewinnung neuer Fachkräfte.

Das bedeutet, stille Reserven weitaus aktiver zu nutzen bzw. den Verlust von Fachkräften ins Ausland zu verhindern. Vier Handlungsfelder stechen dabei ins Auge:

1. Eine Umfrage des Wirtschaftsforums der SPD zeigt, viele Arbeitnehmerinnen und Arbeitnehmer wollen auch im Alter noch in Teilzeit arbeiten, ihre Erfahrung weitergeben, tageweise für ihren Arbeitgeber aktiv bleiben. Dies erfordert einerseits einen starken Zuwachs von Teilzeittätigkeiten, insbesondere aber auch mehr Möglichkeiten zum Jobsharing, denn diese Fachkräfte wollen nicht Vollzeit weiterarbeiten. Darum springt die simple Forderung nach einer Abschaffung der Rente mit 63 oder eine Verlängerung der Lebensarbeitszeit zu kurz. Es geht um Freiwilligkeit und die Frage, wie durch verbesserte Zuverdienstmöglichkeiten diese Freiwilligkeit gestützt werden kann. Jedes Jahr gehen über eine Million Menschen in Rente oder

in den Ruhestand; wenn nur jeder Fünfte auf dieser Basis tageweise aktiv bleiben kann, entspricht dies gut und gerne 100.000 zusätzlichen Fachkräften jährlich. Wenn diese Angebote auch für bereits in Ruhestand befindliche Fachkräfte attraktiv sind, kann sich die Zahl rasch weiter erhöhen.

2. Immer noch ist die Zahl der erwerbstätigen Frauen in Deutschland unterdurchschnittlich. Immer noch herrscht in vielen Familien ein Lebensmodell vor, in dem Familienarbeit von Frauen unentgeltlich geleistet wird. Dies erfordert langfristig ein anderes Verständnis von Partnerschaft. Gesine Schwan und Manuela Schwesig haben dies vor einigen Jahren unter dem Stichwort partnerschaftlicher Arbeits-(zeit-)modelle auf den Punkt gebracht. Diese Modelle fordern mehr Familienarbeit auch von Männern und incentivieren diese entsprechend. Allerdings wird dies auch einen Wandel in den Einstellungen von Männern und Frauen erfordern und nur langfristig umzusetzen sein. Daher bleibt die Frage, wie kurzfristig Frauen zum Wiedereinstieg in die Erwerbsarbeit und erwerbstätige Frauen zu höheren Teilzeitquoten oder zur Vollzeitarbeit motiviert werden können. Hier gibt es sicherlich nur individuelle, lokale und betriebliche Antworten. Aber es liegt auf der Hand, dass flexiblere Arbeitszeitmodelle und ein deutlicher Ausbau der Kinderbetreuung sowie der Ganztagsbildungsangebote einen Schlüssel darstellen. Ein Ausbau der Allianz aus Unternehmen, Kommunen und Ländern könnte hier Abhilfe schaffen, dabei müssen praktische Lösungen gefunden werden, die auch zivilgesellschaftliche Einrichtungen wie die große Zahl an Vereinen in Deutschland für dieses Projekt in die Verantwortung nimmt. Denn wer auf den Neubau von Kitas und die Ausbildung von zusätzlichen Lehrerinnen und Lehrern wartet, wird wieder viele Jahre warten müssen, bis es zu ersten Erfolgen kommt. Dieses zivilgesellschaftliche Engagement lässt sich flexibel aktivieren – das haben die vielen Beispiele in der Coronakrise gezeigt.

3. Eine weitere stille Reserve sind die in den letzten Jahren nach Deutschland geflüchteten Menschen. Vielfach scheitert ihre Integration in den Arbeitsmarkt an der komplizierten und langwierigen Anerkennung von Bildungsabschlüssen und Ausbildungen. Oftmals können Abschlüsse auch nicht als gleichwertig anerkannt werden, dann fehlt es aber an Lösungen, etwa einfache modulare Angebote, die Ausbildungslücken schließen oder vorhandene Praxiserfahrungen testieren helfen. Das frustriert aktuell viele Ukrainerinnen und Ukrainer, die gerne angemessen beschäftigt arbeiten wollen und die

als erstes erfahren, dass nicht einmal ihr Abitur anerkannt wird. Die Kritik an modularen Angeboten ist da berechtigt, wo die Sorge besteht, dass damit die duale Ausbildung in Deutschland unterlaufen wird. Diese duale Ausbildung ist weltweit eine anerkannte Benchmark. Sie ist Kern des deutschen Ausbildungsstandards. Das muss sie auch bleiben. Vielmehr muss es darum gehen, einzelne Module dieser Ausbildung herauszunehmen und als Nachqualifizierung für zugewanderte Arbeitskräfte anzubieten.

Zugleich stoßen Geflüchtete auf Sprachbarrieren, weil die Weltsprache Englisch in vielen Unternehmen immer noch nur als Zusatzqualifikation zur Haussprache Deutsch gilt. Englischsprachige Teams in den Unternehmen, Offenheit für eine englischsprachige Kultur und das offensive Angebot von erforderlichen Zusatzmodulen in der Ausbildung (wo wirklich notwendig) würden helfen, hier einige zehntausend Fachkräfte aktivieren zu können. Dies gilt vielfach auch für die Flüchtlinge aus anderen Regionen. Zumal die jahrelangen Erfahrungen in der Bauindustrie und in einigen Industrieunternehmen nachweisen, dass es durchaus möglich ist, unterschiedliche Sprachen in verschiedenen Teams zum Einsatz zu bringen.

Erfolgreiche Projekte der Aktivierung dieser geflüchteten und migrierten Menschen im Unternehmensalltag zeigen auf, wie eminent wichtig für die Motivation und die Integration dieser Menschen Vorbilder sind. Arbeitskräfte mit Migrationshintergrund, die nicht nur berichten können, dass sie in diesem Land Fuß fassen konnten, sondern die auch im Arbeitsalltag aufzeigen, wie man mit unterschiedlichen Erfahrungen, Frustrationen und auch Diskriminierungserfahrungen umgehen kann. Darum ist ein spezielles Programm der Bundesagentur, das diese Vorbilder in möglichst vielen Unternehmen unterstützt, ihr zusätzliches Engagement wertschätzt und auch finanziell fördert, dringend geboten.

4. Deutschland ist nicht nur ein Einwanderungsland. Deutschland ist auch ein Zurückwanderungsland. Nirgendwo brechen so viele Einwanderer ihre Zelte wieder ab. Deutschland redet über Willkommenskultur und schaut bislang teilnahmslos zu, dass viele Fachkräfte in den ersten Jahren die Lust auf dieses Land verlieren. Jüngste Studien weisen nach, dass es dafür zwei wesentliche Gründe gibt: Sprache und Familie. Die deutsche Einwanderungspolitik denkt an die Fachkräfte, vergisst aber deren Familien. Jede Fachkraft zieht aber eine Familie mit – oder verfolgt zumindest das Ziel, die eigene Familie nachzuholen. Wenn die Integration der Familie in die deutsche Ge-

sellschaft nicht gelingt, dann wird sie aber zum Hauptargument gegen ein Bleiben. Dabei geht es um Ehepartner, die auch in Deutschland arbeiten wollen, und es geht um kostenlose Sprachkurse für die gesamte Familie. Dazu gehören Betreuungsangebote für Kinder, Anlaufstellen für Familien, integrative Angebote für die Familie, kulturelle Angebote. Nur wenn die Einwanderungspolitik sich komplett neu ausrichtet und in Familien denkt, wird sie auch nachhaltig sein und die Fachkräfte dauerhaft für unser Land sichern.

Nicht zu kurz kommen darf dabei auch der kulturelle Wandel in den Unternehmen. Denn auch für zugewanderte Fachkräfte gilt, die Anforderungen an deutsche Sprachkenntnisse werden in den Unternehmen vielfach überbewertet. Wenn selbst international agierende Tech-Unternehmen Fachkräfte mit B2-Deutschniveau ablehnen, dann bedarf es eines neuen Verständnisses in solchen Unternehmen, nämlich Deutsch als Zusatzqualifikation zur Englischsprachigkeit zu verstehen. Andernfalls wird der Standort Deutschland nicht wettbewerbsfähig im internationalen Fachkräftemarkt werden.

Der deutschen Wirtschaft läuft die Zeit weg. Noch wird der Standort Deutschland im Ausland für sein Fachkräfteangebot geschätzt, noch sind die deutschen Fachkräfte ein Wettbewerbsvorteil für deutsche Unternehmen. Es braucht aber in den kommenden Monaten ein Sofortprogramm für Fachkräfte, damit sich dieser Vorteil nicht in sein Gegenteil wendet. Das neue Einwanderungsrecht ist dafür eine gute Voraussetzung, aber nun müssen gezielte Programme gestartet werden.

Judith Wiese

Damit Deutschland Zukunftsland bleibt – Was es braucht, um unseren Wohlstand zu sichern

Der Wohlstand Deutschlands basiert auf einer starken und innovativen Industrie. In vielen Bereichen wie dem Maschinen- und Anlagenbau, der chemischen und pharmazeutischen Industrie sowie im Fahrzeugbau nimmt das Land heute eine technologisch führende Rolle ein. Mit einem industriellen Anteil von circa 20% an der gesamten Bruttowertschöpfung hält Deutschland im Ländervergleich eine Spitzenposition. Zählt man zur Produktion noch unternehmensnahe Dienstleistungen hinzu, so wurden im Jahre 2020 circa 40% der deutschen Wertschöpfung von der Industrie erbracht.

Die Auswirkungen des Klimawandels, pandemiebedingte Produktions- und Lieferkettenbeeinträchtigungen sowie knappe Ressourcen sind die eine Seite der Herausforderungen von Deutschlands Wettbewerbsfähigkeit. Die andere Seite bildet der Mangel an Fachkräften. Diese sind für eine erfolgreiche Industrie Voraussetzung. Noch ist Deutschland hier in einer komfortablen Situation. Mit knapp 35 Millionen sozialversicherten Beschäftigten stehen heute rund sechs Millionen mehr Menschen in einem Arbeitsverhältnis als noch zur Jahrtausendwende. Doch bereits der Blick auf die Zahl der arbeitenden Bevölkerung bis Ende des Jahrzehnts macht deutlich, dass circa fünf Millionen gut ausgebildete Fachkräfte fehlen werden, allen voran in den technischen Berufen.

Diese Entwicklung zeigt sich beispielhaft an der Situation von Siemens in Deutschland. Von den aktuell knapp 90.000 Mitarbeitenden hierzulande gehören circa 20% der Altersgruppe ab 54 Jahren an und scheiden daher in den kommenden zehn Jahren ruhestandsbedingt aus. Engpässe erwarten wir vor allem in zwei unserer Schlüsselbranchen: der Energie- und der Elektrotechnik. Bei den wichtigen fertigungstechnischen Berufen sowie bei IT- und naturwissenschaftlichen Dienstleistungen ist der Bedarf an qualifizierten Fachkräften besonders groß. Insbesondere diese Berufsgruppen haben einen erheblichen Einfluss auf die Geschwindigkeit der dringend geforderten globalen Energiewende.

Wo Deutschland Potenziale nutzen kann

Deutschlands Wettbewerbsfähigkeit hängt von einem ausreichenden Angebot an gut ausgebildeten Fachkräften ab. Um dieses zu erhalten und weiter auszubauen, bieten sich vor dem Hintergrund der aktuellen wirtschaftlichen und gesellschaftlichen Situation drei Bereiche mit hohem Optimierungspotenzial besonders an:

1. Digitalisierung: Mit einer durchgängigen IT-Infrastruktur, der besseren Integration von digitalen Kenntnissen in Curricula und der einfacheren Nutzung von Daten für Forschungszwecke können in Deutschland wichtige Weichen für neue Schlüsseltechnologien gestellt werden.
2. Geschwindigkeit: Es gilt die neue »Deutschlandgeschwindigkeit« für notwendige Reformen, weiter voranzutreiben, um bei wichtigen Maßnahmen für Europa und die Welt Vorbild zu sein, wie zum Beispiel bei Fragen der Zuwanderung von Fachkräften.
3. Flexibilität: Gemeint ist hier die Offenheit für weitere beschäftigungsfähige Bevölkerungsgruppen, die heute noch nicht hinreichend im Blickfeld von Recruitern stehen. Aber auch umgekehrt kann man Menschen im Arbeitsleben von der Wichtigkeit überzeugen, dass es Eigeninitiative braucht, um durch gezielte Weiterbildung und ein lebenslanges Lernen beschäftigungsfähig zu bleiben.

Die Lösungen liegen im gemeinsamen Tun. So lassen sich die beschriebenen Ansätze in einem engen Schulterschluss zwischen Politik, Wirtschaft, Wissenschaft und Gesellschaft am besten verwirklichen. Wenn die Verantwortlichen in Politik und Wirtschaft gemeinsam für alle Menschen handeln, die bereits im Beruf stehen, in Ausbildung oder erwerbssuchend sind, dann schaffen wir zusammen eine erfolgreiche Zukunft für den Beschäftigungsstandort Deutschland.

Gemeinsam am Zukunftsland Deutschland arbeiten

Als einer der größten Arbeitgeber Deutschlands sehen wir uns vor diesem Hintergrund in der Verantwortung, mit gezielten eigenen Programmen das Zukunftsland Deutschland mitzugestalten. In unseren zentralen Maßnahmen für eine nachhaltige Beschäftigungsfähigkeit konzentrieren wir uns darauf, die Digitalisierung im Unternehmen, aber auch bei unseren Kunden als Chance zu begreifen. In diesem Zusammenhang ist es uns wichtig, Bildung zu fördern, Weiterentwicklung von wichtigen neuen Kompetenzen zu unterstützen, neue Erwerbsmöglichkeiten zu finden und Infrastrukturen einzusetzen, die eine lebenslange Beschäftigung ermöglichen. Darüber hinaus möchten wir als Unternehmen aber auch zusammen mit unseren Partnern und Kunden aufzeigen, wie dies möglich, machbar sowie bezahlbar umgesetzt werden kann.

Digitalisierung gewinnt

Digitalisierung ist kein technologischer Trend, sondern eine Grundvoraussetzung für nachhaltiges Wirtschaften und neue Beschäftigungsmöglichkeiten. Entsprechend wichtig ist die digitale Infrastruktur, auch im ländlichen Raum, für generelles Lernen und Arbeiten. Daher sollte der beschleunigte IT-Ausbau zusammen mit der Einführung von softwarebasierten Prozessen für das tägliche Leben in Deutschland absolute Priorität genießen. Um diese Voraussetzungen umfassend nutzen zu können, gilt es, alle Menschen bei diesem Prozess mitzunehmen. So plädieren wir für ein neues Technikverständnis, welches durch Erwerb der erforderlichen Kompetenzen entlang des ganzen Bildungsspektrums, von der frühkindlichen Schulbildung über die Aus- und Weiterbildung bis hin zur Hochschule mit in die Lehrpläne integriert wird. Dabei geht es nicht nur um die reine Technik, sondern vor allem darum, die Vorteile digitaler Prozesse und Angebote in der gesellschaftlichen Breite zu verstehen und – im besten Falle mit einer gewissen Begeisterung – auch anzunehmen.

Wir bei Siemens analysieren unsere Qualifikations- und Veränderungsbedarfe systematisch mittels unseres #nextwork-Ansatzes und haben unsere Aus- und Weiterbildungsmöglichkeiten auf einer digitalen Plattform zusammengefasst, damit alle Mitarbeitenden zu jeder Zeit auf neues Wissen zugreifen können. Digitale Kompetenzen und neue digitale Technologien finden besondere Beachtung in unseren Lehrplänen bei der betrieblichen Ausbildung sowie bei den dualen Studiengängen. Für unsere Mitarbeitenden aus Fertigung, Service und Vertrieb, Controlling und Business Support bieten wir in eigenen Förderprogrammen Weiterbildungsmöglichkeiten zu neuen Technologien wie Robotik, Digitale Fertigung, Additive Manufacturing, IoT/Edge, Digital Twin oder Cyber Security an. Darüber hinaus unterstützen wir mit dem von Siemens gemeinsam mit dem Gesamtbetriebsrat ins Leben gerufenen »Zukunftsfonds« Qualifizierungsmaßnahmen speziell in beruflichen Zukunftsfeldern, auch in enger Zusammenarbeit mit unseren Sozialpartnern. Durch eigene Erfahrungen wie zum Beispiel in unserem

Elektronikwerk in Amberg, welches als »Digitale Fabrik« die virtuelle und reale Welt in der Produktion verbindet, sehen wir, dass die Digitalisierung nicht Arbeitsplätze abbaut, sondern Mitarbeitenden neue Entwicklungsmöglichkeiten bietet und die Innovationskraft insgesamt fördert.

Schnelligkeit zählt

Ob die bereits genannte Zahl von fünf Millionen fehlenden Fachkräften bis 2030 aus der eigenen Bevölkerung rekrutiert werden kann, ist fraglich. Daher begrüßt Siemens eine administrativ erleichterte Einwanderung gut ausgebildeter Menschen. Schnellere Prozesse von staatlicher Seite für die Anerkennung von Abschlüssen sowie bei Verfahren für längerfristige Aufenthaltsrechte wären wünschenswert.

Flexibilität unterstützt

In Deutschland gibt es hervorragend ausgebildete und motivierte Menschen, die heute noch zu wenig gesehen und genutzt werden. Dazu zählen für uns die in der industriellen Berufswelt immer noch deutlich unterrepräsentierten Frauen, aber auch ältere Menschen und die meist nicht beachtete Gruppe von Menschen mit Behinderung. Ein Anreiz, nicht nur für Frauen, mehr zu arbeiten, könnten flexiblere Arbeitsbedingungen wie zum Beispiel die Anpassung des Arbeitszeitgesetzes oder das Aufweichen von Ruhezeiten sein. Auch das von Siemens während der Covid-19-Pandemie erarbeitete »New Normal Working Model«, welches heute als Gesamtbetriebsratsvereinbarung zum mobilen Arbeiten dauerhaft im Unternehmen etabliert ist, unterstützt dabei, Arbeit und Familie besser zu vereinbaren. Mit eigenen Kinderbetreuungsstätten, Ferienprogrammen und einer zusätzlichen finanziellen Unterstützung für die Kinderbetreuung schaffen wir weitere Anreize für junge Eltern, wieder früher in den Beruf zurückzukehren. Steuer- und gegebenenfalls sozialversicherungsrechtliche Klarstellungen könnten helfen, hybrides Arbeiten eventuell sogar über Ländergrenzen hinweg für Talente aus dem Ausland zu ermöglichen. Für die Beschäftigung von älteren Personen, etwa mit Blick auf die Gestaltung des Übergangs von der Erwerbstätigkeit in den Ruhestand, wünschen wir uns mehr Flexibilitäten. Dieser Bevölkerungsteil würde kurz- und mittelfristig helfen, Lücken bei der Fachkräfteversorgung zu schließen.

Ein weiteres großes Potenzial für gut ausgebildete und motivierte Fachkräfte liegt in der Gruppe der Menschen mit Behinderung. Allein in Deutschland hatten im Jahr 2020 laut einer Studie des Instituts der deutschen Wirtschaft 56 Prozent der Arbeitslosen mit einer Schwerbehinderung einen Berufs- oder Hochschulabschluss. Bei jenen ohne eine Schwerbehinderung waren es nur 46 Prozent. Und mehr als die Hälfte der Nichterwerbstätigen mit einer leichteren Behinderung oder einer geringeren Minderung ihrer Erwerbsfähigkeit konnten sich eine Wiederbeschäftigung vorstellen. Für die bessere Integration dieser Bevölkerungsgruppe in das aktive Arbeitsleben braucht es Flexibilitäten sowohl von staatlicher Seite als auch bei den Unternehmen.

Dass eine für alle gewinnbringende Einbindung dieser Bewerbergruppe möglich ist, beweist Siemens an vielen Standorten. Eigene Schwerbehinderten- und Integrationsbeauftrage suchen gemeinsam mit den Standortleitungen und den sozialen Einrichtungen vor Ort nach flexiblen Lösungen, Menschen mit Behinderung entsprechend ihrer Leistungsbefähigung in den Arbeitsprozess zu integrieren. So sind im Siemens Mittelspannungswerk in Berlin einzelne Fertigungsschritte an Behindertenwerkstätten ausgelagert und umgekehrt Teams aus diesen Einrichtungen im Werk mit in den Produktionsprozess eingebunden. Dazu wurden durch staatliche Unterstützung eigene Arbeitsplätze für Schwerbehinderte eingerichtet und auch Arbeitsplätze von Mitarbeitenden mit einem Handicap von staatlicher Seite bezuschusst. Die Erfolge sind zähl- und sichtbar. In unserem Ansatz für mehr Vielfalt, Gleichheit und einer inklusiven Kultur steht der Mensch mit seinen Fähigkeiten im Vordergrund. Als einzige Voraussetzung gilt immer noch die geeignete Qualifikation.

Mutige Entscheidungen und eine zeitnahe Umsetzung sind gefragt

Dass Deutschland zupacken und gemeinsam wegweisende Projekte initiieren kann, hat das Verhandlungsergebnis für marktwirtschaftliche, technologieoffene Lösungen als Treiber für eine gelingende Klimapolitik gezeigt. Das macht Mut auch für andere Bereiche, wie etwa die Beschäftigungspolitik. Daher sind wir als Unternehmen zuversichtlich, dass die Bereitschaft aller Beteiligten gewachsen ist, heute bereits vorhandene Fachkräfte schneller und flexibler mit einem »Deutschlandtempo« zu rekrutieren und sie in die Industrie zu integrieren. Wie bei vielen Neuerungen braucht es ein beherztes Handeln von Vorreitern und die Bereitschaft aller, gemeinsam an Lösungen zu arbeiten. Wir von Siemens versuchen, in diesem Sinne mit guten Beispielen voranzugehen und unterstreichen damit auch unsere mehr als 175-Jahre alte Firmenphilosophie, die den Menschen als das wichtigste Gut für das Unternehmen ansieht. Es ist dieses Kapital an Kompetenzen und Qualifikationen, mit denen die deutsche Industrie erfolgreich wachsen und so der Wohlstand in unserem Land erhalten bleiben kann.

Timon Hellwagner, Doris Söhnlein, Susanne Wanger und Prof. Dr. Enzo Weber

Wie verhindern wir die demografische Schrumpfung des Arbeitsmarkts?

Angesichts knapper Arbeitskräfte fällt es Betrieben immer schwerer, offene Stellen zu besetzen. Als Folge des demografischen Wandels ist zu erwarten, dass sich dieser Mangel weiter verschärft.

Die Altersstruktur der Bevölkerung zeichnet den Rückgang des Arbeitskräfteangebots vor. Berechnungen des IAB zeigen: Ohne Außenwanderung und steigende Erwerbsquoten würde die Zahl der Personen, die dem Arbeitsmarkt zur Verfügung steht, bis zum Jahr 2035 um über 7 Mio. sinken[98]. Doch steigende Erwerbsquoten und Zuwanderung sind nicht die einzigen Stellschrauben: Für das Arbeitsangebot ist nicht nur entscheidend, wie viele Personen dem Arbeitsmarkt zur Verfügung stehen, sondern auch, wie viele tatsächlich erwerbstätig sind und wie hoch die gearbeitete Arbeitszeit ist.

Erwerbsquoten: Potenziale liegen bei Älteren und Frauen

Ein nach Staatsangehörigkeit, Geschlecht und Alter differenzierter Blick zeigt Unterschiede und Potenziale bei den Erwerbsquoten: In den mittleren Jahrgängen liegen diese bei Männern bereits bei über 90%, bei deutschen Frauen hingegen bei etwa 85% bis 90%, könnten also noch in begrenztem Umfang steigen. Die Erwerbsbeteiligung ausländischer Frauen liegt aber um bis zu 20 Prozentpunkte darunter. Auch die Erwerbsquoten der 60- bis 64-Jährigen sind bis zu 20 Prozentpunkte niedriger als die der 55- bis 59-Jährigen. Eine weitere Zunahme der Erwerbsbeteiligung scheint möglich, etwa infolge der Rente mit 67. Auf Basis dieser Befunde lassen sich drei Szenarien vergleichen:

1. Anstieg der Erwerbsquoten ausländischer Frauen auf das Erwerbsniveau deutscher Frauen,
2. Angleichung der Erwerbsquoten deutscher Frauen an die deutscher Männer,
3. Anstieg der Erwerbsquoten der 60- bis 69-Jährigen jeweils auf das Niveau der Altersgruppe darunter.

Den Berechnungen zufolge gäbe es in Deutschland im Jahr 2035 insgesamt 3,4 Mio. zusätzliche Erwerbspersonen, wenn alle drei Szenarien einträten. Der Löwenanteil von 2,4 Mio. resultiert aus der steigenden Erwerbsbeteiligung Älterer. Dazu müssen ältere Beschäftigte allerdings möglichst gut und lange in den Arbeitsmarkt integriert werden und bleiben. Das könnte etwa durch kürzere und flexiblere Arbeitszeiten[99] umgesetzt werden oder durch systematische Qualifikation für Tätigkeiten, die den Möglichkeiten der Älteren entsprechen.

Die möglichen Zuwächse aus höherer Erwerbsbeteiligung von deutschen und ausländischen Frauen fallen mit 0,6 beziehungsweise 0,4 Mio. zwar schwächer, aber immer noch substanziell aus. Um höhere Frauenerwerbsquoten zu realisieren, müssen etwa die Kinderbetreuungsangebote ausgebaut und die Arbeitszeiten flexibler und familienkompatibler werden, da Frauen ihre Erwerbstätigkeit immer noch stark an familiäre Aufgaben anpassen[100]. Auch mobiles Arbeiten erleichtert die Vereinbarkeit von Familie und Beruf wesentlich[101].

Zu- und Abwanderung: Es geht auch um die Bleibebereitschaft

Ein weiterer Hebel für das Arbeitskräftepotenzial liegt in der Migration. Im Jahr 2021 lag der Wanderungssaldo bei knapp 330.000 Personen, geprägt durch die hohe Zuwanderung von 1,14 Mio. Menschen mit nicht-deutscher Staatsangehörigkeit. Gleichzeitig waren die Pandemie-Jahre von niedriger Abwanderungsbereitschaft geprägt. So lag die jährliche Emigrationsquote der ausländischen Bevölkerung 2020 und 2021 bei rund 7% – deutlich unter dem Durchschnitt der 2010er Jahre (9,1%). Um langfristig einen ähnlichen Saldo zu realisieren, ist das Zusammenspiel von Zuwanderung und Abwanderung entscheidend.

Da jeder Zuzug die Bezugsgröße erhöht, müssen, bei konstanter Fortzugsquote, die Zuzüge für einen stabilen Wanderungssaldo steigen: So müsste bei einer dauerhaften Abwanderungsquote von 9,1% die Zuwanderung von Personen mit ausländischer Staatsangehörigkeit von 1,14 Mio. auf 1,64 Mio. im Jahr 2035 steigen, um stets einen Saldo von 330.000 Personen zu ermöglichen. Demgegenüber, bei einer steten jährlichen Zuwanderung von 1,14 Mio. Personen, ließe sich die Zahl von 330.000 Personen nur dann erreichen, wenn die Abwanderungsbereitschaft der in Deutschland lebenden ausländischen Bevölkerung abnimmt: Die Fortzugsquote müsste auf gut 5,5% pro Jahr sinken.

Um dauerhaft hohe Wanderungssalden zu erzielen, sind also Anstiege der Zuzugszahlen wie der Bleibebereitschaft nötig. Für erstere ist eine offene Zuwanderungspolitik wichtig. So ist etwa zu empfehlen, die Hürde eines anerkannten Bildungsabschlusses bei Zuzug abzusenken. Migrationspolitik ist aber immer auch Integrationspolitik. Wer die Bleibebereitschaft verbessern will, muss sicherstellen, dass sich Zugewanderte in Deutschland bestmöglich integrieren können. Hier geht es um die Anerkennung von Kompetenzen, gezielte berufsbegleitende Qualifizierung und Sprachförderung, Beteiligung von Migrantenorganisationen, aber auch um klare Perspektiven für Aufenthaltsrecht und Familiennachzug und eine deutlich längere Gültigkeit von Aufenthaltstiteln bei vorübergehenden Ausreisen in die Herkunftsländer[102,103].

Auch Erreichen von Vollbeschäftigung würde das demografische Minus am Arbeitsmarkt mildern

Negative Beschäftigungswirkungen des demografischen Wandels können nicht nur durch höhere Erwerbsbeteiligung und Migration ausgeglichen werden, sondern auch durch Senkung der Arbeitslosigkeit. Vollbeschäftigung ist grundsätzlich erreicht, wenn alle Menschen, die Arbeit aufnehmen können und wollen, auch Arbeit bekommen. Dies wäre bei einer Arbeitslosenquote von 2% bis 3% gegeben.

Vollbeschäftigung im Jahr 2030 ist prinzipiell erreichbar. Eine solche Entwicklung ist auch zu Zeiten demografischer Schrumpfung kein Automatismus. Mit der zunehmenden Verknappung von Arbeitskräften bietet sich aber die Chance, durch arbeitsmarktpolitische Anstrengungen in den Bereichen Vermittlung, Beschäftigungsfähigkeit und Qualifizierung dem Ziel der Vollbeschäftigung näher zu kommen. Nimmt man für das Jahr 2035 eine Arbeitslosenquote von 2,5 % an, so ergäbe sich eine zusätzliche Beschäftigung von 1,3 Mio. Personen. Zudem ist davon auszugehen, dass eine Vollbeschäftigungssituation weitere Personen etwa aus der Stillen Reserve für den Arbeitsmarkt aktivieren würde.

Arbeitszeit: Viele Menschen in Teilzeit und Minijobs würden gerne länger arbeiten

Auch eine Ausweitung der Arbeitszeiten von Beschäftigten mit Verlängerungswünschen könnte Erwerbspotenziale erschließen. Damit würde sich zwar nicht die Zahl der Arbeitskräfte erhöhen, sehr wohl aber das gesamtwirtschaftliche Arbeitsvolumen. Derzeit arbeiten fast 40% aller Beschäftigten in Teilzeit[104]. 12% der männlichen und 8% der weiblichen Beschäftigten gaben im Jahr 2020 an, unfreiwillig Teilzeit zu arbeiten, konnten also keine Vollzeitstelle finden[105]. Außerdem möchte ein Teil der Teilzeitbeschäftigten die Arbeitszeit um einige Stunden aufstocken.

So sind bei geringfügig Beschäftigten die Verlängerungswünsche (44 %) am stärksten ausgeprägt, aber auch ein Viertel der Teilzeitbeschäftigten möchte die Arbeitszeit gerne verlängern[106]. Könnten beide Gruppen ihre Verlängerungswünsche realisieren, würden diese zusätzlichen Arbeitsstunden bei einer Wochenarbeitszeit eines Vollzeitbeschäftigten von ca. 38 Stunden einem Vollzeitäquivalent von knapp 1,4 Mio. Stellen entsprechen.

Den aufgeführten Arbeitszeitpotenzialen der Unterbeschäftigung stehen die schwieriger zu realisierenden Verkürzungswünsche anderer Beschäftigter gegenüber[107]. Vor allem finanzielle Gründe oder eine hohe Arbeitslast hindern Beschäftigte häufig daran, ihre Arbeitszeit tatsächlich zu reduzieren. Jedoch gibt es auch hier betriebliche Möglichkeiten, den Präferenzen von Beschäftigten nach mehr Freizeit entgegenzukommen und trotzdem den Arbeitsumfang hoch zu halten, zum Beispiel über eine individuellere, lebensphasenorientiertere Arbeitszeitgestaltung und mobiles Arbeiten.

Aber auch über entsprechende Rahmenbedingungen lassen sich Arbeitszeitdiskrepanzen vermeiden oder abbauen[108]; beispielsweise eine partnerschaftliche Aufgabenteilung, umfassende und flexible Kinderbetreuungsmöglichkeiten sowie bessere steuerliche Anreize für eine Ausweitung der Erwerbstätigkeit von Ehefrauen.

Bei Minijobs ist an eine Regelung zu denken, die sicherstellt, dass Betriebe diese weiterhin möglichst einfach und flexibel einsetzen können und zugleich deren steuer- und abgabenrechtliche Begünstigung vermeidet. Auch die Betriebe selbst können hier ihren Beitrag leisten, etwa indem sie die oft sehr starre Trennung zwischen Voll- und Teilzeit abbauen und so das Risiko einer Teilzeitfalle verhindern, oder indem sie flexiblere Arbeitszeitmodelle fördern.

Fazit

Die demografische Entwicklung würde ohne Außenwanderung und steigende Erwerbsquoten bis zum Jahr 2035 zu einem Rückgang des Arbeitskräfteangebots um 7 Mio. Personen führen. Dem können eine höhere Erwerbsbeteiligung (+3,4 Mio. bei günstigster Entwicklung), insbesondere von Älteren und Frauen, sowie positive Wanderungssalden (+3,7 Mio. bei einem jährlichen Saldo von 330.000) entgegenwirken. Auch Vollbeschäftigung (+1,3 Mio. Personen) und eine präferenzgerechte Ausweitung der Arbeitszeiten (+1,4 Mio. Personen, in Vollzeitstellen gemessen) könnten weitere Potenziale erschließen. Es ist in Summe also möglich, die demografische Schrumpfung des Erwerbspersonenpotenzials auszugleichen, wenn die aufgezeigten Maßnahmen erfolgreich umgesetzt werden können. Zur langfristigen Stabilisierung des Erwerbspersonenpotenzials über 2035 hinaus wird es aber auch darauf ankommen, dass in den kommenden Jahren die Geburtenrate steigt. Zentral dafür ist eine familienfreundliche Gesellschaft, in der sich Beruf und Familie gut vereinbaren lassen. Da sich Geburten erst mit großer Verzögerung am Arbeitsmarkt auswirken, kommt es aber schon heute auf Faktoren wie umfassende Kinderbetreuungsangebote, partnerschaftliche Aufgabenteilung, flexible individuelle Arbeitsmodelle und familienpolitische Unterstützung an.

7. Demographie und Transformation der Wirtschaft – Herausforderungen für die sozialen Sicherungssysteme

Prof. Dr. Gerhard Bosch

Soziale Sicherheit – Voraussetzung einer erfolgreichen Transformation

Ganzheitlicher sozialpolitischer Ansatz nötig

Die Arbeitswelt befindet sich aufgrund dreier parallel verlaufender Entwicklungen, den sogenannten 3D (Dekarbonisierung, Digitalisierung und demographischer Wandel) inmitten großer Umbrüche. Die ambitionierten Ziele des Klimaschutzes, wie die CO_2-Neutralität unserer Wirtschaft, können nur durch die fast vollständige Dekarbonisierung der Wirtschaft bis 2050 erreicht werden. Der Abschied vom Verbrennungsmotor, der Einsatz von grünem Wasserstoff in der Stahlindustrie oder der Übergang zu umweltfreundlichem Bauen sind einige von vielen Beispielen der weitreichenden Umwälzungen. Die Alterung der Bevölkerung infolge der demografischen Entwicklung lässt befürchten, dass sich die ehrgeizigen Termine der grünen Transformation durch einen massiven Fachkräftemangel weit nach hinten schieben. Gleichzeitig führt die unternehmensübergreifende Vernetzung der Wirtschaft, die unter dem Begriff »Industrie 4.0« zusammengefasst wird, zu einem neuen Schub der Digitalisierung. Ob dieser Digitalisierungsschub zu einem Anstieg des Produktivitätswachstums führt, der ausreichend Fachkräfte für neue Aufgaben durch die Rationalisierung bestehende Tätigkeiten freigesetzt, ist ungewiss.

Eine solche umfassende Transformation der Wirtschaft über einen langen Zeitraum wird nur möglich sein, wenn die Beschäftigten über die notwendigen neuen Qualifikationen verfügen.[109] Dabei geht es zunächst um die fachliche Aufgabe, die neuen Qualifikationsanforderungen zu ermitteln und sie in angemessene Aus- und Weiterbildungsmaßnahmen zu übersetzen. Ebenso wichtig ist eine breite Akzeptanz der Transformation gerade bei denen, die von dem Wandel am stärksten betroffen sind. Sie müssen den Wandel wollen und bereit sein, weiter zu lernen und neue Aufgaben mit Motivation, Engagement und hoffentlich auch Begeisterung zu übernehmen. Im schlimmsten Szenario überwiegen die Ängste vor der Zukunft, es kommt zu inneren Kündigungen oder zur Blockade des Wandels durch Hinwendung zu rückwärtsgewandten Klimaleugnern. Zu den zentralen transformativen Qualifikationen zählen also Veränderungsbereitschaft und der Wille, Neues zu lernen. Die Überzeugungsarbeit, Ängste vor der Zukunft abzubauen, und die Motivation, den Wandel mitzugestalten, gehören zu den schwierigsten Herausforderungen in der Transformation. Die Sozialpolitik, die die Risiken im Strukturwandel absichern und für ein ausreichendes Einkommen in unterschiedlichen Lebensphasen sorgen soll, spielt hierbei eine zentrale Rolle. Angesichts ihrer vielfältigen Aufgaben ist die übliche Verengung des Themas auf die Erhöhung der Regelaltersgrenze nicht nur falsch, sondern – wie das Beispiel Frankreichs zeigt – auch politisch gefährlich. Die Erhöhung der Altersgrenze wird von den oft schlecht bezahlten Beschäftigten in belastenden Tätigkeiten mit begrenzter Beschäftigungsdauer zu Recht als Kampfansage verstanden, da sie diese Tätigkeiten meistens nicht bis zur Regelaltersgrenze ausüben können. Notwendig ist ein ganzheitlicher Ansatz, der von den unterschiedlichen Risiken der Transformation für die Beschäftigten und den Bedarfen der Wirtschaft in der Transformation ausgeht.

Die Transformationsrisiken: Einkommensverluste und unzureichende Weiterbildung

Die größten Transformationsrisiken für die Beschäftigten liegen in Einkommensverlusten bei einem unfreiwilligen Betriebswechsel aus dem tariflich gut abgesicherten primären Arbeitsmarktsegment in das sekundäre Segment der Zulieferer und Dienstleister, die selbst für Fachkräfte häufig nur wenig mehr als den Mindestlohn zahlen. Diese Risiken lassen sich nur durch eine Erhöhung der Tarifbindung mindern. Das in der Koalitionsvereinbarung verabredete Tariftreuegesetz, das 2023 verabschiedet werden soll, wird tarifliche Bezahlung wieder zum Maßstab bei der Vergabe von Bundesaufträgen machen. Darüber hinaus hat sich die Bundesregierung durch ihre Unterstützung der Europäischen Mindestrichtlinie verpflichtet, einen sozialen Dialog zur Erhöhung der Tarifbindung von jetzt 51% auf 80% verpflichtet. Dieser Dialog ist zwar ergebnisoffen. Angesichts des massiven Kräftemangels gerade in den Branchen mit geringen Löhnen, wächst hoffentlich endlich auch im Arbeitgeberlager die Bereitschaft, dort Arbeit durch allgemeinverbindliche Tarifverträge wieder attraktiver zu gestalten.

Das zweite große Risiko liegt in der Entwertung der alten Qualifikationen und der unzureichenden Weiterbildung für die neuen Tätigkeiten. Hier ist in den letzten Jahren durch mehrere Gesetze ein konsistentes System lebenslangen Lernens geschaffen worden. In der Arbeitsmarktpolitik gilt jetzt der Vorrang der Weiterbildung vor einer schnellen Vermittlung. Eine Weiterbildung ist durch einen Zuschuss zum Arbeitslosengeld und Prämien bei bestandenen Prüfungen attraktiver geworden. Die betriebliche Weiterbildung für An- und Ungelernte, Ältere, in Kleinbetrieben und Transfergesellschaften und künftig auch bei größeren Umbrüchen (Transformationskurzarbeitergeld) wird großzügig unterstützt. Bei der Bundesagentur für Arbeit wurde eine flächendeckende Weiterbildungsberatung – die größte Personalinvestition der letzten Jahrzehnte – aufgebaut. Die Altersgrenze im BAföG wurde auf 45 Jahre erhöht und die Konditionen im AufstiegsBAföG wurden verbessert. Es liegt jetzt an den Betrieben, die oft zu kurzfristig planen, diese Chancen auch zu nutzen. Und der Staat muss an dieser Stelle auch ausreichend Mittel zur Verfügung stellen.

Erwerbsbeteiligung erhöhen

Die 15. Vorausberechnung der Bevölkerung durch das Statistische Bundesamt von Ende 2023 zeigt, dass die Bevölkerung im erwerbsfähigen Alter von 52,6 Mio. im Jahre 2020 bis 2050 auf 47,5 Mio. abnimmt. Durch Zuwanderung und eine Erhöhung der Geburtenrate hat sich allerdings die demografische Situation gegenüber früheren Vorausschätzungen verbessert. In der 12. Vorausberechnung wurde 2009 noch ein Rückgang auf 40,6 Mio. Personen errechnet. Eine deutliche Entspannung, aber keine Entwarnung! Denn auf der anderen Seite zeigt sich, dass trotz der Digitalisierung das Produktivitätswachstum sich allenfalls minimal beschleunigt. Das mag angesichts vieler Horrorprognosen zur technologischen Arbeitslosigkeit überraschen. Da aber der Anteil der rationalisierungsresistenten Dienstleistungen wächst und ein beachtlicher Teil der Effizienzgewinne in Leistungsverbesserungen oder zusätzlichen Aufgaben – man denke nur an die früher undenkbare Menge an Dokumentationen und auch Qualitätsverbesserungen – fließt, gibt es gute Erklärungen hierfür.
Zwar werden in einzelnen Bereichen, wie etwa in der Produktion von Verbrennungsmotoren, Arbeitskräfte freigesetzt. Diese Freisetzungen werden allerdings nicht zur Deckung aller Bedarfe ausreichen. Die große Aufgabe der

nächsten Jahrzehnte ist daher eine Erhöhung des Arbeitsvolumens durch Zuwanderung und eine Erhöhung der Erwerbsbeteiligung. Die größten internen Arbeitskraftreserven liegen bei den gering Qualifizierten und den Frauen. Von den 25- bis 54-jährigen ohne anerkannten Berufsabschluss waren nur 71% erwerbstätig gegenüber 90% derjenigen mit einem Berufsabschluss oder einem Studium.[110] Nicht nur die Erwerbsquote, sondern auch die Stundenzahl dieser Gruppe ist niedrig, da ihre Erwerbstätigkeit oft durch Phasen der Arbeitslosigkeit unterbrochen wird und sie vielfach nur Teilzeit arbeiten. Durch die geplante Ausbildungsgarantie und ein systematisches Übergangsmanagement, wie es bereits in Hamburg oder Österreich praktiziert wird, muss der Anteil der Jugendlichen ohne Berufsabschluss verringert werden. An dieser Stelle treffen sich auch Bildungs- und Migrationspolitik, da der Anteil junger Migranten und Migrantinnen an den Jugendlichen Ohne Berufsabschluss überdurchschnittlich hoch ist.

Bei den Frauen liegt die Erwerbsquote mit 72,7% zwar über dem Durchschnitt der EU. Wegen des hohen Anteils von Mini-jobs und kurzer Teilzeitarbeit sinkt die Quote in Vollzeitäquivalenten aber auf nur noch 55,7%. Schweden verzeichnet eine Quote in Vollzeitäquivalenten von 65,6 %, also fast 10 Prozentpunkte mehr. Mit der schwedischen Beschäftigungsquote in Vollzeitäquivalenten würde das Arbeitsangebot der Frauen in Deutschland um ein Volumen von rund 3,26 Millionen Personen in Vollzeitäquivalenten steigen[111]. Angesichts dieser quantitativen Dimensionen sind Fachkräftestrategien ohne die Mobilisierung der Potenziale in der kurzen Teilzeit nicht ernst zu nehmen. Es überrascht daher nicht, dass inzwischen fast alle deutschen Rentenexperten die steuerfreie geringfügige Beschäftigung kritisieren, da die künstliche Begrenzung des überwiegend weiblichen Arbeitsangebots die Finanzierung der Renten erschwert. Gleichzeitig verschärft sich der Fachkräftemangel, da gut qualifizierte Frauen in kurzer Arbeitszeit und unterwertiger Beschäftigung festgehalten werden. Eine Steuerpflicht für Minijobs wird allerdings nicht ausreichen. Denn nur, wenn auch ausreichend Plätze in der Kinderbetreuung und in Ganztagsschulen zur Verfügung stehen, können auch die Wunscharbeitszeiten realisiert werden. Die Familienpolitik ist in der Transformation damit einer der wichtigsten Bereiche der Sozialpolitik.

Die Erwerbsbeteiligung ist infolge der Abschaffung des subventionierten Vorruhestands und der Erhöhung der Regelaltersgrenze bei den 55- bis 60-Jährigen um 6 Prozentpunkte auf 83,5% und bei den 60–65-Jährigen sogar um 19 Prozentpunkte auf 63% gestiegen[112]. Darüber hinaus hat auch die Beschäftigung jenseits der Regelaltersgrenze zugenommen. Die Motive sind vielfältig. Zwei Fünftel wollen ihr Einkommen aufbessern. Bei den anderen überwiegen die Freude an der Arbeit oder der Wunsch, weiterhin eine sinnvolle Aufgabe zu haben [113]. Insbesondere Beschäftigte, die aus einer stabilen Beschäftigung kommen und ihre Arbeit wertschätzen, setzen die Erwerbstätigkeit freiwillig fort. Dafür gibt es auch keinerlei institutionelle Hindernisse, soweit das Unternehmen und die Beschäftigten mit einer Verlängerung der Beschäftigung einverstanden sind.

Beschäftigte aus körperlich und seelisch belastenden Tätigkeiten haben aufgrund ihres gesundheitlichen Zustands solche Optionen nicht. In den meisten der von Akademikern und Akademikerinnen, die ihre Tätigkeit gerne bis 70 und länger fortsetzen wollen und auch können, angezettelten Diskussionen um eine pauschale Erhöhung des Rentenalters für alle werden diese Gruppen gerne vergessen, oder es fehlt an realistischen Vorstellungen über deren Arbeits- und Lebensbedingungen. Man sollte stattdessen auf freiwillige Weiterarbeit nach der Rente setzen. Da gibt es große Potenziale, aber nur wenn sich die Betriebe ernsthaft darum bemühen.

Dr. Carola Reimann

Ein Blick zurück nach vorn – Plädoyer für eine Renaissance solidarisch finanzierter sozialer Sicherungssysteme

Einleitung

Abgesänge auf die solidarisch finanzierten Sozialversicherungssysteme gab und gibt es unzählige. Besonders schrill wird ihre (A-)Tonalität immer dann, wenn es finanziell enger wird. Mantra artig wurden und werden solidarisch finanzierte Sicherungssysteme als teuer, im internationalen Wettbewerb nachteilig und nicht zukunftsfähig abgestempelt[114]. Langlebige Mythen von der »Kostenexplosion«[115] und von der Unfinanzierbarkeit des Systems infolge des Sachleistungsprinzips und der Umlagefinanzierung begleiten diese Debatte hartnäckig. Wohlwissend, dass Gerechtigkeitsaspekte in der Bevölkerung nach wie vor einen großen Stellenwert haben[116], wird ein intergenerativer Verteilungskonflikt (»Generationengerechtigkeit«) konstruiert, um die dahinter liegende Umverteilungspolitik zu legitimieren.

Dabei dürfen die so kritisierten Systeme für sich beanspruchen, dass sie sich über die zahlreichen Stürme der Zeit als erstaunlich resistent und leistungsfähig erwiesen haben, zuletzt in der COVID-19-Pandemie. Insbesondere das älteste »Kind« des Bismarck'schen Sozialstaates, die gesetzliche Krankenversicherung (GKV) hat mehrere Staatsformen, Kriege und Krisen überstanden. Zunächst als sozialpolitisches Feigenblatt zur Legitimation des undemokratischen Obrigkeitsstaates eingeführt, entwickelte sich die GKV im Laufe der Jahre zu einem sozialpolitischen Erfolgsmodell und wurde so zu einem essentiellen Baustein des demokratisch verfassten Sozialstaates. Sie ist gleichzeitig ein wichtiger Stabilitätsanker für die Wachstumsbranche der Gesundheitswirtschaft, in der knapp 6 Mio. Menschen arbeiten[117] und 2021 mehr als 12,1 Prozent des Bruttoinlandsprodukts erwirtschaftet haben. Die wirtschaftliche Bedeutung einer stabilen und funktionsfähigen GKV für unser Gemeinwesen wird leider nach wie vor zu wenig gewürdigt oder sogar offen in Abrede gestellt. Dabei ist es nicht allein eine sozialpolitische, sondern eben auch eine ökonomische Rationale, unsere solidarischen und umlagefinanzierten Sozialsysteme weiterzuentwickeln und zu stärken.

Sozialsysteme unter Legitimations- und Transformationsdruck

Die Debatte um den sozialen Wohlfahrtsstaat ist wahrlich nicht neu. So erodiert seit den 1970er Jahren in allen westlich geprägten Industriegesellschaften der wohlfahrtsstaatliche Konsens [118]. Vor diesem Hintergrund verwundert es kaum, dass soziale Sicherungssysteme zunehmend als Kostenfaktor und als wirtschaftliches Hindernis im internationalen Wettbewerb dargestellt werden. Befürworter einer Privatisierung von sozialer Sicherung gelingt es mitunter erfolgreich, die evidente Anpassungsfähigkeit umlagefinanzierter Sozialsysteme im öffentlichen und politischen Diskurs in Zweifel zu ziehen. Dies alles geschieht, um privatwirtschaftliche Modelle der Eigenvorsorge (und mutmaßlich den eigenen Geldbeutel) zu stärken. In der Folge kommt es zu politischen Entscheidungen, die auf dem behaupteten Gegensatz von sozialer Sicherung und wirtschaftlicher Leistungsfähigkeit fußen. Abgesehen davon ist es jedoch unbestritten, dass sich die gesetzliche Kranken- und die soziale Pflegeversicherung vielfältigen Herausforderungen gegenübersehen[119]. Dazu zählen nicht nur der medizinisch-technische Fortschritt, der demografische Wandel und Auswirkungen globaler Krisen, sondern auch der Wandel in der Arbeitswelt, um nur einige »Schwergewichte« zu nennen.

Demografischer Wandel, älter werdende Gesellschaft und der medizinische Fortschritt

Geburtenrate, Sterblichkeit, Zu- oder Auswanderung – das sind zentrale Faktoren für die demografische Entwicklung. Schwer zu prognostizieren ist, wie sich unsere Bevölkerungszahl tatsächlich entwickeln wird. Regionale Disparitäten, Ungleichverteilung sowie Abwanderung aus unattraktiven Regionen in urbane Räume sind jetzt schon zu beobachten. Der Anteil älterer Menschen wird weiter zunehmen. Gleichzeitig erleben wir einen Anstieg der Lebenserwartung, die neben besserer Hygiene und Ernährung übrigens auch den gut funktionierenden Sozialsystemen geschuldet ist. Damit verbunden sind weitere Effekte. Mit zunehmendem Lebensalter steigen das individuelle Krankheitsrisiko und auch das Risiko für Multimorbidität. Der Anteil der erwerbsfähigen Bevölkerung wird sich ebenfalls verändern. Je nach Prognose bedeutet dies einen Rückgang von 1,6 bis 4,8 Millionen Menschen[120].

Gleichwohl könnten die Zuwanderung und die gelungene Integration der Neubürger diese Effekte abmildern. Für die GKV erwachsen aus all diesen Faktoren neue Herausforderungen, insbesondere in Kombination mit dem medizinischen Fortschritt. Allerdings ist die Annahme, dass demografische Veränderung und medizinisch-technischer Fortschritt unweigerlich in die Unfinanzierbarkeit der GKV münden, nicht belegbar und wirkt nur auf den ersten Blick plausibel[121]. Substanziell bedroht ist die finanzielle Leistungsfähigkeit der GKV dagegen durch ihre Einnahmeschwäche.

Wandel der Arbeitswelt

Insbesondere der Wandel in der Arbeitswelt hat besondere Bedeutung für die GKV: Als System, das sich maßgeblich auf Beiträge aus nichtselbständiger Arbeit stützt, sind die Wandlungsprozesse und der damit verbundene »Bedeutungsverlust der industriellen Produktion und die Umschichtung der Beschäftigten und ihrer Beschäftigungsverhältnisse« eine besondere Herausforderung. Diese Erosion des Normalarbeitsverhältnisses[122] zugunsten von Teilzeitarbeit und prekärer Beschäftigung nagt am Fundament der GKV. Gleichzeitig verstärkt diese Entwicklung ein bereits länger bekanntes Kernproblem der solidarischen Finanzierung: Die strukturelle Wachstumsschwäche der beitragspflichtigen Einnahmen der Mitglieder.[123] Diese »hinken« seit nunmehr knapp 40 Jahren hinter der Entwicklung der Wirtschaftskraft unseres Landes hinterher.[124]

Die Solidarität stärken: Reformoptionen für die GKV und SPV im Zeichen des Wandels

Die skizzierten Herausforderungen machen den Veränderungsbedarf in GKV und SPV deutlich. Die Weiterentwicklung beider Teilsysteme muss auf der Grundlage evidenzbasierter Analysen erfolgen und darf nicht weiter zum Spielball ideologischer und partikularer Interessen werden. Die Privatisierung von Lebensrisiken, verstärkte Finanzierungslösungen am volatilen Kapitalmarkt, aber auch ein deutlich erhöhter Anteil von Steuermitteln können nach allen bisherigen Erfahrungen nicht zu einer nachhaltigen Lösung der Probleme führen. Weder die Überführung zentraler Elemente der Gesundheitsversorgung in die privat zu finanzierende »Eigenverantwortung«, noch die Stärkung von kapitalmarktfinanzierten Elementen oder die Erhöhung des Steueranteils zeigen die gewünschten Effekte. Entweder belastet man, wie im ersten Fall, die ohnehin schon schlechter stehenden Personengruppen noch weiter und verschiebt Behandlungsausgaben in die privaten Haushalte. Dadurch steigen die Lebenshaltungskosten, die bei den nächsten Tarifverhandlungen geltend gemacht werden. Oder man geht höhere Anlagerisiken ein – bei fraglichem Ertrag am Kapitalmarkt. Auch der Ruf nach weiteren Steuermitteln, wie im dritten Fall, ist ein ordnungspolitischer Irrweg und führt schlimmstenfalls zur »Gesundheitspolitik nach Kassenlage«. Angesichts der gesellschaftlichen und ökonomischen Bedeutung leistungsfähiger Sozialsysteme erscheint stattdessen ein anderer Transformationspfad angezeigt, nämlich der Weg über mehr Solidarität zur Stärkung von GKV und SPV.

Gesetzliche Krankenversicherung: Verbreitung der Beitragseinnahmebasis und Beitragsbemessung

Aus mehreren Gründen ist die GKV immer noch eine »unvollständige Solidargemeinschaft«[125] . Erstens können sich drei wesentliche Gruppen, die über erhebliches ökonomisches Potenzial verfügen und geringere Gesundheitsrisiken auf sich vereinen, derzeit noch außerhalb der GKV versichern. Ihre Einbeziehung würde die Einnahmebasis der GKV wesentlich stärken und verbreitern. Dadurch würde ein einheitliches solidarisches Krankenversicherungssystem geschaffen. Außerdem bestehen Solidaritätsdefizite und Einnahmepotenziale bei der Beitragsbemessung. Eine Anhebung der Beitragsbemessungsgrenze wird seit langem als ein Hebel diskutiert, der zur Verbesserung der finanziellen Einnahmesituation beitragen kann und das System gleichzeitig gerechter austariert. Gleichwohl sind hierbei – unter den aktuellen Begebenheiten des anachronistischen dualen Systems von GKV und privater Krankenversicherung – unerwünschte Effekte einer Abwanderung zu Lasten der GKV zu vermeiden. Diese drohen, wenn die isolierte Anhebung der Beitragsbemessungsgrenze politisch ins Auge gefasst wird, ohne gleichzeitig die Basis für die Beitragseinnahmen zu verbreitern.

Soziale Pflegeversicherung

Die soziale Pflegeversicherung ist das jüngste der fünf Kinder unseres sozialen Sicherungssystems. Dennoch bereitet der Filius aktuell große Sorgen hinsichtlich seiner finanziellen Stabilität. Auch hier existieren Reformvorschläge, die das Ziel der nachhaltigen finanziellen Stabilisierung und der Stärkung des Solidargedankens miteinander vereinen. Der überkommene, aus einem politischen Kompromiss heraus geborene Dualismus von privater und sozialer Pflegeversicherung ist offensichtlich anachronistisch: Die Zuweisung zum Sozialsystem folgt der Zugehörigkeit zur Krankenversicherung und es gibt einen identischen Leistungskatalog, allerdings bei unterschiedlicher Finanzierung. Dies führt dazu, dass sich die finanzielle Situation von sozialer und privater Pflegeversicherung unterschiedlich entwickelt. Insofern bietet sich dieser Zweig der Sozialversicherung geradezu an, um die Solidarität zu stärken. Mannigfaltige Vorschläge liegen auf dem Tisch: Sie reichen von einem finanziellen Ausgleich zwischen beiden Systemen bis hin zur Zusammenlegung der privaten und der sozialen Pflegeversicherung unter solidarischen Vorzeichen.

Der Befund ist klar: GKV und SPV bedürfen angesichts der bestehenden Herausforderungen einer mutigen Weiterentwicklung, die das Solidaritätsprinzip stärkt.

Es ist eine Binsenweisheit – aber ohne stabile finanzielle Grundlage können GKV und SPV ihre primäre Funktion einer guten und sicheren Gesundheitsversorgung und Pflege nicht zufriedenstellend erfüllen. Und ohne effiziente Versorgungsstrukturen lässt sich das System auf die Dauer nicht stabilisieren. Neben der fiskalischen Ebene ist daher die Beseitigung von Ineffizienzen im Versorgungssystem eine Daueraufgabe, deren Umsetzung jahrelang vernachlässigt und verschleppt wurde. Besonders augenfällig ist der Reformbedarf im Bereich der stationären Versorgung. Deren Strukturen müssen dringend modernisiert werden, um die Versorgungsqualität zu heben, Gelegenheitsversorgung auszuschließen und die Personalprobleme der Kliniken zu lösen. Daher ist für die Verbesserung der Versorgungsqualität und der Effizienz unseres Gesundheitssystems die Umgestaltung der Kliniklandschaft von herausragender Bedeutung.

Fazit

Die Geschichte zeigt, dass die sozialen Sicherungssysteme, speziell das System der GKV, einem stetigen Veränderungsdruck unterliegen, der immer neue systemische Antworten auf veränderte Rahmenbedingungen und Herausforderungen erforderlich macht. Gleichzeitig war das System bislang in der Lage, hinreichend flexibel zu reagieren bzw. gesteuert zu werden. Diese Anpassungsfähigkeit ist einer der Gründe für die Beständigkeit der GKV[126], die allen Widrigkeiten zum Trotz ihre Leistungsfähigkeit – u.a. durch Einbeziehung weiter Teile der Bevölkerung und Ermöglichung der Teilhabe am medizinischen Fortschritt – nicht nur erhalten, sondern sogar noch steigern konnte.

Gesetzliche Krankenversicherung und soziale Pflegeversicherung müssen bessere Rahmenbedingungen erhalten, wenn sie in der bisherigen oder sogar verbesserten Funktionalität weiter existieren sollen. Die Systeme können das natürlich nicht allein aus sich selbst heraus – es braucht hierfür kluge politische Weichenstellungen und Reformen für mehr Effizienz und Qualität. Es gilt, die finanzielle Stabilität in Gleichklang zu bringen mit den Ansprüchen an eine qualitativ hochwertige Versorgung. Nur mit strukturellen Reformen wird es gelingen, z.B. den medizinisch-technischen Fortschritt und die endlichen finanziellen Ressourcen hinlänglich in Einklang zu bringen und auch in Zukunft eine gute Versorgung zu gewährleisten. Grundvoraussetzung ist jedoch die Anerkennung der Tatsache, dass umlagefinanzierte und solidarisch finanzierte Sozialsysteme einen wertvollen Beitrag zur Stabilisierung des sozialen und demokratischen Rechtsstaates liefern und nicht in einem Gegensatz zum ökonomischen Handeln stehen. Es ist wirtschaftlich vernünftig und sogar geboten, in die Zukunft umlagefinanzierter sozialer Sicherungssysteme zu investieren, wenn wir die anstehenden Herausforderungen meistern wollen.

Dr. Gerald Gaß

Gesundheit neu denken – Wir müssen die Innovationskraft unseres überregulierten Gesundheitswesens entfesseln

Die zentrale Herausforderung des Gesundheitswesens ist der demographische Wandel, der alles verändert. Man kann den demographischen Wandel und die daraus resultierenden Herausforderungen für das Gesundheitswesen durchaus mit dem Klimawandel vergleichen. Auch wenn es natürlich nicht um die Existenz der Menschheit geht. Beide Situationen sind mittelfristig unveränderbar vorgezeichnet. Die grundlegenden Effekte lassen sich nicht revidieren. Gesundheit und Pflege werden deshalb sozialpolitisch die zentralen Felder der politischen Auseinandersetzung der kommenden Jahre sein.

Aber bei beidem, sowohl beim Klimawandel als auch beim demographischen Wandel, gibt es Möglichkeiten, die negativen Folgen zu begrenzen. Dafür müssen wir jedoch bereit sein, uns grundlegenden Veränderungen zu stellen und Strukturen zum Teil ganz neu zu denken. Viel Zeit dafür bleibt nicht mehr. Wir wissen längst, dass es auch unter besten Migrationsszenarien nicht möglich sein wird, alle freiwerdenden Stellen in den Krankenhäusern und auch in der ambulanten Versorgung nachzubesetzen. Wir müssen neu denken, denn wir werden mit weniger Beschäftigten eine deutlich größere Krankheitslast zu bewältigen haben. Es werden nie mehr so viele Menschen im deutschen Gesundheitswesen arbeiten wie heute, der Versorgungsbedarf, den wir aber zukünftig zu bewältigen haben, wächst gleichzeitig enorm an. Im Jahr 2002 war die Zahl der Geburten nur noch halb so hoch wie 1964. Das heißt, es gibt heute fast doppelt so viele Menschen im Alter von 60 Jahren wie Menschen mit 20.

Gleichzeitig wissen wir: Die Krankenhausbehandlungsbedürftigkeit von Menschen über 80 Jahren liegt um das 2,5 fache höher als bei Menschen um die 60 Jahre. Selbst, wenn es gelänge, 20 Prozent der heute vollstationären Fälle ambulant zu versorgen, hätten wir in 20 Jahren wegen der demographischen Entwicklung eine vergleichbare Inanspruchnahme der Krankenhäuser wie heute. Was muss also grundsätzlich geschehen?

1. Die Krankheitslast muss mit der älterwerdenden Bevölkerung nicht linear steigen. Wir können konsequent die Potenziale intelligenter Präventionsstrategien nutzen. Dazu brauchen wir keine Schrotschusskampagnen, sondern gezielte zielgruppenspezifische Strategien basierend auf unseren Gesundheitsdaten und mit der Unterstützung künstlicher Intelligenz.
2. Die Über- und Fehlversorgung müssen wir begrenzen. Dafür brauchen wir eine gezielte auch digital unterstützte Patientensteuerung, um die Versorgung so frühzeitig wie möglich am richtigen Punkt anzulegen.
3. Wir müssen unsere Versorgungsstrukturen an die knappen Ressourcen anpassen. Das bedeutet im Ergebnis auch weniger Krankenhausstandorte und weniger vollstationäre Kapazitäten, aber gleichzeitig mehr ambulante Versorgung an den Krankenhäusern. Wir werden uns im ambulanten Bereich die doppelte Facharztschiene in ihrer bisherigen Breite nicht mehr dauerhaft leisten können. Spezialfachärztliche ambulante Versorgung gehört – wie international üblich – an die Krankenhäuser. Die ambulante Medizin muss viel stärker durch Allgemeinmediziner und auch nicht-medizinische Gesundheitsfachberufe geprägt sein, denen gleichzeitig mehr Versorgungsverantwortung übertragen wird.
4. Wir müssen alle sich bietenden Chancen nutzen und in personalsparende Prozesse und Infrastruktur investieren. Dazu bedarf es weitreichender Anstrengungen, die deutlich über das bisherige Investitionsvolumen hinausgehen.
5. Wir müssen wieder Innovationsräume schaffen und uns von der Idee einer durchregulierten Versorgungslandschaft verabschieden. Effizienz entsteht durch Innovation infolge von agilem unternehmerischem Handeln und kreativer Problemlösung. Der seit Jahren beschrittene Weg in kleinteilig regulierte Versorgungslösungen verhindert Innovation und Kreativität.

Transparenz und ehrliche Kommunikation schafft Verständnis und Vertrauen

Was bedeutet all das für die bevorstehenden Reformen? Zunächst einmal Transparenz und ehrliche politische Kommunikation.

Die gewohnte Versorgung wird sich ändern. Vielfach werden digitale Angebote den direkten persönlichen Kontakt übernehmen. Zum Teil werden Wege länger und liebgewonnene Versorgungsangebote durch Alternativen ersetzt. Die Menschen werden auch bereit sein müssen, wieder mehr Selbstverantwortung für ihre Gesundheit zu übernehmen. Es wird darum gehen, die Menschen (wieder) zu befähigen ihre Gesundheit selbst in die Hand zu nehmen. Dies gilt gleichermaßen für den Bereich der Prävention wie auch für den Verzicht auf professionelle Unterstützung bei Befindlichkeitsstörungen und die aktive Mitwirkung im kurativen Behandlungsprozess. Auch hier muss die Politik anders kommunizieren. Die Ressourcen sind endlich. Für die eigene Gesundheit sind wir zuallererst selbst verantwortlich. Es gibt kein Vollkasko-Solidarsystem ohne Selbstbeteiligung.

Auch bei der angekündigten Krankenhausreform muss Vertrauen mit Hilfe ehrlicher politischer Kommunikation aufgebaut werden. Wer den Beschäftigten in den Krankenhäusern erzählt, dass man mit der jetzt bevorstehenden Reform ohne zusätzliche Finanzmittel den wirtschaftlichen Druck aus den Krankenhäusern nimmt und so Medizin und Pflege Vorrang vor der Ökonomie einräumt, wird sehr schnell das Vertrauen derjenigen verlieren, die im System tätig sind und den ökonomischen Druck tagtäglich spüren. Die Nachwuchsgewinnung wird dadurch nicht leichter.

Wer auf die Frage, was diese Reform denn an Investitionskosten verursachen wird, antwortet, das könne man im Moment noch nicht absehen, verweigert sich den Realitäten. Radikale Revolutionen im Krankenhausbereich werden viel, sehr viel Geld kosten, aber das sind zwingend notwendige Investitionen in die Zukunft. Die erfolgte Umgestaltung der ostdeutschen Krankenhauslandschaft nach der Wende würde heute auf ganz Deutschland hochgerechnet 75 Milliarden Euro kosten. Man muss kein Wirtschaftssachverständiger sein, um zu erkennen, dass wir seit vielen Jahren von der Substanz leben. Die Deutsche Bahn, ein Unternehmen, dem in aller Regel ein erheblicher Investitionsstau nachgesagt wird, hat seit Jahren eine Investitionsquote gemessen am Konzernumsatz von deutlich über 20 Prozent. Die Deutschen Krankenhäuser liegen im Vergleich dazu seit vielen Jahren bei deutlich drei bis vier Prozent ihres Umsatzvolumens. Wenn wir uns auf diesem Pfad weiterentwickeln, werden wir niemals in der Lage sein, den notwendigen Wandel zu schaffen.

Auch die wundersame Botschaft von der Ambulantisierung wird sich nicht in den existierenden Strukturen lösen lassen. Wer davon ausgeht, dass ein durch massive Überalterung geprägter vertragsärztlicher Bereich Krankenhausversorgung substituieren kann, verkennt die Brisanz der Lage. Von den 165.000 Ärztinnen und Ärzten, die ambulant tätig sind, gehören 45.000 der Altersgruppe 60 Jahre und älter an. Gerade einmal 24.000 Ärztinnen und Ärzte sind demgegenüber 50 Jahre und jünger. Ein Viertel der heute ambulant tätigen Ärzte geht in den nächsten fünf Jahren in den Ruhestand. Wir laufen in den kommenden zehn Jahren auf einen Engpass in der ambulanten Versorgung zu, der auch durch noch so viele zusätzliche Studienplätze nicht beseitigt werden kann. Denn auch hier gilt, die Anzahl ambulant tätiger Ärzte wird in den kommenden 20 Jahren sinken, der Behandlungsbedarf der geburtenstarken Jahrgänge wächst parallel dazu. Aber dort sollen, wenn man der Politik Glauben schenkt, offensichtlich zukünftig Millionen von Patientinnen und Patienten zusätzlich behandelt werden, die heute vollstationär versorgt werden.

Zu ehrlicher Kommunikation zählt auch, die Fakten über Qualität und Kosten zur Kenntnis zu nehmen. Nein, wir haben keine Kostenexplosion bei der Krankenhausversorgung. Trotz kontinuierlich gestiegener Fallzahlen und vielfach neuer, verbesserter Therapieangebote lagen die Kosten der Krankenhäuser bis zur Pandemie über viele Jahre konstant bei 3 Prozent des Bruttoinlandsprodukts. Der Anteil der Ausgaben für Krankenhausbehandlungen an den gesamten Leistungsausgaben der Gesetzlichen Krankenversicherung ist in den letzten 13 Jahren kontinuierlich gesunken. Die Krankenhäuser sind geradezu der Stabilitätsanker der gesetzlichen Krankenversicherung. Die Schattenseite dieser Entwicklung ist die hohe Arbeitsbelastung der Mitarbeitenden in den Kliniken.

Und ja, natürlich gibt es punktuell Verbesserungspotenzial bei der Behandlungsqualität. Aber wir haben weder flächendeckend eine schlechte Qualität in den deutschen Krankenhäusern noch garantiert das Sozialgesetzbuch und die solidarische Krankenversicherung überall und jederzeit optimale Behandlungsstrukturen weder im Krankenhaus noch im Bereich der niedergelassenen Versorgung. Auch hier lohnt es sich, die Daten des Instituts für Qualität und Transparenz im Gesundheitswesen zur Kenntnis zu nehmen, das jährlich Millionen Datensätze aus den deutschen Krankenhäusern zur Qualitätsmessung analysiert. Der Trend ist eindeutig, die Qualität hat sich kontinuierlich verbessert und liegt ganz überwiegend auf einem hohen Niveau. Im Vergleich zu den Krankenhäusern ist der gesamte Bereich der ambulanten Medizin für die externe Qualitätssicherung übrigens eine komplette Black Box.

Die wirklichen Probleme bezogen auf unsere Krankenhausversorgung sind:
- Die Abschottung der Krankenhäuser von der Möglichkeit, Patienten klinisch-ambulant zu versorgen

- Sich vielfach überlagernde Regulierungen und Vorgaben, die Personal sinnlos binden und Innovationen verhindern
- Fehlende Investitionsmittel, die uns zwingen, in veralteter Infrastruktur zu arbeiten und mögliche Standortfusionen sowie Standortveränderungen praktisch unmöglich machen
- Die dramatische strukturelle Unterfinanzierung und eine fast vollständig fallzahlabhängige Finanzierung
- Die Überlastung der Notaufnahmen mit ambulanten Patienten, die eigentlich im Vorfeld gesteuert und vom KV-System versorgt werden müssten
- GKV-Finanzen, die politisch ausgezehrt werden, und dann für die eigentlichen Gesundheitsversorgungsaufgaben nicht mehr zur Verfügung stehen

Die Frage muss deshalb lauten: Wie gelingt es, die Versorgungsstrukturen für die Zukunft effizienter zu machen?

1. Wir können die Versorgung mit weniger Kliniken realisieren, aber es darf kein unkontrolliertes Wegbrechen von Krankenhausstandorten, sondern es muss ein politisch verantworteter, auf die regionale Versorgung abzielender Strukturwandel sein. Dazu müssen schon heute die Investitionsmittel bereitgestellt werden, damit ein starkes Signal an die Akteure gesendet wird, dass die Strukturanpassungen tatsächlich möglich und politisch gewollt sind.
2. Die mögliche und notwendige Ambulantisierung bisher vollstationärer Leistungen muss vorrangig am Krankenhaus erfolgen, sonst drohen aufwändige Parallelstrukturen in kapitalgetriebenen ambulanten OP-Zentren und Praxiskliniken, die den Fachkräftemangel weiter verschärfen werden.
3. Die Digitalisierung bisher personalaufwändiger Prozesse und die umfassende Nutzung von Gesundheitsdaten zur Patientensteuerung und Therapieoptimierung muss mit aller Macht vorangebracht werden. Auch dafür brauchen die Krankenhäuser einen sicheren Handlungsrahmen und Investitionsmittel.
4. Die Arbeitszeit der Beschäftigten muss am Patienten ankommen. Wir brauchen mehr Vertrauen und weniger Misstrauensbürokratie. Intelligente datengestützte Qualitätssicherung, die sich auf einige Kernthemen konzentriert und massenhafte Einzelfallprüfungen ersetzt, dienen dem ebenso wie ein weniger komplexes Abrechnungswesen.

Die gewaltige Herausforderung, mit deutlich weniger Menschen einen wachsenden Versorgungsbedarf abzudecken, lösen wir ganz sicher nicht durch zentrale dirigistische Vorgaben, die kleinteilig den gesamten Personaleinsatz im Krankenhaus unter dem Vorwand guter Qualität bestimmen. Wir brauchen Innovations- und Gestaltungsspielraum für die Unternehmen und deren Führungskräfte. Wir müssen Kreativität nicht nur zulassen, wir müssen die Innovationskraft unseres überregulierten Gesundheitswesens entfesseln. Die Politik muss den Mut haben, grundsätzlich neu zu denken. Agile, kreative Gesundheitsunternehmen werden die Herausforderungen besser meistern, als Gesundheitsversorger, in denen verwaltet, aber nicht mehr gestaltet wird. Die Realität sieht derzeit leider anders aus, auch die politisch Verantwortlichen der aktuellen Reformdebatte gefallen sich als allwissende Regulierer, die insbesondere den Krankenhäusern mit kleinteiligen Vorgaben den Weg weisen möchten.

Gundula Roßbach

Weiterentwicklung der Alterssicherung und Digitalisierung – Anmerkungen zu Anpassungsbedarf und Gestaltungsoptionen

Anpassung an Veränderungen macht die Rentenversicherung zukunftsfest

Die Rentenversicherung ist in den vergangenen Jahrzehnten schon oft totgesagt worden. So schrieb etwa der SPIEGEL bereits im Jahr 1985 (Heft 10), dass die Alterssicherung »in den Bankrott« steuere und fragte: »Wer trägt die Last im Jahr 2000, wenn immer weniger Arbeitnehmer immer mehr Ruheständler ernähren müssen?«. Heute wissen wir: Die Last ist von der Rentenversicherung getragen worden – und das nicht nur im Jahr 2000, sondern darüber hinaus bis heute. Der demografische Wandel, den der SPIEGEL seinerzeit thematisierte, hat zwar durchaus stattgefunden: Während 1985 noch etwa vier Menschen im Erwerbsalter auf einen Menschen im Rentenalter kamen, sind es heute nur noch drei. Dennoch ist es gelungen, dass die Rentner:innen an der wirtschaftlichen Entwicklung teilhaben und die Belastung der Beitragszahlenden nicht überborden zu lassen.

Voraussetzung dafür waren eine ganze Reihe von Reformen im Bereich der Alterssicherung und anderen gesellschaftlichen Bereichen, etwa in der Arbeitsmarkt-, Gleichstellungs- oder Familienpolitik. Diese Reformen – verbunden mit einer günstigen ökonomischen Entwicklung, die steigende Erwerbsquoten und die Integration von Zuwanderung in den Arbeitsmarkt ermöglichten – haben wesentlich dazu beigetragen, dass die in den 80er Jahren befürchteten dramatischen negativen Folgen des demografischen Wandels für die Alterssicherung vermieden wurden. Das macht deutlich: Der demografische Wandel und andere Transformationsprozesse sind eine Herausforderung für das Alterssicherungssystem, aber durch zielgerichtete Anpassungen des Systems können diese Herausforderungen auch bewältigt werden.

Es ist unstrittig, dass für die Alterssicherung relevante Veränderungen auch in Zukunft anstehen und Anpassungsmaßnahmen deshalb auch künftig erforderlich sind. Exemplarisch seien nur einige Veränderungstrends benannt:

- Der demografische Wandel geht weiter – wenn die aktuelle Bevölkerungsvorausberechnung des Statistischen Bundesamtes auch aufzeigt, dass der mit dem Rentenzugang der »Babyboomer« einhergehende Anstieg der demografischen Belastung möglicherweise nicht größer ist als in vergleichbaren Zeitabschnitten in der Vergangenheit.
- Erwerbsarbeit und Arbeitswelt werden sich im Zuge der Digitalisierung gravierend verändern, die Erwerbsbiografien werden »bunter« werden, die Menschen werden häufiger zwischen abhängiger Beschäftigung und selbständiger Tätigkeit wechseln oder beides gleichzeitig ausüben.
- Gesellschaftliche Leitbilder und Normen werden sich verändern mit weitreichenden Auswirkungen, u.a. auf die formalen Strukturen des Zusammenlebens oder die Einstellungen der Menschen zu Erwerbsarbeit und Lebensgestaltung.

Um den individuellen Lebensumständen der Menschen angesichts der absehbaren Veränderungs- und Transformationsprozesse gerecht zu werden und um den Zusammenhalt der Gesellschaft sicherzustellen, müssen sich die gesellschaftlichen Institutionen an diese Veränderungen anpassen. Das gilt natürlich auch für die Rentenversicherung und die Alterssicherung insgesamt. Die Auswirkungen des bevorstehenden weiteren demografischen Wandels werden durch Fortführung der Bemühungen um die Ausweitung der Erwerbsbeteiligung insbesondere von Frauen und älteren Menschen sowie eine stärkere Arbeitsmarktintegration von Zuwanderern abgemildert werden. Vermutlich wird es aber auch weiterer Anpassungen im Rentenrecht bedürfen, um die Balance zwischen der Sicherung eines auskömmlichen Einkommens im Alter und der Abgabenbelastung in der Erwerbsphase sicherzustellen. Wenn die Erwerbsarbeit sich verändert und die Grenzen zwischen selbständiger Tätigkeit und abhängiger Beschäftigung verschwimmen, wird eine obligatorische Absicherung aller Erwerbstätigen unabdingbar. Wenn die gesellschaftlichen Leitbilder sich in Richtung auf eine stärkere Individualisierung verändern und die Vorstellung einer lebenslangen Ehe oder Partnerschaft an Bedeutung verliert, bedarf es anderer Antworten in der Diskussion um abgeleitete oder eigenständige Alterssicherung.

Schon dieser kurze Überblick zeigt, dass die Rentenversicherung und die Alterssicherung insgesamt auch in Zukunft immer wieder der Anpassung bedarf, um den Menschen im Alter ein Leben entsprechend ihrer Vorstellungen und Bedürfnisse zu ermöglichen. Zuversichtlich stimmt dabei, dass in den vergangenen Jahrzehnten immer wieder solche Anpassungen erfolgreich umgesetzt wurden. Vor dem Hintergrund, dass einerseits eine gute Wirtschafts- und insbesondere Arbeitsmarktentwicklung die entscheidende Basis für die umlagefinanzierte Rentenversicherung ist, und andererseits der Arbeitsmarkt in den kommenden Jahrzehnten deutlich aufnahmefähiger sein dürfte als in den zurückliegenden Jahrzehnten mit z. T. hoher Arbeitslosigkeit, erscheinen die erforderlichen Anpassungsmaßnahmen zumindest von dieser Seite her zudem auch realisierbar.

(Digitale) Umsetzung von Reformen bei ihrer Ausgestaltung mitdenken

Eine erfolgreiche Anpassung der Alterssicherung an die sich ändernden Rahmenbedingungen bedarf aber nicht nur der Entwicklung von Reformideen und entsprechender gesetzlicher Regelungen. Ebenso wichtig wie die Anpassung der gesetzlichen Grundlagen der Alterssicherung ist eine effiziente Umsetzung dieser Reformmaßnahmen in die Praxis: In den Lebensalltag von Versicherten und Rentner:innen, in die Produktgestaltung und Verfahrensabläufe der Anbieter von Vorsorgeprodukten und nicht zuletzt auch in das Verwaltungshandeln der Rentenversicherung und der übrigen Träger der Alterssicherung. Eine Reform, die nicht effizient umgesetzt wird, kann kaum erfolgreich sein.»Entbürokratisierung«, also die möglichst einfache Gestaltung des Verwaltungshandelns, darf nicht nur ein Schlagwort in Sonntagsreden sein.

Deshalb sollte bei der gesetzgeberischen Ausgestaltung einer Reform in Zukunft deren Umsetzung in die Abläufe und Verfahren der Rentenversicherungsträger und Anbieter von Vorsorgeprodukten immer stärker schon mitgedacht werden. Der im Gesetzgebungsverfahren bereits heute vorgesehene Ausweis des zu erwartenden Erfüllungsaufwandes – also der durch die Umsetzung eines Gesetzes anfallenden Kosten bei Versicherten, Unternehmen und Verwaltung – ist dabei hilfreich und notwendig. In Zukunft wird es aber auch darauf ankommen, bereits im Vorfeld von Gesetzgebungsverfahren zu bedenken, aufgrund welcher Verfahrensabläufe diese Kosten entstehen und ob hier ggf. weniger kostenaufwändige Alternativen möglich sind. Angesichts der technischen Entwicklung der letzten Jahre sollten dabei wo immer möglich die Chancen der Digitalisierung genutzt werden. Auch unter Berücksichtigung des strengen Sozialdatenschutzes bietet die Digitalisierung vielfältige Möglichkeiten, auch im Bereich der Alterssicherung die Anwendung der maßgeblichen gesetzlichen Regelungen sowohl für die Verwaltung, als vor allem auch für Versicherte und Rentner:innen bürokratieärmer zu machen. Im Zuge von Gesetzgebungsverfahren sollte deshalb künftig stärker als bisher auch bedacht werden, ob die Möglichkeiten, die die Digitalisierung zur Vereinfachung bürokratischer Verfahren eröffnet, in hinreichender Weise berücksichtigt werden. Ein entsprechender daten-/prozessorientierter »Digitalcheck« könnte eine hilfreiche Ergänzung der Abschätzung des Erfüllungsaufwandes im Rahmen von Gesetzgebungsverfahren sein.

Die Suche nach einer möglichst bürokratiearmen digitalen Lösung für die Umsetzung von Reformmaßnahmen in den Verwaltungsalltag sollte im Übrigen nicht allein die Minimierung der Verwaltungskosten im Auge haben. In aller Regel erhöht eine möglichst bürokratiearme Umsetzung von Reformregelungen auch die Transparenz und Verständlichkeit der Maßnahmen aus Sicht der Betroffenen und trägt auf diese Weise zur Akzeptanz und damit auch zum Erfolg einer Reform bei. Aufwändige oder gar inkonsistente bürokratische Verfahren zur Umsetzung von Reformen liefern demgegenüber Ansatzpunkte für eine kritische mediale Diskussion, die sich nicht mit den Zielen und Auswirkungen der Reform auseinandersetzt, sondern sich allein mit Umsetzungsdefiziten befasst. Inhaltlich sinnvolle oder auch notwendige Anpassungen der Alterssicherung laufen so Gefahr, diskreditiert zu werden.

Spannungsfeld zwischen massentauglichen Verfahren und Einzelfallgerechtigkeit

Der Anspruch, Reformen möglichst unbürokratisch umsetzen zu wollen, kann allerdings mit dem Ziel in Konflikt geraten, Reformmaßnahmen einzelfallgerecht zu gestalten. Um Verwaltungsverfahren möglichst unbürokratisch und transparent zu gestalten, sollten sie angesichts der sehr großen Anzahl von Versicherten bzw. Rentner:innen soweit möglich formalisiert ablaufen. Das macht gesetzliche Regelungen erforderlich, die möglichst »massentauglich« sind – und insoweit pauschalisieren und von individuellen Faktoren abstrahieren. Besonderheiten des Einzelfalls kann das nicht immer gerecht werden.

Die Gestaltung von Verwaltungsverfahren im Spannungsfeld von unbürokratischen Lösungen und Einzelfallgerechtigkeit ist aber nicht nur unter dem Gesichtspunkt einer möglichst effizienten Verwaltung und der Minimierung von Verwaltungskosten zu beurteilen. Sie betrifft auch die Art und Weise, wie Betroffene das Rentenrecht bzw. die Rentenversicherung insgesamt wahrnehmen und ist deshalb auch unter diesem Blickwinkel zu betrachten.

Wenn Regelungen so umgesetzt werden müssen, dass dem Aspekt der Einzelfallprüfung eine sehr hohe Priorität zukommt, werden die damit dann oft verbundenen umfangreichen Prüfungen der individuellen Gegebenheiten in der Öffentlichkeit schnell als sehr bürokratisch wahrgenommen. Bei Maßnahmen, die eher auf pauschale Regelungen setzen, wird dagegen schnell der Vorwurf laut, sie seien ungerecht, weil alle »über einen Kamm geschoren« würden. Hier einen Weg zu finden, der sowohl dem Kriterium der Einzelfallgerechtigkeit genügt als auch hinreichend unbürokratisch umzusetzen ist, ist sicherlich auch eine der Herausforderungen für die Soziale Sicherung im Zusammenhang mit den anstehenden Transformationsprozessen in Wirtschaft und Gesellschaft.

Dr. Rolf Schmachtenberg

Nachhaltige Finanzierung durch zukunftsfähige Aufstellung Deutschlands

Die sozialen Sicherungssysteme in Deutschland stehen vor enormen Herausforderungen. Hintergrund sind die demografische Entwicklung, die Digitalisierung und der tiefgreifende Strukturwandel hin zu einer klimaneutralen Wirtschaft – drei umwälzende Entwicklungen, die sich zeitgleich vollziehen. Gelingt es, sie erfolgreich zu meistern, dann sind auch die Herausforderungen der Sozialen Sicherungssysteme beherrschbar.

Demografische Entwicklung

Der demografische Wandel wird Deutschland in den kommenden Jahrzehnten nachhaltig verändern. Seit Jahrzehnten bleibt die Geburtenziffer (Kinder je Frau im gebärfähigen Alter) in Deutschland niedrig, parallel dazu wächst die Lebenserwartung – das Ergebnis ist eine deutliche Alterung der Bevölkerung. Gemeinhin wird daher langfristig von einem Rückgang der Bevölkerung auszugehen sein. Allerdings ist das Ausmaß dieses Rückgangs stark von der künftigen Entwicklung der Zu- und Abwanderung abhängig. Nach aktuellen Vorausberechnungen des Statistischen Bundesamts aus dem Jahr 2022 wird die Bevölkerung in Deutschland langsamer und später schrumpfen als bisher angenommen. Ob dies eintritt, ist allerdings offen. Klar ist aber: Der Anteil der Älteren wird steigen.

Gleichzeitig wird die erwerbsfähige Bevölkerung voraussichtlich abnehmen, deren Erwerbsbeteiligung allerdings gleichwohl weiter steigen könnte. Dennoch bleiben Herausforderungen bestehen. Auch wenn nahezu alle Länder der nördlichen Hemisphäre eine ähnliche Entwicklung verzeichnen, ist der deutsche »Fall« dringlicher. Hintergrund ist die deutsche Besonderheit der sehr stark besetzten Jahrgänge der »Baby-Boomer«, die in den nächsten Jahren zunehmend das Ruhestandsalter erreichen. Deutschland wird daher früher Antworten auf die demografischen Herausforderungen finden müssen als die meisten anderen Staaten.

Tatsächliche Entwicklung schlug Vorhersagen

Die Entwicklungen des letzten Jahrzehnts belegt: Vorhersagen sind das eine, die Wirklichkeit das andere. 2009 wurde für 2020 eine Bevölkerung von 80,4 Mio. vorhergesagt, tatsächlich lebten 2020 rund 83,2 Mio. (+2,8 Mio.)[127] Menschen in Deutschland. Deutlich größer war der Prognosefehler bei der Erwerbstätigkeit. Mit 38,7 Mio. übertraf die Zahl der Beschäftigten 2020 den in 2010 prognostizierten Wert um 4,8 Mio. bzw. 14,2 %[128]. Zugleich sank der Beitragssatz zur Rentenversicherung. Prognostiziert war 20,2 % für 2021, doch tatsächlich liegt er seit 2018 bei 18,6 % und wird da voraussichtlich auch bis 2025 bleiben[129].

Unzutreffende Prognosen können zu Fehlentscheidungen bei der Bereitstellung öffentlicher Leistungen (Kinderbetreuung, Schulen, Verkehrsinfrastruktur) führen. Sie beeinflussen Investitionsentscheidungen – z.B. zum Bau von Wohnungen – und können so auch zu Engpässen führen, durch die Wachstumspotenziale unausgeschöpft bleiben.

Transformation der Wirtschaft und Arbeitskräftebedarf

Unser Land steht vor tiefgreifenden Transformationsprozessen, in deren Folge sich Wertschöpfungsstrukturen dauerhaft verschieben und der deutsche Arbeitsmarkt zunehmend von einem »Fachkräfteparadox« geprägt ist: Während sich der Fachkräftemangel in einigen Branchen und Regionen verschärft, setzt sich der Stellenabbau anderenorts fort.

Für die deutsche Wirtschaft ist dies eine enorme Herausforderung: Denn der Strukturwandel hin zu einer klimaneutralen Wirtschaft und die Digitalisierung können nur mit den notwendigen fachlichen Qualifikationen gelingen. Für das Erreichen der Klimaziele werden beispielsweise Fachkräfte für die energetische Sanierung und den Bau hocheffizienter Gebäude benötigt. Genauso benötigen wir IT-Fachkräfte, die den Netzausbau und die Digitalisierung vorantreiben. Bei diesen Handwerks-, Techniker- und IT-Berufen bestehen jedoch bereits jetzt deutliche Engpässe. Sie sind zudem in einer Vielzahl von Branchen – mit und ohne Klimabezug – nachgefragt.

Neben der Situation auf dem Arbeitsmarkt werden sich auch Arbeitsorganisation und Arbeitsprozesse grundlegend ändern. Der Strukturwandel geht mit neuen Anforderungen an berufliche Qualifikationen und Fähigkeiten einher. So erfordert schon heute ein Großteil der Berufe digitale Kompetenzen. Die zunehmend komplexer werdenden Qualifikationsprofile stellen dabei insbesondere geringqualifizierte Beschäftige vor neue Herausforderungen. Daher muss es stets unser Ziel sein, technologischen mit sozialem Fortschritt zu verbinden und Geringqualifizierte besonders anzusprechen und beruflich zu fördern.

Transformationsprozesse hat es in Deutschland immer wieder gegeben, wie beispielsweise den Strukturwandel im Ruhrgebiet, im Saarland und der Südpfalz oder die gewaltige Transformation in den ostdeutschen Ländern im Zuge der Wiedervereinigung. Allerdings vergrößert sich in vielen Feldern der Handlungsdruck – auch etwa aufgrund geopolitischer Rahmenbedingungen, die jetzt einen schnellen Umbau unserer Energieversorgung erforderlich machen. Aufgabe der Bundesregierung ist es, stabile und verlässliche Rahmenbedingungen zu schaffen, damit der Strukturwandel und die Transformation in den Regionen und Unternehmen gelingen kann. Digitaler Wandel der Arbeitswelt und ökologische Transformation müssen einhergehen mit guter Arbeit und sozialer Sicherheit. Um die Transformation sozial verträglich zu gestalten und die Beschäftigungsfähigkeit der Menschen auch in Zukunft zu erhalten, sind sowohl proaktive Weiterbildungs- und Qualifizierungsmaßnahmen als auch sozialpartnerschaftlich gestaltete Maßnahmen (wie z. B. Tarifverträge) von zentraler Bedeutung.

Effekte auf die Sozialsysteme und Fachkräftebedarf

Mit den genannten Entwicklungen gehen deutliche Auswirkungen auf unsere Sozialsysteme einher. So wird die Alterung der Gesellschaft zu einer steigenden Inanspruchnahme insbesondere von sozialen Pflegeleistungen führen. Die Zahl der Rentnerinnen und Rentner wird zudem deutlich ansteigen. Die Rentenversicherung steht aufgrund der demografischen Entwicklung vor besonderen Herausforderungen, die sich in den nächsten 10 bis 15 Jahren noch einmal verschärfen werden. Dies wird sich auch auf den Beitragssatz auswirken. So wird im aktuellen Rentenversicherungsbericht 2022 davon ausgegangen, dass der Beitragssatz von heute 18,6 % bis 2030 auf 20,2 % und bis 2036 auf 21,3 % ansteigen wird[130]. Diese Entwicklung ist günstiger, als es in früheren Modellrechnungen erwartet wurde. Den Rentenfinanzen kommt es zu Gute, dass der Arbeitsmarkt trotz Krisen robust geblieben ist und der Anstieg der Lebenserwartung geringer ausfällt als erwartet. Bisher ist es uns in Deutschland gelungen, den demografischen Herausforderungen durch eine erfolgreiche Arbeitsmarktpolitik zu beggnen. Anders als vor zwanzig Jahren erwartet, konnten wir die Herausforderungen aus dem demografischen Wandel bislang sehr gut bewältigen. Zudem soll laut Koalitionsvertrag die Finanzierungsbasis der Rentenversicherung durch die Einführung eines neuen Instruments (Generationenkapital) erweitert werden. Ab Mitte der 2030er Jahre sollen die Erträge des Fonds dann genutzt werden, um den weiteren Anstieg des Beitragssatzes zu dämpfen.

In der Krankenversicherung wirkt einer erhöhten Inanspruchnahme teilweise entgegen, dass die Bürgerinnen und Bürger in Deutschland zunehmend länger gesund bleiben. Trotzdem spielen für die langfristige Finanzierbarkeit der gesetzlichen Krankenversicherung die demografische Entwicklung und der medizinisch-technische Fortschritt eine wichtige Rolle.

Im internationalen Vergleich ist das deutsche Gesundheitssystem teuer. Seine Leistungserbringung wird geprägt durch eine Privatwirtschaft, die von dem Prinzip der Gewinnmaximierung geleitet wird. Dies führt zugleich zu Über- und Unterversorgung und entzieht dem System da Mittel, wo die Gewinnmargen besonders hoch sind. Auch könnte der Abbau von Doppelstrukturen die Effizienz des Gesundheitssystems erhöhen, ohne das die Qualität der Versorgung geschwächt wird.

Zugleich ist schwer vorherzusehen, wie sich der zunehmende Fachkräftemangel auf die Verfügbarkeit von Leistungen des Gesundheits- und Pflegesystems auswirken wird. Um für eine alternde Bevölkerung weiterhin eine medizinische und pflegerische Versorgung auf höchstem Niveau sicherstellen zu können, stellen Maßnahmen gegen den Fachkräftemangel die drängendste Herausforderung in diesen Sozialversicherungszweigen dar. So wird die Zahl der Pflegebedürftigen und somit auch der Bedarf an Pflegepersonal in den kommenden Jahren weiter ansteigen. In Deutschland gab es Ende 2021 rund fünf Millionen Pflegebedürftige, die Leistungen der sozialen Pflegeversicherung bezogen. Das sind rund doppelt so viele wie zehn Jahre zuvor. Dieser Trend wird anhalten: Der Barmer-Pflegereport 2021[131] geht für das Jahr 2030 von voraussichtlich rund sechs Millionen Pflegebedürftigen in Deutschland aus. Dem Report zufolge fehlen auf der anderen Seite bis zum Jahr 2030 etwa 81.000 Pflegefachkräfte, 87.000 qualifizierte Pflegehilfskräfte und 14.000 Hilfskräfte ohne Ausbildung. Diese Entwicklung wird auch durch das Fachkräftemonitoring des Bundesministeriums für Arbeit und Soziales bestätigt. Danach werden Fachkräfteengpässe langfristig bis 2040 vorwiegend in den Gesundheitsberufen, wie z. B. den Pflegeberufen steigen. Die Schwierigkeit, geeignetes Personal zu finden, wird bei den Pflegekräften kontinuierlich zunehmen.

Nachhaltige Finanzierung durch zukunftsfähige Aufstellung Deutschlands

Eine nachhaltige Finanzierung der Sozialsysteme muss beide Seiten im Blick haben und in einem Gleichgewicht halten. Die Verpflichtung zur Beitragszahlung bedarf der Legitimation. Sie ist gefährdet, sobald die Leistungen unzureichend ausfallen, etwa aufgrund eines niedrigen Rentenniveaus oder einer schlechten Gesundheitsversorgung mit langen Wartezeiten und unbefriedigender Versorgungsqualität.

Das Niveau der sogenannten Standardrente, das sich ergibt, wenn man den Rentenwert mit der Zahl 45 multipliziert, wird künftig 48 % des laufenden, versicherten Durchschnittseinkommens betragen. Das ist die Rente, die man erhält, wenn man 45 Jahre lang auf ein Durchschnittseinkommen Beiträge zur Rentenversicherung geleistet hat. Die meisten Renten fallen niedriger aus. Damit entwickelt sich die Rente in einem festen Verhältnis zum erwirtschafteten Einkommen. Mit dem wachsenden Anteil älterer Menschen im Land wird auch der Anteil der Ausgaben für die altersspezifischen Sozialleistungen zunehmen, ohne dass deswegen für die Jüngeren notwendigerweise weniger Einkommen zu Verfügung stehen wird. Dafür werden die zu erwartenden Produktivitätssteigerungen sorgen, die weiterhin zu einem wachsenden Nettorealeinkommen führen werden.[132]

Der Schlüssel zur Bewältigung der anstehenden Aufgaben zur zukunftsfähigen Aufstellung unseres Landes sind folglich (wie seit eh und je) die sozialversicherungspflichtig Beschäftigten, die all die Aufgaben der Transformation bewältigen und die künftig benötigten sozialen Dienstleistungen erbringen werden. Ihre Zahl kann dabei durchaus auf dem jetzt hohen Niveau stabilisiert werden mit einem klugen Mix von Maßnahmen zur Hebung der inländischen Reserven am Arbeitsmarkt (durch Aus- und Weiterbildung, bessere Vereinbarkeit von Familie und Beruf, flexiblere Übergänge im Alter, inklusive Arbeitsplätze für Menschen mit Beeinträchtigungen) und einer vorausschauenden Einwanderungspolitik. Drei aktuelle Gesetzesinitiativen der Bundesregierung stellen hierfür wichtige Instrumente bereit: Das Gesetz zur Förderung der Weiterbildung, das Fachkräfteeinwanderungsgesetz und das Gesetz zur Förderung eines inklusiven Arbeitsmarkts.

Zusätzliche Arbeitskräfte werden also dringend benötigt, um Deutschland zukunftsfest zu machen und auf diesem Kurs auch perspektivisch zu halten. Zugleich stärken wir mit einem hohen Beschäftigungsniveau auch die Einnahmeseite in der Sozialversicherung und stabilisieren das Sozialsystem insgesamt. Bedeutsam für die Finanzierung aller Sozialversicherungszweige ist schließlich eine breite Erwerbsbeteiligung mit entsprechender Beitragszahlung. In den vergangenen 20 Jahren hat sich die Erwerbstätigenquote der Altersgruppe von 60 bis unter 65 Jahren verdreifacht. Die größten Fortschritte sind hierbei vor allem bei Frauen zu beobachten. Ziel der Bundesregierung ist es, diese Erfolgsgeschichte auszubauen. Eine gute Grundlage dafür sind die bereits bestehenden Anreize für das Weiterarbeiten nach Erreichen der Regelarbeitsgrenze sowie die Flexibilisierung der Übergänge vom Erwerbsleben in den Ruhestand. Ein wichtiger Beitrag zu dieser Flexibilisierung ist der seit diesem Jahr geltende Wegfall der Regelungen zur Einkommensanrechnung bei vorgezogenen Altersrenten. Darüber hinaus gilt es, die Finanzierung einer verlässlichen und stabilen Rente, die auch für künftige Generationen attraktiv ist, auch durch neue Lösungen wie die Einführung des Generationenkapitals auf eine breitere Basis zu stellen.

Leitbildfrage

Grundlage für die Bewältigung der Herausforderungen für die sozialen Sicherungssysteme ist das Leitbild oder auf neudeutsch das *Mindset*, also die Einstellung, Haltung und Denkweise, die wir unserem Handeln zugrunde legen. Zu Beginn dieses Jahrhunderts hat man sozialpolitischen Richtungsentscheidungen eine Art »Schrumpfszenario« zugrunde gelegt. Dies prägte den öffentlichen Diskurs maßgeblich, löste viel Verunsicherung aus, resultierte in zu niedrigen Investitionen insbesondere in Infrastruktur, Netzausbau und Wohnungsbau – allesamt Engpässe, die uns in unserer Entwicklung heute massiv behindern.

Das vergangene Jahrzehnt hat dagegen gezeigt, dass eine Stabilisierung durch gute Beschäftigung funktioniert. Manche können dennoch auch aktuell nicht damit aufzuhören, ihren sozialpolitischen Empfehlungen die Annahmen der Jahrtausendwende zugrunde zu legen. Doch damit leisten sie keinen Beitrag für ein attraktives Deutschland. Vielmehr sollten wir all unsere Kraft daransetzen, die großen Aufgaben zu erfüllen, die anstehen: die Schaffung der neuen Infrastruktur und die Basis zur Herstellung der neuen Produkte, die wir dringend brauchen, um mit dem Klimawandel zurecht zu kommen und die überholte CO_2-Wirtschaft zu überwinden. Nur dann wird unser Land auch attraktiv für Fachkräfte bleiben, die weltweit gesucht werden. Zu den wesentlichen Faktoren, weswegen sich ausländische

Fachkräfte für Deutschland entscheiden, gehört neben unserer entwickelten Hochschul- und Wissenschaftslandschaft und unserem stabilen politischen und rechtlichen Ordnungsrahmen auch die gute und stabile Absicherung im Krankheitsfall und im Alter. Und damit schließt sich der Kreis: Nur gute Beschäftigung ermöglicht ein gutes und stabiles soziales Sicherungssystem – dieses wiederum trägt zu der dauerhaften Stabilisierung unserer Beschäftigung erheblich bei.

Auf der Grundlage unserer bewährten sozialen Marktwirtschaft wird es gelingen, die vor uns liegenden Aufgaben anzupacken und für Schutz und Chancen im Wandel zu sorgen. Denn die soziale Marktwirtschaft ist mehr als ein Wirtschaftsmodell: Sie steht jenseits von Ideologien für den gesellschaftlichen Konsens, dass eine erfolgreiche Wirtschaftsordnung und ein verlässlicher sozialer Rechtsstaat keine Gegensätze sind – sondern im Gegenteil einander bedingen.

Jörg Asmussen*

Wie kann in Zukunft soziale Sicherung gelingen?

Das deutsche Modell der sozialen Sicherung steht vor großen Herausforderungen. Die Gesellschaft altert rasant und in den nächsten Jahren gehen die stark besetzten Jahrgänge der »Baby-Boomer« in Rente. Bis 2038 könnte die Zahl der Menschen über 66 Jahren um vier Millionen wachsen, so das mittlere Szenario in der Bevölkerungsvorausberechnung des Statistischen Bundesamts. Das führt zu deutlich höheren Ausgaben für das Renten-, Gesundheits- und Pflegesystem. Gleichzeitig könnte die Zahl der Personen im Haupterwerbsalter (20-66 Jahre) um vier Millionen fallen. Im Jahr 2013 kamen auf 100 Personen im Haupterwerbsalter 30 ältere Menschen. Heute sind es 32. Bis 2038 würde diese Zahl sprunghaft auf 44 steigen.

Deutschland hat in den letzten Jahren zahlreiche Reformen der sozialen Sicherungssysteme gesehen. Überwiegend waren diese vom Wunsch nach höheren Sozialleistungen getragen. Vor dem Hintergrund der demografischen Entwicklung verdient jedoch auch die langfristige Tragfähigkeit des Systems dringend mehr Aufmerksamkeit. Es besteht die Gefahr, dass die umlagefinanzierten staatlichen Systeme entweder ihren Aufgaben nicht mehr gerecht werden können oder ihre Finanzierung einen immer größeren Teil des Staatshaushalts verschlingt. Im laufenden Jahr soll beispielsweise ein knappes Viertel des Bundeshaushalts für Zahlungen an die gesetzliche Rentenversicherung verwendet werden.

Hinzu kommt: wir müssen nicht nur den demografischen Wandel meistern. Der russische Angriffskrieg gegen die Ukraine und die zunehmenden geopolitischen Spannungen bedeuten eine Zeitenwende, die nicht nur der Politik, sondern auch unserer Wirtschaft vieles abfordert. Der Klimawandel und die fortschreitende Digitalisierung erfordern eine tiefgreifende wirtschaftliche und gesellschaftliche Transformation. Um diesen Herausforderungen Herr zu werden, wird Deutschland in den nächsten Jahrzehnten gewaltige Investitionen tätigen müssen. Allein im Klimabereich schätzt die Kreditanstalt für

* Anm. des Autors: Ich danke Paul Berenberg-Gossler und Jörg Stefan Haas für Diskussionen und Mitarbeit an diesem Artikel.

Wiederaufbau den Investitionsbedarf auf 5 Billionen Euro bis 2045, davon rund 500 Mrd. Euro im staatlichen Bereich. Sind zu viele staatliche Mittel in den sozialen Sicherungssystemen gebunden, fehlen Gelder für Investitionen in die Digitalisierung und Dekarbonisierung.

Wie kann eine zukunftsfähige soziale Sicherung vor diesem herausfordernden Hintergrund aussehen? Die Politik sollte zwei Prioritäten setzen: Erstens müssen staatliche Sicherungssysteme modernisiert und gezielt entlastet werden. Zweitens muss die Wirtschaftspolitik die Voraussetzungen für nachhaltiges, langfristiges Wachstum schaffen.

Sicherungssysteme müssen sich an die gesellschaftliche Realität anpassen

Anhand der Altersvorsorge lässt sich beispielhaft skizzieren, wie soziale Sicherungssysteme an die veränderte gesellschaftliche Realität angepasst werden könnten. Die rasche Alterung der Gesellschaft stellt das umlagefinanzierte System vor eine Wahl zwischen drei Übeln: Entweder steigen die Rentenbeiträge der Beschäftigten stark, der Staat wendet einen immer größeren Teil des Haushalts zur Stabilisierung des Rentensystems auf oder der Lebensstandard im Alter sinkt.

Welche Reformoptionen gibt es? Im Durchschnitt leben die Deutschen immer länger und die körperlichen Anforderungen an viele Berufe haben sich gewandelt. Dementsprechend sollte das regelmäßige Renteneintrittsalter mit der Lebenserwartung steigen und Erwerbspotenziale in höheren Altern genutzt werden. Für körperlich belastende Berufe sollten Um- und Weiterbildungsmöglichkeiten geschaffen werden, die eine längere Teilhabe am Arbeitsleben ermöglichen. Eine interessante Option wäre es auch, das gesetzliche Rentenalter zu streichen und durch ein individuell wählbares zu ersetzen. Die daraus resultierenden Zu- und Abschläge müssten aber, anders als heute, versicherungsmathematisch korrekt berechnet werden.

Mehr kapitalgedeckte Vorsorge kann die umlagefinanzierte Rente nicht ersetzen. Die jeweiligen Vor- und Nachteile ergänzen sich jedoch gut. Die Umlagefinanzierung schützt gegen internationale wirtschaftliche Verwerfungen und gegen Inflation, ist aber abhängig von der demografischen Situation und den Entwicklungen am Arbeitsmarkt im Land. Eine Schwächephase des deutschen Arbeitsmarkts spiegelt sich recht unmittelbar in einer schwachen Entwicklung der Renten wider. Wird dagegen Kapital international angelegt, sind die Erträge tendenziell volatiler. Gleichzeitig bieten sich aber langfristig höhere Ertragschancen, denn Deutschland kann so an der Entwicklung in Regionen mit stärkerer wirtschaftlicher Dynamik teilhaben. Zudem sind die Einnahmen weniger abhängig von der heimischen Wirtschaftssituation. Zur Wahrheit gehört aber auch, dass es spät ist für den Aufbau eines Kapitalstocks, dessen Erträge die absehbaren Belastungen in den 2030er Jahren ausgleichen könnten. Länder, die heute als Vorbilder diskutiert werden, haben bereits im letzten Jahrhundert mit der Kapitalanlage in großem Stil begonnen.

Angesichts der Dringlichkeit sollten wir alle verfügbaren Hebel in Bewegung setzen. Staat und Privatsektor, Umlagefinanzierung und Kapitaldeckung können alle einen wichtigen Beitrag leisten. Das umfasst die oben beschriebenen Änderungen an der Rentenversicherung, den gleichzeitigen Aufbau eines Kapitalstocks und verstärkte Bemühungen, die zusätzliche private Vorsorge der Bürger auszubauen. In letzterem Bereich geht die Dynamik seit einigen Jahren in die falsche Richtung: Der Anteil der Beschäftigten mit geförderter privater oder betrieblicher Altersvorsorge ist zurückgegangen, von 71 Prozent im Jahr 2011 auf 66 Prozent im Jahr 2019. Diese Instrumente bedürfen der Modernisierung, um attraktiver zu werden.

Ein modernes Altersvorsorgesystem sollte auch unterschiedlichsten Lebensläufen angemessene Vorsorgemöglichkeiten bieten. Das gegenwärtige System ist nach wie vor überwiegend auf Arbeitnehmer zugeschnitten, die über Jahrzehnte ununterbrochen Beiträge bezahlen und bei großen Unternehmen arbeiten, die eine betriebliche Altersvorsorge anbieten. Doch inzwischen wechseln Menschen öfter zwischen Selbstständigkeit und angestellter Beschäftigung oder sind als Plattformarbeiter:innen nicht sozialversicherungspflichtig beschäftigt. Daneben gibt es viele (Solo-)Selbstständige und Mini-Jobber:innen. Diese Menschen sind aktuell oft nur unzureichend abgesichert. Deshalb ist es wichtig, dass sich die Bundesregierung vorgenommen hat, die Sicherung Selbstständiger neu zu regeln. Auch Geringverdiener:innen benötigen mehr Unterstützung beim Aufbau von Rentenansprüchen. Auf Unternehmensseite muss es für kleine und mittlere Unternehmen attraktiver werden, die betriebliche Altersvorsorge anzubieten.

Vorausschauende Wirtschaftspolitik stützt die soziale Sicherung

Komplementär zur Modernisierung der sozialen Sicherungssysteme spielt vorausschauende Wirtschaftspolitik eine unverzichtbare Rolle für die gelingende Transformation des Geschäftsmodells Deutschland. Zentral ist die Arbeitsmarktpolitik. Diese kann sowohl die Transformation der Wirtschaft unterstützen als auch den demografischen Wandel abfedern. Ein stärkerer Fokus auf die Um- und Weiterbildung von Arbeitskräften kann den Fachkräftemangel lindern und wie oben beschrieben das Rentensystem entlasten. Darüber hinaus gibt es großes Potenzial, die Wochenarbeitszeit von Menschen zu erhöhen, die in Teilzeit arbeiten – nur ein Viertel der Teilzeitbeschäftigten wünscht sich keine Vollzeitstelle. Dafür müssen Staat und Wirtschaft jedoch die nötigen Voraussetzungen schaffen, beispielsweise in der Kinderbetreuung oder in der altersgerechten Ausgestaltung des Arbeitsplatzes sowie durch den bewussten Einsatz der Stärken älterer Menschen.

Verbesserte Rahmenbedingungen für Arbeitnehmer:innen können gleichzeitig helfen, Deutschland zu einem attraktiveren Einwanderungsland zu machen und damit dem Fachkräftemangel zu begegnen. Der Weg, den die Bundesregierung dieses Jahr mit der Weiterentwicklung des Fachkräfteeinwanderungsgesetzes geht, ist grundsätzlich der richtige: Zuwanderung muss weniger bürokratisch und die Anerkennung ausländischer Bildungsabschlüsse weiter erleichtert werden. Nun ist die konsequente Umsetzung der Verbesserungen entscheidend. Darüber hinaus hat Deutschland auch ein Abwanderungsproblem; im Jahr 2021 verließen 750.000 Menschen ohne deutschen Pass das Land. Mehr Beratung, Integrationsangebote und erleichterter Familiennachzug könnten die Bleibebereitschaft erhöhen, aber auch weiche Faktoren wie gesellschaftliche Anerkennung spielen eine Rolle.

Die Politik kann auch zur Zukunftsfähigkeit der sozialen Sicherung beitragen, indem sie die wirtschaftliche Dynamik begünstigt. Manche Investitionen werden durch die Dekarbonisierung wertlos; manche Geschäftsmodelle funktionieren in der digitalen Welt nicht mehr. Damit dies die Wirtschaft nicht lähmt, sondern zu neuem Wachstum führt, sollte der Staat Insolvenzprozesse effizient gestalten, neuen Unternehmen den Marktzugang erleichtern und Finanzierungsmöglichkeiten über einen leichteren Zugang zu europäischen Kapitalmärkten eröffnen. Punktuell kann auch Industriepolitik helfen, neue Schlüsselbranchen zu etablieren. Dabei sollten wir uns jedoch nicht auf einen Subventionswettlauf mit anderen Ländern einlassen. Das hierfür nötige Geld findet effizientere Verwendung, indem der Staat damit die Rahmenbedingungen für private Investitionen verbessert. Maßnahmen mit potenziell enormen positiven Auswirkungen sind beispielsweise die konsequente Vereinfachung von Planungsverfahren, der Ausbau der Stromnetze und die Erweiterung der Kapazitäten der öffentlichen Verwaltung. Das unterstützt die Transformation der Wirtschaft und trägt zum langfristigen Wohlstandszuwachs bei. Höhere Einkommen finanzieren wiederum höhere Renten und eröffnen Spielraum für mehr ergänzende Vorsorge.

Brigitte Döcker und Claus Bölicke

Soziale Pflegeversicherung – Perspektiven in der alternden Gesellschaft

Seit dem Ende der geburtenstarken Jahrgänge der 1960er Jahre wird die deutsche Gesellschaft immer älter – und mehr und mehr Menschen sind auf stationäre Pflege angewiesen. Als in den 1990er Jahren der Anteil der Sozialhilfeempfänger*innen unter den Heimbewohner*innen steigt, reagiert der Bundesgesetzgeber mit einem gesetzgeberischen Paukenschlag: 1995-96 wird die soziale Pflegeversicherung als neue Säule der Sozialen Sicherheit eingeführt, als Absicherung für das Lebensrisiko der Pflegebedürftigkeit.

Analog zum bundesdeutschen Sozialversicherungssystem wurde die Pflegeversicherung als Beitragssystem konzipiert mit einer paritätischen Finanzierung durch Beiträge von Arbeitnehmer*innen und Arbeitgeber*innen. Die Arbeitgeber*innen wurden damals durch die Streichung eines Feiertags entlastet. Wie in der Krankenversicherung wurde neben der sozialen Pflegeversicherung auch eine private Pflegeversicherung für Besserverdienende oberhalb einer Beitragsbemessungsgrenze eingerichtet. Im Gegensatz zur Krankenversicherung folgt in der Pflegeversicherung allerdings die private Versicherung in ihrer Ausgestaltung der gesetzlichen Versicherung, sodass zwischen diesen beiden Zweigen im Prinzip keine Unterschiede bestehen, vor allem nicht bei den Leistungen. Der Unterschied besteht im Wesentlichen darin, dass die private Pflegeversicherung nicht als Umlagesystem funktioniert, sondern individuelle Altersrückstellungen anspart.

Die Soziale Pflegeversicherung ist ein Erfolgsmodell

Die Pflegeversicherung sollte gegen das Risiko der Pflegebedürftigkeit absichern und die Abhängigkeit von Sozialhilfe verringern – ein Ziel, das zunächst erreicht wurde. Insofern kann die Einführung der Pflegeversicherung als Erfolg gewertet werden.

In der vollstationären Pflege sollten die Kosten nunmehr zwischen pflegebedürftigen Menschen, Ländern und Kommunen sowie der Pflegeversicherung aufgeteilt werden. Die Pflegebedürftigen bezahlten über zusätzliche

Eigenanteile die Kosten für Unterkunft und Verpflegung, analog zu Miete und Lebenshaltungskosten zu Hause. Die Kommunen sollten die Kosten für die Infrastruktur, die so genannten Investitionskosten, übernehmen und die Pflegeversicherung die spezifischen pflegebedingten Kosten. Aus dieser Dreiteilung der Finanzierung leitet sich das sogenannte Teilkasko-Modell der Pflegeversicherung ab, wobei die pflegebedingten Kosten nahezu vollständig durch die Pflegekassen finanziert wurden und hier keine Eigenanteile anfielen.

Entwicklungen in der sozialen Pflegeversicherung

Auch wenn die Einführung der Pflegeversicherung als Erfolg gelten kann, gibt es Defizite und Handlungsbedarfe. Die Defizite liegen dabei weniger in der Konstruktion der Pflegeversicherung selbst als vielmehr in den zwei folgenden Entwicklungen:
Erstens haben sich Länder und Kommunen mehr oder weniger von Beginn an aus den Investitionskosten herausgezogen. Das führte dazu, dass – entgegen der konzeptionellen Planung – dieser Kostenbestandteil bis heute den Heimbewohner*innen zugeschlagen wird. Und zweitens wurde über Jahrzehnte versäumt, die Leistungen der Pflegeversicherung anhand der pflegebedingten Kosten zu dynamisieren, d.h. an steigende Preise, insbesondere Personalkosten, anzupassen. Dies führte über die Jahre hinweg zu einem realen Kaufkraftverlust der Pflegeversicherungsleistungen von über 20 Prozent. Dies wurde auch durch spätere Leitungsanhebungen nie ausgeglichen und führt bis heute zu steigenden Eigenanteilen der Heimbewohner*innen. Im Ergebnis steigt die Sozialhilfequote bei Heimbewohner*innen immer weiter an, auch wenn durch gelegentliches Gegensteuern mit Maßnahmen, wie z. B. Leistungserhöhungen, kurzfristig Entlastungen geschaffen wurden. Da die Reformmaßnahmen den Mangel nicht grundsätzlich angehen, bleiben sie immer nur kurzfristig wirksam, ohne den Trend im Grundsatz umzukehren. Aktuell nähert sich die Sozialhilfequote gerade wieder der aus den 1990er Jahren. Die aktuell vorliegenden Reformpläne für die Pflegeversicherung werden auch diesmal wieder zu einer kurzfristigen Absenkung führen. Durch die geplanten Verbesserungen allein im Personalbereich, bessere Personalausstattung und höhere Löhne, wird sich der Trend indes schnell wieder umkehren. Es ist daher dringend geboten, die Pflegeversicherung und deren Leistungen durch eine Strukturreform nachhaltig auf solide Füße zu stellen.

Reformbedarf der Pflegeversicherung

Die oben skizzierten Entwicklungen sowie der demografische Wandel führen dazu, dass der Bedarf an Pflege und damit auch ihre Kosten stetig steigen. Dazu kommt, dass die Pflegeversicherung in den letzten Jahren mit hohen Kosten für die Covid-19-Pandemie sowie steigenden Energiekosten belastet wurde. Dadurch rutschte sie erstmalig in ihrer fast dreißigjährigen Geschichte in ein Defizit.

Der daraus resultierende Reformbedarf erstreckt sich sowohl auf die Einnahmen- als auch auf die Ausgabenseite. Bei letzterem geht es vor allem darum, pflegebedürftige Menschen sowie ihre An- und Zugehörigen zu unterstützen und finanziell zu entlasten. Dazu sind die Eigenanteile an den pflegebedingten Kosten in Pflegeheimen, entsprechend der Ursprungsidee der Pflegeversicherung, dringend wieder vollständig durch die Pflegekassen zu übernehmen. Ferner ist eine regelhafte Dynamisierung der Leistungen an einem Index aus Preis- und Lohnentwicklung einzuführen, der über die Jahre entstandene Kaufkraftverlust auszugleichen und verschiedene Verbesserungen der Leistungen für Versicherte umzusetzen. Dazu zählen vor allem die Pflegeberatung, die häusliche Pflege und die Entlastung pflegender An- und Zugehöriger.

Zur Gegenfinanzierung bedarf es entsprechender Maßnahmen zur Verbesserung der Einnahmenseite. Hier muss die Pflegeversicherung zunächst von den Kosten gesamtgesellschaftlicher Aufgaben entlastet werden. Dazu gehören neben den Pandemiekosten u. a. auch die Kosten für Rentenversicherungsbeiträge von Pflegepersonen oder die Kosten der Ausbildung von Pflegefachpersonen. Allein diese Maßnahmen wären dazu geeignet, die Pflegeversicherung aus ihrem aktuellen Defizit zu holen.

Weitere Maßnahmen für eine mittel- und langfristige Stabilisierung der Pflegeversicherung sind die Verbeitragung aller Einkommensarten von Versicherten unter Einbeziehung aller Berufsgruppen und die Anhebung der Beitragsbemessungsgrenze auf das Niveau der Rentenversicherung. Darüber hinaus müssten die Leistungen der Behandlungspflege in der vollstationären Pflege von der Krankenversicherung übernommen werden und die Länder und Kommunen müssten ihrer Verpflichtung zur Finanzierung von Pflegeinfrastruktur und Investitionskosten nachkommen. Dazu gehört auch, dass Pflege endlich als Bestandteil der öffentlichen Daseinsvorsorge etabliert wird. Schließlich müssten entsprechende Maßnahmen der kommunalen Altenhilfeplanung sowie eine Renditebegrenzung privater Pflegeunternehmen eingeführt werden. Erst wenn all diese Maßnahmen zur Finanzierung von Pflege nicht ausreichen sollten, sind Beitragserhöhungen als letztes Mittel in Betracht zu ziehen.

Fazit

In einer alternden Gesellschaft ist Pflegebedürftigkeit eines der zentralen Lebensrisiken. Kaum jemand ist davon nicht betroffen. Daher ist es eine berechtigte Erwartung der Bevölkerung, dieses Risiko auch gesamtgesellschaftlich durch die Pflegeversicherung abzudecken, was auch deren Gründungsidee entspricht. Diesem Anspruch wird sie derzeit aber immer weniger gerecht. Eine langfristig tragfähige Strukturreform der Pflegeversicherung, die dazu beiträgt, diesen Zustand wieder herzustellen, statt das Risiko der Pflegebedürftigkeit zu privatisieren, muss daher dringend politische Priorität werden, auch um das Vertrauen in die staatliche Handlungsfähigkeit und Demokratie zu stärken.

8. Wirtschaft und Gesellschaft im Wandel –

Herausforderungen für Zusammenhalt und Demokratie

Ralf Fücks

Demokratie in der Bewährungsprobe

»Es herrscht große Unruhe unter dem Himmel, die Lage ist ausgezeichnet«. Dieses geflügelte Wort Mao Zedongs stammt vom Ende der 60er Jahre, als im Westen die Studentenrevolte und im Süden der »antiimperialistische Befreiungskampf« in vollem Gang waren. Es war eine Zeit der stürmischen Veränderung des politischen Status quo. Unruhe herrscht auch heute, wenn auch aus anderen Gründen. Dass die Lage ausgezeichnet wäre, würde allerdings kaum jemand behaupten. Der Zukunftsoptimismus von einst ist einer großen Verunsicherung gewichen. Das gilt zumindest für das »alte Europa«. Klimakrise und demographischer Wandel stellen das bisherige Wachstumsmodell infrage, auf den öffentlichen Haushalten lastet eine historisch hohe Verschuldung. Bei der digitalen Revolution hinkt Europa hinterher.

Überall auf dem Kontinent mischen populistische Protestbewegungen und Parteien die politische Landschaft auf, das Vertrauen in die demokratischen Institutionen bröckelt. Selbst eine vermeintliche Bastion der Demokratie wie Frankreich bewegt sich am Rand einer Systemkrise. Die Symptome sind bekannt: Zur wachsenden Kluft zwischen prosperierenden Metropolen und ländlichen Regionen, Globalisierungsgewinnern und -verlieren kommen kulturelle Konflikte um Einwanderung und Geschlechterpolitik und eine wachsende Entfremdung zwischen politisch-ökonomischen Eliten und Gesellschaft.

Zu alledem hat der brutale russische Angriff auf die Ukraine die postsowjetische europäische Ordnung zertrümmert. Deutschland wurde genötigt, aus seinem sicherheitspolitischen Tiefschlaf aufzuwachen und seine energiewirtschaftliche Abhängigkeit von Russland binnen eines Jahres abzuschütteln. Was bleibt sind hohe Energiepreise, die an der Wettbewerbsfähigkeit der energieintensiven Industrien nagen. In Kombination mit international hohen Unternehmenssteuern, einem Dickicht von kostentreibenden Auflagen, langgezogenen Genehmigungsverfahren, einer unterfinanzierten öffentlichen Infrastruktur und einer wachsenden Fachkräftelücke ergeben sie ein gefährliches Gebräu. Niemand sollte sich der Illusion hingeben, der Industriestandort Deutschland sei unkaputtbar.

Politisch scheint Deutschland noch eine Insel der Stabilität. Aber das kann rasch kippen, wenn sich in größeren Teilen der Bevölkerung der Eindruck verfestigt, dass die demokratischen Parteien, Parlamente und die Regierungen den multiplen Krisen nicht Herr werden, sondern sie allenfalls verwalten. In Zeiten wachsender Zukunftsängste und tiefgreifender Veränderungen kommt es entscheidend auf die Handlungsfähigkeit demokratischer Politik an. Demokratische Legitimation entsteht nicht nur durch Wahlen, sondern durch das Vertrauen, dass die repräsentative Demokratie mit den Herausforderungen fertig wird, die auf die Gesellschaft zurollen.

Die letzten Jahre haben das Vertrauen in die Handlungsfähigkeit demokratischer Politik nicht unbedingt gestärkt. Die große Fluchtbewegung von 2015 wurde erstaunlich gut bewältigt, aber die überfällige Modernisierung unserer Einwanderungs- und Integrationspolitik blieb aus. Europa hat nicht zu einer gemeinsamen Migrationspolitik gefunden. Das Problem der Armutsmigration bleibt ungelöst, die Integration von Migranten in das Bildungssystem und den Arbeitsmarkt ist stark verbesserungsbedürftig. Die Folgeprobleme des demographischen Wandels sind lange bekannt, von den wachsenden Ansprüchen an das Renten- und Gesundheitssystem bis zur Notwendigkeit einer Bildungs- und Innovationsoffensive, um dem sinkenden Erwerbspotential mit steigender Produktivität zu begegnen. Dennoch hat die Politik versäumt, sie vorausschauend anzugehen. Die Rentenreformen der verblichenen Großen Koalition haben sie sogar noch verschärft. Auch die Unterfinanzierung der öffentlichen Infrastruktur, der Bundeswehr, der Hochschulen und der Pflege schürt die Zweifel an der Fähigkeit demokratischer Politik, die notwendigen Prioritäten zu setzen und über den Tag hinaus zu handeln.

Klimawandel: Lackmustest für Zukunftsfähigkeit der Demokratie

Das gilt erst recht für den Klimawandel. Er ist der Prüfstein schlechthin für die Fähigkeit der Demokratie, zukunftsorientiert zu handeln. Und er hat das Zeug die Gesellschaft zu spalten wie kaum eine andere Frage. Die Anzeichen sind bereits sichtbar, und sie werden umso stärker, je mehr die Auseinandersetzung um die Klimapolitik als Kulturkampf geführt wird – Autogegner gegen Autofahrer, Vegetarier gegen Fleischesser, Ferienflieger gegen Flugasketen, Verzichtsprediger gegen Wohlstandsverteidiger. Die moralische Überhitzung der Klimafrage und ihre Zuspitzung auf eine Lebensstilfrage blockieren am Ende die nötigen Veränderungen eher als sie zu beschleuni-

gen. Die Ampel-Koalition steckt in der Klemme zwischen ambitionierten Klimazielen, einem schleppenden Ausbau erneuerbarer Energien und einer veränderungsresistenten Verkehrspolitik. In einer Situation hoher Energiepreise und wachsendem Strombedarf die letzten Atomkraftwerke vom Netz zu nehmen, hat das Vertrauen in die Rationalität unserer Energiepolitik nicht gestärkt.
Es bleibt der Eindruck einer erratischen Politik ohne klaren ordnungspolitischen Kompass. Die Flucht in Klein-Klein-Regulierung und immer engmaschigere staatliche Vorgaben kann eine langfristig angelegte Strategie nicht ersetzen. Planvorgaben mit jährlichen, sektorspezifischen CO_2-Reduktionszielen sind bloße Klimamechanik, die der Komplexität einer global verflochtenen Industriegesellschaft nicht gerecht wird. Stattdessen kommt es darauf an, eine selbsttragende Dynamik ökologischer Innovationen und Investitionen zu erzeugen. Sie muss vorrangig vom privaten Sektor getragen werden, der über das nötige Kapital und Know-how verfügt.
Die ökologische Transformation braucht einen aktiven, regulativen und investiven Staat. Aber wir sollten uns vor der Illusion hüten, der Umbau in eine klimaneutrale Ökonomie und Gesellschaft könnte bis ins Detail geplant und staatlich finanziert werden. Politik muss dafür sorgen, dass »die Preise die ökologische Wahrheit sagen« (eine alte Maxime der Umweltbewegung). Sie muss die ökologische Modernisierung der Infrastruktur vorantreiben, in Forschung und Entwicklung investieren, ökologische Pilotprojekte anschieben und die Markteinführung innovativer Technologien fördern. Aber die Neuauflage verstaubter Konzepte einer gelenkten Ökonomie führt heute ebenso in die Sackgasse wie eh und je.
Die ökologische Erneuerung der Industriegesellschaft wird nur gelingen, wenn sie auch eine ökonomische und soziale Erfolgsgeschichte wird. Wer unter Berufung auf die drohende Unbewohnbarkeit unseres Planeten ein absolutes Primat für Klimaschutz fordert, zerstört seine gesellschaftliche Akzeptanz. Auch die Klimapolitik entkommt nicht dem Nachhaltigkeits-Dreieck aus ökologischen Zielen, wirtschaftlichem Erfolg und sozialer Teilhabe. Das gilt erst recht mit Blick auf die aufstrebenden »neuen Ökonomien« Asiens, Lateinamerikas und Afrikas, in denen die große Mehrheit der Weltbevölkerung lebt. Für sie sind Wirtschaftswachstum und steigender Lebensstandard nicht verhandelbar. Es bleibt deshalb nur die Flucht nach vorn zu einer Entkopplung von Wohlstand und Naturverbrauch. Sie ist der Kern der anstehenden grünen industriellen Revolution. Wenn wir gut sind, zeigen wir,

wie es geht und sichern damit zugleich den Wohlstand und die Grundlagen des Sozialstaats in Deutschland. Das wäre auch der beste Nachweis für die Zukunftsfähigkeit der liberalen Demokratie.

Prof Dr. Gesine Schwan

»Kommunale Entwicklungsbeiräte« für wirksame Partizipation und Zusammenhalt der Gesellschaft

Dass wir in einer Zeit rapiden Wandels leben, ist ein Gemeinplatz geworden. Dass auch frühere Generationen ihre Zeit immer als eine Herausforderung wahrgenommen und sich verunsichert gefühlt haben, kann man getrost annehmen. Das macht die Suche nach ausgleichenden Sicherheiten heute gar nicht überflüssig, hilft aber zu sortieren, welche davon politisch angegangen werden können und welche nicht.

Denn es gibt Unsicherheiten, die mit unserem menschlichen Dasein untrennbar verbunden sind – existenzielle Ängste vor dem Tod, vor Vergänglichkeit, vor Sinnlosigkeit, davor, ohnmächtig und hilflos zu sein oder verlassen zu werden. Sie sind gar nicht banal und können in den Selbstmord führen. Aber Politik kann sie nicht radikal überwinden, allenfalls mindern. Wie kann sie das?

Aktuell lautet die gängige Antwort: Wir müssen den sozialen Zusammenhalt stärken. Spontan denkt man an ein Aufgehoben-Sein in der Solidarität, die aus dem Zusammenhalt erwächst und gegen die Verunsicherung durch den Wandel schützt. Man ist dann nicht mehr hilflos, allein und verlassen. Das kann man sich in der Familie oder im Freundeskreis vorstellen, aber wie können in einer Millionengesellschaft menschliche Solidarität, spürbare gegenseitige Hilfe, Zusammengehörigkeit und Aufgehoben-Sein gedeihen? Die naheliegende Antwort lautet: durch eine funktionierende und finanziell ausreichende Sozialversicherung, die die Lebensrisiken auffängt. Sie ist in der Tat essenziell und ihre Garantie ebenso wie ihre Reichweite deshalb ein Dauerthema in der innenpolitischen Auseinandersetzung. Sie zielt im Wesentlichen auf die materielle Absicherung der Menschen, damit sie angesichts der psychischen und mentalen Herausforderungen, die der Wandel auch mit sich bringen kann, nicht noch materiell den Boden unter den Füßen verlieren. Davon handelt deshalb auch ein wichtiger Abschnitt in diesem Buch.

Die Sozialversicherung hilft den verunsicherten Menschen als Individuen, aber bringt sie sie auch zusammen? Und wie kommt das Zusammengehörigkeitsgefühl zustande, das sie zu ihrer verlässlichen Finanzierung und Garantie braucht? Gehen uns die anderen noch etwas an, wenn wir individuell abgesichert sind? Nicht notwendig, so scheint es. Es kann passieren, dass wir in unseren Einzimmerwohnungen im home office einfach hängen bleiben. Hier kommt die Politik im weiteren Sinn ins Spiel, als politisches System, als lebendige Demokratie. In der Soziologie wird der gesellschaftliche Zusammen**hang** (nicht Zusammen**halt**!) seit dem 19. Jahrhundert oft aus der Arbeitsteilung und der daraus erwachsenden gegenseitigen Abhängigkeit der Bürger*innen für ihren Wohlstand hergeleitet, also aus ihrer gegenseitigen Bedürftigkeit – Hegel nannte die bürgerliche Gesellschaft deshalb das »System der Bedürfnisse«. Eine solche Abhängigkeit reicht jedoch keineswegs aus, damit Menschen jenseits der Erfüllung ihrer Bedürfnisse auch zusammen**halten**.

Nun gibt es über Jahrhunderte hinweg die Erfahrung, dass gemeinsame Werte und Ziele und vor allem daraus erwachsende gemeinsame »Werke«, modern gesprochen »Projekte«, ein Gemeinschaftsgefühl und einen positiven Impetus unter denjenigen schaffen, die daran beteiligt sind. In modernen demokratischen Zeiten gehört dazu auch die politische Gestaltung des Zusammenlebens. Deshalb bietet die Weiterentwicklung demokratischer Partizipation die Chance, den Zusammen**halt** zwischen den Menschen, ihre gegenseitige Verbundenheit, Verantwortlichkeit und Empathie zu fördern. Übrigens gerade auch durch Streit um die gemeinsame Zukunft – der ja zu demokratischer Politik gehört. Entgegen dem ersten Anschein verbindet Streit die Menschen, wie der Soziologe Georg Simmel um die Wende zum 20. Jahrhundert und in seiner Nachfolge der amerikanische Soziologe Lewis Coser scharfsinnig analysiert haben. Er bringt die Menschen in Interaktion miteinander, weil es um etwas geht, was allen wichtig ist. Überdies werden in ihm nicht nur Gegensätze, sondern auch Übereinstimmungen erkennbar, weil Menschen in verschiedenen sozialen Zusammenhängen leben und die Auseinandersetzung daher Überlappungen in ihren Wertesystemen zu Tage fördert, z.B. als berufstätige Mutter und als engagierte Politikerin. Außerdem bereitet es Freude, wenn man durch Streit hindurch zu einvernehmlichen Regelungen kommt.

Dafür ist eine politische Partizipation besonders hilfreich, bei der die Menschen sich gegenseitig kennen und einen überschaubaren Raum politisch gemeinsam gestalten, der ihren Alltag – von der Arbeit, der Wohnung, der Bildung über die Freizeit in Sport und Kultur – prägt: die Kommune. Sie ist zwar lokal begrenzt, aber in der Sache und geographisch oft vernetzt, sowohl in der nahen Region als auch bis auf die globale Ebene, wenn es um die gegenwärtigen Herausforderungen des Klimas, der Migration, der Demographie oder der Digitalisierung und technologischen Entwicklung geht. Und damit sind wir im Herzstück des gegenwärtigen rasanten globalen Wandels angelangt, der viele Menschen so verunsichert. Er wird gerade im kommunalen Alltag spürbar. Und er verliert sein Verängstigungspotenzial, wenn er vor Ort gestaltbar wird, wenn die Bürger*innen über Lösungen wirksam mitbestimmen können. Das gilt für die konkrete Situation am Arbeitsplatz ebenso wie – vielleicht sogar noch mehr – für die Kommune, die viele Facetten des Lebens umgreift.

Wenn es gelingt, eine wirksame politische Mitbestimmung der Bürger*innen auf dieser Ebene einzurichten, wird nicht nur in der politischen – auch streitbaren – Kooperation der soziale Zusammenhalt gestärkt. Zugleich vermittelt diese Teilhabe den Individuen und sozialen Gruppen die Erfahrung der Selbstwirksamkeit, der Grundlage eines soliden Selbstwertgefühls. Damit kann der Wandel angstfrei und erfolgreich angegangen werden und verliert seinen Schrecken. Durch die politische Mitgestaltung entsteht ein Gefühl der »Aneignung« des Wandels und damit von Heimat, das nicht auf Althergebrachtes und langjährige Mitgliedschaft angewiesen ist und ein lebendiges und ermutigendes Zusammenwachsen der Gesellschaft im Wandel ermöglicht.

Einer solchen erweiterten demokratischen Partizipation dient die Einrichtung von »Kommunalen Entwicklungsbeiräten« (KEB's), die auf Dauer in den Kommunen institutionalisiert werden sollten.

Sie haben das Ziel, im Sinne der Nachhaltigkeitsziele 2030, langfristige Entwicklungen von Kommunen – darin auch von Einzelprojekten – gemeinwohlorientiert für die Entscheidung in den gewählten Stadt- bzw. Gemeinderäten vorzubereiten. Im Auftrag von Oberbürgermeistern/innen sowie von Gemeinderäten und mit Hilfe der kommunalen Verwaltung klären sie die Ausgangslage und bringen die unterschiedlichen Vorstellungen bzw. Interessen in Bezug auf die zukünftige Entwicklung der Kommune auf den Tisch. Dadurch kann darüber offen und transparent diskutiert werden.

Das ist möglich, weil der KEB zum einen Vertreter der zur Entscheidung Legitimierten (Ratsmitglieder sowie des /der OB, einschließlich der Verwaltung) und zum anderen nicht gewählte Vertreter von Interessengruppen /Bürgerinitiativen sowie von Vertretern der Wirtschaft (Unternehmen,

Gewerkschaften, Handels- und Handwerkskammern) zusammenbringt; und dies von Anfang der Beratung an. Die Beratungen verfahren nach der Chatham House Rule. Über sie kann und soll inhaltlich öffentlich berichtet werden, aber ohne Namensnennung derer, die für bestimmte Positionen eingetreten sind. So entsteht ein geschützter Raum zur Vertrauensbildung. Auch ausgeloste Bürger*innen oder unabhängige öffentliche Persönlichkeiten mit Erfahrung und Urteilskraft können dabei sein, um die Palette der Argumente zu bereichern und zu kreativen Lösungen beizutragen.

Dadurch wird die Vielfalt der Interessen deutlich, die sich auf die kommunale Entwicklung richten. Aber auch die komplexen Sach- und Rechtszusammenhänge treten zu Tage, die berücksichtigt werden müssen und auf die sich in der Regel die Verwaltung konzentriert.

Wichtig in der Gegenüberstellung der unterschiedlichen Positionen ist es, deren jeweilige Begründungen zur Sprache zu bringen. Dadurch kann man über sie offen diskutieren und miteinander verhandeln. Mit den Begründungen entstehen neue Ebenen, auf denen man sich einigen kann. Weil hier die Verallgemeinerbarkeit der Partikularinteressen (Habermas) gemeinsam ermittelt wird, ist dies ein exemplarischer Ort für die Vereinbarung von legitimen Partikularinteressen mit dem Gemeinwohl. Auf sie ist die Legitimation der repräsentativen Demokratie angewiesen. Solche Diskussionen sind zugleich in der Lage, zerstrittene Stadtgesellschaften durch Verständigung auf eine gute gemeinsame Zukunft zusammenzuführen.

Damit sind Kommunale Entwicklungsbeiräte besonders effektive Lernorte für Demokratie und demokratische politische Kultur. Weil hier das Kerngeschäft der politischen Demokratie, die Vereinbarung von ausdrücklich legitimen Partikularinteressen mit dem notwendigen Regulativ eines gemeinsam ermittelten Gemeinwohls stattfindet, bieten sie die Chance, eine breite Bürgerschaft mit politischen Erfahrungen auszustatten, die sie resilient machen gegen Verhetzung, Extremismus und Krisen.

Die Beratungen im KEB müssen klug und professionell moderiert werden. Dabei sollte bei einem Moderatoren-Tandem mindestens eine Person aus dem Ort bzw. der Region stammen. Je mehr Fairness, gegenseitige Wertschätzung und Einfühlungsvermögen die Diskussionen prägen, desto schneller und haltbarer entsteht Vertrauen, ohne das eine gemeinsame kommunale Zukunft nicht gedeiht.

Organisatorisch muss ein KEB von einer Person in der Verwaltung, die das Vertrauen von OB und Rat genießt, betreut werden. Aufgesetzt wird der Prozess von einer kleinen Steuerungsgruppe, die bereits die unterschiedlichen Akteursgruppen abdeckt und vom OB dazu mandatiert wird. Die Vorbereitungszeit beträgt ungefähr sechs Monate, bevor der KEB ca. vier ganze Tage für die Ausarbeitung einer Empfehlung zusammenkommt.

Zurzeit entstehen eine Reihe von solchen Kommunalen Entwicklungsbeiräten. In Herne hat OB Dr. Frank Dudda zusammen mit der »Berlin Governance Platform« einen sehr erfolgreich auf den Weg gebracht. In vier ganztägigen Sitzungen innerhalb von 7 Monaten hat der KEB eine von allen Stakeholdern unterzeichnete Empfehlung an den Rat der Stadt Herne für die Entwicklung der Brache »General Blumenthal« verabschiedet, über die die kommunale Diskussion Jahre lang blockiert war. Jetzt wird sie im Hauptausschuss und im Rat der Stadt als Grundlage für die weitere Planung behandelt.

Während des Abendessens zur Verabschiedung des ersten KEB herrschte eine ausgelassene Stimmung, zwischen den Verteidigern der Kreuzkröten und den Start-up Befürwortern ebenso wie zwischen den Vertretern der Senioren und des kommunalen Integrationsrates. Hier ist zwischen Gruppen, die sich vorher nicht getroffen und ausgetauscht haben, definitiv sozialer Zusammenhalt entstanden. Sie waren stolz und froh über das anstrengende »Werk« der Verständigung, das ihnen gemeinsam gelungen war.

Prof. Dr. Klaus Dörre

Streit verbindet! Klima, Klasse und die Vision eines ökologischen Wohlfahrtsstaats

Die Sorge um den gesellschaftlichen Zusammenhang ist in aller Munde – von rechts außen bis weit links. Der allgegenwärtige Zusammenhalts-Talk verstellt jedoch den Blick für eine elementare soziologische Erkenntnis: »Streit verbindet!«, hatte Georg Simmel zu Beginn des 20. Jahrhunderts in einem Text argumentiert, der längst zu den Klassikern der Konfliktsoziologie zählt.[133] An dieser basalen Erkenntnis hat sich im 21. Jahrhundert nichts geändert. Auch die reichen, vergleichsweise sicheren, demokratisch verfassten und wohlfahrtsstaatlich regulierten Kapitalismen des Globalen Nordens beruhen auf strukturellen Ungleichheiten; sie sind noch immer Klassengesellschaften. Von den Kapitalismen der ersten industriellen Revolution unterscheiden sie sich im besten Falle durch – wie ihn der liberale Soziologe Ralf Dahrendorf bezeichnet hat – demokratischen Klassenkampf. Gemeint sind Aushandlungen und Arbeitskämpfe bis hin zum Streik, die nach allgemein akzeptierten Regeln ausgetragen werden und große Interessengruppen im Streit verbinden.[134]

Geht diese Erkenntnis verloren, geschieht, was wir gegenwärtig am Beispiel des ökologischen Gesellschaftskonflikts und insbesondere bei der Bekämpfung des anthropogenen Klimawandels beobachten können. Alle wissen um die Problematik und doch geschieht viel zu wenig, um das Ruder endlich herumzureißen. Wir befinden uns geradewegs auf dem Weg in die »Klimahölle«[135], hat UN-Generalsekretär Antonio Guterres die Lage anlässlich der Weltklimakonferenz Cop-27 treffend auf den Punkt gebracht. Würden alle Maßnahmen, die für eine Eindämmung des Klimawandels bereits vereinbart sind, tatsächlich realisiert, wäre das Ergebnis nicht ein 1,5-Grad-, sondern bestenfalls ein 2,8-Grad-Erderhitzungsszenario. Warum ist das so? Ein Grundfehler der gegenwärtig dominanten Klimapolitik besteht in der Annahme, bloßes Wissen um ökologische Großgefahren genüge, um Menschen zu Einsicht und Umkehr zu bewegen. Diese Erwartungshaltung ökologischer Aufklärung ist trügerisch, denn sie verkennt, dass ökologischen

Großgefahren wie der des Klimawandels stets die Dimension sozialer Gerechtigkeit eingeschrieben ist. Weil sie ein Gerechtigkeitsproblem beinhalten, münden Klimawandel und Klimapolitik in Transformationskonflikte, die sich aus gegensätzlich, ja mitunter geradezu antagonistischen Interessen speisen. Ökologische Großgefahren wie die des Klimawandels betreffen alle, aber eben nicht in gleicher Weise und sie machen auch nicht alle gleich. Im Gegenteil: In Gesellschaften, in denen der demokratische Klassenkampf öffentlich marginalisiert wird, löst das Widerständigkeiten aus, die als gewaltiger Bremsklotz für ökologische Nachhaltigkeit wirken.

Klima und Klasse

Warum das so ist, lässt sich anhand einer bahnbrechenden Studie des Ökonomen Lucas Chancel zeigen. Trotz insgesamt schlechter Datenlage weist Chancel nach, dass der Klimafußabdruck mit der jeweiligen Klassenposition variiert. So sind die Emissionen der ärmeren Bevölkerungshälfte in Europa und Nordamerika zwischen 1990 und 2019 um mehr als ein Viertel zurückgegangen, während sie in den (semi-)peripheren Ländern im gleichen Ausmaß zugenommen haben. Die untere Hälfte der Einkommens-/Vermögensgruppen in Europa und Nordamerika hat Werte erreicht, die sich denen der Pariser Klimaziele für 2030 mit einer jährlichen Pro-Kopf-Emissionslast von etwa 10 Tonnen in den USA und etwa 5 Tonnen in europäischen Ländern zumindest annähern oder diese gar erreichen. Die wohlhabendsten ein Prozent emittierten 2019 hingegen 26 Prozent mehr als vor 30 Jahren, die reichsten 0,01 Prozent legten gar um 80 Prozent zu.

Diese Klima*un*gerechtigkeit provoziert Transformationskonflikte. Hauptursache für die steigende Emissionslast sind nach Chancel die Investitionen, nicht der individuelle Konsum. Zugespitzt formuliert bedeutet dies, dass kapitalistische Eliten, die kaum mehr als 1,2 Prozent der Erwerbsbevölkerung zwischen 18 und 65 Jahren ausmachen, Investitionsentscheidungen treffen, die das (Über-)Leben vor allem derjenigen Klassen beeinträchtigt, die zum Klimawandel am wenigsten beitragen und die unter den Folgen der Erderhitzung am stärksten leiden.

Nehmen wir als Beispiel das Geschäftsmodell der in Deutschland ansässigen Autohersteller. Vordergründig betrachtet erscheint deren wirtschaftliche Lage rosig. Trotz Pandemie, gestörter Lieferketten und Ukraine-Krieg laufen die Geschäfte glänzend.[136] Gewinne machen die Endhersteller jedoch hauptsächlich mit hochpreisigen, spritfressenden oder energieintensiven Luxuslimousinen und SUVs, während das Geschäft mit kleineren Fahrzeugen in den Volumenmärkten stagniert. Da ab 2035 innerhalb der Europäischen Union (EU) nur noch emissionsfreie Neuwagen auf den Markt kommen sollen[137], wächst der Veränderungsdruck. Doch auch mit der Umstellung auf batteriegetriebene Fahrzeuge soll sich am gewinnträchtigen Geschäftsmodell wenig ändern. Da das Marktsegment der Reichen und Superreichen aller Voraussicht nach weiter wachsen werde, sei es eine herausragende Leistung der deutschen Automobilhersteller, in diesem Bereich die Spitzenposition zu besetzen. Das müsse auch für die Zukunft gelten, argumentiert ein von uns befragtes Vorstandsmitglied eines großen Endherstellers im Interview.[138] In der Konsequenz bedeutet dies, dass die gesamte PKW-Herstellung auf ein Geschäftsmodell gegründet wird, das sich durch chronische Nicht-Nachhaltigkeit auszeichnet.

Konflikte, die spalten

Im Bündnis mit alten und neuen Mittelklassen sind die kapitalistischen Eliten jedoch in der Lage, subalternen Klassenfraktionen ihre Interpretation des ökologischen Gesellschaftskonflikts qua ideologischer Kontrollmacht aufzuzwingen. Da auch die Mittelklassenperspektive häufig eine ist, die ökologische Nachhaltigkeit ohne soziale Gerechtigkeit denkt, stoßen entsprechende Deutungsschemata vor allem in den von Löhnen abhängigen Klassen und hier insbesondere in der Arbeiterschaft der Karbonbranchen auf Ablehnung. Das ist einer der Gründe, weshalb sich die imaginäre Revolte einer radikalen Rechten, die den Klimawandel leugnet oder stark relativiert, mit ihrer fiktiven Aufwertung des Lebens »normaler« Arbeiterinnen und Arbeiter Gehör verschaffen kann.

Man rebelliert gegen einen Modus ideologischer Beherrschung, der sich in unterschiedlichen Facetten in zahlreichen Segmenten der neuen Arbeitswelt findet. Nehmen wir den Logistik-Konzern Deutsche Post. Mit der Forderung nach einer 15-prozentigen Lohnerhöhung konfrontiert, argumentieren Standortleitungen, die Erwartungen der Beschäftigten und ihrer Gewerkschaft könnten nicht annähernd erfüllt werden, weil der Konzern großvolumig in die Ökologisierung seiner Fahrzeugflotte und seiner Transportwege investiere. Solche Herrschaftsstrategien steigern die Gefahr, dass sich die soziale und die ökologische Konfliktachse gegeneinander verselbständigen. In Braunkohlerevieren wie der Lausitz ist das bereits Realität; im Wertschöpfungssystem Automobil, im Stahlbereich, der Chemieindustrie oder in den Häfen könnte Ähnliches geschehen. Konflikte dieses Typs polarisieren, weil soziale Nachhaltigkeit hinter der vermeintlichen »demokratischen Allbetroffenheit« durch ökologische Großgefahren verschwindet.

Besser statt mehr, für alle, nicht für wenige!
Wie lässt sich da ändern? Allein mit den Mitteln markt- und technikzentrierter Klimapolitik jedenfalls nicht. Es habe sich gezeigt, dass marktzentrierte Lösungen wie »Kohlenstoffsteuern einkommensschwache und emissionsarme Gruppen unverhältnismäßig stark belasten, während das Kohlenstoffpreissignal für hohe und reiche Emittenten möglicherweise zu niedrig ist, um Änderungen der Verbrauchs- (oder Investitions-)Muster bei wohlhabenden Personen zu bewirken«, konstatiert Lucas Chancel. Er hat recht. Gegen die Marktillusion beginnt sich selbst innerhalb der Eliten allmählich die Erkenntnis durchzusetzen, dass die Transformation in Richtung nachhaltiger Wirtschaftsmodelle ohne staatliche Steuerung nicht gelingen kann. Die Rolle des Staates dürfe sich künftig nicht darauf beschränken, »im Falle des Versagens reaktiv Märkte zu reparieren«; vielmehr sei ein Staat erforderlich, der »Märkte explizit mitgestalten« kann. Dieser Staat »kann und sollte die Richtung bestimmen, in der die Wirtschaft sich entwickelt«[139], argumentiert beispielsweise die Starökonomin Mariana Mazzucato.

Doch wohin soll die Reise gehen? Ich beantworte diese Frage zunächst im Sinne nicht des Wahrscheinlichen, sondern, mit Ernst Bloch gesprochen, des real Möglichen, dem emanzipatorischen Überschuss konkreter Utopien. Nötig ist ein radikaler Umbau von Wirtschaft und Gesellschaft, dessen Leitmotiv sich mit »Besser statt mehr, für alle, nicht für wenige!«, zusammenfassen lässt.[140] Es geht um die Umstellung auf eine ressourcenschonende, kohlenstofffreie Produktion mit langlebigen Gütern und nachhaltigen Dienstleistungen. *Nachhaltige Qualitätsproduktion* bedeutet, insgesamt weniger, dafür aber umso höherwertigere Güter herzustellen und zu konsumieren. Alle konsumieren unter dem Strich eine geringere Gütermenge – dies aber bei optimaler Qualität. Entsprechende Weichenstellungen sind ohne den Bruch mit Produktionsabläufen, die primär von Märkten und Konsumenten her konzipiert werden, nicht vorstellbar. Der Übergang zu nachhaltiger Qualitätsproduktion kann zudem nur gelingen, wenn die Erzeugnisse einer solchen Produktionsweise trotz zumindest kurzfristig höherer Preise auch noch von den untersten Einkommensgruppen gekauft und verbraucht werden können. Ökologische Austerität, sprich: Verzichtempfehlungen auch für untere Klassen wären für eine solche Politik geradezu kontraproduktiv.

Das Fundament nachhaltiger Gesellschaften

Ohne Anspruch auf Vollständigkeit lassen sich einige elementare Bausteine des Fundaments nachhaltiger, klimafreundlicher Gesellschaften mit folgenden Stichworten benennen:[141] Benötigt wird ein *transformatives Recht*, das die so dringend erforderliche Nachhaltigkeitsrevolution vorantreibt. Dazu müssen ökologische und soziale Nachhaltigkeitsziele einen Verfassungsrang erhalten. Konkret: Sie müssen im Grundgesetz, in den Länderverfassungen und in der europäischen Grundrechtecharta verankert und mit wirksamen Sanktionsmöglichkeiten verbunden werden. Durch eine Aufnahme von Nachhaltigkeitszielen in Artikel 14 (2, 3) des Grundgesetzes würde die Sozialbindung des Eigentums erweitert. Wirtschaftsakteure, die das Nachhaltigkeitsgebot missachten, könnten als »Verfassungsfeinde« gebrandmarkt werden und hätten mit Enteignung, vor allem aber mit der Umverteilung und Demokratisierung wirtschaftlicher Entscheidungsmacht zu rechnen. Ein weiterer elementarer Baustein für die nächste Gesellschaft sind neue Eigentums- und Besitzverhältnisse vor allem in großen Unternehmen. Eigentumsverhältnisse und Verfügungsrechte, die einen natur- und gesellschaftszerstörenden Expansionismus fördern, taugen nicht als Konstitutionsprinzip des Zusammenlebens. Deshalb muss es im gesellschaftlichen »Stockwerk« der großen Kapitale zu einem Bruch mit dem expansionistischen Besitzprinzip kommen. Bruch bedeutet, dass Staatseigentum keine wirkliche Alternative zu privater Verfügung darstellt. Nachhaltige Gesellschaften benötigen *Formen eines kollektiven Selbsteigentums*, das, obwohl in gemeinschaftlichem Besitz, persönliche Verantwortung nicht erstickt, sondern Kooperation und Solidarität nachhaltig fördert. Der Übergang zu solchen Eigentumsverhältnissen ließe sich verhältnismäßig leicht bewerkstelligen, wenn der politische Wille dazu vorhanden wäre. So könnten Staatshilfen für private Unternehmen mit Verfügungsrechten für Beschäftigte bezahlt werden, die von gesellschaftlichen Fonds verwaltet würden. Sobald dergleichen geschähe, würde die Sozialisierung von Entscheidungsmacht mittels Internalisierung von Sozialkosten, die die kapitalistische Produktionsweise verursacht, zu einem Prozess, der einer Revolution ohne einmaligen Akt der Machtergreifung gleichkäme. Große Unternehmen ließen sich auf diesem Wege in Mitarbeitergesellschaften verwandeln, in denen öffentliches

Eigentum eine entscheidende Rolle zu spielen hätte. Eine Revolutionierung der Besitzverhältnisse im »Stockwerk« marktbeherrschender Konzerne erforderte zugleich eine *Neuordnung der klein- und mittelbetrieblichen Sektoren*. Unternehmen dieser unteren Ebene gesellschaftlicher Produktion dürfen keinesfalls enteignet werden. Nötig sind jedoch Anreize, um die Kooperation zwischen – konkurrierenden – Klein- und Mittelbetrieben zu stärken.

Nachhaltigkeit ist ohne umfassende *Wirtschaftsdemokratie*, die über einen unternehmensinternen Kollektivwillen hinausweist, nicht zu erreichen. Die Ausweitung der Mitbestimmung auf Investitionsentscheidungen von Unternehmen ist in diesem Zusammenhang ein überfälliger, aber keineswegs zureichender Schritt. Produktionsentscheidungen müssen für die demokratische Zivilgesellschaft geöffnet und an Nachhaltigkeitsziele rückgebunden werden. Es geht um eine Umverteilung von Entscheidungsmacht zugunsten der gegenwärtig ohnmächtigen Mehrheiten, denn ohne solch tiefgreifende Eingriffe in die bestehende Wirtschaftsordnung wird sich Nachhaltigkeit weder in der ökologischen noch in der sozialen Dimension realisieren lassen. Eine radikale Demokratisierung von Produktionsentscheidungen verbessert die Chancen, auf eine Produktion mit langlebigen Gütern umzustellen, nur dann, wenn alle relevanten gesellschaftlichen Gruppen an Entscheidungsprozessen beteiligt werden. Die Einrichtung von *Transformations- und Nachhaltigkeitsräten* könnte das vorantreiben. Über Vertreter aus Wirtschaft, Politik und Gewerkschaften hinaus wären diese mit Repräsentanten von Umweltverbänden, ökologischen Bewegungen, Fraueninitiativen, Entwicklungs- und Menschenrechtsorganisationen zu besetzen. Zu den Aufgaben solcher Räte würde es gehören, die Umsetzung von Nachhaltigkeitszielen zu überwachen, die Produktion langlebiger Güter einzufordern und neue Formen eines kollektiven Selbsteigentums in Genossenschaften und Sozialunternehmen zu erproben. Die Herstellung von Transparenz bei Einkommen und Arbeitsbedingungen, mit deren Hilfe Druck in Richtung fairer Löhne und sinnvoller, nachhaltiger Arbeit erzeugt werden könnte, wäre eine zusätzliche Aufgabe.

Substanzielle Gleichheit und ökologische Nachhaltigkeit benötigen *demokratische Planung*, die dekarbonisierte, ressourcenschonende Wirtschaftsstile fördert. Nachhaltig zu regulieren impliziert eine makroökonomische Verteilungsplanung, die, anders als im Staatssozialismus, auf detaillierte Produktionsvorgaben verzichtet, aber doch Einfluss auf die Wirtschaftspolitik und die Unternehmensstrategien nimmt. Die Verteilungsplanung kann in demokratisch zusammengesetzten Planungskommissionen stattfinden, die aber höchst transparent und daher grundlegend anders arbeiten müssen als in den staatsbürokratischen Sozialismen des 20. Jahrhunderts. Denkbar sind Planvarianten, die der Bevölkerung periodisch zur Abstimmung vorgelegt werden. Planvorschläge können Nachhaltigkeitsziele unterschiedlich gewichten und differierende Korridore für die Zielerreichung definieren. Die jeweils beschlossene Variante setzt, wie bei kommunalen Bürgerhaushalten, Präferenzen bei den öffentlichen Ausgaben; die Planvarianten würden aber auch die Einnahmeseite und damit die Steuerpolitik einbeziehen. Verbindlich wären Gesellschaftspläne für Regierungen, jedoch nicht für einzelne Betriebe oder Unternehmen.

Übergangsprojekt ökologischer Wohlfahrtsstaat

Wie lässt sich utopischer Überschuss in, sagen wir: transformative Realpolitik überführen? Meine Antwort: Mit Hilfe praktischer Schritte hin zu einem ökologischen Wohlfahrtsstaat. Die Vision eines ökologischen Wohlfahrtsstaates definiert Übergangsprojekte mit Attraktivität auch für soziale Gruppen und Klassenfraktionen, die einem nachhaltigen Sozialismus, wie ich ihn vorgeschlagen habe, mit Skepsis begegnen. Praktische Schritte in eine solche Richtung können sich an vier Koordinaten orientieren.
Erstens trifft zu, dass Gesellschaften am besten mit einer gut ausgebauten *sozialen Infrastruktur* funktionieren, die allen zur Verfügung steht – nicht nur im eigenen Land, sondern überall in Europa und auf der Welt. Für eine soziale Infrastruktur, die unverzichtbare Basisgüter bereitstellt, zu streiten, ist daher eines der wichtigsten Projekte, um Weichenstellungen in Richtung von nachhaltigen Gesellschaften zu ermöglichen. Stärkung der Daseinsvorsorge und der Nahversorgungsbereiche, radikaler Umbau der Exportindustrien und Zurückschrumpfen der Rentenökonomie, allen voran des Finanzsektors, wären die Koordinaten für ein entsprechendes Programm. Derart eingebettet, ließe sich eine zukunftsorientierte, integrative Wirtschafts-, Struktur- und Industriepolitik verfolgen, die Transformation glaubwürdig mit der Aussicht auf eine bessere Gesellschaft verbindet.
Zweitens soll gelten: Je größer der Klimafußabdruck, desto umfangreicher muss auch die Beteiligung an den Kosten ausfallen, die der anthropogene Klimawandel und Maßnahmen zu seiner Bekämpfung verursachen. Eine Transformationsabgabe der Reichen und Superreichen wäre ein erster Schritt hin zu wirklicher Klimagerechtigkeit. Dabei geht es allerdings um

mehr als um klassische sozialdemokratische Umverteilungspolitik. Demokratisches Rückverteilen, nicht nur von oben nach unten, sondern auch von Nord nach Süd und von den Zentren in die Peripherien, lautet das Gebot der Stunde.

Drittens muss ein ökologischer Wohlfahrtsstaat im 21. Jahrhundert zwingend ein Inter-Nationalstaat sein. Nehmen wir das Beispiel einer grünen Wasserstoffwirtschaft, die eine Alternative zu fossiler Energie böte. Man kann eine Wasserstoffwirtschaft so aufbauen, dass sie neo-koloniale Abhängigkeiten fortführt oder gar vertieft; selbiges liefe dann auf eine Art postfossilen Extraktivismus hinaus. Möglich wäre aber auch, die Produktion von grünem Wasserstoff im südlichen Chile, in Portugal, Mauretanien, Namibia und Südafrika kooperativ zu gestalten, das heißt Energie zuerst für die herstellende Region zu produzieren und die Handelsbeziehungen so zu justieren, dass sie auf fairen Preisen beruhen und den produzierenden Staaten des globalen Südens eine wirkliche Entwicklungsperspektive bieten. Deshalb muss klar gesagt werden: Die Länder des globalen Südens sind nicht auf Almosen angewiesen. Sie haben wegen der kolonialen Erblast jedes Recht auf eine Transformationsabgabe der reichen Staaten. Würde man beispielsweise Hunderte Millionen Menschen aus extremer Armut »befreien, würden die globalen CO_2-Emissionen [...] nicht einmal um 1 Prozent steigen. Dieser Anstieg könnte an anderer Stelle leicht ausgeglichen werden«[142]. Und die nachhaltige Bekämpfung von Armut wäre allemal kostengünstiger als die Abfederung ihrer katastrophalen sozialen Folgen.

Viertens benötigt nachhaltige Entwicklung im globalen Maßstab einen Ordnungsrahmen, vergleichbar mit jenem Vorschlag, wie ihn einst der tansanische Präsident Julius Nyerere als Kampf um soziale Weltbürgerrechte konzipiert hatte. Im Grunde handelte es sich dabei um den politischen Kompass für eine gerechte Globalisierung, den sozialdemokratische Politiker wie Olof Palme und Willy Brand aufgegriffen haben. Selbstverständlich lässt sich das Konzept einer New International Economic Order (NIEO) aus den 1970ern nicht eins zu eins auf die Gegenwart übertragen. Doch die Themen der ausstehenden Nachhaltigkeitsrevolution bieten zahlreiche Anknüpfungspunkte. Trotz großer innenpolitischer Herausforderungen und Putschgelüste, mit denen er sich konfrontiert sieht, könnte Lula da Silva zum Sprecher einer neuen Bewegung der Blockfreien werden. Aufgabe der Europäischen Union wäre es, eine »dritte Kraft« aus dem Globalen Süden tatkräftig zu unterstützen: mittels kritischer Aufarbeitung der neokolonialen Erblast und

v. a. durch die Garantie einer nachhaltigen NIEO2, die Gleichberechtigung und kollektive Sicherheit zur Geschäftsgrundlage des internationalen Staatensystems macht.

Die Schritte in Richtung eines ökologischen Wohlfahrtsstaates werden konfliktreich sein; doch es handelt sich um Auseinandersetzungen, die letztendlich verbinden, weil sie die Transformation vorantreiben und dies mit der Aussicht auf eine bessere Gesellschaft für alle verbinden.

Post Scriptum: Von Skellefteå lernen

Gibt es in bestehenden Gesellschaften Anknüpfungspunkte für nachhaltige Entwicklungspolitik? Blicken wir auf die kleine nordschwedische Stadt Skellefteå. Erfolgreich stemmt man sich hier seit vielen Jahren gegen den Trend zu innerer Peripherisierung. Gemeint ist der Niedergang von Regionen, in denen die Bevölkerung schrumpft, die Wirtschaft darniederliegt, die soziale Infrastruktur bröckelt, das kulturelle Leben zum Erliegen kommt und eine kollektive Abwertungserfahrung zu einer Unzufriedenheit führt, die sich häufig in der Wahl radikal rechter Parteien entlädt. Nicht so in Skellefteå. Das Städtchen ist bei Industrieansiedlungen erfolgreich. Im Juni 2019 wurde bekannt, dass sich die Volkswagen AG an einem Gemeinschaftsunternehmen mit Northvolt AB beteiligt. Skellefteå profitiert von der Wende zur Elektromobilität. Das Programm »Skellefteå 2030« soll dafür sorgen, dass das so bleibt. Es weist der Zuwanderung von Migranten und Geflüchteten eine Schlüsselrolle zu: »Prinzipiell geht es bei Skellefteå 2030 darum, auf demografische Schrumpfung nicht mit Rückbau von Infrastruktur und staatlichen Leistungen zu reagieren, sondern quasi gegen den Trend zu investieren, um eine Abwärtsspirale zu verhindern und den demografischen Negativtrend durch eine gesteigerte regionale Attraktivität und gezielte Zuwanderung zu brechen.«[143] Was in einer schwedischen Kleinstadt möglich ist, geht auch an anderen Orten. Es kommt darauf an, den politischen Willen zu mobilisieren, der radikalen Wandel mit der Aussicht auf eine bessere Gesellschaft für alle zu einer mehrheitsfähigen Strategie macht.

Dr. Frank Wilhelmy

Die politischen Kipppunkte der Transformation: (Rechts-)Populismus und Strategieversagen

Kipppunkte im politischen Diskurs

Seit einiger Zeit schwillt eine zunehmend emotionale und polarisierte Debatte um Energiepreise und -sparen, Atomkraftverzicht, Wärmewende, Wärmepumpen u. a. m. an.

Das absurde Dilemma unserer Zeit ist, dass die wünschenswerte Bereitschaft zu radikalem Engagement für den Klimaschutz zugleich emotionale und politische Abwehrhaltungen unterschiedlicher Art zu erzeugen scheint, die schwerwiegende bis kaum überwindbare Blockaden der notwendigen Transformationsprozesse werden können.

Dieses Dilemma lässt sich nicht nur auf der Mikroebene der Debatte um die »Klima-Kleber« verfolgen. Es besteht grundsätzlich auf individueller, gesellschaftlicher, nationalstaatlicher und globaler Ebene.

Klimaschutz ist keine rein wissenschaftlich gesicherte, konsensuale Transformationsagenda, sondern ein eminent gesellschaftspolitisches und zugleich nationales wie transnationales Projekt, das nicht nur technisch oder ökonomisch, sondern insbesondere politisch scheitern könnte.

Die These ist: Es existieren nicht nur die sogenannten »Kipppunkte« im Klimasystem, also kritische Grenzwerte, an denen eine kleine zusätzliche Störung zu einer qualitativen, zumeist irreversiblen Veränderung im System führen kann. Zu befürchten ist, dass wir es auch mit noch undefinierten und zu wenig bedachten Kipppunkten auf politischer Ebene zu tun haben.

In ähnlicher Funktionsweise wie beim Klimasystem würden politische Kipppunkte zu einer Veränderung im System führen, die die Qualität plötzlich verändern und die Leistungs- und Lösungsfähigkeit der Politik fatal einschränken würden.

Das Gelingen einer zeitlich anspruchsvollen technischen und ökonomischen Dekarbonisierungs-Perspektive kann in mannigfacher Hinsicht politisch sabotiert werden – durch mangelndes Handeln, durch falsches Handeln, durch gut gemeintes aber schlecht gemachtes Handeln und durch politische Gegenstrategien gleichermaßen. Als aussichtsreicher Kandidat für einen politischen Kipppunkt sei hier das quantitative und qualitative Erstarken des Rechtspopulismus' nominiert (der Linkspopulismus ist sicher ebenfalls eine Belastung für die Demokratie, wird hier jedoch als weitaus weniger »klimaschädlich« erachtet).

Das Zeitfenster schließt sich

Die »Letzte Generation« hat recht: Nur wenige Jahre bleiben noch, bis die Transformation – gemessen an den Klimazielen – beschleunigt und wirtschaftspolitisch aussichtsreich verankert werden kann. Sie bleibt aber höchst fragil und reversibel, wenn wir die politische Umwelt in Europa und weltweit betrachten.

Und das ist der politische Punkt: Zwischen den Wahlgängen der US-Präsidentschaftswahlen im November 2024, wo die Republikaner (mit oder ohne Trump) siegen könnten, in Deutschland im Herbst 2025 und in Frankreich 2027, wo (siehe Italien) eine rechtspopulistische Präsidentin die Nachfolge Macrons antreten könnte, entscheidet sich der weitere Verlauf der Klimaschutzbemühungen in der westlichen Welt.

Populismus, Transformation und Strategie(-versagen)

Der Rechtspopulismus bedroht die dekarbonisierende Transformation der Wirtschaft in mehreren Bereichen:
1. Er leugnet den menschengemachten Klimawandel und orientiert sich auf fossile, traditionelle Energiequellen wie Kohle, Gas und Erdöl, aber auch Kernkraft
2. Er steht für die mögliche Blockade internationaler Abkommen oder einen möglichen Austritt aus dem Pariser Klimaschutzabkommen
3. Er fordert den Abbau von vorhandenen Umweltregulierungen
4. Auf internationaler Ebene gibt es genügend Beispiele für die Sabotage des Klimaschutzes bis hin zum Einsatz von Klima als Waffe (das Abbrennen der Regenwälder in Bolsonaros Brasilien war ein Vorgeschmack)
5. Er steht für die Rückwendung zu nationalökonomischen Denkweisen, protektionistischer Wirtschaftspolitik und Deglobalisierungsstrategien.

Es scheint kaum nötig zu betonen, dass damit eine eklatante Gefährdung des aktuellen und künftigen deutschen exportorientierten und energieimportierenden Geschäftsmodells einhergeht.

Transformation und Klimawandel fungieren in Deutschland (in anderer Konstellation weltweit) als aktuellstes populistisches Momentum, d.h. als Treiber und Stabilisator der AfD – nach Euro- und Europa-Gegnerschaft, Flüchtlingskrise und Ablehnung von Einwanderung, Antiislamismus, Homophobie, Widerstand gegen Gender- und Identitätsdiskurse, Verachtung der »Lügenpresse« und der »Altparteien«, Fantasien von einer »Corona-Diktatur« und Ablehnung der Unterstützung der Ukraine im russischen Angriffskrieg.

Populisten leben vom wachsenden Misstrauen in die Politik. Ihr Stil ist die Konfrontation, der kalkulierte Tabubruch (»Man wird doch noch mal sagen dürfen...«) Sie konstruieren einen doppelten Gegensatz von Unten/Oben (Das »Volk« gegen die Altparteien oder die Europa-Bürokratie) und »Wir«/»Die« (Das »Volk« gegen Zuwanderung/Islam/Homosexuelle/Multikulti/Wokeness/Klimaschutzmaßnahmen usw.).

Sie immunisieren sich: jegliche Kritik wird schon erwartet und wird als Manipulation betrachtet durch den Block des »korrupten Establishments« aus Medien und Politik.

Mit vier unterschiedlichen Strategien haben verschiedene politische Akteure versucht, auf das Anwachsen vor allem der rechtspopulistischen Formationen zu reagieren.[144]

Sowohl der Ansatz kompletter Abgrenzung (»Cordon Sanitaire«) als auch die selektive Übernahme einzelner Forderungen oder die Tolerierung und schließlich die Koalition mit Rechtspopulisten hat nichts am zunehmenden Wahlerfolg und der dauerhaften Etablierung der Parteien geändert. Eine »Entzauberung« gelang entweder nicht oder war mittelfristig folgenlos. Der politische Diskurs wurde freilich regelmäßig nach rechts verschoben.

Dabei vermochte es kaum eine Strategie, die wichtigsten und grundlegenden Hintergründe, das Wachstumssubstrat des Populismus einzubeziehen, das sind – von der Forschung gut belegt – psycho-soziale, kulturelle und ökonomische Deklassierungs-Erfahrungen oder -Ängste breiter Bevölkerungsschichten. Dies aufzunehmen und zugleich eine starke politische Alternative zum destruktiven Angebot der Populisten zu liefern, gelang bislang nur selten (in einigen Bundesländern konnten Wahlerfolge der AfD zuweilen begrenzt oder verhindert werden). Ein alter Werbeslogan illustriert das: »Sind sie zu stark, bist Du zu schwach«!

Sigmar Gabriel hat vor 21 Jahren formuliert, wie strategische Ignoranz den Erfolg des Populismus begünstigt hat:

»Schließlich wurde unterschätzt, dass sich das Ignorieren bestimmter Themen und Probleme früher oder später rächt. Ob Ausländerpolitik, lokale Korruptionsaffären, Verwahrlosung und Vandalismus in Stadtteilen, der gefühlte Verlust innerer Sicherheit – vor allem Sozialdemokraten haben Entwicklungen und Signale im letzten Jahrzehnt häufig verschämt übersehen, weil sie Sorge hatten, den Pfad einer »Political Correctness« zu verlassen. Diese Tabuisierung hatte europaweit Folgen. Der Erfolg rechtspopulistischer Parteien (…) wäre zu verhindern gewesen, wenn sich die Linksparteien in ihren jeweiligen Ländern genauer umgeschaut und eine sozialdemokratische Antwort auf spezifische gesellschaftliche Entwicklungen und Phänomene gefunden hätten.«[145]

Ein Lieblingsbuch von Olaf Scholz, so heißt es, sei die »Hilbilly Elegy« von J.D. Vance. Vance beschreibt darin aus Sicht seiner Familiengeschichte die Deklassierung und kulturelle Geringschätzung von Teilen der US-amerikanischen weißen Arbeiterklasse in den Apalachen. Eine der Folgen: Hilbillys lernen von frühester Kindheit an, »unangenehmen Wahrheiten nicht ins Auge zu sehen oder so zu tun, als gebe es bessere Wahrheiten.«[146] Das war eine prophetische Ankündigung der »alternative facts« von Trump. Die bittere Ironie ist, dass Vance mittlerweile vom Trump-Gegner zum Trump-Unterstützer mutiert ist und 2022 als republikanischer Senator von Ohio gewählt wurde.

Scholz hatte in seinem Bundestagswahlkampf richtige und wirksame Konsequenzen u.a. aus der Analyse der Hintergründe der populistischen Erfolge gezogen. »Respekt« war der Oberbegriff seiner Kampagne, die ihn ins Kanzleramt gebracht hat. Der Kanzler hält bis heute an seiner Haltung fest, indem er erklärt: »You'll never walk alone«, niemand solle zurückgelassen werden. Die politischen Rahmenbedingungen haben sich mittlerweile jedoch dramatisch verschlechtert. Ob das Versprechen, niemand solle überfordert oder zurückgelassen werden, gelingen kann, erscheint fraglicher denn je. Die Milliarden, die bereits zur Dämpfung des Energiepreisschocks eingesetzt wurden (»Wumms-Politik«), haben zwar einen »Wut-Herbst/Winter« verhindert, jedoch nur sehr überschaubare Dankbarkeit ausgelöst.

Die Ampelkoalition befindet sich dazu im Dauer-Dilemma einer Drei-Parteien-Regierung zwischen gewaltigen rot-grünen Ausgabenwünschen sozialer und investiver Art und einer gelben Schuldenbremsenpolitik, deren Flexibilität an ihr Ende gelangt scheint.

Deklassierungserfahrungen neuer Art

Derweil erlebt die Mehrheit der Menschen die Lage als nie gekannten, überfordernden Dauerstress. Es geht um Deklassierungserfahrungen neuer Art: moralisch-kultureller und ökonomischer Druck bei weitgehender Arbeitsmarktintegration. Corona-Pandemie, Krieg in Europa, Inflation, Energiepreisschock, Reallohnverluste und moralischer Dauer-Druck auf ökologische Verhaltensänderungen für Klimaschutz und Political Correctness sind die Stichworte. Die besorgten oder störrischen BürgerInnen sehen sich dabei permanent unter Verdacht, eine intellektuell und moralisch falsche, weil irrationale Haltung eines erkenntnisschwachen und undisziplinierten Menschenschlags einzunehmen.

Auf Basis der wachsenden sozialen Kluft erwächst eine zusätzliche kulturelle Spaltungsdynamik zwischen den solventen grünalternativen KlimaschützerInnen mit hohem Moralanspruch und den suspekten »Habenichtsen«, die als Klotz am Bein des Klimaschutzes erscheinen.

Dabei stehen die Menschen vor einer unendlich erscheinenden Reihe von Zumutungen aller Art: Ihre Lebensentwürfe funktionieren nicht mehr, trotz Vollbeschäftigung und harter Arbeit findet sich kaum noch eine Aufstiegs- und persönliche Prosperitätserwartung. »Häuslebauen« ist so gut wie unmöglich geworden für die breite Masse der Bevölkerung. Sie leben in Miete und fürchten die nächste Mieterhöhung durch Inflation und die Kosten der Gebäudesanierung. Und sie fürchten Altersarmut und Pflegedesaster. Aktuell müssen Heimbewohner im Schnitt 2400 Euro monatlich aus dem eigenen Portemonnaie für ihren Heimplatz zahlen. Tendenz steigend.

Abertausende Familien hingegen fürchten, ihre lebenslang hart erwirtschafteten, meist bescheidenen Immobilien veräußern zu müssen, weil sie die Kosten für die neue Wärmepumpe inklusive Gebäudedämmung nicht aufbringen können. Vielleicht nachdem sie mit Mühe ihr Verbrenner-Auto durch ein teures E-Auto ersetzen konnten, falls ihre Kinder ihnen etwas geliehen haben. Mit dem Häusle- oder Wohnungsverkauf würden sie ihre Altersvorsorge zum Teil verbrennen – mit erheblichen Folgen für den Sozialstaat und das soziale Gefüge der Republik. Das ist sowieso schon von einer tiefen Spaltung im Blick auf die Vermögensverteilung durchzogen.

Die Prognose, dass diese Fragenkomplexe das entscheidende Wahlkampfthema 2025 werden, ist dabei keine besondere intellektuelle Leistung. Und, wer weiß, vielleicht erleben wir demnächst mit der Gründung einer »Wagenknecht-Partei« eine weitere populistische Formation im deutschen Parteiensystem, die die Aussicht auf eine Fortsetzung der gegenwärtigen politischen Grundlinien sehr viel unwahrscheinlicher machen könnte. Welche Koalitionsvariante in Deutschland bei der Bundestagswahl 2025 mehrheits- und politikfähig sein wird, ist derzeit unklarer denn je.

Klimaschutz als Elitenprojekt

Die taz schreibt am 12.4.2023: Die »Illusion, dass Klimaschutz ein Mehrheitsprojekt werden könnte, eines, das die Gesellschaft eint, ist geplatzt. (...) Innerhalb kürzester Zeit ist die Gegenbewegung, in der jede Forderung nach Klimaschutz als Ideologie diffamiert wird und man sich aus Trotz lieber noch schnell eine neue Gasheizung einbauen lässt, zum ernstzunehmenden Faktor geworden – auch für Parteien, die um Mehrheiten werben. (...) Für die Klimabewegung heißt das, anzuerkennen, eine Minderheitenbewegung zu sein, die nicht mehr auf das Wohlwollen der von ihnen adressierten handelnden politischen Akteur:innen hoffen kann. (...) Die Strategien, die darauf ausgelegt waren, Mehrheiten zu gewinnen, sind – zumindest vorerst – gescheitert. Die Notwendigkeit für neue Taktiken liegt auf der Hand.«

Während die taz neue, vermutlich radikale Varianten der Klimaproteste vorschlägt, fordert ein Kommentator im Spiegel (14/23, Buchauszug von Jonas Schaible) bereits eine »wehrhafte Klimademokratie«: Mit Blick auf das aus der Erfahrung der Nazi-Zeit übernommene Konzept der wehrhaften Demokratie beschreibt der Autor den Maßnahmenkatalog: »Grundrechte können eingeschränkt, Vereine und sogar Parteien verboten werden, wenn sie zur Zerstörung der Demokratie genutzt werden« Und weiter: »Dass Demokratie nie ohne Beschränkungen existiert, ist also eine sehr alte Einsicht und eine geübte Praxis. Auch wenn die Bedrohung eine andere ist, sich die Werkzeuge nicht einfach übernehmen lassen, liegt eine Weitung dieser Überlegungen nahe: Wenn die Demokratie überzeugt ist, dass sie noch nicht an ihrem Ende angelangt ist, muss sie eine wehrhafte Klimademokratie werden.«

Hier rüsten sich Kommentatoren aus linksliberalen Medien für Szenarien, die eher an Aufstandsbekämpfung erinnern als an deliberative Diskurse einer um die besseren Argumente und Konzepte ringenden demokratischen Gesellschaft. Sie belegen damit unbeabsichtigt das populistische Grund-Narrativ von der drohenden Klima-Diktatur als Herrschaftsprojekt der korrupten Eliten.

Sie verkennen zudem, dass Klimawandel und -schutz elementar auch eine Gerechtigkeitsfrage ist. Nicht alle Menschen sind gleich betroffen und handlungsfähig. Soziale Ungleichheiten werden durch die Klimakrise verschärft, weil ökonomisch Benachteiligte überproportional unter Kostendruck und Anpassungszwängen leiden.

Akzeptanzoffensive statt Repressionsfantasien

Die aktuellen politischen Fehler bei der Formulierung und Umsetzung der Energie- und Wärmewende (insbesondere des Gebäudeenergiegesetzes) bestehen nicht in den Absichten oder Zielen, sondern im Anschein einer arroganten, volksfernen Establishment-Haltung, die die Realitäten verkennt und die BürgerInnen vor unlösbare Aufgaben stellt.

Beim Management des Gesetzgebungsprozesses hätte die Klärung der sozialen Absicherung und der technologischen Praktikabilität am Anfang der Debatte stehen müssen. Es wäre u.a. vorher zu klären gewesen, wie die kommunale Situation bei Wärmeplanung und Verteilnetzen aussieht, bevor technologische Festlegungen und damit verbundene Investitionskosten entschieden werden.

Der Eindruck der Abgehobenheit und Praxisferne trifft (unabhängig vom Wahrheitsgehalt diverser kampagnenartiger Kritik) auf eine durch radikalisierte Klimaproteste (Klima-Kleber) veränderte politische Kultur der kompromisslosen, rigiden Unbedingtheit und Außerkraftsetzung der diskursiven Verfahren.

Diesem gefährlichen politischen Konglomerat sollte mit einem fundamentalen Strategiewechsel begegnet werden. Im Zentrum der Politik müsste eine Akzeptanzoffensive stehen, die eine neue Verständigung über die klimapolitischen Ziele und Schritte in der Gesellschaft erreicht. Akzeptanz, Transparenz, Praktikabilität und soziale Sicherung sind Stichworte für eine solche Perspektive. Die noch im vergangenen Jahr vorhandene breite Akzeptanz des Klimaschutzes erodiert. Ohne eine Wiedergewinnung der mehrheitlichen Unterstützung in allen Schichten der Bevölkerung kann es keine nachhaltigen Klimaschutzerfolge geben.

Neben einer veränderten Politikplanung und Kommunikation wären u.a. neue wirkungsvolle Beteiligungsformen zu testen. Die Vorschläge z.B. der Einführung von BürgerInnen-Räten (als Beratungs-, nicht als Entscheidungsgremien) sind nicht die schlechtesten aller Ideen. Jedenfalls sind sie weniger repressiv und konfrontativ als die Fantasien von einer »wehrhaften

Klimademokratie«. Betroffene zu Beteiligten und BündnispartnerInnen zu machen, das wäre das Ziel dabei.

Unverzichtbar wird auch eine massive Fortsetzung der Politik des sozial gerechten Ausgleichs bei den geplanten Klimaschutzmaßnahmen sein. Hier ist in besonderem Maße die SPD gefragt (und betroffen).

Anderenfalls ist zu befürchten, dass bald eine massive Gegenbewegung des Anti-Klimaprotestes entsteht, die die Akzeptanz für Klimaschutz weiter erodieren lässt – z. T. organisiert, z. T. als individuelles Trotz- oder Resignationsverhalten oder schließlich als kollaterale Folge von Wahlergebnissen und weiteren gesellschaftlichen Polarisierungen. Das wäre dann ein fataler Kipppunkt nachhaltiger und erfolgreicher Klimaschutzpolitik.

Verzeichnis der Autorinnen und Autoren

Kerstin Andreae
Vorsitzende der Hauptgeschäftsführung und Mitglied des Präsidiums des Bundesverbands der Energie- und Wasserwirtschaft (BDEW)

Jörg Asmussen
Geschäftsführendes Vorstandsmitglied und Hauptgeschäftsführer des Gesamtverbandes der Deutschen Versicherungswirtschaft e.V. (GDV)

Sabine Bendiek
Chief People & Operating Officer, Arbeitsdirektorin und Mitglied des Vorstands der SAP SE

Christiane Benner
Zweite Vorsitzende der IG Metall

Dr. Leonhard Birnbaum
Vorstandsvorsitzender der E.ON SE

Claus Bölicke
Leiter der Abteilung Gesundheit, Alter, Behinderung beim AWO Bundesverband

Prof. Dr. Gerhard Bosch
Senior Professor und Senior Fellow der Hans-Böckler-Stiftung, Institut Arbeit und Qualifikation, Universität Duisburg-Essen

Oliver Burkhard
CEO von thyssenkrupp Marine Systems und Vorstand Personal (CHRO) und Arbeitsdirektor der der thyssenkrupp AG

Valentina Daiber
Vorstand Recht und Corporate Affairs bei Telefónica Deutschland

Brigitte Döcker
Bis April 2023 Vorständin des AWO Bundesverbandes

Dr. Fabian Dömer
Managing Partner Zentraleuropa bei Arthur D. Little

Prof. Dr. Klaus Dörre
Professor für Arbeits-, Industrie- und Wirtschaftssoziologie an der Friedrich-Schiller-Universität Jena

Nancy Faeser
Bundesministerin des Innern und für Heimat

Ralf Fücks
Gründer und geschäftsführender Gesellschafter des Zentrums Liberale Moderne

Prof. Dr. Dr. h. c. Clemens Fuest
Präsident des ifo Instituts und Professor für Volkswirtschaftslehre an der Ludwig-Maximilians-Universität München

Dr. Gerald Gaß
Vorstandsvorsitzender der Deutschen Krankenhausgesellschaft e. V. (DKG)

Karl Haeusgen
Präsident des VDMA (Verband Deutscher Maschinen- und Anlagenbau e. V.)

Hubertus Heil, MdB
Bundesminister für Arbeit & Soziales

Timon Hellwagner
Wissenschaftlicher Mitarbeiter am Institut für Arbeitsmarkt- und Berufsforschung (IAB)

Martin Hilbig
Managing Director bei Hilbig and Partner Consulting+Coaching

Prof. Dr. Gustav Horn
Universität Duisburg-Essen, Vorsitzender der Keynes Gesellschaft, Mitglied des Bundesvorstands der SPD, Vorsitzender des Wirtschaftspolitischen Beirats der SPD

Dr. Werner Hoyer
Präsident der Europäischen Investitionsbank

Prof. Dr. Michael Hüther
Direktor des Instituts der deutschen Wirtschaft Köln

Prof. Dr. Sabina Jeschke
Vorstandsvorsitzende des KI Park e.V., CIO Quantagonia, Senior Executive Advisor bei Arthur D. Little

Kerstin Jorna
Generaldirektorin für Binnenmarkt, Industrie, Unternehmertum und KMU bei der Europäischen Kommission

Joe Kaeser
Aufsichtsratsvorsitzender der Siemens Energy AG und der Daimler Truck Holding AG

Steffen Kampeter
Hauptgeschäftsführer der Bundesvereinigung der Deutschen Arbeitgeberverbände e.V. (BDA)

Stefan Kapferer
Vorsitzender der Geschäftsführung der 50Hertz Transmission GmbH

Prof. Tom Krebs, Ph.D.
Professor für Makroökonomik an der Universität Mannheim und akademischer Direktor am Forum New Economy

Heiko Kretschmer
Schatzmeister des Wirtschaftsforums der SPD e.V., Geschäftsführer der Johanssen + Kretschmer Strategische Kommunikation GmbH

Andreas Kuhlmann
Bis Juni 2023 Vorsitzender der Geschäftsführung der Deutschen Energie Agentur (dena)

Dr. Jörg Kukies
Beamteter Staatssekretär im Bundeskanzleramt

Bernd Lange, MdEP
Vorsitzender des Handelsausschusses im Europäischen Parlament

Matthias Machnig
Vizepräsident des Wirtschaftsforums der SPD e.V., Staatssekretär und Minister a.D.

Dr.-Ing. Christoph Maurer
Gesellschafter und Geschäftsführer der Consentec GmbH

Christian Miele
Vorstandsvorsitzender des Bundesverbands Deutsche Startups e.V. und General Partner bei Headline

Dr. Stormy-Annika Mildner
Geschäftsführende Direktorin des Aspen Institute Deutschland

Hildegard Müller
Präsidentin des Verbandes der Automobilindustrie (VDA)

Klaus Müller
Präsident der Bundesnetzagentur

Dr. Simone Peter
Präsidentin des Bundesverbands Erneuerbare Energie e.V. (BEE)

Christina Raab
Vorsitzende der Geschäftsführung Accenture Deutschland, Österreich und Schweiz

Dr. Thomas Ramge
Sachbuchautor, Keynote-Speaker und Moderator

Dr. Carola Reimann
Vorstandsvorsitzende des AOK-Bundesverbandes

Gundula Roßbach
Präsidentin der Deutschen Rentenversicherung Bund

Prof. Dr.-Ing. Siegfried Russwurm
Präsident des Bundesverbands der Deutschen Industrie (BDI e.V.)

Dr. Nina Scheer, MdB
Klimaschutz- und energiepolitische Sprecherin der SPD-Bundestagsfraktion

Ann-Katrin Schenk
Leiterin des Büros der Geschäftsführung der Deutschen Energie Agentur (dena)

Dr. Rolf Schmachtenberg
Beamteter Staatssekretär im Bundesministerium für Arbeit und Soziales

Dr. Claudia Schmucker
Leiterin des Zentrums für Geopolitik, Geoökonomie und Technologie der DGAP

Prof. Dr. Gesine Schwan
Präsidentin der Humboldt-Viadrina Governance Platform, Vorsitzende der SPD-Grundwertekommission

Alexander Schweitzer, MdL
Minister für Arbeit, Soziales, Transformation und Digitalisierung des Landes Rheinland-Pfalz

Doris Söhnlein
Mitarbeiterin im Forschungsbereich »Prognosen und gesamtwirtschaftliche Analysen« am IAB

Han Steutel
Präsident des Verbands Forschender Arzneimittelhersteller e.V. (vfa)

Prof. Dr. Jens Südekum
Universitätsprofessor für internationale Volkswirtschaftslehre des Düsseldorfer Instituts für Wettbewerbsökonomie an der Heinrich-Heine-Universität Düsseldorf und Mitglied im Wissenschaftlichen Beirat beim Bundesministerium für Wirtschaft und Energie

Christian Sewing
Vorstandsvorsitzender der Deutschen Bank AG

Wolfgang Schmidt
Chef des Bundeskanzleramtes

Dr. Volker Treier
Außenwirtschaftschef, Mitglied der Hauptgeschäftsführung, DIHK | Deutsche Industrie- und Handelskammer

Prof. Dr. Achim Truger
Professor für Sozioökonomie, Schwerpunkt Staatstätigkeit und Staatsfinanzen, an der Universität Duisburg-Essen und Mitglied des Sachverständigenrates zur Begutachtung der gesamtwirtschaftlichen Entwicklung

Michael Vassiliadis
Vorsitzender der Gewerkschaft IG Bergbau, Chemie, Energie und Präsident des europäischen Verbunds der Industriegewerkschaften IndustriAll Europe

Rafael Laguna de la Vera
Direktor der Bundesagentur für Sprunginnovationen

Susanne Wanger
Wissenschaftliche Mitarbeiterin im Forschungsbereich »Prognosen und gesamtwirtschaftliche Analysen« am IAB

Bettina Stark-Watzinger, MdB
Bundesministerin für Bildung und Forschung

Prof. Dr. Enzo Weber
Leiter des Forschungsbereichs »Prognosen und gesamtwirtschaftliche Analysen« am IAB und Inhaber des Lehrstuhls für Empirische Wirtschaftsforschung an der Universität Regensburg

Jakob von Weizsäcker
Minister der Finanzen und für Wissenschaft des Saarlandes

Prof. Dr. Friederike Welter
Präsidentin des IfM Bonn, Lehrstuhlinhaberin an der Universität Siegen, Mitglied in der Expertenkommission für Forschung und Innovation (EFI)

Bernd Westphal, MdB
Wirtschaftspolitischer Sprecher der SPD-Bundestagsfraktion

Judith Wiese
Chief People and Sustainability Officer (CPSO), Mitglied des Vorstands der Siemens AG und Arbeitsdirektorin

Dr. Frank Wilhelmy
Geschäftsführer des Wirtschaftsforums der SPD e.V.

Stefan Wintels
Vorstandsvorsitzender der KfW-Bankengruppe

Tiemo Wölken, MdEP
Fraktion der Progressiven Allianz der Sozialdemokraten im Europäischen Parlament

Dr. Kai-Oliver Zander
Principal bei Arthur D. Little

Prof. Dr. Ines Zenke
Präsidentin des Wirtschaftsforums der SPD e.V., Rechtsanwältin, Fachanwältin für Verwaltungsrecht, Partnerin bei Becker Büttner Held, Honorarprofessorin an der Hochschule für nachhaltige Entwicklung Eberswalde (HNEE)

Literatur und Anmerkungen

1 https://www.kfw.de/PDF/Download-Center/Konzernthemen/Research/PDF-Dokumente-Volkswirtschaft-Kompakt/One-Pager-2023/VK-Nr.-236-Maerz-2023-Klimaneutralitaet.pdf

2 https://www.kfw.de/PDF/Download-Center/Konzernthemen/Research/PDF-Dokumente-Fokus-Volkswirtschaft/Fokus-2021/Fokus-Nr.-355-November-2021-Die-Zukunft-ist-gruen.pdf

3 Es gibt in unserer Wahrnehmung noch keine gute Lösung für geschlechterfaire Sprache. Wir werden in diesem Bericht deshalb immer wieder, konsequent inkonsequent, das generelle Femininum und Gerundien einstreuen.

4 Die Zukunft ist grün – welche Chancen bieten sich der deutschen Wirtschaft? (kfw.de): https://www.kfw.de/PDF/Download-Center/Konzernthemen/Research/PDF-Dokumente-Fokus-Volkswirtschaft/Fokus-2021/Fokus-Nr.-355-November-2021-Die-Zukunft-ist-gruen.pdf

5 KfW-Gründungsmonitor 2022: https://www.kfw.de/PDF/Download-Center/Konzernthemen/Research/PDF-Dokumente-Gründungsmonitor/KfW-Gründungsmonitor-2022.pdf

6 KfW-Start-up-Report 2022: https://www.kfw.de/PDF/Download-Center/Konzernthemen/Research/KfW-Start-up-Report/KfW-Start-up-Report-2022.pdf

7 Wo steht Deutschland bei Innovation und Digitalisierung im internationalen Vergleich? (kfw.de): https://www.kfw.de/PDF/Download-Center/Konzernthemen/Research/PDF-Dokumente-Fokus-Volkswirtschaft/Fokus-2023/Fokus-Nr.-412-Januar-2023-Innosystem.pdf

8 Global Innovation Index, European Innovation Scoreboard der EU, Innovationsindikator BDI

9 Innovationskraft ungebremst: Patentanmeldungen in Europa nehmen 2022 weiter zu | Epo.org

10 »Deutschland ist die Nummer zwei im Patente-Ranking« Frankfurter Allgemeine Zeitung, 05.04.2022, Nr. 80, S. 18

11 EPO – Innovationskraft ungebremst: Patentanmeldungen in Europa nehmen 2022 weiter zu: https://new.epo.org/de/news-events/press-centre/press-release/2023/403558

12 700. Seed-Investment des HTGF | HTGF: https://www.htgf.de/de/seed-finanzierung-oculai/

13 Rund 500 Millionen für Investitionen in Start-ups | HTGF: https://www.htgf.de/de/final-closing-htgf-iv/

14 Kumulierte Zusagen ERP-VC-Fondsinvestments und ERP/Zukunftsfonds-Wachstumsfazilität

15 Ein Investitionsschub für die Transformation – was ist konkret nötig? (kfw.de): https://www.kfw.de/PDF/Download-Center/Konzernthemen/Research/PDF-Dokumente-Studien-und-Materialien/KfW-Research-Positionspapier-November-2022.pdf

16 European Commission Communication »Updating the 2020 New Industrial Strategy: Building a stronger Single Market for Europe's recovery« (COM(2021)350 final). See also the Commission's analysis on strategic dependencies in European Commission Staff Working Documents »Updating the 2020 New Industrial Strategy: Building a stronger Single Market for Europe's recovery« (SWD(2021) 352 final) and »EU strategic dependencies and capacities: second stage of in-depth reviews« (SWD(2022) 41 final).

17 The EU continues to lag behind the US in terms of R&D investment (R&D intensity of 2.32% of GDP in the EU vs. 3.45% in the US in 2020) and was taken over by China (Chinese R&D intensity reached the EU level in 2020). The EU is trailing in all three dimensions of innovation, production and adoption for critical/emerging technologies. Source: European Commission (2022): Science, research and innovation performance of the EU 2022 – Building a sustainable future in uncertain times

18 European Commission Communication »Long-term competitiveness of the EU: looking beyond 2030« (COM(2023) 168 final).

19 European Commission Communication »Green Deal Industrial Plan for the Net-Zero Age« (COM(2023) 62 final).

20 European Commission proposal for a Regulation on establishing a framework of measures for strengthening Europe's net-zero technology products manufacturing ecosystem (Net Zero Industry Act, COM/2023/161 final).

21 European Commission proposal for a Regulation establishing a framework for ensuring a secure and sustainable supply of critical raw materials and amending (COM/2023/160 final).

22 European Commission Communication »Temporary Crisis and Transition Framework for State Aid measures to support the economy following the aggression against Ukraine by Russia« (Official Journal 2023/C 101/03).

23 Annual Single Market Report (European Commission Staff Working Document SWD(2022) 40 final), p.40. From an average level of net investment of 5.2% of GDP during the first decade of the millennium, private investment fell to an average of 2.9% in the following decade. The gap accumulated in that second decade with respect to the first one was of the order of EUR 2.8 trillion.

24 For instance, the InvestEU Programme will mobilise over EUR 372 billion of financing – mainly private – which will be channelled to priority areas.

25 These are non-price criteria in public procurement. See European Commission proposal for a Regulation on establishing a framework of measures for strengthening Europe's net-zero technology products manufacturing ecosystem (Net Zero Industry Act, COM/2023/161 final).

26 Actions include the setting up of skills academies and facilitating the recognition of qualifications from third countries.

27 P. Donahue, W. Hoyer, C. Lagarde, C. Michel, U. von der Leyen »Channelling Europe's savings into growth« (9. März 2023)

28 Radbruch, Andreas/Reinhard, Konrad (Hg.): Nachhaltige Medizin [Denkanstöße aus der Akademie Nr. 5/2021], Berlin-Brandenburgische Akademie der Wissenschaften 2021, S. 16.

29 Deutsch-Französischer Technologiedialog – Stärkung der Widerstandsfähigkeit der europäischen Medizin- und Pharmaindustrie

30 Siehe STIEPE Abschlussbericht. Link: https://www.dena.de/fileadmin/dena/Publikationen/PDFs/2023/Abschlussbericht_StiPE.pdf

31 https://www.bmwk.de/Redaktion/DE/Publikationen/Wirtschaft/werkstattbericht-des-bmwk.pdf?__blob=publicationFile&v=9

32 Auch wenn in der politischen Debatte häufig anderes behauptet wird, lassen sich aus dem Pariser Klimaabkommen keine höheren Anforderungen an die deutsche Klimapolitik ableiten. Gemäß den Szenarien des IPCC erfordert das 1,5° C-Ziel global CO_2-Neutralität bis 2050, die schwieriger zu erreichende Treibhausgasneutralität in der zweiten Jahrhunderthälfte, wobei ein eindeutiges Herunterbrechen auf nationale Emissionsbudgets o. ä. nicht möglich ist.

33 Die Langfristszenarien werden von einem Konsortium von Fraunhofer ISI, Consentec und ifeu erarbeitet. Die Ergebnisse des Projekts sind unter www.langfristszenarien.de veröffentlicht.

34 Die Zahl entstammt dem ersten Entwurf des NEP 2037/2045, der im März 2023 vorgelegt wurde.

35 Diese Zusammenfassung bezieht sich insbesondere auf die stark auf Elektrifizierung und Wasserstoffeinsatz setzenden Szenarien T45-Strom und T45-H2 der Langfristszenarien. In einem – derzeit als unwahrscheinlich und kostenmäßig eher unvorteilhaft erachteten – Szenario mit sehr hohen Importen synthetischer Kohlenwasserstoffe würden sich ggf. andere Transformationspfade ergeben und importiertes synthetisches Methan z. B. in der Prozesswärmeerzeugung und als Rohstoff in der Chemieindustrie genutzt werden. Eine detaillierte Beschreibung der Szenarien findet sich unter https://www.langfristszenarien.de/enertile-explorer-wAssets/docs/LFSIII_Webinar16.11.2022_Industrie_final.pdf

36 https://www.bitkom.org/Presse/Presseinformation/Digitalisierung-kann-jede-fuenfte-Tonne-CO2-einsparen

37 https://www.greenbiz.com/article/heres-glimpse-eu-response-inflation-reduction-act#:~:text=The%20Critical%20Raw%20Materials%20Act%2C%20which%20is%20in%20part%20a,of%20these%20rare%20earth%20elements

38 Prof. Dr. Wolfgang Schroeder, Prof. Dr. Svenja Falk: Digitale Souveränität – Ein Narrativ des Fortschritts. Discussion Paper: https://www.progressives-zentrum.org/publication/digitale-souveraenitaet-ein-narrativ-des-fortschritts/

39 https://www.accenture.com/us-en/insights/consulting/chro-growth-executive

40 https://www.bitkom.org/Presse/Presseinformation/Kuenstliche-Intelligenz-2022

41 https://www.accenture.com/id-en/services/supply-chain-operations/resilient-supply-chain

42 https://www.data-infrastructure.eu/GAIAX/Navigation/EN/Home/home.html

43 https://www.accenture.com/us-en/insights/strategy/reinvention-accelerating-europe-path

44 https://de.statista.com/statistik/daten/studie/1062432/umfrage/ranking-der-laender-mit-den-meisten-unicorn-unternehmen/

45 https://www.morningstar.com/articles/1129535/5-charts-on-big-tech-stocks-collapse

46 https://www.gov.uk/guidance/government-cloud-first-policy

47 https://www.dihk.de/de/themen-und-positionen/wirtschaft-digital/digitalisierung/digitaler-aufbruch-mit-hindernissen

48 https://digital-competitiveness.eu/wp-content/uploads/Digitalreport-2022.pdf

49 https://www.globenewswire.com/news-release/2022/10/19/2537069/0/en/Atos-wins-contract-to-migrate-the-Dutch-Ministry-of-Infrastructure-and-Water-Management-SAP-Core-to-public-cloud.html

50 https://www.stmd.bayern.de/wp-content/uploads/2021/10/Positionspapier-der-Länder-souveräne-deutsche-Verwaltungscloud.pdf

51 https://www.faz.net/aktuell/wirtschaft/digitec/gesundheit-und-pandemie-was-finnland-zum-datenparadies-macht-18227972.html

52 https://www.hhs.gov/hipaa/for-professionals/privacy/laws-regulations/index.html

53 https://www.govdata.de

54 https://www.bundesregierung.de/breg-de/suche/datenstrategie-der-bundesregierung-1845632

55 https://www.bigdata-insider.de/was-ist-ein-generative-adversarial-network-gan-a-999817/?lt=Y29udGVudF90ZXh0bGlua3M35hcnRpY2xlfjY0YTU5Y-2FkMTRiZjFkYmQ3MjJkZjVjZTVhMzhlOGJkfnNlbGY

56 https://www.ibo.de/glossar/definition/system

57 https://www.ibo.de/glossar/definition/aufgabe

58 Vgl. OECD (2021): Government at a Glance 2021, OECD Publishing, Paris, https://doi.org, S227.

59 Statistisches Bundesamt: Zufriedenheit der Bürgerinnen und Bürger mit Ämtern und Behörden 2021: https://www.amtlich-einfach.de/DE/Ergebnisse/Buerger2021/Digitalisierung/Digitalisierung_node.html, 28.4.2023.

60 McKinsey & Company (2023): Fachkräftemangel im öffentlichen Dienst: Bis 2030 fehlen 140.000 IT-Fachkräfte, https://www.mckinsey.com/de/news/presse/2023-01-25-it-talent-im-public-sector 28.4.2023.

61 Digital Economy and Society Index DESI (2022): file:///C:/Users/0601-066/Downloads/DESI_2022__Germany__eng_jLtWXlDS8j4ptxpiRJDQExt7os_88702.pdf, 28.4.2023.

62 https://www.imf.org/external/datamapper/PPPSH@WEO/EU/CHN/USA

63 https://www.siemensgamesa.com/en-int/-/media/siemensgamesa/downloads/en/explore/journal/siemens-gamesa-europe-wind-energy-security-white-paper.pdf?ste_sid=73e34615e57886713dd2ee53bd16ced7

64 https://bdi.eu/artikel/news/inflation-reduction-act-europa-im-wettbewerb-um-die-gruene-transformation

65 Statistisches Bundesamt, Kennzahlen zur Außenwirtschaft, 2022, https://www.destatis.de/DE/Themen/Wirtschaft/Globalisierungsindikatoren/Tabellen/01_02_03_44_VGR.html (Zugriff 14.3.2023).

66 Statistisches Bundesamt, Entwicklungen des deutschen Außenhandels, 2023, https://www.destatis.de/DE/Themen/Wirtschaft/Aussenhandel/_inhalt.html#238728 (Zugriff 14.3.2023).

67 BMWK, Fakten zum deutschen Außenhandel, 2022, https://www.bundesregierung.de/breg-de/suche/fakten-zum-deutschen-aussenhandel-2069986 (Zugriff 14.3.2023).

68 Statistisches Bundesamt, Außenwirtschaft, https://www.destatis.de/DE/Themen/Wirtschaft/Globalisierungsindikatoren/aussenwirtschaft.html?nn=213448#246066 (Zugriff 14.3.2023).

69 WTO, Trade Growth to Slow Sharply in 2023 as Global Economy Faces Strong Headwinds, October 2022, https://www.wto.org/english/news_e/pres22_e/pr909_e.htm (Zugriff 14.3.2023).

70 Marianne Schneider-Petsinger, Global trade in 2023, Chatham House, Januar 2023, https://www.chathamhouse.org/2023/01/global-trade-2023/summary (Zugriff 14.3.2023).

71 BMWK, Exportkreditgarantien Jahresbericht 2021, 2022, https://www.exportkreditgarantien.de/de/wissen/ueber-uns/halb-jahresberichte.html (Zugriff 14.3.2023).

72 Shekhar Aiyar, Jiaqian Chen, Christian H Ebeke, Roberto Garcia-Saltos, Tryggvi Gudmundsson, Anna Ilyina, Alvar Kangur, Tansaya Kunaratskul, Sergio L. Rodriguez, Michele Ruta, Tatjana Schulze, Gabriel Soderberg, Juan P Trevino, Geoeconomic Fragmentation and the Future of Multilateralism, IMF, January 15, 2023, https://www.imf.org/en/Publications/Staff-Discussion-Notes/Issues/2023/01/11/Geo-Economic-Fragmentation-and-the-Future-of-Multilateralism-527266?cid=bl-com-SDNEA2023001.

73 German American Business Outlook 2023: https://ahk-usa.net/gabo

74 Kubis, Alexander (2023): IAB-Stellenerhebung 4/2022: Neuer Rekord mit 1,98 Millionen offenen Stellen, In: IAB-Forum 9. März 2023, https://www.iab-forum.de/iab-stellenerhebung-4-2022-neuer-rekord-mit-198-millionen-offenen-stellen/, Abruf: 6. April 2023

75 Müller, Martin (2022): KfW Research, Dezember 2022: Fachkräftemangel: Die Hälfte der deutschen Wirtschaft steht bereits in der Warteschlange«, 27.12.2022, Abruf: 6.Februar 2023

76 ebenda, S. 3

77 ebenda, S. 3

78 Müller, Martin (2020), KfW Research Nr. 293: Corona-Krise und Fachkräftemangel bremsen das Wachstum, 13.6.2020. Abruf: 6.Februar 2023

79 Statistisches Bundesamt (2023), Pressemitteilung Nr. N004 vom 23. Januar 2023: 6,5 % weniger Studienanfängerinnen und -anfänger in MINT-Fächern im Studienjahr 2021. https://www.destatis.de/DE/Presse/ Pressemitteilungen/2023/01/PD23_N004_213.html. Abruf: 6.April 2023

80 Müller, Martin (2022), S. 5

81 Bitkom (2022), Presseinformation: Trotz Krieg und Krisen: In Deutschland fehlen 137.000 IT-Fachkräfte. 16.November 2022, https://www.bitkom.org/Presse/Presseinformation/Deutschland-fehlen-137000-IT-Fachkraefte, Abruf: 26.März.2023

82 vgl. Müller, Martin (2023), KfW Research Nr. 414: Zeitenwende durch Fachkräftemangel: Die Ära gesicherten Wachstums ist vorbei, 23.Januar 2023, https://www.kfw.de/PDF/Download-Center/Konzernthemen/Research/PDF-Dokumente-Fokus-Volkswirtschaft/Fokus-2023/Fokus-Nr.-414-Januar-2023-Fachkraftemangel.pdf, Abruf: 26.Februar 2023 und Müller, Martin (2022)

83 Boysen-Hogrefe, Jens u. a., IfW Kiel, Kieler Konjunkturberichte Nr. 102 (2023/Q1):Mittelfristprojektion für Deutschland im Frühjahr 2023, abgeschlossen am 16.3.2023, https://www.ifw-kiel.de/de/publikationen/kieler-konjunkturberichte/2023/mittelfristprojektion-im-fruehjahr-2023-wachstumspfad-flacht-sich-merklich-ab-0, Seite 3, Abruf: 23.März 2023

84 Müller, Martin (2023)

85 Bertelsmann-Stiftung (Hrsg.), (2023), Monitor Ausbildungschancen 2023, 24.Januar 2023, https://www.bertelsmann-stiftung.de/de/publikationen/publikation/did/monitor-ausbildungschancen-2023, Abruf: 6.April 2023

86 Müller, Martin (2023)

87 BDU Bundesverband Deutscher Unternehmensberatungen (2022): »BDU-Befragung zum Fachkräftemangel:« Ältere Mitarbeitende werden nur zögerlich eingestellt, 29.9.2022, https://www.presseportal.de/pm/9562/ 5333051, Abruf: 6.April 2023

88 Statistisches Bundesamt (2023), Stille Reserve am Arbeitsmarkt im Jahr 2021 bei gut 3,1 Millionen Menschen, 27.Januar 2023, https://www.destatis.de/DE/Presse/Pressemitteilungen/2023/01/PD23_035_13.html, Abruf: 9.Februar 2023

89 Schultz, Susanne U.: Fachkräftemigrationsmonitor 2022, Bertelsmann-Stiftung, Gütersloh 2022, https://www.bertelsmann-stiftung.de/fileadmin/files/Projekte/Migration_fair_gestalten/Fachkraeftemigrationsmonitor_2022.pdf. Abruf: 8.Mai 2023

90 Tagesschau (2022) , Handwerkspräsident: Scharfe Kritik an »Ausländerabwehrbehörden«, Stand 1.10.2022,12:27, https://www.tagesschau.de/inland/handwerkspraesident-auslaenderbehoerden-101.html, Abruf: 25.3.2023

91 Arbeit und Soziales (BMAS) (2022), Fachkräftestrategie der Bundesregierung, https://www.bundesregierung.de/breg-de/suche/fachkraeftestrategie-der-bundesregierung-2133828, Abruf: 6.April 2023

92 Bundesministerium für Arbeit und Soziales. Geschäftsstelle Nationale Weiterbildungsstrategie (Hrsg.) (2020), Kompetenzkompass Maschinenbau, https://www.bmas.de/SharedDocs/Downloads/DE/Publikationen/ a896-kompetenzen-maschinenbau.pdf?__blob=publicationFile&v=3, Abruf: 6.April 2023

93 Industriegewerkschaft Bergbau-Chemie-Energie (IGBCE), Arbeitgeberverband Chemie (BAVC) und HR-Forecast (Hrsg): Der Future Skills Report Chemie. https://future-skills-chemie.de, Abruf: 24.März 2023

94 Kruppe, Thomas; Lang, Julia; Leber, Ute (2021): Nur jeder zehnte Betrieb nutzt die Weiterbildungsförderung der Bundesagentur für Arbeit, In: IAB-Forum 17. Mai 2021, https://www.iab-forum.de/nur-jeder-zehnte-betrieb-nutzt-die-weiterbildungsfoerderung-der-bundesagentur-fuer-arbeit/, Abruf: 6. April 2023

95 Gallup (2022): Engagement Index 2021 – Deutschland, 5.April 2022. https://www.gallup.com/de/472028/bericht-zum-engagement-index-deutschland.aspx, Abruf 6.4.2023

96 vgl. Hays-Fachkräfteindex, https://www.hays.de/personaldienstleistung-aktuell/fachkraefte-index-hr, Abruf 5.5.2023

97 vgl.Johnson, Richard D.; Carlson, Kevin D.;Kavanagh, Michael.J (Eds.).:Human Resource Information Systems: Basics,Applications, and Future Directions, 5th edition, Sage Publications 2021

98 Fuchs J.; Söhnlein D.; Weber B. (2021): Projektion des Erwerbspersonenpotenzials bis 2060: Demografische Entwicklung lässt das Arbeitskräfteangebot stark schrumpfen. IAB-Kurzbericht Nr. 25.

99 Czepek J.; Gürtzgen N.; Moczall A.; Weber E. (2017): Halten rentenberechtigter Mitarbeiter in den Betrieben: Vor allem kürzere und flexiblere Arbeitszeiten kommen zum Einsatz. IAB-Kurzbericht Nr. 16.

100 Drasch K.; Götz S.; Diener K. (2020): Die Arbeitsmarktsituation von Frauen. In: Rauch A. und S. Tophoven (Hrsg.): Integration in den Arbeitsmarkt. Stuttgart.

101 Carstensen T. (2020): Orts- und zeitflexibles Arbeiten: Alte Geschlechterungleichheiten und neue Muster der Arbeitsteilung durch Digitalisierung. In: Zeitschrift für Arbeitswissenschaft 74, S. 195-205.

102 Fuchs J.; Weber E. (2021): Migrationspolitik wird bei der Integration gewonnen. Makronom, 02.11.2021.

103 Otiende-Lawani E.; Weber E. (2023): Was es wirklich braucht, damit Deutschland mehr Fachkräfte anzieht. Süddeutsche Zeitung, 28.03.2023.

104 IAB 2023: Jahresbilanz 2022: Die Erwerbstätigen in Deutschland arbeiteten 61,10 Milliarden Stunden. Pressemitteilung vom 7. März 2023.

105 StBA (2022): Qualität der Arbeit – Unfreiwillig Teilzeitbeschäftigte. 16.09.2022.

106 Hellwagner T.; Söhnlein D.; Wanger S.; Weber E. (2022): Wie sich eine demografisch bedingte Schrumpfung des Arbeitsmarkts noch abwenden lässt. In: IAB-Forum 21. November 2022, https://www.iab-forum.de/wie-sich-eine-demografisch-bedingte-schrumpfung-des-arbeitsmarkts-noch-abwenden-laesst/, Abrufdatum: 24. Januar 2023.

107 BAuA (2018): BAuA-Arbeitszeitbefragung: Arbeitszeitwünsche von Beschäftigten in Deutschland.

108 Weber E.; Zimmert F. (2018): Arbeitszeiten zwischen Wunsch und Wirklichkeit. Wie Diskrepanzen entstehen und wie man sie auflöst. IAB-Kurzbericht Nr. 13.

109 Siehe Bosch, Gerhard 2022: Arbeitspolitik in der Transformation: Soziale Härten vermeiden. Duisburg: Institut Arbeit und Qualifikation. IAQ-Forschung 2022-02

110 Wingerter, Christian 2021: Beteiligung am Erwerbsleben. Datenreport 2021. Bundeszentrale für politische Bildung (https://www.bpb.de/kurz-knapp/zahlen-und-fakten/datenreport-2021/arbeitsmarkt-und-verdienste/329774/beteiligung-am-erwerbsleben/)

111 2021 waren 18,9 Millionen Frauen in Deutschland erwerbstätig (Bundesagentur für Arbeit (2022): Die Arbeitsmarktsituation von Frauen und Männern 2021. Berichte: Blickpunkt Arbeitsmarkt Juni 2022, Nürnberg). Eine Steigerung der Erwerbsquote in Vollzeitäquivalenten um 9,9 Prozentpunkte entspricht einer Zunahme von 3,36 Millionen in Vollzeitäquivalenten. Das bedeutet nicht, dass die Zahl der beschäftigten Frauen um diese Größe steigt. In den meisten Fällen werden sie ihre Arbeitszeit verlängern.

112 Bundesagentur für Arbeit 2022: Situation Älterer auf dem Arbeitsmarkt. Berichte: Blickpunkt Arbeitsmarkt April 2022, Nürnberg.

113 IAB-Kurzbericht 08/22: Erwerbsarbeit im Ruhestand hat vielfältige Gründe – nicht nur finanzielle. Nürnberg.

114 Aktuelles Beispiel: Interview mit Thomas Brahms (Vorsitzender Verband der Privaten Krankenversicherung e.V): »Lauterbach fährt das Gesundheitssystem finanziell vor die Wand«, Handelsblatt, S. 4, 08.05.2023

115 Bingler/Bosbach: Der Mythos von der Kostenexplosion im Gesundheitswesen, Soziale Sicherheit 9/2007

116 Solidarität steht hoch im Kurs. Ergebnisse einer Repräsentativumfrage unter gesetzlich und privaten Krankenversicherten, WIdO-Monitor 1/2023

117 Statistisches Bundesamt (Destatis), (2021), Gesundheitspersonal

118 Ilona Ostner/Sigrid Leitner/Stephan Lessenich: Sozialpolitische Herausforderungen – Zukunft und Perspektiven des Wohlfahrtsstaats in der Bundesrepublik | Literaturbericht, S. 9

119 Ilona Ostner/Sigrid Leitner/Stephan Lessenich: Sozialpolitische Herausforderungen – Zukunft und Perspektiven des Wohlfahrtsstaats in der Bundesrepublik | Literaturbericht, S. 10

120 Statistisches Bundesamt (Destatis), (2022), 15. koordinierte Bevölkerungsvorausberechnung

121 Vgl. u.a. Reiners, Generationengerechtigkeit und Nachhaltigkeit in der GKV Finanzierung, S. 175ff:

122 Ilona Ostner/Sigrid Leitner/Stephan Lessenich: Sozialpolitische Herausforderungen – Zukunft und Perspektiven des Wohlfahrtsstaats in der Bundesrepublik | Literaturbericht, S. 10

123 Jacobs, Klaus: Kranken- und Pflegeversicherung: Zukunftsfähigkeit durch Stärkung der Solidarität, Sozialer Fortschritt (veröffentlicht im Juni 2023)

124 Ebd.

125 Rothgang, Heinz/Götze, Ralf: Perspektiven der solidarischen Finanzierung, in: Die Krankenversicherung der Zukunft, S. 125f und Jacobs, Klaus: Kranken- und Pflegeversicherung: Zukunftsfähigkeit durch Stärkung der Solidarität, Sozialer Fortschritt (veröffentlicht im Juni 2023)

126 Vgl. Jacobs, Klaus: Kranken- und Pflegeversicherung: Zukunftsfähigkeit durch Stärkung der Solidarität, Sozialer Fortschritt (veröffentlicht im Juni 2023)

127 Statistisches Bundesamt, diverse koordinierte Bevölkerungsvorausberechnungen, www.destatis.de

128 Rentenversicherungsbericht 2010, BT-Drs. 17/3900.

129 Rentenversicherungsbericht 2022, BT-Drs. 20/4825.

130 Rentenversicherungsbericht 2022, Übersicht B 8, BT-Drs. 20/4825.

131 https://www.barmer.de/presse/infothek/studien-und-reporte/pflegereport/pflegereport-2021-1059412

132 Vgl. den Beitrag »Die beitragsfinanzierte Rente muss den Lebensunterhalt sichern« von Ernst Niemeier in Wirtschaftsdienst – Zeitschrift für Wirtschaftspolitik, 101. Jahrgang, 2021, Heft 7, Seite 565, vgl. https://www.wirtschaftsdienst.eu/inhalt/jahr/2021/heft/7/beitrag/debatte-ueber-renten-replik-und-erwiderung.html

133 Simmel, Georg (1908): Der Streit, in: ders., Soziologie. Untersuchungen über die Formen der Vergesellschaftung, Berlin 1908, 247-336

134 Dahrendorf, Ralf (1957), Soziale Klassen und Klassenkonflikt in der industriellen Gesellschaft, Stuttgart

135 Guterres, Antonio, »Wir kämpfen den Kampf unseres Lebens«, in: tagesschau. de, 07.11.2022, https://www.tagesschau.de/ausland/afrika/weltklimakonferenz-119.html

136 Beim operativen Gewinn lag Mercedes-Benz 2022 mit rund 5,2 Milliarden Euro weltweit an der Spitze, gefolgt von Volkswagen mit 4,3 Milliarden Euro; BMW rangierte mit 3,7 Milliarden Euro auf Rang fünf. https://www.tagesschau.de/wirtschaft/unternehmen/autobauer-rekordgewinne-tesla-marge-umsatz-gewinn-premium-luxus-rabatte-101.html .

137 https://www.consilium.europa.eu/de/infographics/fit-for-55-emissions-cars-and-vans/

138 Eigene Forschungen im Rahmen eines Teilprojekts des DFG-Sonderforschungsbereichs ›Strukturwandel des Eigentums‹.

139 Mazzucato, Mariana (2022): Mission. Auf dem Weg zu einer neuen Wirtschaft. Frankfurt/New York.: Campus, S. 24.

140 Franzini, Luzian/Herzog, Roland/Rutz, Simon/Ryser, Franziska/Ziltener, Kathrin/Zwicky, Pascal (Hg.): Postwachstum? Aktuelle Auseinandersetzungen um einen grundlegenden gesellschaftlichen Wandel. Denknetz-Jahrbuch 2021, Zürich.

141 Ein Bauplan für nachhaltige, demokratisch-sozialistische Gesellschaften findet sich in: Dörre, Klaus (2022): Die Utopie des Sozialismus. Kompass für eine Nachhaltigkeitsrevolution (2., erweiterte Auflage) Berlin. Siehe dazu auch die Diskussion in: Perspektiven Demokratischer Sozialismus, Heft 1/22 mit Beiträgen von Herrmann Adam, Klaus-Jürgen Scherer, Leona Krause, Maria Dellaseg, Horst Heimann u. v. a.

142 Dixson-Decléve, Sandrine et al. (2022): Earth for All. Ein Survivalguide für unseren Planeten. München, S. 81.

143 Vgl.: Schmalz, Stefan/Hinz, Sarah/Singe, Ingo/Hasenohr, Anne (2021): Abgehängt im Aufschwung: Demografie, Arbeit und rechter Protest in Ostdeutschland. Frankfurt a. M./New York.

144 Karsten Grabow/Florian Hartleb: Europa – Nein danke? Studie zum Aufstieg rechts- und nationalpopulistischer Parteien in Europa, Sankt Augustin/Berlin 2013, S. 35 ff.

145 Sigmar Gabriel: Mehr Politik wagen, München 2002, S. 32

146 Vance, James David: Hilbilly Elegy, Berlin 2018, S. 29. Ähnliche Beschreibungen der Verbindung von sozialer Klasse und der Wirkung von moralisch-kulturellen Diskursen: Eribon, Didier: Rückkehr nach Reims, Frankfurt/M. 2016. Grundsätzlich zur sozioökonomischen Ursachenforschung des Rechtspopulismus: Manow, Philipp: Die politische Ökonomie des Populismus, Frankfurt/M. 2018

Wirtschaftsforum
der SPD e. V. (Hg.)

Transfornomics

Zur ökonomischen
Zeitenwende

464 Seiten, Broschur
29,90 Euro
erschienen im August 2022
ISBN 978-3-8012-0643-7

Uns steht die größte Transformation seit Beginn der Industriellen Revolution bevor. Ziel ist die vollständige Klimaneutralität der Wirtschaft in gut 20 Jahren. Um das zu erreichen, werden 150 Jahre ökonomisch-sozialer Entwicklung vom Kopf auf die Füße gestellt werden müssen. Auf dem Weg dahin stellen sich jedoch viele ungeklärte Fragen nach den richtigen Instrumenten und Machbarkeitspfaden.

Der Krieg in der Ukraine hat den Weg der Transformation nun schlagartig verändert. Viele Aufgaben stellen sich neu – auch wenn die grundsätzliche Richtung vorgezeichnet ist. In diesem Buch analysieren renommierte Wissenschaftler*innen, Politiker*innen und Manager*innen die Konsequenzen dieser Zeitenwende. Dieser Band bietet ein reiches Angebot an Ideen und Vorschlägen. Mit Beiträgen von Kerstin Andreae, Michael Hüther, Joe Kaeser, Hildegard Müller, Herfried Münkler, Daniela Schwarzer, Jens Südekum, Michael Vassiliadis u. v. a.

www.dietz-verlag.de

Michael Frenzel /
Matthias Machnig /
Ines Zenke (Hg.)

Postcoronomics

Neue Ideen für Markt,
Staat und Unternehmen

360 Seiten, Broschur
26,00 Euro
erschienen im Mai 2021
ISBN 978-3-8012-0613-0

Schon vor der Pandemie hat die deutsche Wirtschaft eine fundamentale Transformation durchlebt. Doch durch Corona wurden die langfristigen Trends, aber auch die Folgen alter Versäumnisse noch einmal auf dramatische Weise deutlich. Die wirtschaftliche Zukunftsfähigkeit Deutschlands muss durch eine wissensbasierte Ökonomie, ökologische Transformation, mehr Verteilungsgerechtigkeit, Klimaschutz und Digitalisierung sowie eine kluge Arbeitsmarkt- und Beschäftigungspolitik gesichert werden. Was aber ist ökonomisch derzeit möglich und welche Antworten gibt es?

Mit Beiträgen unter anderem von Sebastian Dullien, Franziska Giffey, Hubertus Heil, Reiner Hoffmann, Sigmar Gabriel, Gustav Horn, Michael Hüther, Christian Lindner, Hildegard Müller, Olaf Scholz, Gerhard Schröder, Svenja Schulze, Jens Südekum, Michael Vassiliadis, Norbert Walter-Borjans, Stephan Weil, Frank Werneke und Brigitte Zypries.

www.dietz-verlag.de